विष्णु नागर

विष्णु नागर का जन्म 14 जून, 1950 को हुआ। उनका बचपन और छात्र जीवन शाजापुर, मध्य प्रदेश में बीता। 1971 से दिल्ली में पत्रकारिता शुरु की और तभी से दिल्ली में हैं।

'नवभारत टाइम्स', 'हिन्दुस्तान', 'कादंबिनी', 'नई दुनिया', 'शुक्रवार' आदि पत्र-पत्रिकाओं से जुड़े रहे। भारतीय प्रेस परिषद एवं महात्मा गांधी अन्तरराष्ट्रीय हिन्दी विश्वविद्यालय, वर्धा की कार्यकारिणी के सदस्य रहे। फिलहाल स्वतंत्र लेखन में सक्रिय हैं।

उनकी प्रकाशित कृतियाँ हैं—'मैं फिर कहता हूँ चिड़िया', 'तालाब में डूबी छह लड़कियाँ', 'संसार बदल जाएगा', 'बच्चे, पिता और माँ', 'कुछ चीज़ें कभी खोई नहीं', 'हँसने की तरह रोना', 'घर के बाहर घर', 'जीवन भी कविता हो सकता है' तथा 'कवि ने कहा' (कविता-संग्रह); 'आज का दिन', 'आदमी की मुश्किल', 'कुछ दूर', 'ईश्वर की कहानियाँ', 'आख्यान', 'रात दिन', 'बच्चा और गेंद', 'पापा मैं ग़रीब बनूँगा' (कहानी-संग्रह); 'जीव-जन्तु पुराण', 'घोड़ा और घास', 'राष्ट्रीय नाक', 'देशसेवा का धन्धा', 'नई जनता आ चुकी है', 'भारत एक बाज़ार है', 'ईश्वर भी परेशान है', 'छोटा सा ब्रेक' तथा 'सदी का सबसे बड़ा ड्रामेबाज' (व्यंग्य-संग्रह); 'आदमी स्वर्ग में' (उपन्यास); 'कविता के साथ-साथ' (आलोचना); 'असहमति में उठा एक हाथ' (रघुवीर सहाय की जीवनी); 'हमें देखतीं आँखें', 'आज और अभी', 'यथार्थ की माया', 'आदमी और उसका समाज', 'अपने समय के सवाल', 'ग़रीब की भाषा', 'यथार्थ के सामने', 'एक नास्तिक का धार्मिक रोजनामचा' (लेख और निबन्ध-संग्रह); 'मेरे साक्षात्कार : विष्णु नागर' (साक्षात्कार)।

'सहमत' संस्था के लिए तीन संकलनों तथा रघुवीर सहाय पर एक पुस्तक का संपादन। परसाई की चुनी हुई रचनाओं का सम्पादन। नवसाक्षरों एवं किशोरों के लिए भी पुस्तक लेखन।

उन्हें मध्य प्रदेश सरकार के 'शिखर सम्मान', हिन्दी अकादमी, दिल्ली के 'साहित्य सम्मान', 'शमशेर सम्मान', 'राही मासूम रज़ा साहित्य सम्मान', 'व्यंग्य श्री सम्मान' आदि से सम्मानित किया जा चुका है।

सम्पर्क : vishnunagar1950@gmail.com

राजकमल पेपरबैक्स में
पहला संस्करण : 2022

राजकमल पेपरबैक्स : उत्कृष्ट साहित्य के जनसुलभ संस्करण

राजकमल प्रकाशन प्रा. लि.
1-बी, नेताजी सुभाष मार्ग, दरियागंज
नई दिल्ली-110 002

शाखाएँ : अशोक राजपथ, साइंस कॉलेज के सामने, पटना-800 006
पहली मंजिल, दरबारी बिल्डिंग, महात्मा गांधी मार्ग, प्रयागराज-211 001
36 ए, शेक्सपियर सरणी, कोलकाता-700 017
वेबसाइट : www.rajkamalprakashan.com
ई-मेल : info@rajkamalprakashan.com

बी.के. ऑफसेट
नवीन शाहदरा, दिल्ली-110 032
द्वारा मुद्रित

मूल्य : ₹299

DALDA KI AULAD
Memoirs by Vishnu Nagar

ISBN : 978-93-94902-17-6

यादें खुदाई में निकली उन प्रतिमाओं-सी हैं
जिनका धड़ रह गया है, सर नहीं।

—विस्वावा शिम्बोर्स्का

वह कितना सुन्दर था, जो मैंने पाया और मैं चला आया हूँ
और दुखी नहीं हूँ।

—रघुवीर सहाय

प्रस्तावित : याद रहने और न रहने के बीच

एक उम्र के बाद ज्यादातर सपने याद नहीं रहते, वे भी अक्सर नहीं, जिन्हें अगली सुबह पत्नी को सुनाना चाहता हूँ। सपने ही क्या जागते हुए देखी गई सच्चाइयाँ तक देर तक याद नहीं रहतीं। बातचीत याद नहीं रहती, दृश्य याद नहीं रहते, चेहरे याद नहीं रहते। पता नहीं क्यों मुझे चुटकुले कभी याद नहीं रहते, चाहे वे मुझे कितने ही अच्छे और सुनाने लायक लगे हों। अपनी कविताएँ भी मुझे याद नहीं रहतीं, जिस पर बहुतों को आश्चर्य होता है। कई बार तो उनका शीर्षक बताने पर भी याद नहीं आता कि उनमें क्या है। कई बार मेरा लिखा कुछ छपा होता है और उस बहाने कोई कुछ बात संकेत में कर रहा होता है तो तुरन्त याद नहीं आता। फिल्में देखकर तो मैं अक्सर उन्हें पूरी की पूरी भूल जाता हूँ। कभी कुछ-कुछ याद आ जाता है और कई बार जब फिर से देखता हूँ तो कुछ याद नहीं आता। मेरी पत्नी याद दिलाती है कि इसे तुमने-हमने साथ देखा था और फलाँ जगह देखा था।

तब आठ बरस का था हमारा पोता। उसने एक दिन पता नहीं किस वजह से पूछा था कि आप ज्यादा बूढ़े हो जाने पर मुझे भूल तो नहीं जाओगे? मैंने कहा कि बेटा, तुम्हें, तुम्हारे भाई को, अपने दोनों बेटों को, बहू को और पत्नी को और भी बहुत से नजदीकी रिश्ते-नातेदारों-मित्रों को मैं कैसे भूल सकता हूँ, जो मेरे जीवन का हिस्सा हैं जो सामने हों, न हों, जिनका मुझे रोज खयाल आता है मगर बहुत उम्र तक जीवित रहा और अगर भूलने की बीमारी हो गई, तो मैं कर क्या सकता हूँ और यह आशंका मुझे बराबर रहती है। अधिक उम्र में ऐसे कई मामले मैंने देखे हैं।

बहरहाल ऐसा भी नहीं है कि सब कुछ भूल ही जाता हूँ, याद भी बहुत रहता है वरना संस्मरण ही नहीं, बहुत कुछ लिखना सम्भव नहीं होता। कई बार बहुत-सी छोटी-छोटी बातें याद रहती हैं और कई बार यह भी याद नहीं रहता कि मेरा फलाँ से आखिर किस बात पर झगड़ा हुआ था लेकिन यह याद रहता है कि झगड़ा हुआ था। जो बातें आज तक याद रह गईं, उन्हीं के बहाने यह संस्मरणात्मक-कथा सा कुछ लिखा है। वैसे इसमें सब कुछ पुराने समय की ही बातें नहीं हैं, जो आज भी बहुत कुछ उपस्थित हैं।

मुझे बराबर यह लगता है और मैं इस बात पर अड़ा रहूँगा कि मेरे जीवन में ऐसा क्या अद्भुत है या ऐसे भी क्या दुख रहे हैं या ऐसी भी क्या गरीबी रही है, ऐसी भी क्या प्रिय स्मृतियाँ रही हैं, जिनसे करोड़ों लोग मेरे पहले और बाद में सुखी या दुखी नहीं रहे हैं! इनमें नया और अद्भुत क्या है? लोगों ने मुझसे कई-कई गुना ज्यादा दुख देखे हैं, भूख सही है, मार खाई है, यातनाएँ सही हैं और अपने विश्वासों की कीमत कई-कई गुना चुकाई है। कइयों की जिन्दगी में तो भूख, तड़प और निराशा के अलावा कुछ रहा नहीं है, इसलिए आत्मकथा लिखना कम से कम मेरे लिए आत्मदंभ से कम नहीं होता। हम जैसों की जिन्दगी में बहुत कुछ बताने लायक भी नहीं होता। जितना लगा कि बताने लायक है, उस समय या हमारे समय को समझने के लिए, उतना लिखा है। बहुत सा जो महत्त्वपूर्ण हो सकता है, अब विस्मृत हो चुका हो। जैसे कथाकार पंकज बिष्ट ने एक संस्मरण लिखते हुए 'आजकल' पत्रिका के लिए हम दोनों के अज्ञेय जी के निजामुद्दीन स्थित निवास पर जाने की बात लिखी है मगर मुझे इसकी आज तक बिलकुल याद नहीं। लेकिन 1971 या 1972 में उनसे हुई पहली मुलाकात का पूरा दृश्य चित्र की तरह याद है। कोशिश तो यह भी रही है कि आत्मप्रक्षेपण न हो। इसमें सफलता कितनी मिली है, यह आप तय करेंगे।

जहाँ तक सपनों का सवाल है, उन्होंने कई बार मुझे जिलाया भी है और भयभीत भी किया है। घबराकर कई बार रात में चीख कर जाग गया हूँ। कई बार बहुत देर तक दुबारा नींद नहीं आई है, पूरी रात जागते-जागते बीती है। कुछ बहुत ही सुखद स्मृतियों और अनुभूतियों ने कभी ऐसा जागृत किया है, ऐसा सुख रात की गहराई में दिया है कि इस कारण भी मैं सो नहीं सका हूँ। सुखद स्मृतियों में वह भी कर्णप्रिय सुनने को मिला है, जो अब कभी सुनने को नहीं मिलेगा।

अपने प्रिय कवि और इनसान रघुवीर सहाय कम से कम एक बार सपने में दिखे हैं। सपने में यह भी याद आया है कि वह अब जीवित नहीं हैं मगर फिर उन्हें सपने में जीवित पाकर लगा है कि नहीं यह भ्रम था, वह जीवित हैं। इस सपने ने मुझे कैसे-कैसे सुख से भर दिया था, क्या बताऊँ!

सबसे दिलचस्प बात यह है कि जिस दो मंजिला फ्लैट में मैं करीब 33 बरस से दिल्ली में रह रहा हूँ, जिसमें जब आया था तो मेरी जो हैसियत थी, उसके मुताबिक यह तीन बेडरूम और ड्राइंग-डाइनिंग रूम का यह घर महल-सा लगा था मगर वह शायद ही कभी सपने में आया हो। इसी फ्लैट में मेरे दो बच्चे छुटपन से युवा हुए हैं, यहीं से वे आगे पढ़ने और नौकरियाँ करने गए हैं लेकिन यह सपने में शायद ही आया हो! बचपन का दो कमरों का वह कच्चा मकान ही अक्सर सपने में आता है, जिसमें चूहे दौड़ते रहते थे, सोने की ठीक सी जगह भी नहीं थी। वहाँ पलंग जैसी कोई चीज नहीं थी। कच्ची जमीन पर लेटते थे।

इस घर में घासलेट के तेल से जलने वाली चिमनी या पढ़ते समय लालटेन जला करती थी। कमरे के बाहर लोहे की जालियों से घिरी छोटी-सी बालकनी सी थी, जिसमें कंडे-जलाऊ लकड़ी, गोबर वगैरह पड़ा रहता था, और दूसरे छोटे-मोटे सामान होते थे। नीचे के एकमात्र कमरे में लोहे की दो बड़ी-बड़ी कोठियाँ थीं, जिनमें अक्सर फसल के समय खरीदा गया गेहूँ और दूसरी खाने की चीजें रहती थीं। यहीं मिट्टी की गोल सी कोटी थी, जो अक्सर खाली रहती थी। कमरे के एक कोने में एक पुराना बड़ा बक्सा था, जो ऊपर से लोहे का था लेकिन अन्दर नाजुक और सुन्दर कपड़े का खोल था, जिसमें संस्कृत की कई हस्तलिखित सुन्दर पोथियाँ रखी थीं, जिन्हें संस्कृत का ज्ञान न होने के कारण मैं कभी पढ़ नहीं पाया और बच भी नहीं पाया लेकिन वे काले मोती जैसे सुन्दर अक्षर अब भी याद हैं। वे इतने सुन्दर थे कि उनके आगे छपे हुए अक्षर पानी भरते हैं। इसके अलावा पुराना लोहा-लंगर भी इन्हीं सबके बीच था, जिसमें कुछ पुराने जंग लगे ताले थे। उनमें एक भारी ताला ऐसा था, जिसमें सुतली बांधकर बचपन में उसे घर में एक गाड़ी की तरह घुमाया करता था। मतलब कमरे में मुश्किल से एक आदमी के सोने की जगह थी, जो गर्मी की दोपहर में विश्राम स्थल हुआ करता था। ऊपर सीढ़ियों में पानी का काला मटका रखा होता था। तांबे के हंडे और पीतल के घड़े में पानी भरा होता था। सीढ़ियों पर और भी सामान होता था। ऊपर के कमरे में एक तिहाई हिस्से में रसोईघर था। इसके अलावा कुछ जगह खानेपीने के सामान और बिस्तर रखने के कारण अँटी हुई थी। वहाँ एक आले में पीतल का एक छोटा सिंहासन था, जो आम पूजापाठी घरों में होता है। इसमें तमाम भगवान विराजमान रहते थे, उसमें लड्डू गोपाल की सुन्दर प्रतिमा की याद विशेष रूप से है। वह मूर्ति अभी भी घर में है।। ऊपर एक छोटी-सी बालकनी थी, जिसमें एक खुला पेशाबघर था। वहीं जलाऊ लकड़ियों का ढेर भी होता था और भी अटर-शटर सामान। उसके बाद जो थोड़ी सी जगह बचती थी, उसी में गर्मियों में सोता था। कभी घर के दूसरे हिस्से के बड़े से आंगन में भी सोता था, जहाँ और किराएदार भी सोते थे। रात को बारह-साढ़े बारह बजे जब विक्रम टॉकीज का आखिरी शो छूटता था तो दर्शक देखी गई फिल्म पर जोर-जोर से चर्चा करते हुए घर की ओर जाते थे, जिससे उस कच्ची उम्र में भी नींद कुछ देर के लिए खुल जाती थी।

बहरहाल कुछ जोड़-घटाव के साथ मेरे सपने में यही दो कमरों का मकान आता है, जहाँ मैंने जीवन के शुरुआती लगभग 21 वर्ष ही बीते हैं, जबकि तीन दशक से अधिक आज के मकान में बीते हैं। इसे क्या कहेंगे? मेरी पत्नी और बच्चों के सपनों में जो घर अक्सर आता होगा, वह यह नहीं हो सकता क्योंकि यह मेरी स्मृतियों का घर है, उनकी स्मृतियों का नहीं। ये स्मृतियाँ सिर्फ और सिर्फ मेरी

अपनी सम्पत्ति हैं, जिन्हें मैं बाँट कर भी उतना बाँट नहीं सकता, जितनी वे मेरी हैं। ऐसा मेरे साथ ही नहीं, मेरा ख्याल से सबके साथ है।

ऐसा भी हुआ है कि भूले हुए यथार्थ की याद किसी न किसी बहाने सपने ने दिला दी है। एक जगह इसे इस किताब में सोदाहरण लिखा है। सपने में मैंने कविताएँ भी लिखीं, जो सपनों की होकर रह गईं। दिल्ली आया था नया-नया तो दिल्ली के यथार्थ को सहने की शक्ति शाजापुर के बारे में आनेवाले सपनों ने दी थी। सपने मुझे आज भी कई बार प्यारे से भ्रमों में रखते हैं।

बहरहाल करीब तीन वर्षों के दौरान समय-समय पर लिखे और फेसबुक, 'नया ज्ञानोदय' तथा 'बनास जन' में प्रकाशित संस्मरणों के अलावा भी कुछ संस्मरण इसमें शामिल हैं। इन्हें लिखने में समय-समय पर कुछ मित्रों की स्मृतियों का पूरक रूप में सहारा लिया है, जिनमें विशेषकर अरुण व्यास (अब स्वर्गीय), ब्रजकिशोर शर्मा, नरेन्द्र गौड़, मधुसूदन आनन्द प्रमुख हैं। पत्नी का भी यथा आवश्यकता सहयोग लिया है। व्यक्ति-केन्द्रित कुछ लम्बे संस्मरण एक अलग किताब के लिए रख छोड़े हैं।

मेरा कोई इरादा अपने संस्मरणों को लिखने का नहीं था। एक रात अपने अन्दर बैठे मृत्यु भय से निबटने के लिए एक सुखद स्मृति में जाने की कोशिश की और उसे 20 जनवरी, 2018 को फेसबुक पर साझा किया। इसे वरिष्ठ कवि नरेश सक्सेना समेत अनेक मित्रों ने पसन्द किया और प्रोत्साहित किया कि मैं इस सिलसिले को आगे बढ़ाऊँ। तभी से यह क्रम शुरू हुआ और उसने अब एक किताब का रूप ले लिया है। दो-तीन को छोड़कर बाकी सभी संस्मरण उसके बाद के हैं।

बाकी यह किताब है और आप हैं।

—विष्णु नागर

क्रम

बचपन

शाजापुर से दिल्ली

पत्रकारिता, साहित्य और परिवार

बचपन

तब मेरा देश कौन-सा होता?

मान लो मेरा जन्म अगस्त, 1947 से कुछ पहले हुआ होता और मेरे माँ-बाप मुसलमान होते और उन्हें पाकिस्तान जाने को मजबूर होना पड़ता। रास्ते में उनकी और मेरी हत्या उस समय के साम्प्रदायिक कर देते तो बताइए मेरा देश कौन सा होता? भारत होता या पाकिस्तान? इसके उलट अगर मेरे माँ-बाप हिन्दू होते मगर नए-नए बने पाकिस्तान से घबराकर मुझे गोद में लिये पैदल चलते-भागते हुए या ट्रेन में चढ़कर विभाजित भारत आ रहे होते और साम्प्रदायिकों ने रास्ते में मेरे माँ-बाप और मुझे काट डाला होता तो बताइए मेरा देश कौन सा हुआ होता? भारत या पाकिस्तान? छोड़िए इतनी पुरानी बातें। मैं आदिवासी माता-पिता की सन्तान होता, अबूझमाड़ में पैदा हुआ होता—मैं और मेरे बच्चे भूख-बीमारी-उपेक्षा झेल रहे होते—तो मैं कभी नक्सलवादी माना जाता और कभी नक्सलवादी मुझे सरकार का पिट्ठू बताते। इन दोनों में से किसी ने मुझे मार दिया होता तो मेरा देश कौन सा हुआ होता—जबकि मुझे मालूम ही नहीं होता कि भारत भी कोई देश है और मैं उसका नागरिक कहलाता हूँ। तो क्या मुझे आज के देशभक्त, देशद्रोही मानते? क्या मेरे और मेरे बच्चों के मारे जाने की खबर तक आप तक कभी पहुँचती? और पहुँचती भी तो आप उसका शीर्षक पढ़कर या तो अखबार का वह पन्ना चुपचाप पलट देते या हद से हद 'हाऊ सैड' कहकर, आगे बढ़ जाते। अगर मैं हिन्दू ही होता और पाकिस्तान में परेशान होकर आज से दस-बीस बरस पहले यहाँ आ गया होता तो शायद मुझे शरण तो मिल जाती मगर नागरिकता नहीं मिलती। तब बताइए मैं कहाँ का, किस देश का नागरिक होता? पाकिस्तान का या हिन्दुस्तान का या कहीं का नहीं? और अगर मैं भारत के किसी हिन्दू-बहुल गाँव का मुसलमान हुआ होता और सब मुझे मेरे नाम से नहीं, मुझे पाकिस्तानी कहकर बुलाते और रोज ताने मारते, मुझे गोहत्यारा बताते, मेरा घर-बार जलाते और कहते कि तू पाकिस्तान क्यों नहीं चला जाता, जा साले तेरा देश तो वहाँ है। कब जाएगा तो बताइए मुझसे भारत माता की जय बुलवानेवाले भी मुझे भारतीय मानते? क्या मैं भारत का नागरिक होकर भी भारत का नागरिक होता? क्या यह देश मेरा होकर भी मेरा हुआ होता? क्या वाकई पाकिस्तान मेरा मुल्क हुआ होता? वाकई? और अगर मैं उन लाखों

बच्चों में से होता जो भूख और कुपोषण से असमय मर जाते हैं, जब वे मुश्किल से दूध पिलानेवाली माँ को ही पहचान पाते हैं क्योंकि उसके शरीर से दूध की खुशबू आती है तो मेरा देश और धर्म इस ब्रह्मांड में कहाँ-कौन सा होता? और मान लो मेरी मजदूरन गर्भवती माँ का गर्भ मेहनत-मजदूरी करते समय गिर गया होता और वह भी मेरे साथ मर गई होती तो मेरा देश-धर्म क्या होता? मुझे बताया जाए। मुझे यह सवाल परेशान कर रहा है आजकल। आशा है कि हिन्दू राष्ट्रवादी मेरे सवाल का जवाब देकर मुझे जरूर सन्तुष्ट कर पाएँगे।

जन्मभूमि का महत्त्व?

मेरे पास एक बार एक हिन्दी गजलकार का फोन आया। वह जानना चाहते थे कि जिस जगह मेरा जन्म हुआ है, वहाँ के ख्यात लोग कौन-कौन से हैं? जो नाम मुझे याद आए, तत्काल बता दिए। फिर लगा कि क्या किसी शहर, कस्बे या गाँव में जन्म लेना ही महत्त्वपूर्ण होता है? आप क्या हैं, क्या नहीं हैं, क्या यह इस पर निर्भर करता है? क्या महत्त्वपूर्ण कारक दूसरे नहीं होते? फिर आप कहाँ जन्मे, इस पर इतना जोर क्यों? जहाँ जिस जगह बड़े ख्यात लोग जन्मे, उदाहरण के लिए गुजरात और उत्तर प्रदेश में, वहाँ बहुत से घटिया, कमीने, गुंडे भी जन्मे और गरीब, पीड़ित, अपंग, भूखे लोग भी जनमे हैं और जन्म ले रहे हैं। ऐसे भी लोग जनम चुके हैं और जनमेंगे, जो ख्यात हैं मगर जिनकी ख्याति चोर, बदमाश, हरामखोर, लुटेरे, कमीने, ओछे इनसान के रूप में है। जिन्हें दूसरों को दुख और यंत्रणा देकर सुख मिलता है। जो ताकत को ही जानते हैं और ताकत की भाषा ही समझते हैं। अतः उन कारकों का महत्त्व है, जिन्होंने किसी को महान या महत्त्वपूर्ण बनाया। अन्याय के विरुद्ध लड़ने की हिम्मत दी। वह गाँव, कस्बा या शहर किसी के जन्म लेने से महान नहीं हो गया।

आरम्भिक स्मृति

आरम्भिक स्मृति तब की है, जब मैं तीन-चार साल का रहा होऊँगा। माँ अपनी कमर में टाँगकर कहीं से मुझे घर ला रही थीं। हमारे मोहल्ले की मस्जिद के पास मेरे पैर की एक चप्पल या जूता—जो भी रहा होगा—गिर गया। मैंने माँ को नहीं

बताया। माँ को पता भी नहीं चला। जब मुझे टाँगते-टाँगते माँ घर लाईं और उन्होंने देखा कि मेरे एक पैर में कुछ नहीं है तो उन्होंने पूछा—"तेरी चप्पल (या जूता) कहाँ है?" मैंने भोलेपन से कहा—"वह तो मस्जिद के वहाँ गिर गई।" उन्होंने बेवकूफ या मालवी का एक प्रचलित शब्द गेलचोदा(माफ करें अगर यह अश्लील लगे तो) कहा होगा और फिर कहा होगा—"तूने तभी क्यों नहीं बताया?" इस पर मैं चुप रह गया होऊँगा, इतना समझदार तो मैं अब भी नहीं हूँ, तब कैसे रहा होऊँगा! मैंने वही कहा होगा, जो मेरे मन में था और जिस कारण मैंने जूते या चप्पल के गिरने के बारे में कुछ नहीं बताया था। मुझे बताया गया था कि सड़क पर गिरी हुई किसी चीज को उठाना नहीं चाहिए। मुझे क्या पता था कि जूते-चप्पल उस श्रेणी में नहीं आते! बाद में यह ज्ञान भी प्राप्त हुआ कि पैसे भी उस श्रेणी में नहीं आते।

जहाँ पुरुष पैंट-शर्ट या स्त्रियाँ सलवार-कमीज या स्कर्ट में नहीं जा सकतीं क्योंकि उससे मन्दिर की पवित्रता नष्ट हो जाती है, वही मैले से मैले रुपये से कभी भी, वह नष्ट नहीं होती। उस पैसे से तो बिलकुल नहीं, जो चोरी, कालाबाजारी, ठगी, शोषण से कमाया गया हो। जिन आदमियों और औरतों का मन्दिर में तथा खासकर उसके गर्भगृह में जाना मना है, उनके पैसे से मन्दिर की पवित्रता सुरक्षित रहती है। मैंने पाया है कि पैसा और सत्ता सबसे 'पवित्र' चीज हैं।

खैर वह (जूता या) चप्पल मिली या नहीं, यह याद नहीं। निश्चय ही माँ भागी-भागी गई होंगी क्योंकि वह(जूते या) चप्पल नई थी। मिल भी गई होगी शायद।

दूसरा संस्मरण भी मेरी एकदम आरम्भिक स्मृति से जुड़ा है। पाँच-छह साल का रहा होऊँगा। तभी मेरा उपनयन संस्कार या जनेऊ कर दिया गया था। अपने हिसाब से माँ ने काफी धूमधाम से किया था। मेरी स्मृति में हमारे घर के एक हिस्से में बने बड़े से आंगन में मंडप, मंत्रोच्चार और औरतों के गीत गाने की स्मृति है।

अब तो वह रस्म शायद होती नहीं पर पहले यह रस्म होती थी कि जनेऊ होने के बाद 'बटुक' भागता था(शायद काशी में ज्ञानार्जन के लिए जाने के लिए)और उसका मामा उसे पकड़कर घर वापिस लाता था। मैं भी भागा धोती पहनकर। मेरे मुँहबोले मामा मुझे पकड़ने दौड़े। बच्चे तो काफी तेज दौड़ लेते हैं मगर धोती में मैं ज्यादा दूर तक दौड़ नहीं पाया, शायद दौड़ना मुश्किल भी है। तीन-चार घर बाद ही मैं पकड़ लिया गया कारण वह धोती रही, जो मामा द्वारा पकड़े जाने तक खुल चुकी थी और मैं निपट नंगा था। मगर बच्चों का नंगा होना, नंगधड़ंग घूमना बच्चों के लिए तो कोई समस्या नहीं है, बड़ों के लिए भी नहीं है।

फिर बरसों तक उस जनेऊ ने मेरा पीछा नहीं छोड़ा। कहीं भी मलमूत्र त्यागता तो कान पर जनेऊ जरूर खोंसता। मैली हो जाती तो बदलता या धोता। साल में किसी एक दिन शायद जनवरी में संक्रांति के दिन जनेऊ बदली जाती थी। नए

जनेऊ को हल्दी से पीला रंगा जाता। हल्दी का यह रंग पेट पर भी लग जाता। फिर शायद बीए में या कुछ पहले ज्ञान चक्षु खुले (या कहना चाहें तो कहें, बन्द हुए) और फिर खुले ही रहे।

मेरी माँ तो वह है, जिसने जन्म दिया

इतना तो सबकी तरह मुझे भी मालूम है कि मैं अपनी माँ का दूध पीकर बड़ा हुआ हूँ लेकिन घर में इतनी गरीबी थी कि बचपन में मुझे गाय-भैंस किसी का दूध पीने को मिल सकता था, इसकी बिलकुल याद नहीं। हाँ साल में तीन-चार बार खीर खाने को जरूर मिल जाती थी, जो तब मुझे कतई पसन्द नहीं थी।

घर में कुल सौ ग्राम दूध आता था, जिससे माँ की सुबह-शाम की चाय बनती थी। दूध पीना तो मैंने तब जाना जब मैं खुद ठीक से खाने-कमाने लगा लेकिन आज याद कर रहा हूँ तो मैंने कभी ऐसा दूध पिया हो, जिसके बारे में बताया गया हो कि यह गाय का दूध है। हो सकता है कि दो-चार बार अनजाने में पिया हो। इसलिए मैं तो उसे ही माँ मानता हूँ जिसने मुझे पैदा किया और पाला। जिनकी होगी, गाय माता, जरूर होगी, मेरी नहीं है तो झूठ क्यों बोलूँ कि मेरी माँ भी गाय है। वे बड़े बाप की औलाद रहे होंगे, जिन्होंने गाय का दूध पिया।

वैसे ज्यादातर 'गोभक्त' भी मेरी तरह की पृष्ठभूमि के होंगे, वे यह मानें या न मानें। हाँ गाय को एक सीधे-सादे पशु के रूप में जानता हूँ जिसे देखकर करुणा उत्पन्न होती है। मैं यह नहीं कह सकता कि भैंस के मोटापे और कालेपन के बावजूद ऐसी ही करुणा, उसके लिए मेरे मन में पैदा नहीं होती!

मेरी माँ, मेरी बई

नींद और गहरी हुई
माँ जब जगाने आई
पेड़ हरे-हरे हुए
पहाड़ गहरे-गहरे।

अब मालवा (मध्य प्रदेश) में भी माँ को मम्मी कहने का चलन आम है मगर मेरे

बचपन में माँ को आम्तौर पर बई कहा जाता था। बाई शायद इसका शुद्ध रूप हो मगर बोलचाल की भाषा में शुद्धता-अशुद्धता का क्या महत्त्व?

वैसे मैं ऐसा कोई खास मातृभक्त नहीं रहा। पिता के अभाव में जो स्वतंत्रताएँ मिल सकती थीं, उनका पूरा लाभ माँ के कारण उठाया, जो बाद में एक लेखकीय अनुभव का अभिन्न हिस्सा बना। शायद यह कहना कटु सत्य हो कि पिता के अभाव को मैंने जीवन में कभी गहराई से महसूस नहीं किया(भले इस कारण लोग मुझे बेचारा समझते रहे हों।) क्योंकि उनकी तस्वीर तक कभी घर में नहीं देखी। मुझे शुरू से लगता रहा कि पिता होते तो ये स्वतंत्रताएँ मैं कभी भोग नहीं पाता—खासकर आवारगी की आजादी ऐसा सोचना ठीक नहीं है क्योंकि मैं खुद दो बेटों का पिता और दो पोतों का दादा(जी) हूँ। शायद मेरे बेटों ने यह अनुभव न किया हो कि मैं उनकी जिन्दगी में सिर्फ एक अनावश्यक हस्तक्षेप हूँ, आवश्यक उपस्थिति नहीं लेकिन कारण जो भी हो, मेरे सन्दर्भ में यह दुर्भाग्यपूर्ण सोच अपने उस जीवन में देखे, किस उदाहरण का नतीजा थी, इसका स्रोत कहाँ था, यह आज तक जान न सका! लेकिन इस सोच को भी साझा कर रहा हूँ और कामना करता हूँ कि सबके पिता उनके जीवन में काफी देर तक बने रहें और अपने बच्चों के जीवन में सकारात्मक अनिवार्यता की तरह रहें।

बहरहाल बई को सफेद बालों और दिनभर के परिश्रम के कारण आई थकान और उससे उत्पन्न चिड़चड़ाहट के कारण उन्हें हमेशा बूढ़ा ही पाया। आज उनकी चिड़चड़ाहट ही ज्यादा याद आती है, शब्दों से झलकता प्रेम कम। ऊपर की कविता उन विरल मधुर अनुभवों का हिस्सा है, जिनकी याद से यह कविता बनी है। सचमुच जब वह जगाती थीं तो क्षणभर को नींद में बाधा पड़ती, फिर नींद और गहरी हो जाती थी।

बई की इस हालत का कारण उनके कठिन जीवन संघर्ष में रहा होगा, जिसने जीवन के कुछ अन्तिम वर्षों में उनका मानसिक सन्तुलन गड़बड़ा दिया था। एक दिन वह मेरे जागने से पहले घर में पड़ी बेहद जंग लगी तलवार लेकर गली से बाहर सड़क पर निकल गईं। उस तलवार से किसी को चोट नहीं लग सकती थी और न उन्होंने ऐसी कोई हरकत की। उनकी 'हिंसा' हाथ में तलवार के बावजूद शब्दों तक सीमित थी। एक बार पता नहीं किसने कहा या क्या हुआ कि एक ओझा को बुलाया गया जो देवी या पता नहीं, किस देवता को खुश करने के नाम पर पूजा सामग्री, मुर्गा और दारू के नाम पर काफी रुपये ले जाता था। जिस समय उसे तथाकथित रूप से देवी-देवता की पूजा करने जंगल में कहीं होना था, वह एक जगह मुझे जुआ खेलते हुए मिला। मैं समझ गया कि यह जालसाज है मगर दूसरी बार बई ने खुद कहा कि उसे ही बुलाओ, वही भूत-प्रेत उतारेगा। मुझे शायद लगा कि इससे उन्हें मानसिक राहत मिलती है तो यही सही।

वह मेरे जीवन का बेहद कठिन समय था। बई कुछ काम करने की स्थिति में नहीं थीं। दाल-रोटी बनाना, घर की साफ-सफाई करना, पानी भरना समेत सब काम मुझे करने होते थे। साथ में पढ़ने भी जाना होता था, घर में कुछ पढ़ना भी होता था। माँ की मानसिक हालत ऐसी नहीं थी कि उन्हें घर में अकेला छोड़ा जा सके। भारी मन से स्वीकार करता हूँ कि जितनी देर घर से बाहर रहने की मजबूरी थी, उन्हें रस्सी से बाँधना पड़ता था वरना पता नहीं, क्या कर बैठें!

दिल्ली लाने पर एक दिन जरूर वह मेरे बाहर जाने पर घर खुला छोड़कर बाहर निकल गई थीं और मेरी जान सूख गई थी कि इस इतने बड़े शहर में उन्हें कहाँ ढूँढूँगा, उन्हें यहाँ जानता ही कौन है? मगर वह पास में ही मिल गईं। यहाँ उनका मानसिक स्वास्थ्य ठीक रहने लगा था, शारीरिक स्वास्थ्य भी ठीक ही था मगर यहाँ अपनी तब की स्थिति में उन्हें निरन्तर रखना सम्भव नहीं था।

ऐसे किसी दस्तावेज का स्मरण नहीं या शायद मैंने इसकी परवाह न की हो, जिससे उनकी ठीक उम्र जानी जा सके। मेरे और उनके बीच अधिकतम 30 वर्ष का भी अन्तर मानूँ (शायद मुझसे पहले भी एक सन्तान हुई थी।) तो 1975 के अन्त में उनकी मृत्यु के समय वह 55-56 की रही होंगी। इतनी जल्दी उन्हें मौत का मुँह देखना पड़ा।

मैं मातृभक्त भले नहीं रहा मगर पहले दिल्ली में और फिर बम्बई चले जाने पर बई की चिन्ता सदा रही। उनके स्वास्थ्य से चिन्ताकुल होकर एक बार फ्रीलांसिंग के दौरान दिल्ली से शाजापुर लौट आया था। दिल्ली में रहते हुए जब भी सम्भव हुआ, उन्हें लाता रहा, खुद भूखा मरने का संकट दिखने लगता तो किसी न किसी बहाने वापिस भेज देता। लेकिन जब वाकई मेरे अच्छे दिन आए, टाइम्स समूह में नौकरी लग गई, ऐसा लगा कि अब बई को आर्थिक चिन्ताओं से मुक्त कर सकता हूँ, सुख-आराम दे सकता हूँ, तब एक दिन के लिए भी उन्हें साथ नहीं रख पाया। दोष किसी का नहीं, परिस्थितियाँ प्रतिकूल थीं। उस समय एक कमरा भी ढंग का बम्बई में नहीं मिल पाया। 'दिनमान' के दिनों से मेरे अनन्य शुभचिन्तक रहे नेत्रसिंह रावत के एक घनिष्ठ मित्र ने मेरी आर्थिक सीमा में जो कमरे बताए, वे झुग्गी-झोंपड़ी इलाके में थे। मैं इतना जनवादी भी कभी नहीं हो पाया कि ऐसे इलाके में रह सकूँ और भी प्रयत्न किए मगर तब सफलता नहीं मिली। जल्दी से जल्दी दिल्ली स्थानांतरण चाहा, जो सम्भव न हो सका।

और ऐसी हालत में जो हो सकता था, हुआ। सोनी परिवार ने जितना हो सका, किया। तब प्रशिक्षु पत्रकार था तो बार-बार छुट्टी मिलना सम्भव नहीं था। जीवन की पहली ढंग की नौकरी इस कारण छोड़ने का साहस भी कैसे कर सकता था, जो न जाने कितने धक्के खाने के बाद मिली थी! अन्त में जब बई के पास शाजापुर पहुँचा, उनकी हालत बेहद खराब थी, वे परिस्थितियाँ भी, जिनमें वह बिस्तर पर थीं। अपने

पर, अपने हालात पर रोना आया। तुरन्त सरकारी अस्पताल में भर्ती करवाया, निजी अस्पताल का जमाना अभी शाजापुर जैसी छोटी जगह पर आया नहीं था। हालात भी मेरे इतने बेहतरीन नहीं थे कि उन्हें इन्दौर के प्रसिद्ध सरकारी अस्पताल एम वाई तक ले जा सकता। तीन-चार दिन बेहद कठिन जीवन संघर्ष उन्होंने किया। दिनरात उन्हें कोई देखे, इसकी जरूरत थी। सोनी परिवार में बच्चे छोटे थे, बहन कभी बहुत स्वस्थ नहीं रहीं, सारा दारोमदार सोनी मामा पर था—स्कूल चलाना, सौदासुलुफ लाना, रोजीरोटी के कुछ और छोटेमोटे जुगाड़ करना। आठ घंटे बई की देखभाल कर सके, ऐसी कोई नर्स भी नहीं मिल सकी, ताकि मैं चार-छह घंटे चैन की नींद सो सकूँ! हालत यह हो गई कि यह बताते भी अब शर्म नहीं कि यह दुआ करने लगा कि या तो मैं मर जाऊँ या वह या दोनों एकसाथ, ताकि यह किस्सा खत्म हो। अन्त उनका ही आया, मैं आज तक जिन्दा हूँ।

बड़ों की सलाह हुई कि अन्तिम संस्कार हिन्दू रीति से हो। दूसरा कुछ सम्भव भी नहीं था। यहाँ तक कि अनिच्छा के बावजूद सिर भी मुड़वाना पड़ा। अन्तिम संस्कार के समय मैं पत्थर बन चुका था, एक आँसू तक नहीं बहा। रातभर उनके शव के पास बैठने की स्मृति एक कविता में दर्ज है। ब्याह कर सोनी परिवार के घर में कदम रखते ही खूब रोना आया। इतना कि फिर आसानी से रुका नहीं। बड़ी मुश्किल हुई अपने को सँभालने में। करीब तीन महीने के बाद ही विवाह करने का एक कारण वह भयानक अकेलापन था, जिसे शादी, फिर बच्चों, फिर ससुराल के तमाम रिश्तेदारों के रूप में एक भरेपूरे परिवार के प्रेम ने हमेशा के लिए भर दिया।

मेरी पहली शिक्षक

मेरी पहली शिक्षक मेरी माँ थी। उसने बिना कहे कहा कि ये जो शेर बने फिरते हैं, दरअसल ये चूहे हैं, तू इनसे डरा मत कर। हार भी जाए तो इनसे डरना मत। कभी-कभी चूहे घर में बहुत हो जाते हैं तो उनसे बहुत डरना पड़ता है। याद है न तेरे बचपन में जब रात को तू गहरी नींद में सोता रहता था तो चूहे तेरी पगथलियों की पतली चमड़ी खा जाया करते थे और न मैं, न तू उनका कुछ कर पाते थे मगर वह पतली चमड़ी फिर आ जाती थी! भूला तो नहीं न यह बात!

तब के पिता

अब तो खैर कम से कम मध्य और निम्नमध्यवर्ग में स्थितियाँ सकारात्मक ढंग से काफी हद तक बदली हुई लगती हैं मगर मैं अपने बचपन को याद करता हूँ तो तब ऐसा नहीं था। मैं यह बात एक सामान्यीकरण करते हुए कह रहा हूँ और जरूरी नहीं हर मामले में शत-प्रतिशत यही सही हो।

पिता तो मेरी इतनी कम उम्र में चले गए थे कि उनकी कोई स्मृति नहीं मगर अब याद करता हूँ तो दूसरों के पिता अपने बच्चों से लाड़-प्यार प्रकट रूप से नहीं जताते थे। अपवाद रहे होंगे, तब भी मगर नियम यह था कि अपने बेटे-बेटी को गोद में लेकर प्यार नहीं जताना है, कन्धों पर चढ़ा कर नहीं घुमाना है, उन्हें यथासम्भव साथ नहीं ले जाना है या वह पिता के आसपास मंडराता रहे, इतना निर्भय उसे नहीं बनने देना है। यानी लाड़ जताने का कोई भी उपक्रम नहीं करना है। हाँ पिता घर में है या बाहर गया है तो भी यह अहसास दिलाते रहना है कि उन पर कड़ी निगरानी रखने वाला, उन पर पूरा अधिकार रखने वाला कोई है। उन्हें डाँट-फटकार लगाने वाला, काबू में रखनेवाला, जरूरत पड़े तो ठुकाई लगानेवाला कोई है। उसके आतंक से, कोप से बचना मुश्किल है। माँएँ भी हार-थक कर बच्चों को यह कह कर डराती थीं कि आने दे तेरे बाबूजी को, तेरी कुटम्मस नहीं लगवाई तो मेरा भी नाम नहीं। भाई-बहन भी आपस में एक-दूसरे को यह धमकी देते रहते थे। यह धमकी अक्सर काम कर जाती थी—खासकर माँ की, जो घर का सबसे निष्प्रभावी व्यक्तित्व बन कर रहती थी। बेटियों को छोड़ कर घर का कोई भी सदस्य उसे डाँट सकता था। वैसे बेटियों के लिए भी माँ को डाँटना मना नहीं था मगर वे ऐसा शायद ही करती थीं। वे शायद माँ की कीमत आज की तरह तब भी अच्छी तरह समझती थीं।

ऐसा नहीं कि तब के पिता क्रूर होते थे मगर पुरुष वर्चस्ववाद की मानसिकता उन पर इतनी हावी थी कि ऐसे निषेध आवश्यक समझे जाते थे। नवविवाहित जोड़ा चाहकर भी दिन में हँस-बोल नहीं सकता था। देर रात छुप कर, बच कर ही एक-दूसरे के नजदीक आ पाते थे। एक कृत्रिम अनुशासन हमेशा हावी रहता था। अगर पिता नामक जीव घर में है तो अमूमन सबकी नाड़ी खिसकी रहती थी कि पता नहीं कब क्या आदेश जारी हो जाए, कब मार्शल ला घोषित हो जाए। उस समय पिता अपनी सन्तानों से अपने पैर दबवाना भी अपना स्वाभाविक अधिकार समझते थे।

मेरे श्वसुर ने अपनी तीनों सन्तानों के साथ कभी मारपीट नहीं की, न उन्हें डराया-धमकाया। साधु स्वभाव के आदमी थे मगर पत्नी बताती हैं कि वह घर में कहीं से आते थे तो डर लगता था कि अब ये या तो अखबार पढ़ कर सुनाने का आदेश देंगे या कहेंगे, जाओ समाचारों का समय हो गया है, फलाँ घर जाकर

आकाशवाणी के समाचार सुन कर आओ और मुझे बताओ। अब बच्चों का मन इन चीजों में कहाँ लगता है मगर करना पड़ता था। मन मार कर पिता की यह सेवा करना भी एक सजा थी, हालाँकि उस जमाने के हिसाब से यह कोई सजा ही नहीं थी। सम्भव है उनका इरादा अपने बेटे-बेटियों को दीन-दुनिया से जोड़े रखना भी रहा हो मगर हर उम्र की और हर बच्चे की अपनी पसन्दगियाँ और प्राथमिकताएँ होती हैं।

हाईस्कूल के दिनों में मेरे एक अच्छे मित्र से एक दिन अचानक दोस्ती उसके पिता के आदेश से खत्म हो गई। यूँ तो देखने-भालने में मैं भी एक संस्कारी लड़का था, इसलिए उसके पिता मेरे साथ दोस्ती रखने देते थे। एक दिन पीछे-पीछे वह आ रहे थे और मैं झोंक में आकर कुछ शेखी बघार रहा था कि फलाँ को और फलाँ को भी मैं अपनी टाँग के नीचे से निकाल सकता हूँ। उन्होंने यह सुन लिया। बस साहब आदर्शवादी खद्दरधारी शिक्षक पिता ने आदेश जारी किया कि उसका मेरे साथ आना-जाना, मिलना-जुलना बन्द कर दिया। वफादार बेटे ने दोस्ती खत्म कर दी। अवश्य वह संस्कारी बेटा काफी बड़ा अफसर बन गया होगा, हालाँकि ऐसे वफादार बच्चों की प्रतिभा कुंठित हो जाती है। वह कक्षा का सामान्य बुद्धि और दब्बू छात्र था। पिता का ऐसा सख्त अनुशासन था कि जब उसकी हैसियत वाले लड़के टेरेलीन या कॉटन की बढ़िया शर्ट पहनते थे, बेचारा स्कूल में मोटी खादी की पैंट-शर्ट पहन कर आता था। वह बताता था कि उसके घर में पंद्रह अगस्त और छब्बीस जनवरी को ही जलेबी आती है।

बहरहाल तब ऐसा क्यों था, इसके अनेक कारण रहे होंगे। मुझे ऐसा याद आता है कि सन्तान चूँकि पति-पत्नी के बीच सेक्स सम्बन्धों का परिणाम होती है, शायद संकोच का एक कारण यह रहा होगा। बेटे-बेटी से प्यार जताना तब एक तरह की बेशर्मी मानी जाती थी, जबकि अपने पोते-पोतियों, नाती-नतनियों के प्रति प्रेम जताने में वे उदार थे। एक तरफ यह संकोच था, दूसरी तरफ यह भी था कि अगर सन्तान समय पर न हो तो पुरुष नामर्द है, यह बाहर कहा जाता था और घर के लोग इसका दोष स्त्री पर मढ़ते थे। उसे बाँझ बताते थे। मर्द ऐसी हालत में दूसरी शादी कर लेते थे। मर्दानगी का एक प्रमाण छाती पर घने बाल होना था।

लाड़-प्यार जताने से बच्चे बिगड़ जाते हैं, यह धारणा भी थी और अगर लड़का 'गलत राह' पर चल जाए तो दोष उसकी माँ पर मढ़ा जाता था कि उसने लाड़-प्यार में बिगाड़ दिया। हाँ बेटा-बेटी बाप की उम्मीदों पर खरा उतरे तो पिता यह सेहरा अपने सिर पर बाँधने में संकोच नहीं करते थे कि आखिर औलाद किस की है! मैंने ही उसे ऐसे संस्कार दिए, वगैरह। माँ गौरव के इस अवसर से वंचित रखी जाती थी। आज भी यह देखने को मिलता है और सन्तान भी अक्सर अपने पिता को ही सारा श्रेय देती है। कम ही घरों में इसके विपरीत होता है। माँ की मौन तपस्या की उपेक्षा की जाती है. जिसने बचपन से प्यार दिया, पिता से अधिक सन्तान की हर

समय चिन्ता की। पिता के सख्त अनुशासन के दंड से चुपके से अपनी सन्तान को बचाया और 'पोल' खुल जाने पर अपने पति की मार तक खाई। दबंग स्त्रियाँ तब कम थीं, जो पति को होश ठिकाने ला सकें।

मैं यह कहना नहीं चाहता कि मैं या मेरी उम्र के लोग हर हाल में इनसे अच्छे पिता साबित हुए मगर हमारे समय तक ये सामाजिक बाधाएँ मध्यवर्ग में काफी दूर होने लगी थीं। कम से कम दिल्ली महानगर में अपने मित्रों-परिचितों के परिवारों में देखा है कि न केवल पिताओं ने अपने बच्चों पर प्यार जताने में कभी संकोच नहीं किया बल्कि समझ का इतना विकास भी क्रमशः किया कि उन्हें अपने ढंग से आगे बढ़ने दिया। कमियाँ हमारी ओर से भी रहीं, जिन्हें हमारी सन्तानों ने समझा और अपने बच्चों को और बेहतर माहौल दिया। अनुशासन की जो घुटन हम जाने-अनजाने उन्हें दिया करते थे, उससे काफी हद तक उन्हें मुक्त किया।

अपना वह घर

हमारा कच्चा ही सही मगर अपना घर था। तब नया घर बनाने की इच्छा-आकांक्षा-कल्पना भी न थी, न साधन न थे और न इस बारे में सोचने की उम्र थी। फिर भी बचपन में बच्चे, बड़ों के साथ किसी विशेष धार्मिक अवसर पर लगनेवाले मेले में पैदल या बैलगाड़ी में बैठकर जाते—जिसे वहाँ मालवी लोकभाषा में जात्रा कहा जाता है—तो लौटते समय कुछ ही दूरी पर इधर-उधर से पत्थरों के छोटेमोटे टुकड़े बटोरकर ऐसे छोटे-बड़े ढूह बनाया करते थे। लोकमान्यता थी कि जात्रा से लौटने पर ऐसे ढूह बनाने से अपना घर बनाने की आकांक्षा पूरी होती है।

अब पहले की अपेक्षा आबादी के एक बड़े हिस्से में कुछ आर्थिक समृद्धि आई है। जिनका अपना एक मकान है, उनका उसी या दूसरे शहर-कस्बे या गाँव में अधिक बड़ा या बढ़ती समृद्धि का प्रदर्शन करने के लिए पुराने घर को गिराकर नया-विशाल मकान बना है। फ्लैट-दुकान आदि बनाकर किराए पर चढ़ाकर सन्तानों का भविष्य सुरक्षित बनाने की आकांक्षा पनपी है। ऋण मिलने की सुविधाएँ भी अब बहुत बढ़ी हैं।

लेकिन इक्कीस साल की उम्र होने तक—जब मैं शाजापुर रहा—ये जमाना नहीं आया था। रहे होंगे तब भी कुछ अपवाद, जिनकी अधिक जानकारी मुझे नहीं है मगर सामान्यतः ऐसी सोच नहीं पनपी थी। काफी हद तक तब संयुक्त परिवार थे। मकान बहुधा जमीन पर बने एक या हद से हद दो मंजिला होते थे। फ्लैट सिस्टम था मगर अपवादस्वरूप।

मुझे याद है कि पास ही सोमवारिया बाजार में कस्बे की शायद पहली बहुमंजिला इमारत बनी थी—जमनालाल की, तो हम सब सड़क पर खड़े होकर सिर उठाकर उसे एक चमत्कार की तरह देखते थे। वह इमारत चर्चा का विषय थी। उस बिल्डिंग में ऊपर की मंजिल पर जाकर नीचे सड़क पर देखने का अपना ही एक रोमांच था। एक और बहुमंजिला इमारत मीरकलां में थी, जिसकी एक मंजिल पर कॉलेज में हमारे अध्यापक डा.दुर्गा प्रसाद झाला रहा करते थे। अगर स्मृति धोखा नहीं दे रही है तो और कोई बहुमंजिला इमारत नहीं थी। तीसरी इमारत के नाम पर तब के कलेक्टोरेट को याद किया जा सकता है लेकिन लोग जमीन पर ही मकान बनाना पसन्द करते थे। फ्लैट में रहना कोई आदर्श बात नहीं समझी जाती थी, बल्कि उसके प्रति निंदाभाव था। लिफ्ट के बारे में तब मैंने सुना भी नहीं था। यह सब दिल्ली आकर ही देखा-जाना।

अब सब जगह सब बदला है। स्वाभाविक भी है। मेरा वह घर भी अब नहीं है। किसी और की वजह से नहीं, मेरे कारणों से।

पुराने जमाने में पुराने ढंग के घर ही हो सकते थे। ईंट-सीमेंट के भी कुछ थे, शाजापुर(मध्य प्रदेश) में हमारा घर कई और घरों की तरह पुराना और मिट्टी का था। उसकी दीवारों से कभी कहीं, कभी कहीं मिट्टी का एक बड़ा सा टुकड़ा (लेवड़ा) अचानक टपक जाता था। उस जगह को पीले रंग की गीली मिट्टी और लीद के मिश्रण से भरा और समतल किया जाता। इसे छाबना कहा जाता है। इसके लिए किसी राजमिस्त्री की जरूरत नहीं होती थी। माँ और मैं मिलकर यह काम कर लेते थे। कोई चालीस-पैंतालीस साल बाद लेवड़ा शब्द याद आया है।

दीवार में कभी यहाँ, कभी वहाँ चूहे आसानी से अपना बिल बनाते लेते थे। चूहों की धींगामुश्ती से पता चलता था तो उसे बूर (भर) देते। चूहे महाराज फिर कहीं और यह कारस्तानी कर देते। न उन्हें चैन था, न हमें चैन लेने देते थे। मनुष्यों-चूहों का छापामार युद्ध लगभग हर घर में चलता रहता था। न ससुरे वे मानते, न हम मगर यह और छापामार युद्धों से अलग शुद्ध अहिंसक और शान्तिपूर्ण था। न वे हताहत होते थे, न हम। स्वाभाविक ढंग से किसी छुपी हुई जगह में कई बार कोई चूहा मरा हुआ भी पाया जाता था। बदबू आने पर खोज शुरू होती। चीजों को इधर-उधर सरका कर उसे ढूँढा जाता। उसकी पूँछ पकड़कर सड़क पर किसी जगह पड़े कचरे पर फेंक दिया जाता। कई बार चुहिया बच्चे जनती। छोटे-छोटे गुलाबी-मुलायम बच्चे, हर बच्चे की तरह मासूम लगते। याद नहीं कि उन्हें उस हालत में फेंका हो कभी। हल्का सा याद आता है कि उन बच्चों को गत्ते पर रखकर घर से बाहर किसी सुरक्षित जगह पर रख देता था, जहाँ कुत्ते-बिल्ली के आने की आशंका नहीं होती थी। किसी भी हालत में न चूहों से हमें मुक्ति मिलती थी, न चूहों को हमसे। हमारे आज के इस पक्के घर में भी छह-आठ महीने में

कोई चूहा आ जाता है। उसे भी रोटी के लालच में चूहेदानी में फँसाकर बाहर छोड़ आते हैं।

यह तो हुई कच्चे घर में चूहा-मनुष्य की छापामार लड़ाई का एक खाका। घर का मुख्य दरवाजा—जैसा कि अमूमन होता था—लकड़ी का होता था। उस पर गेरुआ रंग पुता था। दरवाजा पेंट कराने या वार्निश करवाने जैसी कल्पना तब मुझे नहीं थी। मैंने पेंट के डिब्बे देखे हैं, ऐसा याद नहीं। होते होंगे मगर मेरी स्मृति में दर्ज नहीं है। दीवाली से पहले यह मेरी जिम्मेदारी थी कि लकड़ी के दरवाजे तथा लोहे की जालीदार पत्तियों की बनी जाफरी को खाने के तेल से पोतूँ। पोतने के लिए फटे कपड़े की चिन्दी इस्तेमाल करता था। खासकर लोहे की बारीक पत्तियों पर तेल पोतते-पोतते हाथ दुख जाते थे मगर दरवाजे चमक जाते थे। उससे पहले बाहरी दीवार भी खड़िया से पोतता। कुछ दिन तक चमक रहती। लोहे की पत्तियाँ इस कारण पानी की तेज बौछारों के बावजूद सड़ने से बच जाती थीं।

हर घर में लकड़ी के दरवाजे में साँकल हुआ करती थी। इस साँकल को ऊपर नकुचे में फँसाया जाता। ऊपर से ताला लगा दिया जाता या कहें कि जड़ दिया जाता था। आसपास जा रहे हों, जल्दी आना हो तो कुत्ते-बिल्ली से बचाव के लिए साँकल अटकाना पर्याप्त था। कुछ घरों के मुख्य दरवाजे में ऊपर भी साँकल होती थी और नीचे भी। नीचे की साँकल का नकुचा देहरी में लगा होता। कस्बे से घर के सभी लोगों के बाहर जाने की स्थिति में दोहरी सुरक्षा यह इन्तजाम था। अन्दर से दरवाजा बन्द हो तो उसे खुलवाने के लिए साँकल पीटना पड़ता था। उस जमाने की समझो, वह दरवाजे पर लगी घंटी थी। हमारे यहाँ के एक पड़ोसी ने पिछले दिनों अपने घर के बाहर मन्दिरवाली छोटी घंटी लगवाई थी। कोई आता तो उसे बजाता। कुछ दिनों तक यह शौक उन्होंने पूरा किया। बाद इसे हटवा दिया।

पुराने दरवाजों के ताले भी पुराने होते—तरह-तरह के आकार-प्रकार के। इनमें से कुछ ताले जैसलमेर की बापना की हवेली में भी देखे थे। ब्रांडेड ताले भी होते होंगे तब मगर अपना वास्ता तो लोकल तालों से पड़ा था। लोकल और ब्रांडेड जैसे तालों के उच्च-निम्न वर्ण होने की जानकारी मुझे नहीं थी, इसलिए लोकल ताला इस्तेमाल करने की पीड़ा या हीनता भी नहीं थी। इतना जरूर आज याद आता है कि आज के ब्रांडेड मगर कल्पनाहीन तालों की अपेक्षा उनमें कल्पना और कारीगरी का कमाल होता था। ताले आयताकार भी होते थे, वर्गाकार भी, गोल भी। हमारे यहाँ दोनों ताले वर्गाकार थे। एक ताला रोज लगाना पड़ता था—दिन में भी। कभी माँ काम पर पहले जातीं, कभी मैं स्कूल-कॉलेज के लिए उनके बाद जाता था। यूँ ही दोस्तों के साथ भटकने निकल जाता। कभी ये क्रम उलटा होता। ये देसी ताले मेरी इक्कीस साल की उम्र तक काम आए। एक ताले की चाभी तो ताले की लम्बाई से बड़ी थी, उसकी चौड़ाई जरूर कम थी। एक ताला दो हिस्सों में था। दूसरे हिस्से

में दो लम्बी नोकें थीं, जिन्हें पहलेवाले भाग में फँसाने पर ताला बन्द हो जाता था। खोलने के लिए चाबी का उपयोग करना होता था। कुछ तालों की चाभी पेचदार होती। अलीगढ़ी तालों का तब भी नाम था मगर ऐसा याद है कि वे भी छोटे कारीगरों के बनाए होते थे। अब के ताले मजबूत होते होंगे मगर उनमें ठसपन है, भले ही वे 'अपनी ही चाबी से खुलते हैं।'

खटमल और रात

किसी जीव ने रातों को सोने नहीं दिया बचपन और जवानी में तो वे थे खटमल। हम माँ-बेटे दो छोटे कमरों के घर में रहते थे। ऊपरवाले कमरे में साथ ही रसोई भी थी। नीचेवाले कमरे में रात को पढ़ता भी था, सोता भी था। वहाँ एक बड़ा ड्रम था और एक उसी आकार की लोहे की चौकोर और एक मिट्टी की कोठी भी। इसके अलावा एक बड़ा सा सन्दूक भी था। इसमें संस्कृत की पुरानी पोथियाँ थीं। एक बड़े आले के दोनों हिस्सों में भी पोथियाँ पड़ी रहती थीं। पास सीढ़ियों पर पंडेरी (पीने का पानी रखने के बर्तनों की जगह भी) थी, जहाँ दो बर्तनों में पानी रखा जाता था। सीढ़ियों के नीचे दीवार के अन्दर एक बड़ा सा भंडारगृह भी था, जहाँ दान-दक्षिणा में मिले ढेरों बर्तन थे। और भी छोटामोटा अटाला (फालतू सामान) जमीन पर पड़ा रहता था। हाँ उस बड़े से सन्दूक के ऊपर रजाई/गद्दे भी पड़े रहते थे। ऊपर से कच्चे घरों में आनेवाली सीलन और उसके मिश्रण से उठी मिट्टी की मीठी-मीठी गंध आती रहती थी। थोड़ी सी जगह बचती थी, जिसमें सो सकें या कोई मेहमान आ जाए तो सतरंजी (दरी) बिछाकर उस पर बैठा सकें। ऐसे मेहमान साल में एक बार आए तो आए। इन अनुकूल परिस्थितियों में खटमलों का पलना और बढ़ना सामान्य और स्वाभाविक था सारी चीजें जरूरी थीं और हम दोनों प्राणियों का रहना भी।

तो खटमल काटते थे। गर्मियों में तो घर के दूसरे हिस्से में बने आँगन में सोता था। ठंड में वे रजाई-गद्दों में घुसे रहते थे। इन्हें दिन में धूप दिखाओ तो भी रात को इनकी फौज की कई टुकड़ियाँ आ जाती थीं। इनका काटा चैन से सो नहीं सकता। एक कटोरी में मिट्टी का तेल रखकर इन भागते प्राणियों को पकड़ने में सफलता मिलने पर उसमें टपका देते थे। फिर सोते, फिर खटमल आ जाते। शरीर पर लाल चकत्ते पड़ जाते। खुजली होती। किसी तरह रात गुजरती। अगर खटमलों को मारना हिंसा है तो मैंने भी वह खूब की है।

दिल्ली में पहला कमरा लिया तो उसे दो रात बाद ही मच्छरों की भीषण कृपा से छोड़ना पड़ा। मच्छरों से तो अभी भी मुक्ति नहीं। मुक्ति मिल सकती है, यह सोचना

भी बन्द कर दिया। बम्बई में एक कमरा किचन सहित मिला तो वहाँ तिलचट्टों ने भयानक रूप से जीना हराम किया। जहाँ देखो, वहाँ तिलचट्टे। अब कभी-कभी दिल्ली में तिलचट्टे परेशान करते हैं मगर बम्बईवाली स्थिति नहीं।

पादने की गोली

हमारे मालवा में पादना बड़ी स्वाभाविक-सी चीज है, जो कि वैसे है भी। इसकी बात करने के बारे में कोई संकोच नहीं होता। बचपन में तीन-चार बच्चे मिलकर एक खेल खेलते थे। मान लीजिए चार में से किसी ने पाद मारा। पता नहीं चला कि किसने मारा और जिसने मारा, वह इनकार कर रहा है या ऐसा न भी हुआ हो तो भी यह खेल पास बैठकर खेला जाता था। एक कोई बच्चा, एक-एक बच्चे के सामने उँगली ले जाकर इनमें से एक-एक शब्द, एक-एक के सामने उँगली ले जाकर गाते हुए से बोलता—"आ दा, पा दा, लोंग, स वादा, क च् ची, के री प क् का आ म, ढाँ य, ढू स्स, पा दा, फु स्स।" तो 'फुस्स' शब्द बोलते समय उँगली जिस पर रखी गई, माना जाता था या खेल में माना जाता था कि वही पादा है। वह कहता—"में नी पादा" तो फिर यह खेल शुरू हो जाता। इस तरह हर बार फैसला बदलता रहता।

हमारे यहाँ एक मुहावरा था/है (मालवी हिन्दी में)—"याँ बेठा-बेठा क्या पाद रिया हे। चल, काम से लग।" या "तूने तो पाद-पाद के बड़ो ढेर कर दियो नी, वो तो म्हारे मालम है" या "यों कईं सड़ो पाद मार्यो हे रे नाना (बच्चा), तूने आज कईं खायो थो?" चार लोगों के बीच बैठकर जोर से—खासकर पुरुषों का पादना—कोई शर्म-झिझक की बात नहीं थी, जैसा कि भद्र समाज में है। यह अनजाने ही उसके खातेपीते होने का सार्वजनिक प्रदर्शन था।

बचपन की बात है। मैं अपनी मुँहबोली बहन और मामा(पति-पत्नी)के स्कूल में छोटी क्लास का अनौपचारिक मास्टर और पाँचवीं-छठी क्लास का अनौपचारिक छात्र था(मुँहबोले मामा की पत्नी ने मुझ बहनविहीन को भाई का दर्जा न केवल दे रखा था, बल्कि अपने सगे भाई से भी ज्यादा मानती थीं)। तो इन बहन को एक दिन मजाक सूझा कि जा बेटा, मोजीलाल जी के यहाँ से पाद की गोली लई आ। बुद्धू तो बचपन से हूँ तो मैंने सोचा वाकई ऐसी कोई गोली होती होगी। मैंने जाकर कहा—"बा म्हारे पाद की गोली चय्ये।" "पाद की गोली? या कईं होय? जा भाग।" मैं बेचारा खाली हाथ वापिस पहुँच गया।

बहन ने मुस्कुराकर पूछा—"मिली?" मैंने कहा—"विन्ने तो नी दी। कयो कि

ऐसी गोली नी होय, ने म्हारे भगई द्यो।" इसके बाद वो इतनी हँसीं, इतनी हँसीं कि रोते-रोते मुझे भी हँसी आ गई।

बाद में जब तक वह जिन्दा रहीं, दिल्ली से जाता तो मुस्कुराकर एक बार जरूर याद दिलातीं—"विष्णु, बेटा पाद की गोली। थारे याद हे नी, तू मोजीलाल के याँ लेने गयो थो।" मैं मुस्कुरा देता।

डालडा की औलाद

मेरे होश सँभालने तक वनस्पति घी का चलन शाजापुर जैसी छोटी जगह पर भी होने लगा था। वह असली घी की अपेक्षा लगभग आधी कीमत में मिलता था, इसलिए गरीब घरों में और जेवनार में वनस्पति घी का प्रचलन था। सबसे पहले डालडा ब्रांड वनस्पति घी बाजार में आया। उसके बाद ही रथ ब्रांड वनस्पति घी आया लेकिन तब तक डालडा ब्रांड का साम्राज्य इतना छा चुका था कि वनस्पति घी मात्र का नाम डालडा पड़ चुका था। थोड़े समृद्ध असली घी ही खाते थे बल्कि गरीब घरों में भी थोड़ा ही सही असली घी लाने की कोशिश होती थी। हाँ ज्यादा मेहमान हों तो पूड़ियाँ वनस्पति घी में तली जाती थीं। जलेबी भी असली घी और वनस्पति घी की मिलने लगी थी।

शादी या मृत्यु भोज में वनस्पति घी का इस्तेमाल होने लगा था। बहुत से नकचढ़े डालडा से बनी रसोई में नहीं जाते थे।'म्हार से डालडो नी खवाय।' इसमें अतिशयोक्ति भी नहीं कि जो स्वाद असली घी में आता है, वनस्पति घी में नहीं। यह भी माना जाता था—जो शायद सही है—कि शरीर को जो ताकत असली घी से मिलती है, वनस्पति घी से नहीं। इसीलिए हमारी पीढ़ी का खासकर कोई छोरा काम में बुजुर्गों के सामने ढीलापन दिखाता या उसे करने में मुश्किल आती तो बड़े-बुजुर्ग कहते थे—"या डालडा की औलाद है, इनसे काम नी होय। चल हट", यह कहकर बूढ़े वह काम खुद करने लग जाते थे और इस पर गौरवान्वित होते थे कि उन्होंने जिन्दगीभर असली घी खाया है और अब भी वही खाते हैं। वे चूँकि हमारी पीढ़ी से भी अधिक गरीबी में पलेबढ़े थे तो उन्हें शारीरिक श्रम का अधिक अभ्यास भी था।

डालडा के प्रचलन का एक असर यह भी हुआ था कि आसपास के गाँवों से आनेवाले कई गौपालक रविवार के दिन असली घी के नाम पर चालाकी करके ऊपर-ऊपर असली घी और नीचे-नीचे डालडा हंडिया में लाकर बेचने आते थे। हमारे पड़ोसी सोनी जी असली घी के एक्सपर्ट थे। वह अच्छी तरह, ऊपर-नीचे जाँच करके, सूँघकर घी खरीदते थे और हमें भी खरीदवाते थे। हमारे यहाँ गरीबी

के बावजूद असली घी और घानी के मूँगफली तेल का इस्तेमाल होता था। रोटी या चावल में घी इफरात से नहीं डाला जाता था और पराँठा (मालवी में पोतवाया) बनाने की जिद करो तो तेल के बनते थे। एक-दो बार ही असली घी के पराँठों का स्वाद बचपन में चखा। दाल में बघार घी का लगता था, सब्जी में तेल का। हम आज तक वनस्पति घी में बघरी सब्जी नहीं खा पाते, जो चलन मैंने यहाँ के पंजाबी घरों में देखा है।

डालडा पहले टिन के एक गोलाकार डिब्बे में आता था, जिसमें खासकर रसोई के उपयोग की चीजें रखी जाती थीं। पीले रंग के डिब्बे पर हरे रंग की पत्ती बनी होती थी। अब यह बाजार में प्लास्टिक की थैली में मिलता है मगर एक ब्रांड के रूप में इसकी पहुँच और लोकप्रियता बहुत घट गई है। गूगल ज्ञान के अनुसार बीसवीं सदी के शुरू में हाइड्रोजनीकृत इस तेल को डच कम्पनी डाडा बनाती थी और हमारे यहाँ इसका आयात होता था। फिर एक डच-ब्रिटिश कम्पनी लीवर ब्रदर्स इंडिया लिमिटेड(अब हिन्दुस्तान लिवर लिमिटेड) ने 1933 में इसका उत्पादन करना शुरू किया। डच कम्पनी ने इस कम्पनी को इस शर्त के साथ भारत में उत्पादन की अनुमति दी थी कि इसमें हमारे ब्रांड नेम की झलक होना चाहिए, सो डा और डा के बीच लिवर का ल और जुड़ गया और डाडा, डालडा बन गया। अब इसका उत्पादन कोई और कम्पनी करती है।

पचास के दशक में एक सांसद ने लोकसभा में निजी विधेयक पेश कर इसके उत्पादन और बिक्री पर रोक लगाने की माँग की थी मगर इससे मिलनेवाले रोजगार आदि पहलुओं पर विचार करने के बाद यह विधेयक पारित न हो सका।

यातना का स्कूल

पिछली सदी के छठे दशक में जब मैं स्कूली पढ़ाई कर रहा था, तब 'छड़ी पड़े छम-छम, विद्या आए धम-धम' का सिद्धान्त सर्वस्वीकृत था। माता-पिता-अध्यापक सब, इसे मानते थे। छात्र की क्या हैसियत कि इसका विरोध कर सके और करे तो किसके सामने करे? मैं तो जिस स्कूल में शुरू में पढ़ा, वहाँ मार और अपमान के अलावा कुछ और याद नहीं आता।

पहली याद उस अपमान की है, जो स्कूल जाने के लिए बाध्य करने के लिए भुगतना पड़ा था। तब हमारे प्राथमिक स्कूल के एकमात्र अध्यापक ठाकरे साहब ही वह कारण रहे, जिनके आतंक की वजह से मैं स्कूल जाने से बेहद कतराता था। यह भी हो सकता है कि निरुद्देश्य भटकने की मेरी आदत के कारण स्कूल

जाना पसन्द न आता हो, जिसे मैंने अपनी रचनात्मक खुशी के लिए जीवन में अभी-अभी तक बनाए रखा।

उस दिन असली कारण जो भी रहा हो, मैं स्कूल नहीं गया था। कस्बे में अकेला यूँ ही भटक रहा था। शायद थक चुका होगा, इसलिए बड़े चौक और छोटे चौक को मिलानेवाली छोटी सड़क पर अक्सर बन्द रहनेवाले मजार के बाहर पटरी पर मजे से बैठा था। बच्चे को कब टट्टी-पेशाब आने लगे, इसका कोई पक्का नियम तो होता नहीं, जो आपातस्थिति में ही टूटे तो टूटे! भर दोपहर में ही इन भाईसाहब को पाखाना आने लगा।

वैसे अब याद आ रहा है थोड़ी दूर ही एक सार्वजनिक शौचालय था। बच्चों को वहाँ जाने की न आदत होती है, न सूझती है। तो घर की खुड्डी ही याद आई, जो संयोग से हमारे घर के दूसरे हिस्से में थी, जहाँ जाने का एक अलग दरवाजा था। मैं उस सड़क से घर की ओर आ रहा था, जो दोपहर में लगभग सूनी रहती थी मगर संयोग कि मेरे मुँहबोले मामा प्रेमनारायण सोनी उधर से ही मुझे साइकिल से ढूँढ़ते आ रहे थे।

उन्होंने बड़े प्रेम से पूछा—"तू कहाँ जा रहा है बेटा?" मैंने बताया कि घर जा रहा हूँ। उन्होंने प्यार से कहा कि तो बैठ मेरी साइकिल पर। उन्होंने साइकिल की दिशा घर की ओर मोड़ दी। मैं इस आग्रह को न ठुकराने की स्थिति में था, न इसमें कोई लाभ था। पकड़ में सहज ही आए इस शिकार को वह यूँ ही छोड़नेवाले नहीं थे!

खैर मैं घर लाया गया। पाखाने तो शायद जाने दिया गया होगा। साथ ही शिकार पर चोखी नजर भी रखी गई होगी। फिर रस्सी से बाँधकर पिटाई की गई। मुझे अच्छी तरह याद है, मैंने अपनी माँ को हर सम्भव गंदी-गंदी गालियाँ दी थीं। इस कारण और भी मार पड़ी होगी। फिर मेरे दोनों हाथ रस्सी से बाँधकर और बँधे हाथों में ही स्कूल का लोहे का छोटा रंगीन बक्सा—जिसे हम पेटी कहते थे—पकड़ा दिया गया। फिर इस हालत में मेरा 'जुलूस' निकाला गया—उस समय के मुख्य मार्ग सोमवारिया बाजार से। इस तरह मैं वजीरपुरा स्कूल पहुँचाया गया। पीछे-पीछे हर्षित बच्चे थे। मेरा जुलूस दुकानदारों और उनके ग्राहकों ने भरपूर देखा।

यह 'जुलूस' जब पहुँचा, तो रिसेस चल रही थी। माँ ने कहा—"ठाकरे साब इसे पकड़कर रखो।" ठाकरे साहब ने मेरे चेहरे पर लिखा डर पढ़ लिया होगा, कहा छोड़ दो इसे बच्चों के साथ, अब यह नहीं भागेगा। यही हुआ। मैं कहीं भागा नहीं। कहते हैं मार के आगे भूत भी भागते हैं मगर मुझ पर मार के कारण डर का भूत चढ़ गया। सब सहा मगर तब से स्कूल नियमित रूप से जाता रहा।

ठाकरे साहब से डर इतना लगता था कि एक बार तो पेशाब बहुत जोर का आया मगर या तो कहने की हिम्मत नहीं हुई या फिर उन्होंने छुट्टी नहीं दी होगी, यह सोच कर कि बहानेबाजी कर रहा है। लिहाजा कक्षा में ही बनी ओखली में

मूत छूट गया। जाहिर है टाटपट्टी का उतना हिस्सा भी मूत से गीला हो गया और ओखली भी भर गई। माँ को ही उसे साफ करने के लिए स्कूल बुलाया गया।

इस स्कूल में मैं तीसरी कक्षा तक पढ़ा मगर पास-फेल के अलावा कितने, किसके नम्बर आए, कौन सी किसकी श्रेणी आई, यह नहीं बताया जाता था। किले स्कूल में चौथी कक्षा की छमाही परीक्षा के बाद जब पहली बार प्रथम श्रेणी से पास होने की सूचना मिली तो भरोसा नहीं हुआ।

गरीब विधवा माँ की सन्तान था तो ठाकरे साहब के स्कूल में झाड़ू लगाना और टाटपट्टी बिछाना भी हमीं जैसों का 'स्वाभाविक कर्तव्य' हुआ करता था। उस स्कूल में यातनाओं का अन्त नहीं था। मुझे तो याद नहीं मगर माँ या मामाजी ने कभी बताया था कि ठाकरे साहब ने स्कूल के पहले साल में मुझे इसलिए फेल कर दिया था कि मैं उनके यहाँ ट्यूशन करने नहीं जाता था, जिसकी फीस तब दो रुपये होती थी। ट्यूशन करने के बाद फिर पास होता गया। वैसे ट्यूशन की फीस के अलावा उनके घर के कनेर के पौधों को पानी देना भी एक काम था, जिसे करने में तब अपमान नहीं महसूस होता था।

स्कूल में जहाँ ठाकरे साहब बैठते थे, उनके पीछे एक और कमरा था, जिसका दरवाजा बन्द रहता था। उसकी देहरी के पीछे हरी-हरी कई बेंतें रखी रहती थीं। इसके अलावा उनका मजबूत हाथ तो था ही—झापड़ रसीद करने के लिए सदैव तत्पर। कब पड़ जाए, हमेशा डर लगा रहता था। एक बार सवाल का हल सही होने पर भी झापड़ पड़ गया। झापड़ मारने के बाद उन्हें मेरे सवाल के सही होने का भान हुआ। मार से लाल हो चुके गाल को सहलाने से भी डरे हुए मुझसे—जैसे माफ करते हुए उन्होंने कहा—"जा-जा ठीक है।" क्या करता गाल सहलाता हुआ आकर बैठ गया!

उस जमाने में थोड़े सम्पन्न घरों के बच्चों को भले ही नाक पोंछने के लिए रूमाल दिया जाता हो—हालाँकि इसकी ठीक से याद नहीं—मगर आमतौर पर बच्चों की माँएँ या तो फटीपुरानी साड़ी का एक टुकड़ा रूमाल के रूप में दे दिया करती थीं या वह भी नहीं देती थीं। बच्चों की नाक गंदगी से भरी रहती थी—जिसे मालवा में सेबड़ा कहते हैं। बच्चे कक्षा में सुड़-सुड़ करते रहते। ठाकरे साहब देखते कि यह बच्चा ज्यादा ही सुड़-सुड़ कर रहा है तो आदेश देते—"इधर आ रे।" बच्चा डरते-डरते उनके करीब जाता। उसे अपने सामने घुटनों के बल बैठाते। फिर उसके दाहिनी हथेली को उस तरह मोड़ने के लिए कहते, जैसे नल से या प्याऊ से बिना गिलास के पानी पीने के लिए कहते हैं, जिसे ओख से पानी पीना भी कहा जाता है। फिर उसकी नाक का ऊपरी सिरा वह खुद पकड़ते और कहते—"जोर लगा और जोर लगा।" जब अन्दर का सारा 'माल' बाहर आ जाता तो हथेली को उसी तरह मोड़े हुए ही बच्चे से बाहर जाकर उसे खुली नाली में फेंकने और फिर किसी

बच्चे को भेजकर उससे हाथ-नाक धुलवाने को भेजते। इससे हम बच्चों का कुछ मनोरंजन भी होता, घिन भी आती और डर भी लगता कि अगली बार हमारा भी इसी तरह सार्वजनिक नाक छिनक उत्सव मन सकता है।

उस स्कूल में कम से कम मेरे साथ आखिरी हादसा होते-होते बचा। ठाकरे साहब ने हमें बताया कि अगले सत्र से चौथी कक्षा भी इसी स्कूल में खुलने जा रही है। मेरे तो यह सुनकर प्राण सूख गए कि हे भगवान इतनी छोटी-सी उम्र में इतनी सजा क्या कम थी, जो चौथी कक्षा भी यहाँ खुल रही है? सौभाग्य से उस सत्र में तो चौथी कक्षा शुरू नहीं हुई। जान बची लाखों पाए! चौथी के बाद के स्कूल अच्छे थे, इस स्कूल के मुकाबले तो कहूँ, स्वर्ग थे! वैसे मेरे इस स्कूल में भी सफेद धोती, सम्भवत: पीला कुर्ता और सिर पर टीका लगाने वाले एक अध्यापक बाद में आए थे, जो सौम्य थे और मारते-पीटते भी होंगे तो ठाकरे साहब की तरह नहीं मगर उन्हें एक दिन भी हमारी क्लास लेने का सौभाग्य प्राप्त नहीं हुआ।

मैं जब हायर सेकंडरी या बीए में आया, तब तक ठाकरे साहब रिटायर हो चुके थे और स्कूल के करीब-करीब सामने ही बने अपने घर की एक बड़ी सी खिड़की से सड़क पर आते-जाते लोगों को देखते रहते थे, यही उनका मनोरंजन था। मैंने भी उधर से आते-जाते उन्हें कई बार प्रणाम किया। उनकी पत्नी एक सीधीसादी, दुबली-पतली, पैरों में धोती की तरह पुराने ढंग की महाराष्ट्रीयन साड़ी पहनती थीं। चेहरा भी उनका सूखा-सा था, गाल पिचके थे। उनकी नाक की चाँदी की लौंग चेहरे पर चमकती थी। शायद उनके चेहरे के पिचके होने के कारण ही उनकी धँसी हुई आँखें बाहर निकली हुई नजर आती थीं। उनका एकमात्र बेटा—जो उम्र में मुझसे काफी बड़ा था—मित्रवत ही, हल्के-फुल्के ढंग से व्यवहार करता था। पति-पत्नी एक-दूसरे से उदासीन लगते थे, हालाँकि वह अपने दैनिक समझे जानेवाले 'कर्तव्यों' का पालन किया करती थीं। वह कहाँ जातीं, क्या करतीं? बच्चों के आने से, पेड़ों को पानी देने में उनके मदद करने से, वे प्रसन्न नजर आती थीं।

पेम-पट्टी

विनोद कुमार शुक्ल की एक कविता की कुछ पंक्तियाँ इस प्रकार हैं :

रायपुर के पास सेलुद गाँव की बच्ची
स्लेट पट्टी पर लिखे को पानी से मिटाकर
पट्टी को हवा में झुलाते हुए गाती है

समुद्र का पानी समुद्र में जाए
मोर पट्टी सूखी जाए।

विनोद जी ने रायपुर के पास सेलुद गाँव की बच्ची की बात की है मगर मेरा खयाल है कि उस बच्ची ने विनोद जी को उनका भी बचपन याद दिला दिया होगा और विनोद जी ने मेरा भी। शाजापुर में तब मैं ही क्या, हर स्कूली बच्चा स्लेट पट्टी पर लिखता-मिटाता था और हवा में पट्टी को झुलाकर उसे सुखाता था। छत्तीसगढ़ी भाषा का समुद्र मालवी में नदी बन जाता है, जबकि न तो छत्तीसगढ़ में समुद्र है, न मालवा में :

म्हारी पट्टी सूखी जाय
नदी को पानी, नदी में जाय।

पट्टी सुखाने के लिए यह भी गाते थे :

सूख-सूख पट्टी
चन्दन घट्टी।

यहाँ मैंने भाषा की शुद्धता के लिए स में ऊ की मात्रा लगाई है वरना हम मालवी उसे सुख कहते हैं।

तब स्लेट पट्टी ही छोटी कक्षाओं (सम्भवतः तीसरी तक) के बच्चे इस्तेमाल करते थे। बाद में कागज-पेन, कागज-पेंसिल का उपयोग शुरू होता था। तब और बच्चों की तरह मैंने भी न जाने कितनी स्लेट-पट्टियाँ तोड़ी हैं। वे नाजुक होती थीं और गिरी कि टूटीं। और पट्टी न गिरे, यह सम्भव नहीं था और ऐसी गिरे कि टूटे नहीं, यह और असम्भव था।

लकड़ी की पतली फ्रेम में जड़ी पट्टी पर खड़िया की पतली पेंसिल से हम लिखते थे, जिसे हमारे यहाँ 'पेम' कहा जाता था। 'पेम' बड़ी नाजुक होती थी। लिखने के लिए हाथ का जरा जोर पड़ा कि टूट जाती थी। गिरी कि उसके दो-तीन टुकड़े हो जाते थे। दो टुकड़े हो जाएँ तो पट्टी पर लिखना सम्भव था। तीन टुकड़े होने पर भी असम्भव नहीं था। फिर नई पेम लाओ। यह तो बहुत बाद में जाकर पता चला कि स्लेट और कागज पर लिखने की पेंसिल, मध्य प्रदेश के मन्दसौर में बनती हैं और इनके कारखानों में काम करनेवाले न जाने कितने मजदूर सुरक्षा उपायों के अभाव में सिलकोसिस नामक बीमारी से मर चुके हैं। अब भी शायद ये स्लेटें बनती हैं मगर बहुत कम। एक समय इस उद्योग के कारण सिलकोसिस बीमारी होने पर काफी विवाद उठा था। जहाँ तक याद है इस विवाद को सामने लाने में साप्ताहिक 'दिनमान' की बड़ी भूमिका थी। अब मालूम नहीं, क्या स्थिति है।

छोटी कक्षाओं में स्लेट-पट्टी और पेम के इस्तेमाल के पीछे क्या तर्क था, मुझे नहीं मालूम। हो सकता है कि लघु उद्योगों को बढ़ावा देना उद्देश्य रहा हो। कागज बड़े पैमाने पर आयात न करना पड़े, यह कारण हो सकता है या कोई और। लोहे के हल्के पत्तर और कार्डबोर्ड (पुट्ठे) की स्लेटें भी चल निकली थीं। यह सही है कि इनके कारण पट्टी के टूट जाने का खतरा लगभग खत्म हो गया था मगर पेम जोर से चलाने पर इन पर पोती गई काली सतह जल्दी खुरच जाती थी और ये बेकाम हो जाती थीं।

तब ज्यादातर बच्चे घर की सिली(अधिकतर पट्टेदार) थैली में स्लेट-पेम-किताबें आदि स्कूल ले-ले जाते थे। स्कूल बैग बाजार में मिलते थे मगर छोटी कक्षाओं में अधिकतर पेम-पट्टी ले जाने के लिए थैले ही चलते थे। अक्षर अच्छे लिखना सीखने के लिए भी एक कॉपी आती थी, जिसमें सबसे ऊपर 48 या 40 पाइंट में एक एक-एक अक्षर अलग-अलग छपा होता था। उसके ठीक नीचे वही अक्षर उसी आकार में बिंदु-बिंदु में होता था। उस पर बरू को स्याही में भिगोकर उस अक्षर पर उन बिंदुओं को मिलाते हुए लिखना होता था। इस काम के लिए स्याही की दवात साथ ले जानी होती थी। बाद में जब पेन से लिखना शुरू हुआ तो भी स्याही की दवात स्कूल ले जानी होती थी। खासकर दाहिना अंगूठा स्याही से बुरी तरह लिथड़ जाता था। कपड़े भी स्याही से रंग जाते थे। निब भी बीच-बीच में बदलवानी होती थी। निब के नीचे, उसे मजबूती देने के लिए लगभग उसी आकार का प्लास्टिक का एक टुकड़ा लगता था, जो जीभ कहलाता था। बालपेन तो बहुत बाद की चीज है।

तब लगता था कि स्लेट, पेम, स्याही की दवात, पेन कभी पुराना नहीं पड़ेगा। अब यह सब मात्र एक स्मृति है—एक खोई हुई ऐसी स्मृति, जिसे एक कविता ने मेरे अन्दर कुछ समय के लिए जिन्दा कर दिया है।

वार्षिक परीक्षा का दुःस्वप्न

दुःस्वप्न हमारा लम्बे समय तक पीछा करते हैं। मैंने आखिरी बार वार्षिक परीक्षा 1971 में दी थी। जीवन के किसी भी दुःस्वप्न को भूलने के लिए पचास साल कम नहीं होते लेकिन परीक्षा देने का यह दुःस्वप्न मेरा पीछा नहीं छोड़ता। स्वप्न में पति, पिता और पोतों का दादाजी होना भूल जाता हूँ, अभी भी विद्यार्थी बना रहता हूँ, जिसकी किसी एक विषय की वार्षिक परीक्षा की तैयारी एक दिन पहले तक नहीं हुई है, जिसने दरअसल पूरे साल कुछ नहीं पढ़ा है, किताब तक उठाकर नहीं देखी

है और कल ही उसका पेपर है। वैसे वास्तव में कभी ऐसा नहीं हुआ कि कोई भी विषय ऐसा रहा हो, जिसे पहले नहीं पढ़ा हो। क्लास में भी नियमित रूप से जाता था। घर पर भी पढ़ने में कुछ समय देता था लेकिन इसका क्या करें कि थोड़े-थोड़े अन्तराल बाद यह दुःस्वप्न आता रहता है!

शायद मैं पहली कक्षा में फेल किया गया था, जिसकी मुझे कोई याद नहीं मगर आठवीं तक पास और प्रथम श्रेणी में पास होता रहा, नवीं से बीए तक लगातार द्वितीय श्रेणी में। ध्यान ज्यादा साहित्य में लगा रहता था—लिखने में, पढ़ने में, मित्रों के साथ मिलकर कवि गोष्ठी करवाने में। इस दृष्टि से परीक्षा परिणाम बुरे नहीं रहे।

किताबी पढ़ाई के प्रति ज्यादा लापरवाह भी नहीं रहा लेकिन वार्षिक परीक्षा का आतंक तो रहता ही था। पास होता रहा मगर नतीजा आने तक फेल होने से लेकर तीसरी श्रेणी में आने का डर लगा रहता था। बड़ों से हमेशा इस मामले में ईर्ष्या होती थी कि वे कितने सुखी हैं कि उन्हें वार्षिक परीक्षा देने का झंझट झेलना नहीं पड़ता।

पढ़ने में तेजतर्रार साथियों से दोस्ती थी तो मैंने हायरसेकंडरी में गणित, भौतिक शास्त्र और रसायन शास्त्र विषय लेने की गलती कर ली थी। मेरी तरह मेरी तरह के दो और दोस्त नरेन्द्र गौड़ और बृजकिशोर शर्मा भी इस चक्कर में फँस गए। उनकी भी हायर सेकंडरी की नैया जैसे-तैसे पार हो गई। हम सभी मामूली घरों के महत्त्वाकांक्षी लड़के थे मगर मन हमारा साहित्य में रमता था। कॉलेज तक जाकर हम इतने समझदार हुए कि साइंस का चक्कर छोड़कर हमने बीए में दाखिला लिया तो काफी मुक्त रहने लगे। खूब साहित्यबाजी करते, खूब ये और वो पढ़ते। कभी-कभी तो इधर-उधर की चीजें पढ़ने में मन इतना रम जाता था कि कोई आवाज, कोई शोर, कोई पुकार सुनाई नहीं देती थी। ऐसी ध्यानस्थ अवस्था फिर कभी प्राप्त नहीं हो सकी। ध्यान योग करने पर भी नहीं।

मुझे ऐसा याद आता है कि मुझे कहीं से तोल्सतोय के उपन्यास 'वार एंड पीस' के हिन्दी अनुवाद का एक गुटका संस्करण प्राप्त हुआ था लेकिन उसे मैं पढ़ पाता, उससे पहले ही वह कहीं गुम हो गया। पता नहीं, यह एक ख्वाब है या सच है! मुझे बचपन में भी कभी जासूसी उपन्यास पढ़ने का शौक नहीं रहा और इसका अनुचित गर्व मुझे आज तक है। मेरा तब का पसन्दीदा उपन्यास धर्मवीर भारती का 'गुनाहों का देवता' था। मुझे लगता था कि ऐसी चमत्कारी प्रभाव डालनेवाली भाषा आदमी लिख नहीं सकता, ईश्वर ही लिख सकता है। बाद में ईश्वर और इस उपन्यास, दोनों पर से विश्वास उठ गया।

मनोवैज्ञानिक इस स्वप्न की अपनी व्याख्या करेंगे और हो सकता है जल्दी ही कभी इस दुःस्वप्न से मुझे अपने आप मुक्ति मिल जाए लेकिन आज यह स्वप्न में

यदाकदा उपस्थित हो जानेवाली हकीकत है और स्वप्न में तो जो दीखता है, वह उस दौरान तो बिलकुल ही यथार्थ होता है। डर से नींद खुल जाती है, दुबारा आने में समय लगता है। जरा सोचिए कि मैं तो उस जमाने का और छोटे से कस्बे का छात्र था, जहाँ परीक्षा में पास हो जाना ही काफी था, उसे अगर 47 वर्ष बाद यह दु:स्वप्न परेशान कर रहा है तो आज जिन छात्रों को 96-97 प्रतिशत नम्बर लाने पर भी इच्छित कॉलेज या अन्य संस्थानों में प्रवेश नहीं मिल पाता, उनका यह दु:स्वप्न कब तक उनका पीछा करता रहेगा?

शायद हम सबके अपने-अपने स्वप्न और दु:स्वप्न होते हैं। कुछ स्वप्न और दु:स्वप्न आप जागते हुए भी देखते और जीते हैं, उनका जीवन में सामना करते हैं। मेरा परीक्षावाला यह दु:स्वप्न तो कई दूसरों के वास्तविक यथार्थ के आगे कुछ भी नहीं, तो उनके दु:स्वप्न कितने भयावह होते होंगे, इसकी कल्पना करके काँप जाता हूँ। जो दिनरात आतंकवादियों या धर्मांधों या गुंडों द्वारा अपनी हत्या किए जाने के वास्तविक भय में जीते हैं या जिनके यहाँ किसी की हत्या पहले ही की जा चुकी है, उनके स्वप्न तो दु:स्वप्न ही होते होंगे या जो निरपराध हैं लेकिन जिन्हें जानबूझकर सींखचों में बन्द कर दिया गया है, उनका जेल का जीवन और छूटने के बाद का उनका और उनके परिवार का जीवन, उनके स्वप्न और दु:स्वप्न कैसे होते होंगे? जिसके परिवार का आज पेट भरा नहीं है और कल भरने की उम्मीद क्षीण है, उनकी क्या तो नींद होती होगी और क्या स्वप्न-दु:स्वप्न? और जो भयानक जीवन संघर्ष के बाद कहीं पहुँचे हैं क्या उन्हें यह दु:स्वप्न कभी सताता नहीं होगा कि वे उसी जहन्नुम में अभी भी हैं? कोई बलात्कृत स्त्री अपनी उस या उन भयानक रातों से भले ही अब बाहर निकल चुकी हो, उसके क्या स्वप्न-दु:स्वप्न होते होंगे और जो किन्हीं कारणों से इस जीवन को जीने को लगातार अभिशप्त है, उसके दु:स्वप्नों और स्वप्नों में अधिक अन्तर होता होगा?

इंसाफ की डगर पे

जिस दिन यह टिप्पणी लिख रहा हूँ उस दिन पता नहीं क्यों सुबह से ही हेमंत कुमार का गाया और बचपन में विशेषकर स्वतंत्रता दिवस तथा गणतंत्र दिवस पर कई बार सुना यह गाना मन में बार-बार गूँजता रहा—'इंसाफ की डगर पे बच्चो दिखाओ चल के'। कोई प्रत्यक्ष कारण नहीं है इसका, फिर भी न जाने क्यों मेरे साथ आज ऐसा हो रहा है। ऐसा भी नहीं है कि आज इसे रेडियो या टीवी पर सुना हो, इसलिए यह मन में गूँज रहा हो। कभी-कभी मेरे साथ ऐसा भी होता है।

कभी मौका मिला तो ऐसी चीजें यू ट्यूब पर सुन लेता हूँ। हालाँकि उसे कई-कई बार सुनकर भी मन नहीं भरता लेकिन आज इस गाने के मन में गूँजने का कारण क्या यह है कि मैं किसी संयोग से अपने बचपन में लौट आया हूँ? लगता तो नहीं मगर पता नहीं। 1961 में जब दिलीप कुमार–वैजयंती माला की फिल्म 'गंगा जमुना' आई थी—जिसका यह गाना है—तब मैं 11 साल का था और मेरे कस्बे में फिल्म का प्रचार करने के लिए स्थानीय अमीन सयानी साहब नई आई फिल्म की खूबियों का बखान करते हुए गली-गली में तांगे में घूमा करते थे। वे थे तो लगभग अनपढ़ मगर फिल्म के प्रचार का अन्दाज उनका इतना जोरदार होता था कि ऐसा हो नहीं सकता था कि उनके प्रचार के बाद कोई सड़ी से सड़ी फिल्म देखने से भी अपने को बचा पाए।

तब पता नहीं था कि यह गाना सुकूनभरी और भरोसा दिलानेवाली आवाज में किसने गाया है और इसे लिखा किसने है। उस उम्र में यह जानने की उत्सुकता भी नहीं होती थी लेकिन शायद हेमंत कुमार की आवाज से भी ज्यादा या यूं कहें कि उनकी आवाज के साथ शकील बदायूंनी के ये बोल बहुत अपील करते थे, इसलिए भी कि यह गाना खासकर बच्चों को सम्बोधित था। तब स्कूलों में पंडित नेहरू को चाचा नेहरू कहलवाया जाता था और नारा लगवाया जाता था—'चाचा नेहरू जिन्दाबाद'। मुझे तब सचमुच लगता था कि नेहरू जी मेरे चाचा हैं, भले ही मैंने उन्हें दूर से भी कभी देखा नहीं था और शाजापुर जैसे छोटे से पिछड़े कस्बे में उनके आने की कोई उम्मीद भी नहीं थी। जब नेहरू जी नहीं रहे तो पड़ोसी के रेडियो पर उनकी शव यात्रा का वर्णन सुनकर मैं खूब रोया था—शायद किसी नेता के लिए पहली और आखिरी बार। तब लगता था कि जैसे यह गाना नेहरू जी की ओर से हमें दिया गया सन्देश है, इसलिए बहुत द्रवित करता था। अभी-अभी दो बार फिर से इसे सुना तो यह गाना फिर से बहुत अच्छा लगा, जबकि पंडित प्रदीप के लिखे और लता मंगेशकर द्वारा गाये जिस गाने को सुनकर नेहरू खूब रोये थे—'ओ मेरे वतन के लोगो जरा आँख में भर लो पानी' वह गाना न तब मुझे अपील करता था, न अब। पिछले न जाने कितने वर्षों से देशभक्ति के बहुत से गीत फालतू लगने लगे हैं। 'मेरे देश की धरती सोना उगले, उगले हीरा-मोती' टाइप गीत तो क्षमा कीजिए, न तब बर्दाश्त होते थे, न अब। मनोज कुमार ने भावुकताभरी फिल्मी देशभक्ति से नाम बहुत कमाया मगर उनकी सिनेमाई देशभक्ति कभी अच्छी नहीं लगी। उसके बाद भी नकली देशभक्ति का व्यावसायिक उछाल बहुत आता रहा, जिसने इस चिढ़ को और बढ़ाया ही।

बहरहाल 'जब इंसाफ की डगर पे' गीत प्रचलित था, उस दौर में जो बच्चे थे या किशोर थे, उनमें से कई आज इस देश के भाग्यविधाता हैं। उस दौर के मोदी जी तो आज देश के प्रधानमंत्री हैं। इन सबने मिलकर देश को जहाँ पहुँचा दिया है,

उस जगह पर आकर आज के बच्चों को यह गीत शायद हास्यास्पद लगेगा और वे कहेंगे कि क्या पापा (या मम्मी) आप बोर कर रहे हो। इस गाने में शकील बदायूँनी ने नेहरू युग के स्वप्नों, आकांक्षाओं को पिरोया है। इस गीत से पता चलता है कि तब नेता होना गंदी बात नहीं मानी थी, इसीलिए शायद बच्चों से कहा गया है—'नेता तुम्हीं हो कल के'। आज तो फिल्मी गानों में भी नेता बनने की बात व्यंग्य में ही कही जा सकती है। आज नेता गली-गली में हैं, उन्होंने डटकर बेखटके कमाया है, खूब ठाठ हैं उनके, वे चुनाव भी बार-बार जीत जाते हैं मगर जनता के मन में उनके प्रति धेलेभर भी इज्जत नहीं है। उस दौर के जिन बच्चों से शकील बदायूंनी और हेमंत कुमार ने 'इंसाफ की डगर पे' चलने की उम्मीद की थी, उनके लिए जुल्म की डगर पर चलना ही असली इंसाफ है, सच्चाइयों के बल पे आगे बढ़ने की जिनसे उम्मीद, आशा थी, वे झूठ और बेईमानी का हाथ मजबूती से पकड़ चुके हैं। जिन्हें संसार को बदलना था, उन्हें संसार ने बदल दिया है—पूँजी की सेवा करने के लिए। जिन्हें तन-मन की भेंट देकर भारत की लाज बचाना था, वे उसकी इज्जत लुटाने में लगे हैं। अपनों के लिए तो ठीक है मगर परायों के लिए, सबके लिए, न्याय की बात करना उनके लिए असम्भव है। इनसानियत के सर पर इज्जत का ताज नहीं, कचरा रखा जा रहा है। बहुत कुछ इस बीच खो गया है, इसलिए इस बीच यह गीत भी खो गया है और इंसाफ की डगर भी।

नाव का डर

हमारी किशोरावस्था में न लड़के ब्रह्मचारी-सदाचारी होते थे, न लड़कियाँ सती-सावित्रियाँ थीं। कुछ लड़के-लड़की अवश्य तब भी अपवाद रहे होंगे, अब भी होंगे। कुछ को परिस्थितिवश ऐसा होना पड़ता होगा। हायर सेकंडरी कॉलेज के कुछ परम 'साहसी' लड़के, लड़कियों का दुपट्टा खींच लेते थे। लड़की देख कर सीटी बजाना आम था। साइकिल पर चढ़ कर अकेली लड़की को छेड़ना अनोखी बात नहीं थी। इशारों में लड़की के शरीर पर टिप्पणी करनेवाले 'वीर' भी थे। फिल्मों में हेलन का डांस अनिवार्य था। उसे देखकर सिसकारियाँ भरी जाती थीं। प्रेमपत्रों का आदान-प्रदान सहज था। छुप-छुपकर प्रेम भी खूब होता था। पोल खुल जाती थी तो लड़के पर तो कोई असर नहीं पड़ता था मगर लड़कियों के माँ-बाप लड़की की शादी करने के लिए उतावले हो जाते थे, कॉलेज-स्कूल जाना बन्द करवा देते थे।

कॉलेज हमारे यहाँ एक था, इसलिए हायर सेकंडरी के बाद अमूमन लड़कियों

की पढ़ाई बन्द हो जाती थी। हायर सेकंडरी से अधिक पढ़ी लड़की को लड़का मुश्किल से मिलता था। जो मिलता था, वह भी कई बार नकल मार कर भी हायर सेकेंडरी पास नहीं होता था।'अच्छा परिवार' देख कर शादी कर दी जाती थी। कॉलेज तक जाना कुछेक 'प्रगतिशील परिवारों' तक सीमित था, जहाँ लड़कियों पर चरित्रवान होने दिखने पर जोर था वरना पढ़ाई बीच में बन्द करवाकर शादी कर दी जाती।

फिल्मों की भाषा में कहें तो लड़के भाईसाहब बनकर लड़की की शादी में जाते और अपने प्यार का खून अपनी आँखों के सामने होते देखते थे और पानी का घूँट पीकर(शराब पीना तब चरित्रहीनों का काम समझा जाता था) अपनी जाति की माता-पिता द्वारा चयनित लड़की से आराम से विवाह करके सुखी जीवन बिताते थे। उधर लड़कियाँ भी अपने सदगृहस्थ होने के सबूत के तौर पर खाना बनाने समेत घर के कामों में लग कर पुत्ररत्न की प्राप्ति की कामना करते हुए अनेक बार पुत्री प्राप्त कर लेती थीं और सास-ससुर, पति सब शोकमग्न हो जाया करते थे।

उधर हेलन की सेक्सी अदाओं पर जान छिड़कने वाले प्रेमी भी सेक्स को लेकर भयानक अज्ञान से पीड़ित थे। तब सेक्स ज्ञान का एकमात्र स्रोत पीली पन्नियों में बँधा पटरी पर बिकने वाला 'कोकशास्त्र' था, जो भले घर के लड़कियाँ छेड़ने वाले लड़के खरीदने का खतरा नहीं उठा सकते थे और पटरी पर खड़े-खड़े उसका 'लाभ' प्राप्त नहीं किया जा सकता था। टीवी क्या रेडियो तक, तब सर्वसुलभ नहीं था और जो भी था, उसकी अन्तिम सीमा इश्क़ के गाने प्रसारित करने तक सिमटी थी। ऐसे में हमउम्रों में बड़ा अज्ञान था। दोस्तों में एक उम्र के बाद अश्लील मानी जानी वाली बातें होती थीं मगर इससे आगे अज्ञान का अंधकार था। कुछ दोस्तों की चर्चा चल रही थी। एक दोस्त ने ज्ञान दिया कि सेक्स तो गंदे लोग करते हैं। मतलब घटिया-आवारा लोग। उसे हम कुछ ज्ञानियों ने बताया कि प्यारे ऐसा नहीं है। सब शादीशुदा करते हैं। तुम्हारे माता-पिता भी करते हैं। उसे यह सुनकर गहरा धक्का लगा। ऐसा लगा, जैसे हमने उसके आदर्श पिता और माता का अपमान कर दिया हो। उसने तुरन्त इसका प्रतिवाद किया लेकिन वह उत्तेजित नहीं हुआ। एक ही उदाहरण से उसे बात समझ में आ गई कि तुम्हारी माँ को अभी कुछ साल पहले एक सन्तान हुई है। उससे तीन-चार वर्ष पहले भी एक हुई थी और उससे पहले भी एक मगर फलाँ-फलाँ तुम्हारी रिश्तेदार इतने साल से विधवा हैं, उन्हें कोई सन्तान हुई? इस तर्क के आगे वह निरुत्तर हो गया। शायद उसकी दृष्टि बदली होगी। तब शायद हम लोगों की उम्र अधिकतम 14-15 रही होगी।

लगभग उसी दौर का या उससे कुछ पहले का एक वाकया है। एक लड़का अपने स्कूल ट्रिप में ओंकारेश्वर गया। वहाँ नर्मदा नदी बहती है। दर्शन के बाद

अध्यापकों ने थोड़ी दूर तक नाव यात्रा कराने की व्यवस्था भी की थी। सब लड़के उत्साहित थे, एक वही नहीं था। उसके मन का चोर कोई नहीं जानता था, सब यही समझ रहे थे कि ये बहुत डरपोक है, डूबने से ज्यादा ही डर रहा है। डर तो उसे था, डूबने का ही। उसे तैरना आता नहीं था और नाव के बीच नदी में डूबने की घटनाएँ उसने सुन रखी थीं। इससे अधिक डर की बात भी उसने सुन रखी थी कि नाव में एक भी पापी सवार होता है तो नाव डूब जाती है। उसे लगता था कि वह 'पापी' है और वह बैठा और उसके कारण नाव डूब गई तो वह तो मरेगा ही, इतने मेरे मित्र तथा अध्यापक भी डूब जाएँगे और सारा पाप उसे लगेगा। वह ऐसा नहीं होने दे सकता।

खैर अध्यापक और बाकी छात्र भी नहीं माने, जबर्दस्ती उसे नाव में बैठा दिया। भगवान का नाम लेते हुए, नाव न डूबने की मन ही मन प्रार्थना करते हुए, वह डरा-डरा बैठा रहा। नाव यात्रा का आनन्द न ले सका। सब आराम से वापिस आ गए। नाव एक बार डगमगाई तक नहीं। एक 'पापी' नाव को डुबो न पाया। उस लड़के ने किनारे आकर नर्मदा मैया की जय बोली, जिसने उसके 'पाप' को क्षमा कर दिया था।

और आप समझ सकते हैं कि उसने 13-14 साल की उम्र में अपने एकांत में अपने शरीर के साथ क्या 'पाप' किया होगा। आज दस साल का बच्चा भी यह पढ़कर हँसेगा।

पार्क में बारह-तेरह साल के लड़के-लड़कियों का इश्क चलते देख यही खयाल आता है पर हम भी क्या करते, वह वक्त कुछ अलग था!

काली मिट्टी का साबुन और राख का टूथपेस्ट

नहाने और कपड़े धोने के साबुन अलग-अलग होने चाहिए और साबुन ब्रांडेड होना चाहिए, ये सब चोंचलेबाजियाँ मैंने मध्यवर्ग का सदस्य बनने पर सीखीं। बचपन में ये सब चक्कर नहीं था। हम मालवा की काली-नरम-गीली मिट्टी से सिर धोते थे, जिससे बाल वाकई में साबुन से भी ज्यादा नरम हो जाते थे। बदन पर भी वही मिट्टी लपेट लेते और हो गया स्नान! लगाया तो लगाया कभी साबुन वरना नहीं लगाया! साबुन लाते भी तो लाइफबाय। एक तो वह वजन में ज्यादा होता था और उनकी दूसरी विशेषता यह थी कि वह पानी में कम गलता था। लक्स-हमाम वगैरह उस समय के ब्रांड साबुन महँगे थे, वजन में कम थे और पानी में जल्दी गलते थे।

अब पता नहीं, होता है या नहीं होता, मगर तब कपड़े धोने का एक सोडा हुआ करता था। वह काफी सस्ता पड़ता था। गरम पानी में कपड़ों की तादाद के एक खास अनुपात में सोडा डालो, उस सोडे में कपड़ों को कुछ देर भिगोकर रखो, फिर धोओ, कपड़े एकदम साफ! हमारे घर में सौभाग्य से नल तो था मगर उस एक नल से हम और चार-पाँच किराएदार पानी भरते थे। चीलर नदी में पानी का अक्सर अभाव रहता था तो नल में पानी काफी कम आता था। इतना तो नहीं आता था कि सप्ताहभर कपड़े भी धुलते रहें और सबको जरूरतभर पीने-नहाने आदि जरूरतों का पानी भी मिलता रहे। कई बार नल आता नहीं था, कभी आता था तो दर्शन देकर चला जाता था! सप्ताह में एक या दो-बार नहाने और कपड़े धोने के लिए माँ के साथ मैं महादेव घाट जाता। तब घाट पर पानी होता था और वहाँ का दृश्य सुन्दर लगता था। वहीं घाट पर हम धुले कपड़े सुखाते थे। जल्दी सुखाने के लिए साड़ी या गद्दे-रजाई की खोल का एक सिरा माँ पकड़ती थीं और एक मैं और उसे हवा में झुलाते थे। वहीं मैं लोटे से पानी निकालकर नहाता था। एक बार नदी में डूबने से बचने के बाद तैरना सीखने की हिम्मत नहीं पड़ी थी।

पीने का पानी जरूरत होने पर कुएँ से सिर पर ढोकर माँ और मैं लाया करते थे। कभी भोई के कुएँ से, कभी महालक्ष्मी के कुएँ से! महालक्ष्मी के कुएँ का पानी अधिक मीठा माना जाता था। जो तब थोड़े पैसेवाले लोग माने जाते थे, वे कहारों से पानी मँगवाते थे। कहार के कन्धे पर बाँस का एक लम्बा-लचीला टुकड़ा होता था, जिसके दोनों सिरों पर मजबूत रस्सी से ये कनस्तर बँधे होते। कभी-कभी नहाने और बर्तन धोने के लिए पास ही एक घर में बने कुएँ से खारा पानी ले आते। उससे साबुन लगाए बगैर ही नहा सकते थे। बर्तन भी उसमें घुले नमक के असर से धुलने पर कुछ काले पड़ जाते थे।

ब्रश और टूथपेस्ट के चोंचले भी मध्यवर्गीय होने पर दिल्ली आकर अपनाए। घर के चूल्हे की राख टूथपेस्ट का काम देती थी और दायें हाथ की उँगलियाँ, ब्रश का! हद से हद कोयला पीस लो, उसमें नमक मिला लो, उसे छान लो, लो जी घर का बना विशुद्ध देसी टूथपेस्ट कहो या टूथ पाउडर कहो, तैयार हो गया! पैसा उछल रहा हो तो शीशियों में कोयले का और दूसरे भी कुछ मंजन मिलते थे, उन्हें खरीद लो। मंजन करो और मस्त रहो। हमें तो कभी राख या कोयले के मंजन से कोई प्रॉब्लम नहीं हुई! (मैं तो आज भी दाँतों में कभीकभार दर्द होने पर सरसों के तेल और नमक के मिश्रण से मंजन कर लेता हूँ और सुखी रहता हूँ।)। उम्र 70 के पार पहुँच गई, तब समस्याएँ शुरू हुईं।

हाँ, तब चाकलेट-फाकलेट नाम की चीज थी तो, मगर जिसे आप लोग टॉफी कहते हैं, वही हमारे शब्दकोश में चाकलेट थी! हम दुकानदार से कहते, "एक आना की चाकलेट दो तो बा" और बा(बुजुर्ग) हमें जो देते थे।

गंदे कपड़े

मैंने कुछ ही घंटे इस्तेमाल किया बादामी पैंट और सफेद शर्ट सँभालकर रखा था कि इसे कल कहीं जाऊँगा तो प्रेस करके फिर से इस्तेमाल कर लूँगा। अगले दिन उसे पहनने लगा तो देखा कि पहले दिन केवल दो-तीन घंटे पहनने पर भी पैंट की जेब और शर्ट की बाँह पर हल्की सी गंदगी लग चुकी है तो दोनों कपड़े धोने में डाल दिए। इस बहाने बचपन की कुछ बातें याद हो आईं।

मैं दिनभर एक ही जोड़ा कपड़े पहने रहता—बिना प्रेस के। उन्हें दूसरे दिन भी पहनता। लगता नहीं था कि ये गंदे हो चुके हैं, इन्हें दुबारा नहीं पहना जा सकता। दूसरे दिन भी लगता कि ये कपड़े साफ हैं। हाँ कभी स्वतंत्रता दिवस या गणतंत्र दिवस जैसे विशेष अवसरों पर प्रेस किए कपड़े पहनने होते थे तो घर में एक भरतपुरी लोटा था, उसमें कोयले के अंगारे भरता और सफेद शर्ट तथा खाकी निक्कर प्रेस कर लेता। एक उपाय यह था कि अगले दिन जो कपड़े पहनने हैं, उन्हें अच्छे ढंग से घड़ी करके सिरहाने रख लो। हो गई प्रेस!

इसके विपरीत सम्पन्न घर का मेरा एक सहपाठी रोज धुले और इस्त्री किए कपड़े पहनता था, जबकि उसके पहले दिन पहने हुए कपड़े मुझे तब गंदे नहीं लगते थे बल्कि रोज धुले-प्रेस किए कपड़े पहनना पैसे की बर्बादी और अमीरी का चोंचला लगता था मेरा वर्ग बदला तो मेरी दृष्टि भी बदली। अब मैं वह मैं नहीं, अपना सहपाठी-सा हो चुका हूँ।

आज मैं अपने को उसी दोस्त की स्थिति में पा रहा हूँ तो मुझे खुशी नहीं हो रही है मगर विक्षोभ है, यह भी निश्चित रूप से नहीं कह पा रहा हूँ।

श्रम विरोधी संस्कार

बचपन में ही हममें श्रमविरोधी संस्कार किस तरह बोये जाते हैं, इसका एक उदाहरण खुद को सामने रखकर देता हूँ। आठ-नौ या दस साल का रहा होऊँगा कि कुंजबिहारी लाल, वकील ने शायद अपनी पहल पर या सम्भव है कि मेरी माँ के निवेदन पर सोचा होगा कि यह बच्चा मेरा और क्या काम कर सकता है इस उम्र में, जिससे कम से कम इसका हाथ खर्च निकल सके तो उन्होंने कहा कि तुम कचहरी तक हमारी फाइलों का बस्ता ले जाया करो। शायद उसके हर दिन दो आने देने की बात हुई थी। उस बस्ते को रोज-रोज कौन ले जाए, इसकी समस्या उनके सामने

भी रही होगी। उसका भी इस तरह हल निकालने की बात उन्होंने सोची होगी। एक-दो दिन तो किसी तरह झुँझलाते हुए यह काम मैंने किया, फिर पता नहीं किस तरह मगर मैंने मना कर दिया। कारण स्पष्ट था। पढ़ाई कर रहा था तो ये संस्कार भरे हुए थे कि पढ़ इसलिए थोड़े ही रहा हूँ कि अभी या कभी शारीरिक परिश्रम का काम करूँगा! मेरी माँ खाना बनाती है इनके यहाँ, यह अपनी जगह ठीक है (वैसे मुझे याद आता है कि चौथी तक पढ़ी मेरी माँ ने बताया था कि उन्हें पास के कस्बे सारंगपुर में प्राथमिक स्कूल की अध्यापकी मिल रही थी मगर अपने पीहर की थोड़ी-बहुत सम्पत्ति और शाजापुर कस्बा छोड़ना उनके लिए मुमकिन नहीं था, इसलिए यह प्रस्ताव ठुकरा दिया। सम्भव है उस जमाने में चौथी पास को भी अध्यापकी मिल जाती होगी)। क्योंकि वह कम पढ़ीलिखी हैं मगर मैं यह काम नहीं कर सकता, चाहे यह दस-पंद्रह मिनट का काम हो। बोझ साधारण हो मगर बस्ता सिर पर रखना होगा यानी यह मजदूर का काम है। लोग देखेंगे तो क्या कहेंगे? यहाँ तक कि वकील साहब के बेटे सुनील की नजर में भी गिर जाऊँगा, जो मेरा सहपाठी और अच्छा दोस्त है। खैर मुझे बाध्य नहीं किया गया, न वकील साहब या उनके परिवार ने इसका बुरा माना। बाद में जब मैं हायर सेकंडरी या कॉलेज में था तो सुनील की छोटी बहनों (मंगला और शायद गुड्डी का भी) ट्यूशन करने का काम दिया गया, जो मैंने खुशी-खुशी किया, जो अन्यत्र भी किया करता था।

बच्चे की दुनिया का उजाड़

वह दर्द कभी-कभी उठता है, जो मुझे मेरे एक बुजुर्ग पड़ोसी ने तब दिया था, जब मेरी उम्र सात-आठ साल की रही होगी। हमारे पुराने-कच्चे घर के उस हिस्से में कुछ किराएदार रहा करते थे। वहाँ थोड़ी सी जगह खाली थी, जिसका कोई उपयोग नहीं था। मुझे पता नहीं क्या सूझी कि इधर-उधर से बीज और पौधे लाया। क्यारियाँ बनाईं, बीज डाले, पौधे रोपे। रोज उन्हें पानी देता बल्कि जरूरत से ज्यादा पानी देता क्योंकि सुना था कि पौधों को ठीक से पानी अगर न मिले तो वे सूख जाते हैं। दिन में उनका जितना हो सकता था, खयाल रखता। पौधे बड़े होने लगे। अपने इस सफलता से मुझे खुशी होती। कुछ करने का बोध उस उम्र में बच्चे के लिए बहुत बड़ी चीज होती है और शायद यह मेरे उस छोटे से जीवन का ऐसा पहला ही अवसर था। खाद भी देना होता है, इसका पता नहीं था वरना तो हमारी सड़क पर गाय और भैंस का गोबर सुबह-शाम पड़ा रहता था। उसे खाद के रूप में इस्तेमाल किया जा सकता था।

जहाँ यह टुन्न-सा बगीचा बन रहा था, उस तरफ किशोरी गुरु नामक एक बुजुर्ग की जायदाद के हिस्से का एक कमरा था। उसमें पतली, जंग खाई लोहे की चादर का दरवाजा था। यह हमारी तरफ खुलता था मगर उससे किसी का आना-जाना नहीं होता था बस कभी किसी वजह से यह विकल्प दे दिया गया होगा तो यह प्रतीक रूप में हो था। उस दरवाजे के साथ उनके कब्जे का एक कमरा था, जहाँ मसालेदार उब्ले चने बेचनेवाला दगड़ू कुछ समय से रह रहा था। कभी-कभी किशोरी गुरु उस दरवाजे को खोलकर देखते थे, ताकि वह जाम न हो जाए। यह अहसास दिलाते रहने का भी यह बहाना रहा होगा कि इधर भी हमारा दरवाजा है, चाहें तो हम इसका उपयोग आने-जाने के लिए कर सकते हैं।

एक दिन इसी क्रम में वह आए होंगे और यह सोचकर कि बगीचा लगाने की यह कोशिश उस दरवाजे से आने-जाने के उनके अधिकार को रोकने का षड्यंत्र हो सकता है, उन्होंने वे सब पौधे आनन-फानन उखाड़ फेंके। कोई किराएदार उन्हें रोकता भी क्यों, उन्हें इससे क्या लेना-देना! मैं किसी काम से—और वह काम पौधों को पानी देना भी हो सकता है—आया तो उखड़े हुए पौधे देखकर सारी कहानी पता चली। बहुत दुख हुआ मगर निरुपाय था। मेरी तरफ से सोचने और लड़नेवाला मेरी माँ सहित कोई नहीं था।

अधिकार भावना से पीड़ित किशोरी गुरु जानते नहीं थे कि उन्होंने एक बनता हुआ बगीचा नहीं उजाड़ा है बल्कि एक बच्चे की अपनी बनाई हुई दुनिया उजाड़ दी है। इसका मेरे मन पर गहरा असर हुआ। उसके बाद आज तक कभी मैंने एक पौधा भी नहीं रोपा। आज हमारे हमारे फ्लैट के बाहर की सीढ़ियों में बहुत से गमले हैं जिनमें छोटे-छोटे पौधे पनप रहे हैं और कुछ बेलें भी हैं। हमारी छत पर भी कुछ छोटे-मोटे पौधे पनप रहे हैं। यह सब विशुद्ध रूप से पत्नी की मेहनत का नतीजा है। इन्हें पानी देने में, इनकी देखभाल करने में मेरी रत्तीभर रुचि नहीं। कभी मजबूरी में पानी देना पड़ जाए तो बिना चूँ-चा किए दे भी देता हूँ—घर के किसी और काम की तरह, सौदासुलुफ लाने की तरह। इस तरफ से जैसे मन ही पूरी तरह उखड़ गया है, एक कोना हमेशा के लिए सूना हो गया है। आज प्रकृति को तो देखता हूँ, आनन्दित होता हूँ। किसी-किसी दृश्य का मन में फोटो सा खींचने की कोशिश करता हूँ मगर खिंचता नहीं। खिंचता है तो डिलीट हो जाता है। कल्पना किया करता हूँ कि इस सौंदर्य की पुनर्रचना कोई पेंटर कर सकता है क्या और जवाब भी खुद दे लिया करता हूँ कि नहीं, कभी नहीं।

कई साल पहले की बात है। पत्रकार के नाते कहीं ले जाया गया था अन्य पत्रकार मित्रों के साथ। हम किसी गेस्ट हाउस में ठहरे थे। मैं तैयार हो चुका था और बाकी साथी तैयार हो रहे थे—कहीं बाहर जाने के लिए। उस बचे हुए समय में मैं वहाँ के बगीचे के पेड़-पौधों को नजदीक से देखने लगा। मैंने अपने तौर पर

पहली बार यह पाया कि हरा रंग भी कोई एक रंग नहीं है। हर पौधा बल्कि हर पत्ती दूसरे से कुछ कम हरी या कुछ ज्यादा हरी है और हरेक का हरापन सम्पूर्ण है। यह कोई वैज्ञानिक खोज नहीं थी, न इस बारे में सोच भी सकता हूँ। यह अपने तौर पर केवल अपने लिए की गई एक खोज थी। इस सब के बावजूद मैं फिर कभी प्रकृति के लिए कुछ कर नहीं सका, कुछ भी जोड़ने, कुछ भी करने का जज्बा ही जैसे चला गया या कहें कि पौधों को पानी देने का काम भी पत्नी से करवाते रहने का, खुद उस समय अखबार पढ़ते रहने का यह एक मर्दवादी बहाना है।

नफरत की फसल

अपने से भिन्न जाति, धर्म, क्षेत्र के लोगों के प्रति नफरत और भय पैदा करना कोई आज के समय की विशेषता नहीं है, मैं अपने बचपन में भी इसके कुछ सूत्र अब देख पाता हूँ। एक गरीब सिंधी उबले मसाले-नीबूवाले चने बेचता था। बेशक उसकी सफेद कमीज और पायजामा मैला होता था मगर यह बात उसके साथ ही नहीं थी। जिन्हें आज रेस्तराँ कहते हैं ऐसे कितने ही मध्य प्रदेश के मालवा इलाके के होटलों में (बल्कि सभी) हलवाई और मीठा-नमकीन परोसनेवाले कर्मचारी ऐसे ही गंदे रहते थे और हम उनके हाथों की बनी-लाई चीजें मजे से खाते-पीते थे।

ऐसा नहीं कि उस सिंधी से कोई कुछ खरीदता नहीं था, बच्चे खरीदते थे लेकिन पता नहीं किसने मेरे दिमाग में यह घुसा दिया था कि यह चने में नाक की गंदगी डालता है। उससे पहले का तो याद नहीं मगर जब से यह बात मेरे दिमाग में डाली गई, मैंने उसके चने कभी नहीं खाए।

इसी तरह बचपन में ही किसी ने यह बात दिमाग में घुसा दी थी कि कोई हिन्दू बच्चा अगर गलती से भी बोहरों के मोहल्ले में चला जाए तो बोहरे उसे काटकर उसके गरम-गरम खून को पके हुए चावलों पर डालते हैं और ऐसे चावल खाते हैं। छह-सात साल की उम्र रही होगी, पता नहीं उत्सुकतावश या शॉर्टकट से जाने के लिए बोहरों के मोहल्ले से गुजरा। गलियाँ सँकरी थीं। विपरीत दिशा से बोहरे जैसा कोई आता दिखा। मैं तो जान छोड़कर चीखता हुआ विपरीत दिशा में भागा। बाहर आकर ही चैन लिया।

जो ज्यादातर मुसलमान उस समय देखे, बेहद गरीब थे। उनके चेहरों पर रौनक नहीं देखी। लगता था बैरौनक होना ही मुसलमान होना है। यह भी पूर्वग्रह कहें या सरसरी नजर से पैदा दृष्टि का एक आकलन था। ये धारणाएँ-अवधारणाएँ दूर होने

में समय लगा क्योंकि माहौल तब फिर भी अनुकूल था, बदलने का अवसर देता था। आज बिगड़ने का माहौल है, बनने-सँवरने-बदलने का नहीं।

तालूड़ी बई

एक गरीब औरत हमारी गली से अक्सर गुजरा करती थी। वह साफ रंग की पचास से अधिक उम्र की रही होगी उस समय। उसका कद मझोला था। उसका असली नाम क्या था, शायद ही किसी को मालूम हो। वह कुछ शारीरिक परिश्रम करके अपना पेट पालती थी जबकि सुना था कि उसका लड़का मुम्बई की फिल्मों में कैमरामैन या ऐसा ही कुछ है। उसके एक बार शाजापुर आने की स्मृति है। किसी ने बताया था कि यह नीला सूट पहने दरमियाने कद का अच्छा खाता-पीता, गोरा-चिट्टा अधेड़ आदमी तालूड़ी का बेटा हैं। वह मुम्बई में सफलता की इतनी सीढ़ियाँ कैसे चढ़ा, मालूम नहीं। अपने अनुभव और कौशल के बल पर ही उसने यह सब हासिल किया होगा लेकिन उसकी माँ पता नहीं क्यों गरीब ही बनी रही। वह सहज और सरल औरत थी, ऐसा लगता है। बच्चे उसे तालूड़ी (गिलहरी) कहकर न जाने क्यों चिढ़ाया करते थे और वह बहुत चिढ़ती थी। सड़क से छोटे पत्थर उठाकर वह बच्चों की तरफ फेंकती थी। लड़के चिढ़ाकर इतनी तेजी से भागते थे कि शायद ही कभी किसी को उसका पत्थर लगा हो या वह वैसे ही डराने के लिए पत्थर फेंकती होगी।

उसे चिढ़ाने का यह नाम किसने दिया था, शायद ही कोई जानता हो। हो सकता है कभी वह अपने बचपन में और युवावस्था में गिलहरी की तरह चपल-चंचल रही हो। पेड़ पर आसानी से चढ़ने-उतरने वाली रही हो या और कोई कारण रहा हो। तालूड़ी शायद मेरे वहाँ से चले आने के बाद भी जिन्दा रही। मैं भी उन चिढ़ाने वाले बच्चों में था या नहीं, यह अब याद नहीं। शायद नहीं चिढ़ाता था, ऐसा मुझे याद आता है। शायद ऐसा बाद में हुआ होगा, जब मैं हायर सेकंडरी स्कूल में पढ़ने लगा था। तब समझ में आया होगा कि ऐसा करना ठीक नहीं। उसका विधवा होना और मेरी माँ की उम्र का होना भी एक कारण रहा हो। शायद मैं उसमें अपनी माँ की छवि भी देखता रहा हूँ। निश्चित रूप से कुछ कहना कठिन है।

मेरे छोटे भाई जैसे चेतन ने एक और ऐसा प्रसंग बताया। एक अधेड़ था और शाजापुर के बड़े चौक में यूँ ही घूमा करता था। उसे पता नहीं क्यों बच्चे 'फटी बम्बई' कहते थे। वह भी ऐसा कहने पर पत्थर फेंकता था। एक बात और पता चली कि जिस दिन संयोग से उसे कोई चिढ़ाता नहीं था, वह कहता था—आज तो

किसी ने मुझे कुछ कहा नहीं यानी उसे शायद इस चिढ़वाने की भी आदत सी हो गई थी या उसे लगता होगा कि उसकी आज उपेक्षा क्यों की जा रही है!

उस जमाने में लोगों को पीठ पीछे उनकी शारीरिक दुबर्लताओं को निशाना बनाकर उनको पहचाना जाता था, उनके नाम से नहीं। खासकर अगर वह गरीब वर्ग का हो, साधारण हैसियत का हो। जैसे दाँतरा-दाँतरी (जिसके दाँत आगे निकले हों), काणियो-काणी (जिसकी एक आँख खराब हों), कालियो, लूलो, बेरो (बहरा), लंगड़ो, ढेरो (भेंगा) बकबको या बकबकी, कोचरा (चेहरे पर चेचक के दाग वाला) बोखो-बोखी (जिसके दाँत टूटे हों), तोतला। तब मध्य प्रदेश के कांग्रेस के एक बड़े नेता का सरनेम तोतला था। शायद वह प्रदेश कांग्रेस अध्यक्ष भी थे।

मैं बचपन में भेंगा था। ये तो नहीं मालूम कि मुझे पीठ पीछे ढेरा कहते थे या नहीं मगर मेरे सामने कहा जाता था—ढेरा होन ढेर करे। मतलब भेंगे लोग आगे जाकर बहुत कमाते हैं। मेरा भेंगापन कैसे, कब छूटा याद नहीं। हाँ भेंगों के बारे में यह भी कहा जाता था कि ये किधर देख रहे हैं, इसका पता नहीं चलता, मतलब शायद उनके शातिर होने से रहा होगा।

यह अंधविश्वास भी था कि अगर सुबह-सुबह एक खराब आँखवाला या हाथ-पैर से विकलांग व्यक्ति दिख जाए तो दिन अच्छा नहीं जाता। यह सब अब भी होगा। इस बीच समाज की दृष्टि खास बदली तो नहीं है बल्कि और विकृत हुई है।

एक कवि की भी भिन्न सन्दर्भ में कभी-कभी याद आती है। वह मुझे अपने कैशोर्य में दिखाई देता था। तीस-पैंतीस साल का रहा होगा वह। एक रजिस्टर जैसा उसके पास कुछ होता था। वह गली से गुजरते वक्त कभी भी कहीं भी खाली जगह पर कविता लिखने बैठ जाता था। किसी घर का दरवाजा बन्द दिखा तो वहीं ओटले पर बैठकर लिखने लगता था। उसे कभी कोई टोकता नहीं था। वह कौन था, क्या था, किस परिवार से था, कुछ पता नहीं। तब कभी यह उत्सुकता पैदा भी नहीं हुई। वह कभी काव्य गोष्ठियों में आया नहीं, शायद बुलाया भी नहीं गया।

एक शायर साहब की भी याद आती है। दुबला-पतला जिस्म। सिर पर गोल टोपी। उम्र कोई तीस-पैंतीस के बीच। कपड़े उनके साफ-सुथरे मगर बिना इस्त्री किए होते थे। उनकी हल्की काली दाढ़ी और ऐसी ही मूँछ भी थी। हमारी गली से कुछ दूर बसे एक मोहल्ले में वह कहीं रहते थे। शायद वह पेशे से धुनिया थे। वह आते-जाते खाली हाथ ही दिखते थे। किसी खास मस्जिद में जाते होंगे या किसी से मिलने। अपनी धुन में आसपास से उदासीन वह चले जाते थे। उनकी शायरी कभी सुनी नहीं। कभी मौका नहीं आया मगर उनकी यह उदासीनता, यह बेखबरी जाने-अनजाने मुझे प्रभावित करती थी। हमेशा उन्हें अकेले ही देखा और इसी पोशाक, इसी मुद्रा में। मुझे लगता था कि वह जरूर कोई संजीदा शायर रहे होंगे। मुझे गर्व होता था उनके कारण और कुछ और भी ऐसे उदाहरण रहे होंगे शायद

कि कोई छोटे से छोटा काम करने वाला भी शायरी कर सकता था। कस्बे के स्तर पर, तब हिन्दी में ऐसा दृश्य नहीं था। हिन्दी में हम जो लिखा करते थे—छात्र थे, अध्यापक थे और एक दो वकील थे। सभी सवर्ण। इससे याद आया कि एक कैलाश नारायण माथुर वकील होते थे। वह 'तार सप्तक' के कवि गिरिजा कुमार माथुर के नजदीकी रिश्ते में शायद दूर के भाई लगते थे। सुना था कि कभी गीत लिखा करते थे मगर सब छोड़ चुके थे। कई बार बुलाने पर वह एक बार कवि गोष्ठी में आए थे मगर शायद सुनाया कुछ नहीं था। हो सकता है कि कविता लिखने और वकालत करने में उन्हें अन्तर्विरोध नजर आता हो या ऐसे वकील को गम्भीरता से न लिया जाता हो। एक और वकील साहब थे—रामनारायण माथुर। वह भी प्रबंध काव्य-महाकाव्य आदि लिखा करते थे। हमारे एक घनिष्ठ दोस्त जयप्रकाश आर्य के वह पिता थे। शायद जयप्रकाश नहीं चाहता था कि उनकी उपस्थिति के कारण उसकी अपनी स्वतंत्रता बाधित हो। दुर्भाग्य से जयप्रकाश की जल्दी ही, वह नवीं या दसवीं में था, तब मृत्यु हो गई। उसके बाद एक-दो बार उसके घर गए मगर वह घर उसके बगैर बहुत सूना-सूना लगता था। उसके घर के आसपास से गुजरना भी उदासी से भर देता था।

संघ से मैं बाल-बाल बचा

अगर जवाहर लाल नेहरू को संघी इतना गरियाते हैं तो इसके ठोस कारण हैं। उस जमाने में बड़े हो रहे करोड़ों भारतीयों में मैं भी एक हूँ, जो नेहरू जी के कारण संघ में जाने से बाल-बाल बचे। संघ एक अच्छे स्वयंसेवक से वंचित हुआ और मैं वीर रस का कवि बनने से बच गया। संघ अपने विचारक, संगठन मंत्री और भाजपा अपने महासचिव से वंचित हो गई। बहुत नुकसान हुआ उसका। सब जवाहर लाल नेहरू की वजह से।

मेरे छात्र जीवन से बल्कि उससे भी पहले से संघी, सवर्ण वर्ग के किशोरों-युवकों को अपनी ओर खींचने की कोशिश करते थे। शाजापुर में भी तब शाम को संघ की शाखा लगती थी। मेरे मन में उसके प्रति कोई आकर्षण नहीं था। कुछ पढ़ते-लिखते रहने का यह असर रहा होगा, नेहरू युग का प्रभाव भी। शायद दूसरा असर अधिक प्रभावी हो।

उम्र 13-14 रही होगी। मेरा दोस्त जयप्रकाश आर्य एक शाम मेरे पास आया। थोड़ी देर बाद उसने कहा—"चलो शाखा चलते हैं।" ठीक-ठीक याद नहीं कि क्यों मैंने वहाँ जाने की अनिच्छा प्रकट की थी। उसने कहा—"अरे यार चलो, वहाँ

खेलना-कूदना ही तो है।" उस मित्र के दबाव में एक या दो बार चला गया। फिर जाना बन्द कर दिया।

उसके बाद जब कभी सोमवारिया बाजार से चौक की तरफ जाता, संघ के एक पदाधिकारी अपने घर के ओटले पर खड़े या बैठे मिलते और मुझे आवाज़ देकर बुलाते। सम्भवत: उनका अनौपचारिक सम्बोधन बंडू भैया था। वह कहते—"आते नहीं, अब विष्णु। एक-दो बार आकर रह गए? आना चाहिए तुम्हें।" दो-एक बार तो मैंने उनसे संकोच में कहा—"अच्छा कल से आऊँगा।" यह शुद्ध बहानेबाजी थी।

जब दो-तीन बार ऐसा हुआ तो उन्होंने मुझे पास बैठाकर कहा—"असली कारण बताओ, क्यों नहीं आते?" मैंने बता दिया कि आप लोग मुसलमानों को शाखा में नहीं आने देते। उन्होंने कहा कि अपने घर के चौके में तुम किसी मुसलमान को आने दोगे? मैं जन्मजात तो खुली सोचवाला था नहीं। मैंने कहा—"नहीं, वहाँ तो नहीं आने देंगे।" उन्होंने कहा—"तो समझ लो शाखा हम हिन्दुओं के घर का चौका है, उसमें हम मुसलमानों को आने नहीं दे सकते।"

चौके की 'पवित्रता' का यह हामी इस तर्क से सहमत हो गया। मैंने यह भी तर्क दिया कि इसमें जनसंघ के लोग तो आते हैं, बाकी पार्टियों के नहीं। उन्होंने जवाब दिया—"नहीं ऐसा नहीं है। किसी पार्टी के किसी व्यक्ति पर रोक नहीं है।" शायद उन्होंने यह भी कहा कि दूसरी पार्टियों के लोग भी आते हैं।

मेरी दोनों शंकाओं का निवारण कर दिया गया था लेकिन मैं फिर भी नहीं गया तो फिर नहीं ही गया। इस प्रसंग के पहले या बाद में कभी संघ के किसी शिविर में गोलवलकर आए थे। जिस दिन उनका सार्वजनिक भाषण होना था, उस दिन मैं भी गया था, स्वप्रेरणा से या किसी के कहने पर, यह याद नहीं। उन्होंने क्या कहा, यह स्मरण नहीं। संघ से जो भी सम्बन्ध रहा, उसकी यह इति थी। वैसे भी नेहरू-शास्त्री युग में संघ बेहद अप्रासंगिक-सा लगता था। मेरे मन में यह छवि भी है कि संघ तब बेचारा-सा लगता था। हाँ जनसंघ की जरूर ऐसी छवि मन में अंकित नहीं है। तब कांग्रेस का विकल्प जनसंघ थी। अब कांग्रेस का विकल्प कांग्रेस है। इतना परिवर्तन अवश्य हुआ है। इससे आगे के परिवर्तन की कोशिशें भी नहीं हुईं। यह लगभग पूरे मध्य प्रदेश की अभिशप्त नियति-सी है।

मेरी 21 वर्ष की उम्र तक कांग्रेस और जनसंघ में कम से कम शाजापुर में गुंडागर्दी का दौर शुरू नहीं हुआ था। वैचारिकता जो भी हो, तब के नेता भले-से, मिलनसार-से लगते थे। कभी जनसंघ, कभी कांग्रेस से विधायक रहे रमेश दुबे जरूर दादा जैसे लगते थे मगर तब तक की उनकी छवि भी मेरे मन में दादागीरी वाली अंकित नहीं है। वह लोकप्रिय नेता थे। बाकी उनके बारे में बहुत से प्रवाद भी थे। इस बारे में अधिकार से कुछ कह नहीं सकता।

दिशा-ज्ञान

यूँ तो शायद दिशाओं के मामले में आप जैसे अधिकतर लोगों से मैं अधिक 'ज्ञानी' हूँ। शायद आपको चार ही दिशाओं के नाम मालूम हों—पूर्व, पश्चिम, उत्तर और दक्षिण लेकिन मुझे मेरे एक अध्यापक ने बताया था कि दिशाएँ चार नहीं, दस होती हैं। उनके नाम उन्होंने इतनी बार रटवाये थे कि आज भी याद हैं—पूर्व, पश्चिम, उत्तर, दक्षिण, आग्नेय, नैऋत्य, वायव्य, ईशान, आकाश, पाताल। मगर आप हँसना मत और हँसना तो फिर खुलकर ही हँसना कि मुझ महानगरीय आदमी को पूर्व, पश्चिम, उत्तर और दक्षिण दिशाओं का ज्ञान तक ठीक से नहीं है। अक्सर सूरज निकलने के बाद मैं जागता हूँ और बाहर निकलने की तकलीफ नहीं करता और मजबूरी न हो तो घर से बाहर भी तभी निकलता हूँ, जब सूरज डूब चुका होता है। अगर संयोग से जल्दी उठ गया और बाहर आकर देख भी लिया तो पता चल जाता है कि अच्छा सूरज इधर निकला है यानी यह पूर्व दिशा है क्योंकि सूरज को पक्का पता है कि पूर्व दिशा किधर होती है, इसलिए इसके ठीक विपरीत दिशा पश्चिम ही होनी चाहिए, जो कि होती भी है।

मैं यह भी जानता हूँ कि पश्चिमी देश किन्हें कहते हैं और पूर्वी देश किन्हें लेकिन आप मुझसे पूछें कि किस दिशा में कौन-सा देश है तो मैं बता नहीं पाऊँगा क्योंकि दिशा ज्ञान नहीं है। मैं राजनीतिक वाम और राजनीतिक दक्षिण को जरूर करीब-करीब ठीक ही जानता हूँ, इसलिए मैं वाम से मध्य मार्ग तक भले ही भटकता चला जाऊँ मगर वाम से दक्षिण की तरफ कभी नहीं भटकता। मुझे आप बेवकूफ कहें या मूर्ख कहें या गए-गुजरे जमाने का कहें, मुझ मूढ़ को इससे कोई फर्क नहीं पड़ता।

वैसे दिशा की यह समस्या मेरे साथ बचपन से है। मैं किला स्कूल में पढ़ता था तो वहाँ पीटी का भी एक पीरियड होता था। अपनी क्लास के बच्चों में मैं क्योंकि सबसे लम्बा था तो पीटी टीचर बैरागी जी परेड कराते समय मुझे सबसे आगे खड़ा कर देते। जब तक वह सीधा चलने को कहते, मैं कदमताल मिलाकर सीधा चला जाता, कोई समस्या नहीं आती लेकिन जैसे ही पीटी टीचर, दाएँ या बाएँ मुड़ने को कहते, तो मेरी नानी मर जाती, जो कि संयोग से वैसे भी मेरे जन्म से पहले मर चुकी थीं। मैं बाएँ कहो तो दाएँ और दाएँ कहो तो अक्सर बाएँ मुड़ जाता। बाकी बच्चे भी मेरा ही अनुसरण करने को बाध्य होते। कभी दाएँ कहने पर दाएँ और बाएँ कहने पर बाएँ मुड़ गया तो इसे आप ईश्वरीय संयोग या मेरे अपने शब्दों में मेरी यदाकदा जाग जाने वाली प्रतिभा का कमाल मान सकते हैं। इस कारण पीटी का पीरियड और बैरागी साहब मुझे कभी अच्छे नहीं लगे, हालाँकि वह अब इस

दुनिया में नहीं हैं इसलिए ऐसा कहना ठीक नहीं है। वैसे अगर वह होते तब भी ऐसा कहना ठीक नहीं होता।

किसी परिचित जगह आया हूँ तो अलग बात है लेकिन अगर कहीं पहली बार आया हूँ या बहुत समय बाद आया हूँ तो दिशा के मामले में दूसरों के भरोसे मैं रहता हूँ, फिर जो भी मेरे साथ हो, चाहे वह कोई बच्चा हो। इस मामले में चूँकि अक्सर पत्नी के भरोसे अधिक रहना पड़ता है तो कभी-कभी वह अति आत्मविश्वास का शिकार हो जाती है और मना करने पर भी मुझे सही से गलत दिशा की ओर ले जाती है। लेकिन वह बात इतनी मजबूती से कहती है कि जानते हुए भी कि वह मुझे गलत दिशा में ले जा रही है, मैं उसे गलत साबित करने के लिए चला जाता हूँ। कभी उसकी बड़-बड़ सुनता जाता हूँ और सही दिशा में उसे ले आता हूँ। इसका यह मतलब नहीं है कि वह मुझे हमेशा गलत दिशा में ले जाती है और मैं मूर्ख की तरह उसके पीछे-पीछे चलता हूँ। यह गलती, वह भी करती है, मैं भी।

वैसे भटकने का भी अपना एक आनन्द है, जो मैंने खूब उठाया है। कई बार गलती से भटक गया हूँ और कई बार जानबूझकर भटकना चाहा है। इस बहाने मुझे बहुत कुछ देखने-समझने का मौका मिला है, इसलिए वे लोग मुझे अमूमन पसन्द नहीं, जो पहले से लक्ष्य बनाकर चलते हैं और बिना भटके वहाँ ही पहुँचना चाहते हैं, जिन्हें जरा भी विचलन पसन्द नहीं। युवा पीढ़ी के अनेक लोग तो अपने वाहन में GPS लेकर चलते हैं, इसलिए उनके भटकने का खतरा कम होता है लेकिन उन्हें भी कई बार भटकते देखा है। ऐसी स्थिति में आदमी ही आदमी के काम आता है और अगर कोई मेरे जैसा आदमी मिल गया और उसने किसी भटकते हुए आदमी को राह बताने की गलती, गलती से कर दी तो उसका भला कोई नहीं कर सकता। उस भटकते हुए को अगर तभी मैं कहीं मिल जाऊँ तो वह मेरा सिर भले न तोड़े मगर हाथ-पैर जरूर तोड़ देगा, ऐसा हो सकता है। वैसे ऐसा हादसा अभी तक हुआ नहीं है मगर डर लगता है कि ऐसा कभी मेरे साथ होकर रहेगा।

वैसे मुझे अगर पक्के तौर पर मालूम होता है कि उस दिशा के बारे में कुछ नहीं मालूम तो मैं पहले ही कह देता हूँ कि नहीं मालूम लेकिन कभी-कभी यह भ्रम हो जाता है कि मालूम है और मालूम नहीं होता या गलत मालूम होता है, तब गड़बड़ हो जाती है। मैं एकदम अभी जर्मनी शहर कोलोन पहुँचा था तो शाम खाली थी, भटकने निकल गया। एक जगह 'आइन बान स्त्रासे' लिखा था। मैंने सोचा यह सड़क का नाम है। चलता चला गया। फिर देखा कि फिर यही लिखा है, फिर चलता चला गया। जब वापिस आने लगा तो फिर यही बोर्ड देखकर चलने लगा तो न जाने कहाँ पहुँच गया। किसी तरह वापिस होटल पहुँचा। बाद में किसी ने बताया कि यह सड़क का नाम नहीं, एकल मार्ग का संकेत है। यहाँ से वाहन या तो सिर्फ आ सकते हैं या जा सकते हैं।

पिछले कुछ बरस में मैंने इतनी प्रगति अवश्य की है कि टैक्सी, स्कूटर, रिक्शा या साइकिल रिक्शा पर कभी सवार हुआ हूँ और चलाने वाले को बताना पड़ा है कि दाएँ चलना है या बाएँ, तो इतना जरूर समझा पाया हूँ कि बाएँ चलना है या दाएँ। फिर भी कभी-कभी गलती हो जाती है। आप पूछेंगे कि दाएँ और बाएँ का ज्ञान आपको कैसे हो गया तो इसका सीधा सिंपल फार्मूला मैंने यह निकाला है कि मैं जिस हाथ से लिखता हूँ और खाता हूँ, वह निश्चित रूप से दायां हाथ है और वह दिशा भी दायीं दिशा है और जिस हाथ से मैं लिखता भी नहीं, खाता भी नहीं, वह पक्के तौर पर बायाँ हाथ है और उस तरफ जाने वाली दिशा बायीं दिशा है। इतने ज्ञान से मेरा काम काफी कुछ चल जाता है और इससे अधिक अपनी समझ का विकास करने की जरूरत भी नहीं और सम्भावना भी नहीं।

सन्तरे का उपयोग

बचपन में हम ये खूब किया करते थे। सन्तरा खाते थे। फिर उसके छिलके को निचोड़कर उसका रस या तो आँखों में खुद डाल लेते थे या अपने किसी दोस्त को तंग करने के लिए उसकी आँखों में डाल देते थे। इससे आँखें कुछ देर चिरमिराती थीं, एक-दो आँसू-से आ जाते थे और फिर सब यथावत् हो जाता था। हम मानते थे कि इससे आँखों की रोशनी बेहतर हो जाती है। मैंने अपने बड़े बेटे से पूछा तो, वह भी यही किया करता था। ऐसा करना कितना वैज्ञानिक है या नहीं, यह न तब मुझे मालूम था, न आज इसकी याद आ जाने पर। मैंने न किसी से पूछा, न जानने की इच्छा से गूगल ज्ञान का सहारा लिया। इसकी जरूरत इसलिए नहीं क्योंकि मुझे अपना बचपन कुछ देर के लिए लौटाना था। वह हो गया।

यही तो कुछ तरीके हैं, कुछ देर उसे लौटा लाने के। और कुछ ही देर के लिए बस। कुछ ही देर अपने बचपन में रहा जा सकता है। लौटकर फिर वहीं आना होता है, जहाँ आज आप हैं और आना भी चाहिए वहीं क्योंकि अभी तक का अपना जीवन आपने-मैंने बच्चा रहकर नहीं जिया, हाँ अपना कुछ बचपन बचाकर अवश्य जिया। आज आप-हम जो कुछ हैं, उसमें बचपन से लेकर आज तक का एक लम्बा सफर है और वह सफर करते हुए आज जहाँ हम पहुँचे हैं, वहीं से सब कुछ देखने की कोशिश कर सकते हैं—कुछ धुँधला, कुछ साफ, कुछ साफ लगता-सा मगर असल में वह भी धुँधला है। कुछ जो महज स्वप्न है मगर लगता है, ऐसा तब हकीकत में हुआ था!

हमने अपना बचपन नंगे पाँव पैदल चलकर, भटककर, बैलगाड़ी में ऊँची-नीची

गड्ढेदार कच्ची सड़कों पर सफर करते हुए शुरू किया था। गाड़ी रास्ते में ऐसी उछलती थी कई बार कि हड्डी-हड्डी बज जाती थी। मेरे लिए तो तब बस या रेल का सफर भी एक सपना था, हवाई सफर तो अकल्पनीय था—एकदम। और तो और शाजापुर से इन्दौर का करीब सौ किलोमीटर का बस सफर बहुत बरस तक एक सपना रहा। कितनी बार मन होता था कि इन्दौर जाकर अनंत चतुर्दशी का रातभर चलनेवाला जुलूस देखूँ, जिसकी 'नई दुनिया' में तब बहुत विस्तृत रिपोर्ट छपती थी लेकिन सम्भव नहीं हो सका।

पत्रकारिता करते हुए भी मैं 32 की उम्र में पहला हवाई सफर कर पाया लेकिन मेरे बेटों ने बहुत कम उम्र में यह किया। मेरे बड़े बेटे के बेटों ने और भी कम उम्र में, उस उम्र में जब माँ की गोद और पिता के कन्धों के अलावा कुछ समझ में नहीं आता। उनके लिए हवाई सफर अजूबा नहीं है। और यह सच मेरे परिवार का ही नहीं, मध्यवर्ग के तमाम लोगों का है। हवाई यात्रा और विदेश यात्रा वैसे अब कोई अजूबा नहीं रही लेकिन मेरे एक मित्र ने 71 साल की उम्र में हवाई सफर तो क्या, एकसाथ दस हजार रुपए भी उम्र के इस मोड़ पर आकर पहली बार देखे, जब एक आयोजन में उसे दस हजार और दूसरे आयोजन में उसे पन्द्रह या अट्ठारह हजार रुपये मिले। और यही बड़ी हकीकत है आज भी। हमारी अपनी हकीकत तो एक छोटे से वर्ग की हकीकत है।

दर्द नहीं पीड़ा

पता नहीं क्यों सेरिडॉन का वह पुराना विज्ञापन आजकल मेरे मुँह पर अक्सर आता है, जिसकी पंक्तियाँ हैं—'सिर्फ एक सेरिडॉन और सरदर्द से आराम, ना रहे पीड़ा, ना रहे दर्द, सिर्फ एक, सिर्फ एक, सिर्फ एक ही सेरिडॉन।' इसी से एक प्रसंग याद आ जाता है, जिसका सेरिडॉन से कतई कोई सम्बन्ध नहीं मगर एक डाक्टर से है, दर्द और पीड़ा से है।

बात शाजापुर की है। वर्ष 1970-71 की। हमारे घर के सामने गुप्ता परिवार के पक्के मकान में सिविल अस्पताल में नए-नए आए एक डाक्टर दाधीच रहने आए थे। कुल पाँच लोगों का परिवार था। साधारण पृष्ठभूमि से थे। कोई औपचारिक परिचय उनसे नहीं था। न मुझमें इतनी हिम्मत थी, न जरूरत थी, न उनकी और उनके परिवार की इसमें कोई रुचि थी। हम अजनबी बने हुए थे लेकिन वह और उनका परिवार मुझे जानता जरूर था। शायद नाम से नहीं, शक्ल से।

एक बार मैं अस्पताल गया। जिस कमरे में वह बैठते थे, वहीं जाकर लाइन

लगाई। कारण था कि वह जानते हैं तो तरजीह देंगे। ठीक से देखेंगे, टालमटोल नहीं करेंगे। मुझे सिर में दर्द था या शरीर में कहीं ओर दर्द। बताया उन्हें। साहित्य की संगत होने से हुआ यह कि मेरे मुँह से दर्द की जगह 'पीड़ा' जैसा भारी, साहित्यिक माना जानेवाला शब्द निकल गया। 'पीड़ा हो रही है', ऐसा कुछ मैंने कहा। अन्यथा गम्भीर दिखनेवाले डाक्टर साहब 'पीड़ा' जैसा सामान्य व्यवहार से भिन्न शब्द सुनकर मुस्कुराए। उन्होंने भी मजा लेते हुए दो-तीन बार 'पीड़ा' शब्द दोहराया। मैं समझ गया कि दर्द को दर्द या तकलीफ न कहकर, मैंने अनजाने में उन्हें आनन्दित अवश्य किया है। अपने पर हँसी भी आई। आइन्दा सतर्क भी हुआ।

करीब पचास वर्ष होने आए। हिन्दी के 'पीड़ा' शब्द का अर्थ सब जानते हैं लेकिन सामान्य व्यवहार से यह अभी भी दूर है। और इसका दुख भी क्यों हो! दर्द भी मेरे लिए मेरी भाषा का शब्द है, तकलीफ भी। हाँ जहाँ उपयुक्त लगता है, पीड़ा शब्द भी चला आता है। कोई शब्द पराया नहीं। अगर अंग्रेजी के किसी बहुप्रयुक्त शब्द की व्यंजना दूर तक जाती है तो वह भी हिन्दी बन जाता है। साधारण लोगों ने ही मुझे यह सिखाया है। बिहार के लोगों के लिए 'नर्वस' जैसा शब्द 'नरभस' के रूप में बोलचाल का शब्द न जाने कब से है। मदर डेयरी बहुतों के लिए 'मदन डेरी' है। विष्णु खरे जी ने 'नवभारत टाइम्स' के कार्यकाल के दौरान NOIDA का सही हिन्दी उच्चारण 'नोइडा' चलाने की बहुतेरी कोशिश की, नहीं चला।'दिनमान' ने मास्को जैसे कई शब्दों का सही उच्चारण मस्क्वा चलाने की कितनी ही कोशिश की, जुबान पर आज तक नहीं चढ़ा। भाषिक शुद्धता का मैं उतना कायल नहीं। हाँ व्यंजना के अनुकूल हो, इसकी चिन्ता जरूर रहती है।

जाति का सामूहिक भोज

बचपन में ज्यादातर अपनी जाति के लोग सामूहिक भोज पर बुलाते थे। एक तो किसी के विवाह पर या घर के किसी बुजुर्ग के मृत्युभोज में। ये भोज जाति की धर्मशाला में होते थे और इनमें लड़कों-पुरुषों को रंगीन रेशमी धोती बाँधनी होती थी, ठंड न हो तो ऊपरी बदन खुला रखना होता था और ब्राह्मण होने के ट्रेडमार्क के तौर पर गले से लटकी हुई, दाहिने कन्धे से बाईं कमर तक आया हुआ जनेऊ पहनना होता था। याद आता है कि संक्रांति—जो अक्सर 14 जनवरी को आती है—जनेऊ बदला जाता था। उस दिन इसे हल्दी से रंगकर पहना जाता था, जिससे पेट और सीने पर पीला रंग जम जाता था।

रेशमी धोती को हमारे यहाँ सोला कहते थे। हमारे घर में दो सोले थे। एक गहरे

केसरिया रंग का, जो मुझे पसन्द था, दूसरा जामुनी रंग का। गहरे केसरिया रंग का 60 से भी ज्यादा साल पुराना यह सोला आज भी घर में पत्नी के पास सुरक्षित है। वैसे मैंने सोला और जनेऊ पहनना कब त्यागा, ब्राह्मण होने पर गौरवान्वित होना कब बन्द किया, जाति से परे अपनी पहचान बनाने की कोशिश किये कितने दशक हो गए, यह अब याद नहीं लेकिन अतीत, अतीत है और उसमें पले-बढ़े हैं तो वह स्मृति का हिस्सा तो है ही। उसे ले भी कहाँ जाएँ, पटक कहाँ आएँ! बस वह न हो जाएँ फिर से, जो बनाने की कोशिश आपको जाति-विशेष में पैदा होने के कारण जाने-अनजाने की गई थी।

बच्चों को इससे क्या फर्क पड़ता है कि किसकी, किससे शादी हो रही है और किसकी मौत हुई है! (याद आता है कि मृत्यु भोज भी सब उसी उत्साह से करते थे, जैसे विवाह का भोज! अभी भी स्थिति नहीं बदली है।) बच्चों की खुशी और उत्साह हमेशा परम होता है। मैं भी खुशी-खुशी ऐसे भोजों में जाता था, साथ में घर से पानी का गिलास ले जाता था, जो हरेक को साथ ले जाना होता था। भूल जाने पर या न लाने पर खांखरे (पलाश) के दोने में पानी पीना होता था। खांखरे के ही पत्तल-दोने होते थे। कई बार दोने फूटे निकलते। दाल या कढ़ी पत्तल पर बिखरने लगती तो पहले दोने को दूसरा दोना मंगवाकर उसमें रखा जाता। खाना जमीन पर बैठकर खाया जाता था। नीचे टाटपट्टी बिछी होती। ऐसे मौकों के लिए भोज का निमंत्रण देने का काम किसी एक खास परिवार का नाई करता था। वह हर घर के सामने आकर उसके मुखिया का नाम लेकर बताता कि फलाँ दिन, फलाँ समय आपके घर के सब लोगों या किसी एक को या पावना-पई समेत (मेहमान सहित) जीमने आना है। कितनों को बुलाना है किस घर से, यह बुलानेवाले की आर्थिक हैसियत से लेकर उससे सम्बन्धों की निकटता समेत कई बातों पर निर्भर करता था।

भोज में खाने की कुछ चीजें तय होतीं लगभग। अरहर की दाल, चावल, कढ़ी, कोई सूखी सब्जी या गर्मी के दिन हों तो लोंजी, जो कच्चे आम और गुड़ के मिश्रण से खट्टी-मीठी बनी होती। मीठे में अक्सर नुक्ती या बूँदी के लड्डू होते। कोई खोपरापाक रखता, जो सूखे नारियल, चीनी और मावे के मिश्रण से बनता है। सारी चीजें परोसने के बाद कोई बड़ा-बूढ़ा नमः (जिसे मैं नमक समझता)पार्वती पतेव, हर-हर महादेव कहता, तब भोज शुरू होता। कुछ अपने तौर पर भी अलग से मंत्र बोलते। फिर पत्तल से सब चीजें थोड़ी-थोड़ी निकालते। पास ही बाहर रखते। गिलास या लोटे से दाहिने हाथ की हथेली में पानी लेकर पत्तल के चारों ओर घुमाकर अँगूठे से पानी पत्तल के बाहर एक जगह छोड़ते और तब भोजन शुरू करते। मुझ जैसे बच्चे तो पत्तल में पसन्द की कोई चीज आने पर खाने को मचलने लगते मगर 'नमः पार्वती' के सार्वजनिक शिष्टाचार का पालन करना पड़ता, जबकि अन्दर गुस्सा पनप रहा होता, बेचैनी बढ़ रही होती। खाने के समय बड़ों से एक और पूड़ी

और एक और लड्डू तो चलेगा ही कहा जाता। ऊपर से ना-ना, अन्दर से हाँ-हाँ निकलती। अन्दर की हाँ-हाँ ही जीतती। लोग जी भरकर लड्डू खाकर आते या देर तक उस ओर लड्डू या किसी मीठेवाला नहीं आता तो किसी से कहते, इधर लड्डू वाले को तो भिजवाओ।

उस समय रिवाज यह था कम से कम पुरुषों के लिए कि वे घर में थाली में और ऐसे मौकों पर दोने-पत्तल में हाथ धोते। आज भी ससुराल जाता हूँ तो बहुएँ कहना नहीं भूलतीं—"फूफाजी आप तो थाली में हाथ धो लो।" पुरुष अपनी थाली खुद उठाकर धोने की जगह रखे, यह भी आमतौर पर नहीं होता। बहरहाल अब यह गलती मैं नहीं करता। घरों में पहले पीतल के बर्तनों का उपयोग होता था। कटोरी में दाल या कोई गीली सब्जी देने का रिवाज लगभग नहीं था। किनारेवाली थाली में पीछे की तरफ लकड़ी का टेका लगाया जाता और दाल या कोई गीली सब्जी परोसी जाती। बर्तन धोने के पानी का अभाव होता तो राख से बर्तन सूखे साफ किये जाते और फिर बचे रह गए राख-कण किसी साफ कपड़े से पोंछे जाते। जो चीजें तब सामान्य लगती थीं, लगता था इसी तरह चलती रहेंगी, वैसी वे नहीं रहीं। सब कुछ बदल गया, स्मरण दिलाने लायक हो गया—बुरा हो या अच्छा क्योंकि वह जीवन का एक अंग था।

भाई को भूखा रखने की विवशता

बात मेरे किशोरवय की है। मैं कुछ कमाने के लिए यहाँ-वहाँ ट्यूशन करता था। वह मेरी छात्रा थी। उसे पढ़ाना उस दिन अभी खत्म ही हुआ था कि किसी दूसरे गाँव या कस्बे में नौकरी करनेवाला उसका बड़ा भाई आया। उसने आते ही अपनी बहन से कहा कि मुझे बहुत जोर की भूख लगी है, कुछ खिला दे। तब तक घर के सब लोग खा चुके थे या ऐसा मानना चाहिए कि खा चुके होंगे। उसकी बहन का जवाब था कि मुझे आलस्य आ रहा है, मैं अब नहीं बना सकती। उसके बाद उसके भाई ने कुछ नहीं कहा। वह घर का सबसे बड़ा बेटा था और छोटीमोटी नौकरी करता था लेकिन उसने अपनी छोटी बहन को डाँटा-फटकारा नहीं, यह सुनकर वह चुप हो गया। वह इसका संकेत समझ गया, जो मेरे लिए समझना मुश्किल था।

उसके बाद उसने कुछ खाया या नहीं या बाजार में जाकर कुछ खाया या उसके पास पैसे नहीं बचे थे तो भूखा सोया। हालाँकि भूखा सोना आसान है क्या? वह भी ठेठ जवानी में, जब भूख बर्दाश्त नहीं होती? मैं बाहरी आदमी था, भाई-बहन की बातचीत के बीच क्या कहता, चुप रहा और चला आया। मेरी स्थिति ऐसी नहीं थी

कि कहता कि चलो बाजार चलकर कुछ खा आते हैं या चलो मेरे घर, तुम्हारी बहन को भले ही आलस्य आ रहा होगा, मेरी माँ आलसी नहीं है, वह कुछ न कुछ बना देगी। लेकिन मन ही मन मुझे इस बात का बुरा बहुत लगा कि यह लड़की—जिसे मैं बहुत अच्छी इनसान समझता था—इतनी संवेदनहीन और आलसी है कि उसका भाई बाहर से थकाहारा-भूखा आया है और उससे कह रही है कि मुझे आलस्य आ रहा है, खाने को कुछ नहीं बना सकती?

अगले दिन मैं गया तो मैंने पूछा कि तुम्हें इतना ज्यादा आलस्य आता है कि कल रात अपने भाई को दो रोटी बनाकर भी नहीं दे सकती थीं? भाई को भूखा सुलाना तुम्हें अच्छा लगा? तुम्हें जरा भी परेशानी नहीं हुई? उसने पलटकर जवाब दिया कि "मैं क्या करती? क्या आपके सामने उससे यह कहती कि घर में आटा नहीं है, कैसे रोटी बनाकर खिलाऊँ, क्या रात को किसी के घर आटा माँगने जाती?"

उस लड़की की उम्र कुछ ज्यादा नहीं रही होगी। यही 15-16 लेकिन अभाव ने उसे और उसके भाई को परिपक्व बना दिया था। यह सिखा दिया था कि भूख कैसे बर्दाश्त करना और फिर भी दूसरों के सामने अपने घर की लाज कैसे बचाना! इसके पहले मुझे पता नहीं चला था कि इनके घर में कभी ऐसी भी स्थिति आती होगी। इस घटना के बाद ही मुझे समझ में आया कि बहन की यह बात सुनकर भाई को क्रोध क्यों नहीं आया, क्यों वह इतना सुनकर चुप हो गया! यह खयाल तब नहीं आया कि उससे यह पूछता कि बताओ कल शाम क्या तुम, तुम्हारा परिवार भी भूखा तो नहीं सोया था? और आज क्या स्थिति है?

अभावों में तो मैं भी पला-बढ़ा हूँ लेकिन जब तक माँ का साया रहा और मैं शाजापुर में रहा, खाना देर से तो मिला मगर याद नहीं आता कि कभी भूखा मरना पड़ा हो। उस निम्न मध्यवर्गीय परिवार में सदस्य अधिक थे मगर आमदनी इतनी कम भी नहीं थी कि ऐसी नौबत आ जाए। लेकिन थे कुछ कारण कि ऐसी स्थितियाँ बीच-बीच में आ जाती होंगी। यह अच्छा नहीं लगता कि आज मैं उन कारणों पर खुलकर बात करूँ।

तब के रंग-ढंग

हम जिस जमाने में बड़े हो रहे थे, अब की तरह उस समय भी सब कुछ अच्छा नहीं था। आज कुछ चीजें, कुछ बातें उस समय से बहुत अच्छी हैं। अपने उस समय की ओर जो चीज सबसे ज्यादा खींचती है, वह यह है कि तब सभी लोग बहुत कम प्राकृतिक संसाधनों का इस्तेमाल करते थे। शुरू में प्लास्टिक का उपयोग था,

इसकी याद नहीं। हम खाने-पीने और दैनिक उपयोग की चीजें खरीदने जाते थे, तो दुकानदार अखबार के कागज की पुड़िया बनाकर उसमें सामान देते थे। हलवाई भी मिठाई-नमकीन कागज की पुड़िया में देता था। दूध लेने जाते थे तो घर से बर्तन ले जाते थे—गिलास या लोटा या पतीली। छोटी कक्षाओं में थे तो स्लेट पर लिखते थे। अनाज पिसवाने जाते थे तो अनाज झोले में या पतीले या किसी चौड़े मुँह के बर्तन में भरकर ले जाते थे। सब्जी लेने थैला लेकर जाते थे। पानी की कमी हो तो बर्तन चूल्हे की राख से साफ कर लिए जाते थे। फ्रिज का नाम तब सुना नहीं था, तो खाने-पीने की चीजें अक्सर उतनी ही बनाने की कोशिश होती थी कि सुबह की चीज सुबह और शाम की चीज शाम तक खप जाए। सुबह की कोई चीज लाख जतन के बाद भी बच जाती थी तो गर्मी के दिनों में चौड़ी थाली (परात) में पानी भरकर उसमें रखते थे कि बिगड़ने से यथासम्भव बच जाए।

गरीब-अमीर का भेद तो कहाँ जाता, वह तब भी था मगर आज से बहुत कम था। स्कूल-कॉलेज सरकारी ही थे तो पढ़ना सबको साथ-साथ पड़ता था, इसलिए समृद्धि की ठसक छात्र-छात्राओं में नहीं थी और गरीबी की कुंठा भी नहीं थी। अपने से काफी अधिक समृद्ध दो-एक परिवारों के घरों में अपने दोस्तों के कारण मेरा आना-जाना था तो फर्क तो महसूस होता था मगर ऐसा नहीं कि आँखें चौंधिया जाएँ, जुबान खुल न पाए, सिर झुक-झुक जाए। सिर झुकाकर जाएँ और सिर झुकाकर ही वापिस लौट आएँ!

खर्च करने के लिए लोगों के पास बहुत पैसा भी नहीं था और जितना था, उसे खर्च करने, प्रदर्शन करने की इच्छा बहुत कम थी। पैसे वाले अपनी ठसक शादी-ब्याह के अवसर पर जरूर दिखाते थे। सच यह भी था कि खर्च करने के आज की तरह बहुत विकल्प भी नहीं थे। अधिक से अधिक क्या करोगे, कार खरीदोगे लेकिन पैसेवालों के पास भी अक्सर इतना पैसा नहीं होता था कि कार खरीदें और चलवाएँ। वैसे मेरा कस्बा इतना बड़ा भी नहीं था, सड़कें इतनी चौड़ी भी न थीं कि कार आसानी से चल सके। स्कूटर खरीदने के पैसे हों तो उसका मिलना मुश्किल था। साइकिल आसानी से उपलब्ध थी। दूरियाँ इतनी कम थीं कि पैदल आया-जाया सकता था।

जिनके यहाँ बिजली थी, वो बिजली के आने-जाने और टिमटिमाने के बीच बल्ब जलाते थे और रेडियो चलाते थे। टीवी तब नहीं था, कम से कम मेरे कस्बे में तो नहीं था। बिजली की रोशनी कंदील से कुछ बेहतर थी। फायदा यह था कि कंदील की तरह बल्ब रोज साफ करने, तेल भरने का झंझट नहीं था। काला स्विच नीचे किया तो बिजली जल गई, ऊपर किया तो बन्द हो गई।

मेरे छोटे कस्बे में होटल में खाने का न चलन था, न ऐसा खाना मिलता था कि तफरीह के लिए खाना खाने कोई परिवार वहाँ जाने की सोच सके। होटल एक-दो

थे बस स्टैंड पर, ताकि दूर आने-जानेवाला यात्री चाहें तो दाल-रोटी-बाटी-चावल से पेट भर सकें। पुरुष या हम जैसे आवारा लड़के हद से हद मिठाई-नमकीन होटल में खा लेते या फिर घर लाकर खाते। सिनेमा हद से हद फर्स्टक्लास या बालकनी में बैठकर देख लो। कपड़ा लट्ठे का मत खरीदो, कुछ महँगा खरीद लो। कुछ समय बाद टेरेलीन आ गया, जो महँगा था मगर आसानी से धुलता-सूखता था और चलता बहुत था। उसकी बिन प्रेस की शर्ट प्रेस किए जैसी लगती थी। हमारे कस्बे में तो कम से कम यही स्थिति थी।

जाति का घमंड निश्चय ही था, धर्म का भी गौरव जैसा रहा होगा, फिर भी यह आज जैसा हिंसक नहीं था। ऊँच-नीच की भावना थी मगर इसके साथ रह लेना भी सबने सीख लिया था। इसके विरुद्ध तब सुगबुगाहट भी नहीं थी। मुझे याद है कि हमारे मोहल्ले की छोटी सी मस्जिद के सामने से कोई बारात आदि बैंडबाजों के साथ गुजरती तो उतनी देर बैंडबाजा बिना कहे, बन्द कर दिया जाता था और 'हिन्दू स्वाभिमान' इससे आहत नहीं होता था।

मैंने सोमवारिया बाजार से हथकड़ी-बेड़ी में अदालत तक पैदल ले जाए जाते अभियुक्त देखे, एक जवान औरत की लाश थाने के सामने बस में चित पड़ी देखी, इसलिए ऐसा नहीं था कि अपराध नहीं थे मगर दाल में नमक बराबर थे। कानून का डर था। कलेक्टर खुद को राजा समझता था मगर लोकतंत्र का कुछ-कुछ डर उसे भी था। वैसे इसके नाम पर भय इतना भी नहीं था कि विधायक-मंत्री जो चाहे उससे करवा लें, नंगा नाच नचवा लें। कॉलेज में पढ़नेवाली लड़कियाँ तक दबी-सहमी रहती थीं (महाराष्ट्रीयन लड़कियाँ इसका कुछ अपवाद थीं)। बीए-शीए करना लड़कियों के लिए जरूरी नहीं था और कर लो तो भी असली योग्यता थी—उनका 'शीलवती 'होना, 'घरेलू कामकाज में दक्ष होना 'और लड़का सुन्दर हो न हो तो भी लड़की का गोरा और सुन्दर होना। यह मुश्किल थी मगर देरसबेर शादी हो जाती थी। दहेज दिया-लिया और गर्व से दिखाया जाता था। लड़कियों-बहुओं को अगर नौकरी करने दी जाती थी तो अक्सर गर्ल्स स्कूल की मास्टरनी बनने की छूट थी ताकि उनका 'चरित्र' भी 'सुरक्षित' रहे और रोकड़ा भी आता रहे। 'प्यार किया तो डरना क्या' गाना लोकप्रिय था मगर प्यार करना नहीं था—न जाति में, न जाति से बाहर। दूसरे धर्म के लड़के-लड़की से प्यार और शादी करना तब भी बहुत रिस्की था।

कुछ लापरवाहियाँ सार्वजनिक जीवन में थीं, जो अब अधिक भयानक रूप ले चुकी हैं। जैसे सार्वजनिक नल का उपयोग किया और उसे उपयोग के बाद बन्द करने की बहुत परवाह नहीं थी, अधिकतर लोग नल खुला छोड़ देते थे। ऐसी तमाम बातें थीं, जो हमारी नागरिक चेतना का अंग अभी भी नहीं बन पाई हैं। घर के बाहर की स्वच्छंता की, न तब परवाह थी, न अब अधिक चिन्ता है।

नल से पानी, जरूरत से कम या कभी-कभी आता नहीं था और दैनिक उपयोग के लिए दूर से पानी आता या लाया जाता था तो लोग घर के कामों में पानी का किफायतशारी से इस्तेमाल करते थे। ज्यादातर बर्तन पीतल (या जिसे तब जर्मन सिल्वर के नाम से जाना जाता था) के थे तो बहुत कम पानी से या कंडों की राख से साफ कर फिर थोड़े से पानी से साफ कर लिए जाते थे।

जूते ब्रांडेड भी मिलते थे और चर्मकारों के बनाए हुए भी (अब भी मिलते हैं) और स्कूल में कपड़े के बने जूते विशेष अवसरों पर पहनने होते थे, जिन्हें हम खड़िया मिट्टी से चमका लेते थे। बच्चों का मजे से नंगे पाँव घूमना कोई अनोखी बात नहीं थी। ज्यादा से ज्यादा पाँव में शीशे का कोई टुकड़ा या काँटा या कील चुभ जाती थी। डेटाल-वेटाल क्या होता है, यह बहुत बाद में जाना। तकलीफ ज्यादा होती थी या पाँव में सूजन आ गई तो घर में देसी उपाय तो थे ही, अधिक से अधिक सरकारी अस्पताल चले गए, लाइन में खड़े होकर इलाज करवा लिया, पट्टी बँधवा ली और छुट्टी!

कपड़ों की परवाह कॉलेज के स्तर पर जरूर थी, ताकि किसी या किसी भी लड़की को प्रभावित करने की कोशिश की जा सके। छोटी जगह में प्रेम खुलेआम जाहिर करना मुश्किल था, ज्यादा दबंग युवा यह जरूर करते थे मगर यह भी लाइन मारने के स्तर पर। लड़की भी जानती थी, लड़का भी कि जाति-धर्म की दीवारें लाँघना आसान नहीं है।

खानपान भी सादा था। सब्जी बनी है, तो दाल नहीं, दाल बनी है तो सब्जी नहीं। मेरे घर में कुर्सी जैसी कोई आपदा नहीं थी, हम दोस्त कभी खड़े-खड़े ही घंटों गप लड़ाया करते थे। जमीन पर दरी बिछाकर बैठकर बातें करना गवारा न था। दरी तो मेहमान टाइप कोई बुजुर्ग आया तो बिछाई जाती थी।

चड्डी के ऊपर बनियान पहनना न पहनना अधेड़ पुरुषों की मर्जी पर था। पुरुष पट्टेवाली चड्डी पहनकर बाजार चले जाते थे। पूरे कपड़े थोड़ी दूर जाना हो, दुकान या दफ्तर जाना हो तो ही पहनते थे। खुली तोंद पर हाथ फिराते हुए चलना उनका सहज लोकतांत्रिक और मानवीय अधिकार था, बल्कि मर्दानगी की निशानी था। असली मर्दानगी की एक और निशानी थी—छाती पर बाल होना और जोर से पादने में नहीं शर्माना बल्कि गौरव सा महसूस करना, जबकि औरत का औरतपन इसमें था कि उसका पादना, पादना न लगे, कुछ होनेवाला है, हो चुका है, इसका जहाँ तक सम्भव हो, पता न चले। मर्दानगी की असली निशानी तो भूल ही गया—सन्तानों की कतार लगाकर दुनिया को दिखाना, लड़के ही लड़के हों तो क्या कहने! परिवार नियोजन करवाना आमतौर पर अपना किन्नरीकरण करवाना माना जाता था। यह चुनौती अक्सर दी जाती थी कि अपने असली बाप की औलाद हो तो सामने आ। क्रोध में बाप का बेटे को मादर या बहन...कहकर बुलाना आम

था। औरतें लाकड़ा पड़्यो की गाली देती थीं यानी तेरी चिता सज जाए।

अच्छा मास्टर वह होता था जो शिष्य की बढ़िया धुनाई करे और अच्छी 'बहन जी', वह होती थी, जो क्लास में बुनाई-कढ़ाई करे और हेड मास्टरनी अच्छी वह कहलाती थी, जो धुनाई भी करे और सिलाई-कढ़ाई की कला में भी समान रूप से प्रवीण हो।

तथाकथित छोटी जातियों के लोगों से सवर्णों का तू से बात करने का नाम ही सभ्यता थी और इसे सहन करना उनका जातीय कर्तव्य। यह शिकायत तब सवर्णों को ज्यादा थी कि कांग्रेस इन 'हरिजनों-चमारों' को सिर पर चढ़ा रही है। पुरानी रियासतों के उत्तराधिकारियों को उम्मीद थी कि यह लोकतंत्र नहीं चलेगा और उनका राज फिर से आएगा लेकिन कुछ शक भी था तो वे विधायक और मंत्री बनने में भी लगे रहते थे। तब यह भी सोच थी कि मिलिट्री शासन से ही लोग सुधरेंगे और इस लोकतंत्र से तो राजा-महाराजा ही ठीक थे। राज कांग्रेस का रहे या जनसंघ का, सवर्ण राज ही था।

पुराने ढंग की टट्टियाँ थीं, उन्हें साफ करनेवाली को गलती से छू लो तो नहाना पड़ता था मगर उससे दूरी रखकर भी बात किसी मनुष्य की तरह ही की जाती थी। लेकिन जहाँ यह सब था, अब वहाँ भी नहीं है। वही नृशंसता का राज वहाँ भी है, बच-बच कर चलना ही जिन्दगी अब वहाँ भी है।

सुलक्षणा और रामचन्दर

एक दिन रात को अपने अन्दर के भय से निबटने के लिए अपने अतीत के कुछ सुखद क्षणों को मैंने याद करने की कोशिश की। जो चीज पहले कभी याद नहीं आई थी, वह याद आई। वह थी अपने जमाने की सफल अभिनेत्री सुलक्षणा पंडित की। यह 1975 की बात रही होगी। तब मैं बम्बई में—जो अब मुम्बई है—टाइम्स समूह में अपने करियर के आरम्भिक वर्षों में था। तब फिल्मी पत्रिका 'माधुरी' के सम्पादक अरविन्द कुमार ने—जो बाद में कोशकार के रूप में प्रसिद्ध हुए—मुझे सुलक्षणा की 'उलझन' फिल्म में नई-नई मिली सफलता के बाद उनसे साक्षात्कार लेने भेजा। क्या बात हुई, क्या लिखा, यह याद नहीं मगर यह याद है कि बात करते-करते शायद सफलता की भावुकता में मेरा हाथ कुछ देर उन्होंने अपने हाथ में लिया। एक सुन्दर अभिनेत्री का यह क्षणिक स्पर्श मुझ 24 साल के अविवाहित युवा को सुखद अहसास से भर गया, जो याद था लेकिन बेहद भूला हुआ अध्याय था। यह उनसे मेरा पहला और अन्तिम साक्षात्कार था क्योंकि फिर मैं नवभारत

टाइम्स से जुड़ गया। वैसे भी फिल्म पत्रकारिता में मेरी रुचि नहीं थी। सुलक्षणा अच्छी-सफल गायिका भी रहीं, जिनके पिता भी एक अच्छे शास्त्रीय गायक थे और मशहूर पंडित जसराज उनके चाचा थे। अभी पढ़ा कि जब उन्हें काम मिलना बन्द हो गया तो उनका जीवन बेहद कठिनाइयों में गुजरा। उन्हें गरीबी से बचने के लिए अपना फ्लैट बेचना पड़ा, जिसका फर्नीचर तक टूट-फूट चुका था। बाद में गिर पड़ने से उनके कूल्हों में जबर्दस्त चोट आई और चार आपरेशनों के बावजूद वह विकलांग हालत में अब बहन-बहनोई के साथ रहने लगीं। संजीव कुमार से प्रेम में भी उन्हें नाकामयाबी मिली, जो हेमामालिनी के साथ असफल प्रेम से तब बेहद हताश थे। शुरू की अनेक कामयाबियाँ सुलक्षणा के काम न आईं, जब उन्होंने अपने समय के सफलतम अभिनेताओं और संगीतकारों के साथ काम किया था और दुनिया असफल लोगों की तरफ तो मुड़कर दुनिया देखती भी नहीं!

कुछ समय पहले एक सपना आया था, जिसमें पता नहीं कैसे वह रामचन्दर चला आया, जो पिछले पचास-पचपन वर्षों में कभी याद नहीं आया था। वह मुझसे उम्र में कम से चार साल बड़ा था, इसलिए स्कूल में उसका साथ नहीं रहा, न बाद में कभी। वह एक चपरासी का बेटा था और कुछ साल हमारे कच्चे मकान में किरायेदार रहा। बाद में उसके पिता ने एक मकान खरीद लिया और पूरा परिवार वहाँ से चला गया और फिर कोई सम्पर्क नहीं रहा तो याद भी मिट गई। पता नहीं वह अब है या नहीं और शाजापुर में है या नहीं। यह भी मालूम नहीं कि उसका शेष जीवन कैसे बीता लेकिन कभी सपना और कभी जागृति, कैसे कभी-कभी स्मृति से मिट चुकी स्मृतियों को जगा देती है।

जुए में हार

जीवन में कई छोटी-बड़ी और प्यारी गलतियाँ की हैं। गलतियों के बगैर किसी का गुजारा भी नहीं। कुछ गलतियाँ सबक सीखने लायक होती हैं, कुछ आप बार-बार करते हैं और तब अगली बार नहीं करते। कुछ प्यारी गलतियाँ होती हैं। एक बार करके सबक सीखनेवाली ऐसी ही एक गलती अपने लड़कपन में मैंने भी की थी।

शाजापुर में हम कम उम्र मित्रों खासकर—स्वर्गीय जयप्रकाश आर्य, ब्रजकिशोर शर्मा आदि ने पहले 'बाल उद्गार मंडल' बनाया, फिर किशोर हो गए तो उसका नाम बदलकर 'किशोर उद्गार मंडल' कर दिया। इसके माध्यम से हम अपने कस्बे में स्थानीय स्तर की कवि गोष्ठियाँ करते, जिनमें वरिष्ठ-कनिष्ठ कवि सब कविताएँ

सुनाते थे। ये वैसे अलग-अलग घरों में होतीं और एक वकील साहब हुआ करते थे, जुगलकिशोर जी, उनके यहाँ सबसे अधिक होती थीं। उनका ऑफिस एक बड़ा हॉल सा था, जिसके एक कोने में उनकी टेबल-कुर्सी रखी रहती थी और बाकी खाली जगह में गाव-तकिया बिछे रहते थे। हमारी इन गोष्ठियों में शाजापुर आने पर नागार्जुन भी आए थे और नरेश मेहता भी। नागार्जुन के मुँह से वहीं पहली और आखिरी बार उनकी अद्भुत कविता सुनी थी—'कालिदास, सच- सच बतलाना...'। एकाध बार हमारे स्थानीय कवि, जो खुद को जयशंकर प्रसाद का अवतार समझते थे, हमारे मित्र नरेन्द्र गौड़ की कविता में कथित रूप से आई 'अश्लीलता' पर इतने नाराज हुए कि उनका बस चलता तो उसे वहीं ठोंक देते!

तो खैर 1969 या 1970 में एक बार बालकृष्ण शर्मा 'नवीन' की 8 दिसम्बर को जयंती पर हमने एक भव्य कवि सम्मेलन करने की ठानी और कर दिखाया। तब बालकवि बैरागी मध्य प्रदेश की कांग्रेस सरकार में मंत्री हुआ करते थे। उन्हें आमंत्रित करने मैं और मेरे सहपाठी और कवि-मित्र ब्रजकिशोर शर्मा भोपाल गए। बैरागी जी आए भी और सम्भवत: शासन ने उस आयोजन के लिए कुछ आर्थिक सहायता भी की थी। कम-से-कम उनके स्वागत-सत्कार का कोई भार हमें वहन नहीं करना पड़ा। सरकारी इन्तजाम अपने आप हो गया।

तो किस्सा अब शुरू होता है। श्री बैरागी को बुलाने के साथ हम शिवमंगल सिंह सुमन को भी बुलाना चाहते थे, जो उस समय विक्रम विश्वविद्यालय, उज्जैन के कुलपति थे। विश्वविद्यालय के हिन्दी विभागाध्यक्ष और विद्वान राममूर्ति त्रिपाठी को भी हम इस अवसर पर बुलाना चाहते थे, इसलिए पहले उज्जैन गए। वहीं से ट्रेन पकड़कर हमें भोपाल जाना था।

उज्जैन के देवास गेट बस स्टैंड के पास सड़क पर तीनपत्ती जुआ खिलानेवाले खड़े रहते थे। पता नहीं क्या सोचकर ब्रज के रोकने पर भी मैंने दाँव लगा दिया। वे पैसे हार गया तो उन्हें फिर से हासिल करने के लिए दूसरा दाँव लगाया। जुआ खिलानेवालों के अपने लोग दर्शकों में खड़े होते हैं। उनमें से ही किसी ने कहा, अब इस पर लगाओ, तो सारे रुपये वापिस आ जाएँगे। इस तरह मैं चालीस या पचास रुपये हार गया। अब मैं घबरा गया। शायद मैंने कुछ शोर भी मचाया। उन्होंने तुरन्त अपना सामान समेटा और रफूचक्कर। उनके साथ वह आदमी भी था, जिसने मेरी बेवकूफी का फायदा उठाते हुए दाँव लगाने को कहा था।

जो भी कुछ सोचकर हम थाने नहीं गए। कुछ फायदा था भी नहीं। उल्टा वे मुझे जुआ खेलने के आरोप में अन्दर कर देते या हम लौडों के पिछवाड़े दो डंडे जमाते और भगा देते।

खैर अब भोपाल जाने और खाने के रुपये नहीं बचे। हमें अभी त्रिपाठी जी को आमंत्रण देने जाना था। हम गए, आमंत्रण दिया और बताया कि हमारे रुपये

कहीं गिर गए हैं। खैर उन्होंने हमारी इतनी मदद कर दी कि हम रात की ट्रेन लेकर भोपाल जा सके।

इस गलती का मुझे भारी क्षोभ था। जैसा कि ब्रज ने याद दिलाया, मैं इतना परेशान था कि मन हो रहा था कि ट्रेन से कूदकर आत्महत्या कर लूँ। ब्रज ने कहा कि अच्छा तू कुछ लिख। उसने कॉपी-पेन दिया। उस तकलीफ को मोर के बहाने बयान करते हुए मैंने कविता-सा कुछ लिखा। जैसा कि ब्रज बताता है, इससे मेरे विचलित मन को काफी शान्ति मिली और मुझे नींद आ गई मगर बेचारा ब्रज रातभर जागता रहा कि कहीं विष्णु की नींद बीच में खुले और वह पछतावे में ट्रेन से कूद न पड़े! खैर हम भोपाल पहुँचे। हमारा मिशन कामयाब रहा।

उसके बाद फिर कभी दीवाली पर भी जुआ नहीं खेला। आता भी नहीं, सीखा भी नहीं। यह कुछ उन गल्तियों में है, जो दुबारा कभी नहीं की। अभी तक तो ऑनलाइन ठगी से भी बचा हुआ हूँ।

सेव जिन्दाबाद

एक बहुत दिलचस्प किस्सा छपा है आज (28 नवम्बर, 2019) दिल्ली के 'दैनिक भास्कर' में। यह किस्सा मेरी ससुराल देवास का है। रिटायरमेंट के बाद पति ने मकान, पेंशन सब कुछ पत्नी के नाम करवा दिया। पेंशन मिलने के दो साल बाद पति ने पत्नी से सेव की सब्जी खाने की इच्छा जाहिर की। पत्नी ने कहा, जाओ खरीद लाओ। पति ने कहा, पैसे दो। पत्नी ने कहा कि नौकरी में थे, तब तो खुद ले आते थे, अब भी ले आओ। पति ने कहा कि सब तो तुम्हें सौंप दिया, अब मेरे पास पैसे कहाँ? बात बिगड़ गई। पति महोदय इतने नाराज हुए कि घर छोड़कर चले गए। पत्नी के पास आनेवाली पेंशन भी बन्द करवा दी। खुद लेने और खर्च करने लगे। पत्नी ने पति पर भरणपोषण आदि के चार मुकदमे दायर किए। 17 साल बाद न्यायधीश के हस्तक्षेप से मामला सुलझा। उन्होंने 50 रुपये देकर बाजार से सेव मँगवाई। फिर उन महोदय की पत्नी से कहा, इन्हें इसकी सब्जी खिलाओ। खैर अब जाकर 79 साल के पति और 72 साल की पत्नी साथ रहने लगे हैं।

वैसे तो सब जानते ही होंगे सेव या सेंव क्या होती है, जिन्हें नहीं पता, उन्हें बीकानेरी भुजिया का पता होगा। बस कुछ वैसी ही मगर स्वाद में भिन्न और नरम। हम मालवियों की बहुत बड़ी कमजोरी सेव है। ऐसा मालवी आदमी-औरत-बच्चा मिलना मुश्किल है, जिसे सेव न पसन्द हो, मतलब बेहद पसन्द न हो। पोहे में

सेव मिलाना अनिवार्य है। उसके बगैर पोहे का स्वाद नहीं आता। समोसे के साथ भी सेव। खाना खा रहे हैं तो भी सेव। मिठाई के साथ भी सेव। चिवड़े के साथ भी सेव। मुरमुरे में प्याज काटकर उसमें भी सेव। सेव की सूखी और गीली सब्जी भी बनती है और फटाफट बनती है। रेडी टू ईट मामला है। तो सेव एक है, खाने में उसके उपयोग अनेक हैं।

हम तो खाने के वैसे ही दीवाने हैं, बशर्ते मामला शाकाहारी हो और सेव तो ऐसी चीज है साहब कि मालवा से निकले हमें पचास साल हो गए मगर हम सेव को न भूले, न सेव हमें भूली। मालवी अब उतनी अच्छी नहीं आती मगर सेव खाना अच्छी तरह आता है। पहले तो हम कितनी ही सेव खा जाते थे, फिर भी मन साला भरता ही नहीं था। अब मन भरे न भरे, उसे कम सेव खाकर भरना पड़ता है।

मालवा छोड़कर दिल्ली आने पर जो दर्द हमें झेलने पड़े, उनमें एक दर्द दिल्ली में सेव न मिलने का था। जैसे ही कोई मित्र-परिचित रिश्तेदार आता था, उससे सेव जरूर मँगवाते थे। अब तो खैर ऑनलाइन भी मिलने लगी है तो बच्चों की मदद से संकट दूर हुआ। और जनाब हमारी बीवी भी अगर सेव की सब्जी बनाने से इनकार कर देती तो हम खैर 17 साल के लिए तो नहीं मगर दो घंटे के लिए जरूर रूठ जाते। वैसे यह संकट अभी तक आया नहीं, आगे आने का खतरा भी नहीं।

अब सेव न जाने कितनी तरह की बनने लगी है मगर हमें तो वही ट्रेडिशनल सेव ही पसन्द है। इस सेव को वैसे रतलामी सेव के नाम से ज्यादा जाना जाता है मगर सेव तो मालवा में हर जगह, कम या ज्यादा अच्छी मिलती है। हमने कभी एक कविता-सी लिखी थी—'रतलामी सेव।' पढ़िए, सिर्फ पाँच पंक्तियों की है :

भारत में रतलामी सेव न होती
तो यह देश कब का रसातल में जा चुका होता

जा रहा है अभी भी
रतलामी सेव भी मगर
लोकप्रिय हो रही है।

इससे सेव के प्रति हमारा प्रेमातिरेक आप समझ सकते हैं। ओम थानवी समेत सब बीकानेरी भुजिया के दीवाने होंगे। हमने तो बीकानेर जाकर भी वहाँ की भुजिया खाई मगर स्वाद, स्वाद की बात है, हमें तो हमारी सेव ही प्यारी है।

सेव जिन्दाबाद।

कंस दशमी

लगभग पूरे उत्तर भारत में दशहरे पर रावण जलाया जाता है मगर कंस शाजापुर(मध्य प्रदेश) में दीपावली के बाद की दशमी के दिन—जिसे वहाँ कंस दशमी कहा जाता है—हर साल मारा जाता है। सुनते हैं कि शाजापुर के अलावा मथुरा में भी यह परम्परा है। इसे शाजापुर के गोवर्धननाथ मन्दिर के पुजारी करीब ढाई सौ वर्ष पहले वहाँ से यहाँ लाए थे। मथुरा में कंस वध अब होता है या नहीं या इतने बड़े पैमाना पर होता है या नहीं, मालूम नहीं मगर शाजापुर में कंस-वध की परम्परा अभी भी जीवित और जीवन्त है।

दोनों हाथ कमर पर रखकर गर्वोन्नत विशालकाय कंस का पुतला सोमवारिया बाजार में एक जगह ऊँचे चबूतरे पर कंस दशमी से कुछ दिनों पहले खड़ा किया जाता था, ताकि सबको आसानी से दिख सके। नीचे सड़क पर खड़े होकर इस कंस को मैंने भी कई बार बचपन में चकित भाव से देखा है। यह कंस कोई भयावह नहीं लगता था, सौम्य लगता था। सौम्य न कहें तो इसे निर्विकार कह सकते हैं।

मैं ही क्या शायद वहाँ के सभी लोग कंस दशमी के प्रति उत्साहित रहे हैं। यह आधी रात तक सड़क पर चलते-फिरते होनेवाला एक पारंपरिक नाट्य रूप है। सड़क ही इसका मंच है और सड़क के दोनों और खड़े लोग इसके दर्शक। इसमें अभिनेता और दर्शक एक ही धरातल पर होते हैं, ऊँचे-नीचे धरातलों पर नहीं। इस नाट्य रूप को देखने के लिए कम से कम तब आधा कस्बा उमड़ पड़ता था, अब के बारे में निश्चित रूप से कह नहीं सकता। उस जमाने में एक प्रेम गुरु होते थे और एक बाबू धाकड़। इन्हीं में से कोई एक—शायद बाबू धाकड़-कंस बनते थे—प्रेम गुरु कोई और राक्षस बनते थे। दोनों की आवाज़ प्रभावशाली थी और तब तो इनका अतिनाटकीय अभिनय भी अच्छा लगता था। एक बार मैंने जिद की कि मुझे भी इसमें कुछ बनना है। माँ ने प्रेम गुरु से कहा कि मेरा छोरा जिद कर रहा है तो उन्होंने बैलगाड़ी पर निकली सवारी में मुझे कृष्ण का मित्र मनसुखा बनाकर अपने साथ सवार कर लिया। जाहिर है कि यह बच्चे को बहलाने के लिए किया गया था। मेरी कुल भूमिका चेहरा पुताकर रास्ते भर बैलगाड़ी में खड़े रहना था। इससे ही मैं काफी खुश था। इसके अलावा उस उम्र में मैं कुछ और कर भी नहीं सकता था। एक बार के बाद लेकिन दूसरी बार मैंने यह जिद नहीं की। क्यों नहीं की, अब याद नहीं।

तमाम सवारियाँ सात-आठ बजे के करीब निकलना शुरू होती थीं और कस्बे के कुछ हिस्सों में होती हुई करीब एक घंटे बाद सोमवारिया बाजार के एक हिस्से में सब इकट्ठा होते और यहाँ आरम्भ होता सड़क-नाटक। राक्षस बने लोग 'हा ली

ली ली हुस' करते हुए नकली तलवारें लिए करीब चौथाई किलोमीटर के दायरे में दर्शकों का मनोरंजन करते हुए घूमते और कृष्ण के विरुद्ध चुनौती भरे कुछ वाक्य बोलते। बाद में कृष्ण और कंस के बीच काव्यमय संवादों की अदायगी होती और रात करीब बारह बजे कृष्ण द्वारा कंस का 'वध' कर दिया जाता। रस्सों की सहायता से उसका सिर धड़ से अलग करके रख लिया जाता, ताकि अगले वर्ष भी वह काम आ सके। इस तरह वह बरसोंबरस काम आता रहता। अगर मैं गलत नहीं हूँ तो मैंने एक ही सिर को बीस साल की उम्र तक काम आते देखा। हर साल उस चेहरे की रँगाई-पुताई जरूर नए सिरे से होती थी। यू ट्यूब पर एक संक्षिप्त वीडियो देखा तो अब कंस अधिक सजीला होता है और उसका पूरा पुतला नीचे गिराया जाता है, सिर्फ धड़ नहीं और उसकी पिटाई के उत्सुक युवा जमीन पर आने से पहले ही उसकी पिटाई शुरू कर देते हैं।

शरीर पर उस दिन जो सजीली पोशाक ये 'राक्षस' पहनकर आते थे, वह फिल्मी रावणों-राक्षसों की पोशाक जैसी होती थी। पोशाक और तलवार का प्रबंध स्वयं कलाकार करते थे अपने खर्च से। राक्षस और अन्य कलाकार कोई प्रोफेशनल लोग नहीं थे, इनकी कला उसी दिन तक सीमित रहती। अभी भी शायद यही स्थिति है और कुछ परिवारों के लोग पीढ़ियों से परम्परागत रूप से वही-वही भूमिका निभाते आ रहे हैं। तीसरी पीढ़ी का एक युवक कंस के सेनापति का रोल दो दशक से करता आ रहा है, ऐसा वह बता रहा था।

तब आधी रात को कंस का धड़ नीचे फेंका जाता। फिर इसे लुढ़काते हुए और डंडों से मारते हुए हमारी नागनागिनी गली से होते हुए इसे राममन्दिर तक ले जाया जाता। वहाँ ये टूटीफूटी खप्पचियाँ कुछ दिन पड़ी रहतीं। ऐसा विश्वास किया जाता था कि कंस की खपच्चियों का एक टुकड़ा भी घर में रख लिया जाए तो घर में खटमल नहीं होते हैं। लोग ले जाते थे। मेरी माँ कभी खप्पचियों के टुकड़े घर नहीं लाईं, जबकि ठंड में हमारे घर में इतने खटमल होते थे कि उनके काटने से नींद टूट जाती थी। शायद माँ इस विश्वास की व्यर्थता जानती होंगी।

इस सारे आयोजन के उस समय प्रणेता चाँदमल राम नामक एक सज्जन हुआ करते थे, जो वहाँ की एकमात्र व्यायामशाला के सर्वेसर्वा थे। वह हिन्दूवादी समाजसेवी थे। मित्र नरेन्द्र गौड़ ने बताया कि कुछ साल पहले धनतेरस पर पटाखे की एक दूकान पर आग लगी। जहाँ आग लगी, संयोग से वह वहीं थे और दो मुस्लिम लड़कियों की जान बचाने के क्रम में उनकी जान चली गई। उनकी अन्तिम यात्रा में बताते हैं इतने अधिक लोग आए थे कि कभी किसी की शवयात्रा में नहीं आए। उस साल उनकी मृत्यु के शोक में यह आयोजन नहीं हुआ।

कोई दो दशक पहले उदय प्रकाश से मैंने कंस वध की इस परम्परा के बारे में बताया था तो उस समय वह जिस टीवी कम्पनी से जुड़े थे, उसकी ओर से उन्होंने

शाजापुर आकर इसे शुरू करने में दिलचस्पी दिखाई थी। फिर पता नहीं क्या हुआ कि यह सब नहीं हुआ उम्मीद है अब तो किसी ने इसे पूरा डाक्यूमेंट किया ही होगा। यू ट्यूब पर इस आयोजन के कुछ अंश तो अब उपलब्ध हैं ही।

घटती मालवी

1971 में दिल्ली आने के बाद करीब पौने छह साल छोड़कर मैं दिल्ली में ही रहता आया हूँ तो यह कहना भी अब बेईमानी-सा लगता है कि मैं मध्य प्रदेश के मालवा क्षेत्र का हूँ, जहाँ जीवन के शुरू के इक्कीस साल बीते। वहाँ अब भी साल में एक या दो बार जाता हूँ। एक तरह से मेरी मातृभाषा मालवी है। मेरी माँ कठिनाई से और जरूरी होने पर थोड़ी-बहुत हिन्दी बोल लेती थी। पासपड़ोस के और बुजुर्ग भी मालवी बोलते थे। गालियाँ भो मालवी में देते थे। यह हो नहीं सकता कि कोई दिनभर मालवी बोले और गालियाँ हिन्दी में दे। गेल्या, गेलचोदा, लाकड़ा पड़्या आदि-आदि गालियाँ औरतों के मुँह से झरा करती थीं। पुरुषों की गालियाँ छोड़िए। मेरी सास के लिए भी मालवी में बोलना ही सहज था। उन्हें गाली देते कभी नहीं देखा। उनकी हिन्दी मेरी माँ से काफी बेहतर थी। हिन्दी बोलते समय उनकी स्वाभाविकता नष्ट हो जाती थी। पत्नी तो खैर अच्छी हिन्दी बोलती हैं मगर उसमें मालवी शब्द भी टपकते रहते हैं। मैं थोड़ा होशियार बन्दा हूँ, हिन्दी में मालवी अक्सर मिक्स नहीं करता। हाँ सचेत होकर करूँ तो अलग बात है पर मालवियों की तरह मैं को में, और को ओर निकल ही जाता है। इस पर मेरी एक कविता भी है।

हम लोगों में अपनी भाषा-बोली के प्रति वैसा प्रेम नहीं है, जैसा हमारे पड़ोस के राज्य राजस्थान के मारवाड़ियों-मेवाड़ियों में है या अवधी, भोजपुरी, मैथिली आदि बोलनेवालों में मिलता है। मालवा के सभी लोग मालवी भी नहीं बोलते। मराठीभाषियों, कायस्थों, मुसलमानों, बोहरों, सिंधियों में ऐसा शायद ही कोई परिवार हो, जो घर में या बाहर मालवी बोलता हो। हाँ ग्रामीण इलाकों की बोलचाल की भाषा अभी भी मालवी है। अब तो लगभग सभी शहरों-कस्बों के मध्यवर्गीय-निम्न मध्यवर्गीय परिवारों में मालवी छोड़ हिन्दी ही बोली जाती है। हाँ विशेष अवसरों पर खानपान में आज भी मालवीपन बचा है। दाल-बाटी, दाल-बाफले बनते हैं। शादी के अवसर पर एक बार दाल-बाफले की रसोई जरूर बनती है और गेहूँ से बने लड्डू भी। उनका अपना स्वाद और रस है। हाँ बरसात के दिनों में भजिये (पकौड़े) तथा गुलगुले बनते थे। बरसात के इन्हीं दिनों में पानी के हलके से छींटे

से भीगी ज्वार ले जाकर धानी सिंकवा कर गरम खाई जाती थी। गेहूँ की भी धानी सिंकवा कर उसमें गुड़ मिला कर खाने का अपना आनन्द था। अब इनमें से बहुत सी चीजें हो सकता है, अप्रासंगिक हो गई हों। लेकिन दैनिक उपयोग में प्रिय सेव का स्थान यथावत् सुरक्षित है।

स्कूल-कॉलेज में हिन्दी में पढ़ाई होती थी और मित्रों के बीच भी अमूमन हिन्दी का ही व्यवहार था। एक मित्र कथाकार ने कुछ साल पहले एक अंग्रेजी पत्रिका को दिए गए साक्षात्कार में कहा था कि उनकी बोली-भाषा तो फलां है और उन्हें हिन्दी सीखने के लिए भी उतना ही प्रयत्न करना पड़ा, जितना कि अंग्रेजी सीखने के लिए। सौभाग्यवश मेरे जैसे लोगों की उनकी तरह ऐसी कथित समस्या नहीं रही। उनका केस स्पेशल रहा होगा। वैसे सीखने को तो अभी भी हिन्दी सीखने का क्रम चलता रहता है। लेखक को अपनी भाषा के साथ भी खासकर लिखित अभिव्यक्ति के लिए मेहनत करनी होती है, सही शब्द, सही वाक्य बनाने के लिए जूझना पड़ता है मगर जो भाषा आप बचपन से इस्तेमाल करते हैं और जो बाद के वर्षों में सीखते हैं और जिसका घर-परिवार से लेकर बाजार में अमूमन इस्तेमाल नहीं होता, दोनों में जमीन-आसमान का फर्क होता है। यह जरूर है कि अपनी मातृभाषा सरीखी होते हुए भी मालवी से अब मेरा जीवंत सम्पर्क लगभग नहीं रहा क्योंकि मालवा जाने पर वहाँ के लोग भी सामान्यत: हिन्दी में ही बात करते हैं।

है तो मालवी भी मीठी भाषा। दूसरी भाषा-बोलियों के साथ भी ऐसा होगा मगर मुझे लगता है कि मालवियों में एक स्वाभाविक व्यंग्य-बोध होता है। थोड़ा-बहुत इसका असर मुझ पर भी होगा। इसमें मेरी नहीं, मालवा अंचल की खूबी है। शरद जोशी भी इसी अंचल से थे और भी कई व्यंग्यकार वहाँ हुए हैं। और हाँ उस समय आकाशवाणी से शाम सात बजे कृषि का एक कार्यक्रम आता था। उसके दो पात्र थे—नन्दा जी और भैरा जी। नन्दा जी हिन्दी में ज्ञान देते थे, किसान भैरा जी मालवी में उनसे बात करते थे। अपना कृषि से तो क्या वास्ता था मगर इन दो पात्रों के संवाद सुनना अच्छा लगता था।

बचपन में एक कहावत सुनी-पढ़ी थी—मालव धरती गहन गम्भीर, डग-डग रोटी, पग-पग नीर, हालाँकि उज्जैन में क्षिप्रा गर्मियों में सूख जाती है और 12 साल बाद लगनेवाले सिंहस्थ में क्षिप्रा नहाने का पुण्य कमानेवाले, नर्मदा के पानी में नहाने का पुण्य प्राप्त करते हैं। वैसे नर्मदा ज्यादा बड़ी और ज्यादा प्रसिद्ध और पवित्र मानी जाने वाली नदी है तो वे घाटे की बजाय फायदे में रहते हैं। मेरे कस्बे की चीलर नदी छोटी और स्थानीय-सी है। कभी उसमें भी पानी होता था। महादेव घाट, छोटा पुल, बादशाही पुल\किले के परकोटे से नदी देखने का अपना ही आनन्द था। अब बाँध बनने के बाद नदी की विकल स्मृति ही बची है। महादेव घाट अब वीरान नजर आता है। उस कस्बे का सौंदर्य इस तरह मर चुका है। हाँ

यह सही है कि मालवा की भूमि उर्वरा है। शायद ही वहाँ के मजदूरों को कहीं बाहर मजदूरी करने जाना पड़ता हो। अभाव और गरीबी है मगर भुखमरी शायद अब भी नहीं है।

शायद अब भी मालवी में कवि सम्मेलनी कविता लिखी जाती होगी। उस समय बालकवि बैरागी, गिरवर सिंह भँवर, सुल्तान मामा, भावसार बा, पुखराज पांडे, हरीश निगम, मदनमोहन व्यास आदि कवि सम्मेलनों के मशहूर कवि थे। एक और पुराने कवि थे, जिन्हें देखा-सुना तो नहीं मगर उनकी एक कविता की दो पंक्तियाँ आज भी मुझे याद हैं :

क्यों सा'ब कय्यांड़ी (किधर)?
अय्यांड़ी (इधर) ने वंय्याड़ी (उधर)
म्हारी तो हूदी-हट (सीधी) हट चली री हे गाड़ी।

हाँ शायद स्वभाव से हम अंय्याड़ी-वंय्याड़ी वाले नहीं हैं। सीधी-सट गाड़ी चलाते हैं, भले ही सामने गड्ढा आ जाए और उसमें गिर जाएँ। कोई परवाह नहीं, कपड़े झाड़कर फिर उठ खड़े होते हैं। घर आकर घाव पर पहले लाल रंग का टिंचर (हम टिंक्चर का क् खा जाते थे) लगाते थे, अब डेटाल लगा लेते हैं।

मालवा के महाराष्ट्रीयन

आजादी से पहले मध्य प्रदेश में शामिल रियासतों में से तीन—ग्वालियर, इन्दौर और देवास, मराठा शासकों के अधीन थीं। शायद यही कारण है कि इन रियासतों के इलाकों में बड़ी संख्या में महाराष्ट्रीयन बसे और फिर हमेशा के लिए यहीं के होकर रह गए। शायद मध्य प्रदेश में आदिवासियों को छोड़कर बाकी सभी एक अर्थ में बाहरी हैं। विभिन्न कारणों-परिस्थितियों में यहाँ राजस्थान, गुजरात, उत्तर प्रदेश, महाराष्ट्र आदि से आकर कई तो यहाँ पीढ़ियों पहले आकर बस गए और कई आजादी के बाद के वर्षों में औद्योगिकीकरण आदि के कारण बसे। अभी भी लोग आकर बस रहे हैं और बसे हुए या उनके बेटे-बेटी दूर—यहाँ तक कि विदेश में भी बस रहे हैं। वैसे भी तमाम प्रतिबंधों के बावजूद एक जगह से आकर दूसरी जगह बस जाना आज एक वैश्विक यथार्थ बन चुका है। इस प्रकार हम सभी (इतिहासकारों की मानें तो सारी आर्यजाति) बाहरी हैं और सभी स्थानीय भी। जैसे मेरा दावा दशकों से दिल्ली आकर बस जाने के बावजूद मध्य प्रदेशी होने का भी उतना ही है, जितना दिल्लीवासी होने का। यही स्थिति मध्य प्रदेश तथा दूसरे प्रान्तों

से दिल्ली या दूसरे महानगरों में आकर बस जानेवाले लोगों की है। विदेशों में बसे लोग तो अपने उस नए देश, भारत तथा अपने मूल प्रान्त का होने का दावा करने के हकदार भी हैं।

लौटें फिर महाराष्ट्रीयनों की ओर। इनकी संख्या तब बहुत भी नहीं थी मगर जितनी भी थी, उनके होने का असर और उपस्थिति वहाँ के जीवन में साफ नजर आती थी। वे मालवा की संस्कृति से घुले-मिले भी और अलग भी रहे, अपनी विशिष्ट पहचान भी बनाए रखी। तमाम मराठीभाषी पीढ़ियों से बसने के बावजूद अपने घरों में मराठी बोलते और बाहरी समाज में उतनी ही सहजता और अधिकार से हिन्दी भी। मुक्तिबोध, प्रभाकर माचवे जैसे हिन्दी लेखक मध्य प्रदेश के इन्हीं महाराष्ट्रीयन परिवारों से हैं और बाद के अनेक और लेखक भी। उनके घरों में सामान्यत: भोजन भी महाराष्ट्रीयन ढंग का बनता था, अब भी बनता होगा। इसमें वरण (खास विधि से बनाई गई दाल), भात, श्रीखंड आदि महाराष्ट्रीयन ढंग से बने खाद्य पदार्थ हैं। महाराष्ट्रीयन संस्कृति का ही असर है कि मालवा में पूरनपोली (चने की उबली दाल और शक्कर आदि के मिश्रण से बना एक किस्म का मीठा पराँठा) सामान्यत: अप्रैल महीने में पड़नेवाली पर गुड़ीपड़वा पर महाराष्ट्रीयन घरों के साथ मालवी घरों में भी बनने लगी और यह घरों में बननेवाले मेरे बेहद पसन्दीदा पकवानों में से एक है। इस उम्र में भी मैं दो मोटी-मोटी पूरनपोलियाँ चट कर जाता हूँ। अगर बढ़िया असली घी इनके ऊपर लगा हो तो इनका स्वाद ही निराला हो जाता है। गुड़ीपड़वा महाराष्ट्रियनों का नववर्ष है। उस दिन दरवाजे पर महाराष्ट्रियन वेश में गुड़िया भी लटकाई जाती थी।

सबसे अधिक जिस चीज ने मुझे तथा दूसरे मालवियों को तब प्रभावित किया, वह थी, हमारी अपेक्षा उनकी सामाजिक गतिशीलता। उनमें भी शादियाँ तो अक्सर महाराष्ट्रीयन समाज के भीतर ही होती थीं मगर महाराष्ट्र से एक जबर्दस्त परम्परा मालवा जैसे सामाजिक रूप से तब के पिछड़े समाज में आई कि उनके परिवारों में लड़कियाँ और महिलाएँ सिर पर पल्लू नहीं लेतीं, मुँह सबके सामने खुला रखती हैं। उस जमाने के हिसाब से यह कम से कम उस क्षेत्र में एक तरह की सामाजिक क्रांति थी लेकिन इसे सहजता से स्वीकार किया गया। कभी इसे लेकर कोई दुर्भावना पारंपरिक मालवी समाज में नहीं देखी। मालवी परिवार जैसे थे, तब तो वैसे ही रहे मगर धीरे-धीरे इसके कारण भी उनमें बदलाव आया। मालवा में तो लड़की या लड़की के ससुराल का कोई बड़ा क्या छोटा भी सामने आ जाए तो तब घूँघट काढ़ने की प्रथा थी। मेरी सास की नानी मेरी शादी के कुछ साल बाद तक जीवित रहीं मगर मेरे आने पर वह घूँघट काढ़ा करती थीं, जबकि मेरी पत्नी आज तक अपनी मौसी और अपनी मामी के लिए बेबी थी और बेबी है। मेरे वहाँ रहने तक सामान्यत: लड़कियों की बड़ी हद तक हायर सेकंडरी के बाद शादी कर दी जाती

थी, ताकि कस्बे के एकमात्र कॉलेज में लड़कों के सम्पर्क में आकर वे प्रेम-व्रेम के चक्कर में न पड़ जाएँ, बदनामी माँ-बाप के सिर न लाएँ। तब मालवी स्त्रियों का सारा ध्यान घूँघट काढ़ने और वह कहीं सिर से हट न जाए इसमें लगा रहता था और अब भी यह सब बिलकुल खत्म नहीं हुआ है मगर गाँवों में भी घूँघटप्रथा अब काफी घटी है। इसके विपरीत महाराष्ट्रीयन लड़कियाँ स्कूल के बाद अक्सर कॉलेज में भी पढ़ती थीं और उन्हें अपने साथ पढ़ने वाले लड़कों से बात करने में झिझक नहीं होती थी। हालाँकि लड़कों का एक बड़ा वर्ग इसे उनके चालू होने का प्रमाण मानता था। इस कारण उनकी ओर अधिक आकर्षित भी होता था मगर इस पिछड़ी मानसिकता के बीच लड़कियों और उनके परिजनों ने इनका कॉलेज जाना और लड़कों से खुलकर बात करना रोका नहीं। यही कारण था कि शिक्षण तथा अन्य क्षेत्रों की सरकारी नौकरियों में महाराष्ट्रीयन हमेशा आगे रहे। महाराष्ट्रीयन परिवारों में महिलाओं-लड़कियों में शास्त्रीय और सुगम संगीत, नाटक और नृत्य सीखने, उसके प्रदर्शनों में आगे बढ़कर भाग लेने की परम्परा भी थी, जिससे मालवी परिवारों की लड़कियाँ काफी दूर थीं और अगर कुछ आगे भी आई थीं तो महाराष्ट्रीयन परिवारों के असर से।

सामान्य तौर पर महाराष्ट्रीयनों के सामने यह नहीं कहा जाता था मगर वे भी जानते थे कि मालवा के लोग उन्हें 'कढ़ीचट' या 'कढ़ी' कहते हैं, जबकि कढ़ी तो मालवी भी खाते थे और खाते हैं। एक और आम धारणा थी कि 'कढ़ी-कढ़ी' एक हो जाते हैं। वैसे कुछ हद तक भाषाई और धार्मिक अल्पसंख्यकों में ऐसा होना असम्भव भी नहीं मगर मैंने अपने महाराष्ट्रीयन दोस्तों में ऐसा नहीं पाया। उनसे मित्रता सुदीर्घ और प्रगाढ़ रही। मेरी पत्नी का अनुभव भी अपनी सहेलियों के साथ यही रहा।

शाजापुर जैसी छोटी-सी जगह में वजीरपुरा मोहल्ले में एक बड़ा महाराष्ट्रीयन सभागार था, जो तब हमारे कस्बे का सबसे बड़ा और सबसे आधुनिक सभागार था। वहां खासतौर से गणेशोत्सव बड़ी धूमधाम से मनाया जाता था और कई तरह के सांस्कृतिक कार्यक्रम होते थे, जिनमें हम मालवी भी खूब जाते थे। कई महाराष्ट्रीयन परिवारों से मेरा सम्पर्क रहा, उस परिवार के किसी लड़के के सहपाठी रहने के कारण। थोड़ी-थोड़ी मराठी हम मालवियों को भी तब आती थी। बोलना मुझे न तब आता था, न अब आया है मगर शुरू में दिल्ली आया तो 'उध्वस्त धर्मशाला' जैसे प्रसिद्ध मराठी नाटक के लेखक और जवाहर लाल नेहरू विश्वविद्यालय में चीन विशेषज्ञ रहे स्वर्गीय प्रो. जी. पी. देशपांडे से 'दिनमान' में रघुवीर सहाय द्वारा आग्रहपूर्वक मराठी में लिखवाए गए कुछ लेखों के अनुवाद मैंने 'हिन्दी-मराठी शब्दकोश' की मदद से किए हैं। मेरी श्रीमती जी तो जरूरत पढ़ने पर कामचलाऊ मराठी बोल लेती हैं। दिल्ली की अपनी सहेली मानसी से हिन्दी और मराठी दोनों

में बात करती और केरल में एक और महाराष्ट्रीयन हमउम्र महिला से भी इस तरह उसका मराठी बोलने का अभ्यास बना हुआ है।

मेरे स्कूली दिनों के मित्र माधव सप्रे महाराष्ट्रीयन हैं। छोटी कक्षा में मेरे एक मित्र मधुसूदन बिड़वई हुआ करते थे। प्रभाकर जोशी मेरा मित्र रहा और भी कई रहे। ये सब मेरे लगभग बचपन के सहपाठी रहे हैं। एक सहपाठी प्रभाकर जोशी ने कुछ समय तक अपना एक स्कूल खोला था, जिसमें कुछ मदद मैं भी किया करता था।

स्थानीय अमीन सयानी

तब दस हजार आबादी के मेरे कस्बे शाजापुर में दो सिनेमाघर हुआ करते थे। एक का नाम था—विक्रम टॉकीज (जिसका नाम बाद में कृष्णा टॉकीज हो गया) और दूसरे का राधा टॉकीज। दोनों थोड़ी-थोड़ी दूरी पर नई सड़क पर थे (अब दोनों दिवंगत हैं)। अगर मैं गलत नहीं हूँ तो विक्रम टॉकीज में लोकप्रिय मगर ठीक-ठाक सी फिल्में लगती थीं, जबकि राधा टॉकीज में ज्यादा चालू किस्म की। दारा सिंह और किंगकांग की फिल्में राधा टॉकीज में, जबकि विक्रम टॉकीज में राज कपूर, राजेंद्र कुमार, देवानन्द, सुनील दत्त वगैरह की फिल्में लगती थीं। मैंने सारी फिल्में मूंगफली क्लास में देखीं। यह भी याद है कि बीच-बीच में रील कट जाती थी। फिल्म में प्राण का प्रवेश होता था तो दर्शक उनका ताली बजाकर स्वागत करते थे कि अब आएगी फिल्म में जान, जबकि उस समय कि मेरी समझ से मुझे विलेन का प्रवेश गंदा लगता था कि अब यह आकर गंदगी फैलाएगा।

हमारे कस्बे तक फिल्में आने में समय लगता था। इन्दौर-उज्जैन जैसी दूसरी बड़ी जगहों पर फिल्में रिलीज होने के करीब छह महीने या साल भर बाद तक फिल्में आती थीं। तब बच्चों-किशोरों के लिए सामाजिक मानी जानेवाली फिल्में देखना एक किस्म का 'अपराध' था। मैंने भी बचपन में धार्मिक किस्म की एक-दो फिल्में देखी होंगी। उस जमाने में सिनेमाघर के बाहर उस समय चल रही फिल्म और आगे आने वाली फिल्म के छोटे-छोटे 7-8 पोस्टर लगे होते थे, जिनसे कुछ अन्दाजा होता था कि इस फिल्म में किस तरह के दृश्य हैं। सिनेमाघर में उस समय जो फिल्म चल रही होती थी, उसका ऊपरी मंजिल पर एक बड़ा-सा बोर्ड लगा होता था, जिस पर कई बार उस फिल्म का निर्माता द्वारा बनाबनाया पोस्टर भी लगा होता था। इसके अलावा फिल्म तथा मुख्य कलाकारों के नाम बड़े नीले अक्षरों में होते थे। मैं सिनेमाघर से आते-जाते वक्त फिल्म और कलाकारों के नाम जरूर पढ़ता था। शाम को रोडेश्वरी मन्दिर—जय स्तम्भ घूमने जाता तो विक्रम

सिनेमा तो रास्ते में पड़ता था लेकिन वापसी में मैं राधा टॉकीज भी अक्सर जाता था और देखता था कि वहाँ कौन-सी फिल्म चल रही है। सामाजिक किस्म की फिल्म होती तो भी पोस्टर देखने से पहले मैं आस-पास ध्यान से देख लेता था कि कोई परिचित तो नहीं आ-जा रहा है वरना क्या पता घर पर शिकायत हो जाए कि तुम्हारा लड़का आजकल आवारा हो रहा है। फिल्मों के पोस्टर देखता फिरता है। तब फिल्में काली-सफेद के अलावा रंगीन भी बनने लगी थीं। शायद मैंने पहली रंगीन फिल्में जो देखी थीं, उनमें से एक 'खानदान' और दूसरी 'ममता' थी। ये दोनों आँसू-बहाऊ किस्म की फिल्में थीं।

ऐसा हल्का-सा याद आता है कि एक-दो बार 'लेडीज क्लास' में बैठकर फिल्में देखी हैं। 'लेडीज क्लास' सबसे पीछे, फर्स्ट क्लास से भी पीछे होता था लेकिन उसकी टिकटें सबसे सस्ती होती थीं, ताकि अधिक से अधिक 'माताएँ-बहनें' फिल्में देखने का लाभ उठा सकें। उसके पीछे सामाजिक सच्चाई से सजा व्यावसायिक तर्क रहा होगा। तब मालवा की पढ़ीलिखी स्त्रियों से भी अपेक्षा थी कि वे कमाने की चिन्ता पति पर छोड़ दें, ताकि 'परपुरुषों' से सुरक्षित रहें और घर का कामकाज देखती रहें। तब अधिकांश मध्यवर्गीय परिवारों में भी सुबह से शाम तक सारे काम घर की बहू देखती थी। अगर सिनेमा में उसकी अलग, सुरक्षित जगह न होती, सस्ता टिकट न होता तो पति या ससुराल के बड़े लोग सिनेमा देखने से रोक सकते थे

'लेडीज क्लास' में मैंने फिल्में माँ के साथ देखीं या अपने मुँहबोले मामा की पत्नी शान्ति देवी यानी मेरी मुँहबोली बहन के साथ, यह ठीक याद नहीं। सम्भावना दूसरी ज्यादा है। शुरू के अपने वैवाहिक जीवन में प्रेम नारायण सोनी और शान्ति देवी सोनी को फिल्में देखने का शौक ज्यादा था। उनके बड़े बेटे चेतन का जब तक जन्म नहीं हुआ था, तब तक इन दोनों का बेटा भी एक तरह से मैं था। अपनी माँ का इकलौता बेटा और इनका भी इकलौता बेटा। बाद में इनके दो बेटे और एक बेटी हुई। दोनों पति-पत्नी मुझे हमेशा बेटा ही कहकर सम्बोधित करते रहे।

रोज ही सिनेमा की गाड़ी हमारे नागनागिनी मोहल्ले से सोमवारिया की तरफ जाती थी और वहाँ से चौक की तरफ और वहाँ से भी कहीं जाती होगी। दरअसल यह गाड़ी त्रिकोणनुमा होती थी, जिसके दोनों तरफ बड़े-बड़े परदे होते थे और नीचे का हिस्सा सँकरा होता था। उस हिस्से में आगे और पीछे दोनों तरफ दो-दो छोटे पहिए होते थे और पीछे की तरफ लकड़ी का एक हैंडल होता था, जिससे एक मजदूर उस गाड़ी को धक्का लगाता था। दोनों तरफ परदों पर फिल्म का नाम आदि विवरण होते थे। मुझे ऐसा खयाल आता है कि हमारे कस्बे के दोनों सिनेमाघरों के मालिक एक ही थे—दुबे परिवार, जिसके एक सदस्य रमेश दुबे

शायद पहली बार नगरपालिका के सदस्य बने, फिर कई बार कभी कांग्रेस, कभी जनसंघ, कभी भारतीय जनता पार्टी से विधायक रहे। उनकी एक सबसे पुरानी छवि याद है, जब वह गर्मी के दिनों में पानी की एक ट्राली लेकर हमारे मोहल्ले में आए थे और खड़े होकर सबको बराबरी से पानी भरने का मौका दे रहे थे। शायद उनका यही काम उन्हें बाद में लोकप्रिय बना गया और वह विधायक बनते चले गए। उस जमाने में वह मुझे कुशल वक्ता भी लगते थे। मुझे ठीक-ठीक याद नहीं कि उन्होंने कहा था या भारतीय जनता पार्टी के शीर्ष नेता अटल बिहारी वाजपेयी ने कि अगर आज की तरह परिवार नियोजन का जमाना तब भी हुआ होता तो रवींद्रनाथ टैगोर जैसी महान प्रतिभा कभी पैदा नहीं हुई होती। हमारा देश रवींद्रनाथ से वंचित हो गया होता क्योंकि वह अपने पिता की तेरहवीं सन्तान थे। भारत साहित्य का पहला नोबेल पुरस्कार प्राप्त करने से वंचित हो जाता। इस तर्क से मैं तब बहुत प्रभावित हुआ था।

तो खैर मैं इस बात पर आना चाहता था कि राधा टॉकीज के निचले हिस्से में एक प्रिंटिंग प्रेस हुआ करता था, जो शायद दुबे परिवार का था और उसी में वे छोटे-छोटे परचे छपते थे, जो शाम को गाड़ी के साथ फेंके जाते थे और जिन्हें बच्चे लूटते थे। इस लूट में बहुत मजा आता था। याद आता है कि मैंने 'नया दौर' फिल्म के परचे सबसे ज्यादा लूटे थे। फिल्म की गाड़ी के साथ अक्सर एक तांगा चलता था। उसमें फिल्म का प्रचार करने वाले अनवर भाई बैठते थे, जो माइक से फिल्म के बारे में बताया करते थे—कुछ खास चुने हुए शब्दों में, जैसे कहानी है, गाने हैं, सीनसिनेरी है। हम लोग उन्हें शाजापुर के अमीन सयानी कहते थे। उनकी आवाज और शैली काफी प्रभावशाली थी। मेरी भी इच्छा होती थी कि काश मुझ में भी ऐसी योग्यता होती! वह सज्जन तांगेवालों के परिवार से थे और शायद खुद भी बाकी वक्त में तांगा चलाया करते थे।

शायद हायर सेकेंडरी या कॉलेज के दिनों में मैं धार्मिक और 'ममता' तथा 'खानदान' जैसी सामाजिक फिल्मों के चक्र से निकला। मैंने पहली बार जब 'संगम' फिल्म देखी, जो राज कपूर की सबसे सफल फिल्मों में थी, जिसकी हीरोइन वैजयंतीमाला थीं, जो अपने जमाने की न केवल खूबसूरत हीरोइन थीं बल्कि नृत्य में बेहद कुशल भी। 'संगम' फिल्म में उनका एक दृश्य स्विमिंग पूल में नहाते हुए है जिसमें वह बिकनी में हैं। वह दृश्य मुझे बहुत सेक्सी लगा था। शायद वह मेरे जीवन की पहली 'बोल्ड' फिल्म थी।

फिल्मों की बात हुई, अब थोड़ी-सी बात फिल्मी गानों की। मेरे घर में तो पहली और आखिरी बार अस्थाई रूप से बिजली 1976 की 8 फरवरी को तब आई, जब देवास से शादी करके एक-दो दिन के लिए शााजापुर लौटा था। जब घर में बिजली नहीं थी तो रेडियो की कल्पना भी दूर थी। सीलोन रेडियो से हर बुधवार रात आठ

बजे 'बिनाका गीतमाला' आया करती थी, जो बहुत लोकप्रिय थी। अमीन सयानी की प्रस्तुति इसका बड़ा कारण थी। इसे सुनने के लिए सोमवारिया बाजार में पान की एक दुकान पर पूरे कार्यक्रम के दौरान खड़ा-खड़ा गाने सुनता था और न बोर होता था और न थकता था। उस जमाने में रेडियो सीलोन और विविध भारती के फिल्मी कार्यक्रम लोकप्रिय थे और जिनके यहाँ रेडियो हुआ करता था, वे अपने पड़ोसियों के 'लाभार्थ' रेडियो जोर-जोर से बजाते थे। मुझे उस जमाने के गानों की धुनें तो इस कारण लगभग रट गई थीं लेकिन दूर से सुनने के कारण शब्द स्पष्ट नहीं थे। जब यह हैसियत हुई कि मैं कैसेट, रेडियो और टेलीविजन से अपने घर में गाने सुन सकता था, उन शब्दों को स्पष्ट सुन सकता था तो उन्हें याद रखने की न कूवत बची थी और न वह नशा, जो कुछ काल्पनिक, कुछ अवास्तविक प्यार के कारण गानों को स्मरणीय बनाता है।

सफेद बालों का किस्सा

अब तो खैर वैसे भी पूरी तरह बाल सफेद होने की उम्र है (और खोपड़ी के गंजा होने की भी) मगर मेरे बाल बहुत कम उम्र में—उम्र की दहाई में ही—सफेद होने लगे थे। मेरी नजर में इसका कारण आनुवांशिक है। मैंने होश सँभालने के बाद अपनी माँ के बाल हमेशा पूरी तरह सफेद देखे। एक दिन मेरा बड़ा पोता सिद्धार्थ मेरे बाल छेड़ रहा था तो मैंने कहा, "यार, क्या इन बालों को छेड़ रहा है। उनमें तुझे एक भी बाल काला नहीं मिलेगा।" उसने कहा, "नहीं एक है।" मैंने कहा, "क्यों मजाक कर रहा है।' उसने कहा, "तोड़कर बताऊँ?" मैंने कहा, "नहीं, दो-चार काले हैं तो रहने दे। सिर की शोभा हैं।"

इन सफेद बालों के बावजूद दुनिया के सारे काम बखूबी सम्पन्न हुए—एक-दो अपवादों को छोड़कर। करीब चौबीस की उम्र में एक मित्र के बेहद आग्रह पर उनके एक स्वर्गीय मित्र की सुन्दर बताई जानेवाली बहन को शादी के इरादे से देखने गया मगर शायद उस लड़की ने मुझे झाँककर देखा होगा तो उसने बाहर आकर मुझे औपचारिक तौर पर देखने और अपनी शक्ल-सूरत दिखाने से इनकार कर दिया होगा सम्भवत: उसे काफी देर तक अन्दर मनाया जाता रहा होगा। बात बनी नहीं। कारण सफेद बाल रहे होंगे।

इस एक और एकाध छोटेमोटे प्रसंग के अलावा बालों की बढ़ती सफेदी कभी बाधा नहीं बनी। हाँ जब शादी के बाद बमुश्किल एक कमरा मुम्बई में रहने को मिला तो हमारे मकान मालिक को शायद मेरे बालों में आ चुकी आंशिक सफेदी

के कारण शक हुआ कि अपनी नवविवाहिता को मैं भगाकर तो नहीं लाया हूँ? उसे मैंने आश्वस्त किया तो वह मान गया।

दूसरी तरफ मेरी पत्नी ने—जब वह पत्नी बनी नहीं थी—मुझे एक झलक देखा, तब और बाद में भी कभी इस बात का शिकायत नहीं की कि मेरे बालों में सफेदी क्यों झलक रही है और मुझे जवान दिखने के लिए बालों में काला रंग पोतना चाहिए। जब भी काला रंग मैंने पोता, अपनी मर्जी से या कहें, अपनी कुंठावश पोता। वैसे मुझसे यह काम नियमितता से नहीं हो पाता था और यहाँ-वहाँ से बालों की सफेदी आँख मारने लगती थी। फिर पोतता था, फिर यही होता था। उस जमाने में सिर काला पोतने के रंग भी बेहूदा आते थे। बालों का नकली कालापन साफ नजर आता था। अब भी ऐसे लोगों को देखता हूँ।

कुछ समय सिर में मेहँदी भी लगाई। एक बार शायद 'नवभारत टाइम्स' के उनके और मेरे दिनों में शानी जी ने यह सलाह दी कि विष्णु, यार तुम बाले काले-पीले मत किया करो। तुम्हारे सफेद बाल ही खूबसूरत लगते हैं। सफेद बाल मेरे खूबसूरत लगते थे या नहीं, यह अलग बात है मगर उन्होंने एक तरह का आत्मविश्वास जगा दिया। फिर इस बन्दे ने कभी बाल रँगने की गलती नहीं की। मेरे बड़े बेटे के भी बालों में भी जल्दी सफेदी आने लगी। उसने प्रेम विवाह करने में सफलता पाई और बाल कभी काले-पीले नहीं किए। छोटे बेटे के बालों में भी सफेदी है मगर बरायेनाम।

मेरे हाथों के बाल भी जल्दी सफेद होने लगे थे। उनकी सफेदी भरसक छुपाने के लिए पूरी बाँह की शर्ट पहनना जारी रखा। पिछले जन्मदिन पर आधी बाँह की खूबसूरत शर्ट उपहार में मिली तो उसे पहनना शुरू कर दिया। उसमें एक-दो दोस्तों को और खुद को भी 'स्मार्ट' लगने का भ्रम हुआ और वैसे भी अब सफेदी छुपाने में शर्म आने की उम्र रही भी नहीं, तो यह कसम भी टूटी।

दाढ़ी-मूँछ कभी रखी नहीं। मन ही नहीं हुआ। सिर और दाढ़ी के बालों में सफेदी नहीं आई होती तो शायद सोचता भी मगर फिर भी शायद ही सोचता। वैसे बार-बार अपने चौखटे का लेआउट बदलनेवाले मुझे खास पसन्द नहीं मगर नापसन्दगी का एक यही कारण बनाया नहीं जा सकता।

इस उम्र में बालों की सफेदी फायदा बहुत पहुँचाती है। मेट्रो में जाता हूँ तो बाल स्वत: मेरे वरिष्ठ नागरिक होने का प्रमाणपत्र बन जाते हैं। बैंक-आफिस वगैरह जाओ तो वरिष्ठ नागरिक की कतार में लगने पर काम अपेक्षया जल्दी हो जाता है। अफसर बैठने को नहीं कहे तो भी उसके सामने की कुर्सी पर जम जाओ तो मन ही मन क्रोधित होने के बावजूद वह कुछ कह नहीं पाता। झगड़ने की बात पर भी कोई झगड़ता नहीं, बुढ़ापे का लिहाज करता है। कभी-कभी कोई बाबा कह देता है (हालाँकि बाबा कही-कही जाए वाला दुख मेरा नहीं है)। वैसे कमर मेरी

अभी भी तनी है। वरिष्ठ लेखकों की सूची में मेरा नाम दर्ज होने लगा है। इसका दुष्परिणाम कभी-कभी अध्यक्षता के रूप में झेलना पड़ता है, जिसमें मेरी दूर-दूर तक कोई रुचि नहीं।

वह भी विष्णु नागर

बात 1967-68 की रही होगी। मैं शाजापुर (शाहजहांपुर नहीं) में तब पढ़ता था और मेरे हमउम्र एक और विष्णु नागर उज्जैन में थे। उनकी कुछ कविताएँ उनके शहर के दैनिक 'अवंतिका' में छपती रहती थीं। ('अवंतिका' अब भी प्रकाशित होती है।) जबकि मेरी और मेरे दोस्तों की कविताएँ तब तक कहीं नहीं प्रकाशित हुई थीं। मेरी नजर में वह विष्णु नागर 'फेमस' थे। जो कहीं छपे, वह 'फेमस' और जो कहीं न छपे, वह मेरी तरह बेकार।

वह वाले विष्णु नागर किसी बारात में शाजापुर आए थे। जाति का मामला था तो मैं भी अपनी माँ के साथ वहाँ आमंत्रित था।

किसी ने उन विष्णु नागर का परिचय इस विष्णु नागर से करवाया वरना मुझे कौन बताता कि ये भी विष्णु नागर हैं और वही वाले विष्णु नागर हैं, जिनकी कविताएँ मैं यदाकदा पढ़ता रहता हूँ। हम शाजापुरी किशोरों ने उनके सम्मान में गोष्ठी रखी या सम्भव है कि पहले से गोष्ठी आयोजित रही हो और उन्हें भी बुलाया गया हो। ऐसा याद पड़ता है कि वह गोष्ठी कवि-मित्र नरेंद्र गौड़ के घर पर हुई थी।

खैर कविताएँ पढ़ी गईं। गोष्ठी सम्पन्न हुई तो उसके बाद मैंने उन विष्णु नागर से कहा कि भविष्य में कविताएँ छपवाने के लिए मुझे अपने नाम में कुछ जोड़ना होगा वरना आपकी कविता छपेंगी तो मुझे जाननेवाले मुझे बधाई देंगे और मेरी कविताएँ कभी छपीं तो आपको आजीवन भ्रम बना रहेगा हमेशा।

उन विष्णु नागर ने जो जवाब दिया, वह चकित करनेवाला था। उन्होंने कहा—"आप मुझसे बेहतर कविताएँ लिखते हैं, आप लिखें और छपें। मैं कविता लिखना छोड़ रहा हूँ।" हालाँकि यह कहना कोरी विनम्रता नहीं है कि तब तो मैं वाकई बहुत बुरा कवि था और मैं नहीं मान सकता कि मैं उनसे तब भी बेहतर कवि था। लेकिन पता नहीं क्या सोचकर कविता का क्षेत्र उदारतापूर्वक उन्होंने मेरे लिए छोड़ दिया। हो सकता है, पहले से ही उनके मन में कविता लिखने को लेकर ऊहापोह रही हो। खासतौर पर छात्रावस्था में माता-पिता का दबाव रहता है कि पहले पढ़ाई पूरी कर लो, फिर जो करना है, करना। जो हो मुझे तो लगा कि उनका वहीं, उसी समय लिया गया यह फैसला था।

उसके बाद से उन विष्णु नागर ने कविता लिखना छोड़ा या नहीं मगर छपना तो छोड़ ही दिया। अब विष्णु नागर नामक एक ही बौड़म रह गया है हिन्दी साहित्य के क्षेत्र में है और वह मैं हूँ।

विष्णु नागर तो आज साहित्य की दुनिया में दो नहीं हैं मगर विष्णु तो कई हैं। कई बार लोग कनफ्यूजिया जाते हैं। इन्दौर में अर्थशास्त्र के एक प्रोफेसर रहे हैं विष्णु दत्त नागर, जो दशकों तक 'नई दुनिया' के स्वर्णकाल में आर्थिक विषयों पर साप्ताहिक स्तम्भ लिखते रहे। राजेंद्र माथुर जब 'नई दुनिया' से 'नवभारत टाइम्स' के सम्पादक बने तो यहाँ भी वह छपते रहे। उस जमाने में जो भी मध्य प्रदेश में अखबार पढ़ता था, 'वह नई दुनिया' जरूर पढ़ता था और उनके नाम से अच्छी तरह परिचित था। मेरा नाम सुनकर कई मुझे वही वाला विष्णु (दत्त) नागर समझ लिया करते थे।

दिल्ली आने के बाद भी कई बार ऐसा हुआ कि अपना नाम बताता या किसी को पता चलता तो आकर कहता, "अच्छा-अच्छा तो आप 'नई दुनिया' में अर्थशास्त्र पर बढ़िया लिखनेवाले स्तम्भकार हैं! उस बहाने उनके हिस्से की तारीफ मुझे मिल जाया करती थी (हालाँकि अर्थशास्त्र से मेरा अच्छा-बुरा सम्बन्ध बीए तक ही रहा)। खासकर तब मुझे बताना पड़ता था कि वह साहब, दूसरे हैं, मैं नहीं हूँ तो उनके चेहरे पर अपरिचय की रेखाएँ तुरन्त खिंच जाती थीं।

एक बार मेरी कविताएँ छपने पर प्रशंसा उन्हें मिली थी। माथुर साहब की पत्नी मोहिनी जी ने एक बार यह किस्सा सुनाया था कि मध्य प्रदेश कला परिषद के 1976 के कविता पाठ में मैं गया था। उस मौके पर 'नई दुनिया' ने उस आयोजन में शामिल होनेवाले सभी कवियों की दो-तीन कविताएँ छपी थीं, उसमें मेरी भी थीं। उसी दिन इन्दौर में ये सब लोग कहीं मिले तो मोहिनी जी ने ऐसे अवसरों पर कही जानेवाली बात सहजता से कही कि नागर जी, आपकी कविताएँ अच्छी लगीं। उन नागर जी ने मुस्कराकर गर्दन हिलाई। वह जानते थे कि उनके मित्र राजेंद्र माथुर फौरन मोहिनी जी का यह भ्रम दूर कर देंगे।

विष्णु प्रभाकर जी के देहावसान के कोई चार-पाँच वर्ष बाद किसी ने मुझे फोन किया—"विष्णु प्रभाकर जी बोल रहे हैं?" मैंने भी चुटकी ली कि "उनसे बात करने के लिए आपको स्वर्ग का उनका नम्बर मिलाना होगा, जो दुर्भाग्य से मेरे पास नहीं है।"

विष्णु खरे मुझसे दस साल बड़े थे। उनमें और मुझमें थोड़ी सी यही समानता थी कि वह भी कविताएँ लिखते थे और मैं भी। उन्होंने भी उसी 'नवभारत टाइम्स' में काम किया, जहाँ मैंने पहले से कर रहा था। लेकिन कभी-कभी मुझमें और उनमें साहित्य की दुनिया के लोग भी कनफ्यूजिया जाते थे। वह दिल्ली की हिन्दी अकादमी के उपाध्यक्ष नियुक्त हुए तो बधाई का एक फोन मुझे भी किसी ने किया।

एक ने फेसबुक पर मुझे बधाई दी, जिसे मैंने तुरन्त हटाया। स्वर्गीय वरिष्ठ कवि विष्णु चन्द्र शर्मा के साथ संयोग से ऐसी स्थिति कभी पैदा नहीं हुई।

मित्रता की गुत्थियाँ

कुछ बातों की गुत्थियाँ लिखते समय ही अपने आप कुछ-कुछ खुलने लगती हैं वरना आपके द्वारा आरोपित सत्य ही सत्य लगता है।

पाँचवीं-छठी कक्षा में मेरे एक अच्छे दोस्त और सहपाठी थे—बड़े हँसमुख और मिलनसार। उनके और एक अन्य मित्र के साथ मेरा प्राचीनतम फोटो है, जो हम तीनों ने स्टूडियो में जाकर खिंचवाया था। कुछ साल ही यह दोस्ती रही। फिर उनके पिता का स्थानांतरण हो गया, वह चले गए मगर पत्राचार जारी रहा। उन्होंने क्या लिखा, यह याद नहीं, उनके सुन्दर अक्षर जरूर आज भी याद हैं। मेरे अक्षर खराब थे, अभी भी खराब हैं, मैं काटपीट बहुत करता हूँ। यह तो कंप्यूटर तकनालाजी का कमाल है, जिससे ये खामियाँ छुप गईं, जिसे मुझे नौकरी के दौरान मजबूरी में सीखना पड़ा था।

दिल्ली चला आया तो उस मित्र से सम्पर्क लगभग टूटा रहा क्योंकि किराए के कई मकान क्या, कई कमरे बदले। एक बार उनके शहर, उनके घर भी गया था तो पता चला, वह नौकरी के सिलसिले में शहर से बाहर रहते हैं। फिर 1978 में या कुछ बाद में वह दिल्ली आए तो मिले। घर आए। तब तक मेरी रचनाएँ छपने लगी थीं। एक कविता पुस्तिका छप चुकी थी मेरा नाम कुछ-कुछ, कहीं-कहीं छपने लगा था।

वह मेरे दिल्ली में होने, 'नवभारत टाइम्स' में काम करने तथा लेखक के रूप में भी थोड़ा-थोड़ा नाम सामने आने से प्रभावित लगे। शायद उन्हें लगा था कि उनका बाल-मित्र दिल्ली आकर कुछ 'हो' गया है। वह घर आए और वहाँ देखा कि उनके लेखक-पत्रकार मित्र का जीवन बहुत साधारण है। मेरा अनुमान रहा है कि इससे वह निराश हुए। तब लाजपत नगर जैसी जगह पर एक मित्र के आग्रह पर अपनी आर्थिक हैसियत से अधिक किराए पर कुल दो कमरों का मकान किराए पर लिया था। दक्षिण दिल्ली में मेरे जैसी हैसियत के आदमी के लिए इतना भी काफी था। छोटावाला कमरा ड्राइंग रूम-सा कुछ था, ऐसा मान लें। पीछे शयनकक्ष था। ड्राइंगरूम जैसे में एक नीवार वाला लोहे का पलंग था, एक-दो बन्द हो जानेवाली कुर्सियाँ थीं। एक छोटी टेबल, कुछ किताबें-पत्रिकाएँ थीं। कुल इतना था। नामी लेखक-पत्रकार होने जैसा कोई तामझाम नहीं था। चाहता भी तो न हो पाता। ठीक

से खा सकें, महीने में एक-दो फिल्में देख सकें, जरूरत की कुछ चीजें खरीद सकें, इतनी भर आमदनी थी। सिनेमाघर पास में था तो वहाँ तक आने-जाने का खर्च बच जाता था। टिकटें आज जितनी महँगी नहीं थीं।

लाजपत नगर के उस मकान का किराया कुल साढ़े तीन सौ रुपये तय हुआ था लेकिन मकान मालिक से यह भी तय हुआ था कि अभी हम 330 देंगे, बीस रुपये एक साल बाद बढ़ाएंगे। मकान मालिक भले थे। उन्होंने हमारे उस वायदे की फिर कभी याद नहीं दिलाई। जब दो या तीन साल बाद हमने किराया बढ़ाया, तब जरूर एक बार व्यंग्य कसा था।

इसके बाद उस मित्र ने कोई सम्पर्क नहीं रखा, जबकि बार-बार उसके लिए दिल्ली आना सम्भव नहीं था तो पत्र तो वह लिख ही सकता था। फिर अचानक वह 2013 या 2014 में नमूदार हुआ। तब मैं 'शुक्रवार' समाचार साप्ताहिक में था। वह आए, बैठे। जाते समय मेरे साथ दो-चार चित्र भी अपने मोबाइल से खींचे। अच्छा ही लगा। लेकिन दिल में एक कांटा चुभा हुआ था कि दिल्ली में वह मित्र जब पहली बार मिला था तो वह इस बात से हताश हुआ था कि मैं उतना बड़ा, उतना समृद्ध नहीं था, जितना उसने सोचा रखा था, इसलिए दशकों तक वह मुझे भूला रहा है। एक और भी ऐसे मित्र बने थे, जो कभी मुझे मित्र मानते थे, कभी उनसे पद और समृद्धि में कम होने के कारण मुझे अपने से नीचा मानते थे और ऐसा साफ-साफ दीखता था, दिखाते भी थे लेकिन यह बाद के वर्षों की बात है। पहले वह भी ऐसे नहीं थे।

फिर उस मित्र पर लौटता हूँ तो उसके बारे में यह धारणा मैंने पाल रखी थी, जो जरूरी नहीं पूरी तरह सच हो। आवश्यक नहीं कि वह मेरी साधारण स्थिति से निराश हुआ हो और बीच में बरसों न मिलने का कारण एक यही रहा हो। उसकी अपनी परिस्थितियाँ सम्भव है, सामान्य न रही हों। उसकी नौकरी भी ऐसी नहीं थी कि उसकी वजह से उसे बीच-बीच में दिल्ली आना पड़े और आया भी हो तो दिल्ली में इतनी दूरियाँ हैं कि दो अलग-अलग जगहों पर एक ही दिन में जाना सम्भव नहीं। इसके अलावा मैंने ही कब उसकी बीच-बीच में खबर रखी थी, जो इसका दोषी सिर्फ वही हो? मैं भी तो अपने आप में, शायद अपने घमंड में डूबा रहा। क्या सारी जिम्मेदारी उसी की थी, मेरी नहीं? दूसरी बार वह आया तो शायद मेरी बढ़ी हुई हैसियत से प्रभावित हुआ मगर वापिस जाकर फिर भी उसने सम्पर्क नहीं रखा, मैंने भी नहीं। मेरे पास तो उसका पता, फोन नम्बर कुछ भी नहीं। उसने दिया होगा मगर सँभाला नहीं। क्या यह सिर्फ साधारण चूक है, असावधानी है?

लिखने से हुआ यह कि मेरे मन का मैल कुछ कम हुआ। जो मैल बरसों से जमा है, उसे सिर्फ तार्किकता से धोया नहीं जा सकता, अपने अपराध की स्वीकृति

से भी नहीं। अब कभी वह मिले तो सम्भव है, यह सवाल उससे करूँ भी नहीं। बस वह हो और उम्र के इस मोड़ पर हर तरह से ठीकठाक हो, जैसे कि शाजापुर में दशकों बाद मिले कुछ और दोस्त हैं।

पत्रकारिता का पहला सबक

मुझे पत्रकारिता का पहला सबक सीखने का मौका अपने कस्बे शाजापुर में 1970 में तब मिला, जब मैं बीए के दूसरे वर्ष का छात्र था। पड़ोसी प्रेमनारायण सोनी- जिन्हें मैं मामा कहता और मानता था—तब उज्जैन से प्रकाशित दैनिक 'अवंतिका' के स्थानीय संवाददाता थे और आजीविका के लिए अपना छोटा-सा, सस्ता-सा, निम्न मध्यवर्ग की आमदनी की सीमा में आनेवाला निजी स्कूल चलाते थे। बाकी समय सिर धोने का पाउडर, गरम मसाला, मंजन वगैरह बना कर कुछ अतिरिक्त कमाने की कोशिश की मगर कामयाब नहीं हुए। जो बनाते थे, वह शुद्ध होता था मगर उसकी स्थानीय स्तर पर भी मार्केटिंग आसान नहीं थी।

उसी समय उज्जैन से एक और दैनिक 'प्रजादूत' निकलना शुरू हुआ। शाजापुर में स्थानीय संवाददाता की खोज थी या उन सोनी जी को ही अपना संवाददाता बनाने के लिए 'प्रजादूत' के मालिक-सम्पादक कोई रावल साहब उनसे आकर मिले। कुछ सोच-समझकर सोनी जी ने मेरा नाम प्रस्तावित किया। कोई पारिश्रमिक वगैरह तो अखबार को देना नहीं होता था, उन्होंने मुझे संवाददाता बना दिया, एक पहचान-पत्र दे दिया। पत्रकारिता का तब तक मुझे कोई अनुभव नहीं था। हाँ शाम को चौक स्थित माधव लाइब्रेरी में नियमित रूप से जाकर दिल्ली-मुम्बई के कुछ अखबारों तथा पत्रिकाओं को पढ़ने का छह-सात साल का अनुभव जरूर था। 'प्रजादूत' का पीले रंग का पहचान पत्र अभी भी घर में कहीं पड़ा होगा।

तो इस तरह हम संवाददाता बने। उन सरकारी विज्ञप्तियों से—जो सोनी जी के पास आती थीं—मैं भी कुछ खबरें बनाकर भेज देता था। शाजापुर से उज्जैन जानेवाली एक निश्चित बस के ड्राइवर को खबर का लिफाफा देना होता था। उज्जैन में अखबार के लोग ड्राइवर से वह लिफाफा ले जाते थे और अगले दिन खबर छप जाती थी। इस तरह दोनों पक्ष का समाचार त्वरित भेजने में एक धेला भी खर्च नहीं होता था। कस्बा तब इतना छोटा था कि यूँ ही पैदल चलकर चक्कर लगाने में मुश्किल नहीं था, जो मैं आदतन किया करता था।

एक दिन किसी मुद्दे पर भारतीय जनसंघ ने हड़ताल का आह्वान किया। वह हड़ताल आंशिक रूप से सफल रही। कुछ दुकानें खुली रहीं, अधिकतर बन्द रहीं।

मेरे मन में कांग्रेस के प्रति गुस्सा था, तो मैंने अपने अखबार में उस हड़ताल को 'सफल' बना दिया।

सोनी जी ने अगली सुबह अखबार देखा तो वह खुश नहीं हुए, हालाँकि वह स्वयं एक राजनैतिक व्यक्ति थे। उन्हें मैंने पहले कांग्रेस और बाद में जनसंघ के मंच से भाषण करते सुना था। दोनों के विरुद्ध अपने उस समय के झुकाव के अनुसार आग उगलते थे। शायद यह संघ-जनसंघ का असर था कि वह हिन्दुस्तान को 'हिन्दुस्थान' लिखा करते थे। उनके बचपन के सबसे प्यारे बचपन के दोस्त सफेद कमीज और सफेद पायजामा पहननेवाले जनसंघ के नेता चिमनलाल थे, जिनका व्यक्तित्व सौम्य था।

उस हड़ताल के समय सोनी जी की सहानुभूति इनमें से किस पार्टी के साथ थी, यह मुझे याद नहीं मगर उन्होंने सिखाया कि गलत रिपोर्ट नहीं किया करते। व्यक्तिगत रूप से विरोध करना अलग चीज है, किसी घटना की खबर लिखना दूसरी चीज। हड़ताल सफल नहीं थी, आंशिक सफल थी। यही लिखना चाहिए था।

इसके बाद कब तक मैंने 'प्रजादूत' में रिपोर्ट में क्या-क्या, कितना किया, यह याद नहीं मगर यह सबक संवाददाता के रूप में और बाद में सम्पादक के रूप में भी काम आया। खबर लिखते और लिखवाते समय मैंने इस बात का ध्यान रखने की कोशिश की कि पार्टी या नेता कोई भी हो, उसका राजनीति में जो उचित महत्त्व हो, उतना स्थान उसे देना चाहिए और उसकी बात को तोड़ना-मरोड़ना नहीं चाहिए। हाँ अपने आलेख में आप अपना पक्ष खुल कर रखें। वैसे रिपोर्टिंग पूरी तरह दृष्टिकोण-निरपेक्ष नहीं हो सकती। इतने तथ्यों में से किस तथ्य को महत्त्व दिया गया है, दृष्टिकोण इसमें भी छिपा होता है, फिर भी आप कुछ बुनियादी बातों को छुपा नहीं सकते। उनकी अनदेखी नहीं कर सकते।

वैसे आजकल तो सारे प्रतिमान ध्वस्त किए जा चुके हैं।

भाग्यशाली हम

बहुत दिनों से मैं सोच रहा हूँ कि हम साधारण लोग किस-किस अर्थ में भाग्यशाली हैं। एक तो इस अर्थ में हम किस्मतवाले हैं कि हमारे माँ-बाप न टाटा-बिड़ला थे, न अंबानी-अडाणी, न बड़े राजनेता थे, न बड़े कलाकार थे या फिल्मी हीरो-हीरोइन थे। न महान सन्त थे, न नाथूराम गोडसे जैसे हत्यारे थे। हम अपने माता-पिता की प्रसिद्धि या धन या महानता या कलंक के बोझ तले दबे हुए नहीं हैं। हम जो भी हैं, जैसे भी हैं, अपने किए या अनकिए से हैं। इसके दुख कम, सुख ज्यादा हैं। हो

सकता है इनमें से किसी की सन्तान होते तो पता नहीं कितनी सीढ़ियाँ अपने आप चढ़ चुके होते या और अधिक गिरकर भी बड़े बन चुके होते। मगर यह हजार गुना बेहतर है कि हम नीचे हैं, जमीन पर हैं। हम न जाने क़ितनी आवाजें, कितनी गूँजें-अनुगूँजें, कितने दृश्य देख पाते हैं, कितने दुख झेल पाते हैं, कितने अपमान सह पाते हैं और मान-सम्मानों से प्रभावित नहीं होते क्योंकि हमें मालूम है कि इस सबके बावजूद हम मामूली थे और हैं। ये मान-सम्मान भी उसी तरह का एक दिवसीय उत्सव है, जिस तरह शादी का उत्सव होता है या दीवाली का या ईद का।

हम गड्ढे में गिरते हैं या छोटी पहाड़ी पर चढ़कर दिखाते हैं, यह बहुत कुछ हमारा निर्णय होता है इस तरह हम बहुत कुछ अपनी तरह अपना अच्छा-बुरा जीवन जीते हैं, किसी पूर्वज द्वारा तय जीवन नहीं। हममें से किसी का किसी विचारधारा से जुड़ना या खास पेशा अपनाना बहुत कुछ हमारा निर्णय है, हमारे माता-पिता या किसी पूर्वज की विरासत में मिला फैसला नहीं, जिसे ढोने के लिए हम बड़ी हद तक बाध्य होते हैं और हमें हमेशा उनकी रोशनी या उनके अँधेरे में देखा-दिखाया जाता है। इस दुनिया से हम इस तरह चले जाते हैं, जैसे कभी आए ही नहीं थे। दो-चार दिन, दो-चार घंटे बाद हम उस अनंत के गर्त में समा जाते हैं, जिसमें हमारे पूर्वज समाए हुए हैं।

पैर छुआना

किसके जीवन में अन्तर्विरोध नहीं होते? मेरे जीवन में भी हैं, जिनमें से कुछ का मुझे पता है और कुछ का दूसरों को पता होगा, जिन पर मेरा ध्यान अभी तक नहीं गया है।

बहरहाल मैं सिद्धान्त और बहुत व्यवहार के स्तर पर पैर छूने-छुआने के विरुद्ध हूँ लेकिन कई बार यह सब इतना अचानक होता है कि आप सँभलें, तब तक तो पैर छूने की प्रक्रिया सम्पन्न हो चुकी होती है। कई बार लोग फोन पर ही पांयलागूँ कर देते हैं, जिसका आप कुछ कर नहीं सकते। जैसे-जैसे आपकी उम्र बढ़ती जाती है, आप जबरन सम्माननीय बना दिए जाते हैं। इसका नतीजा यह होता है कि आपके पैर छूनेवाले भी बढ़ते जाते हैं। आजकल इसका चलन बढ़ गया है, जबकि मैंने और मेरी पीढ़ी के तमाम लोगों ने अपने वरिष्ठ लेखकों-पत्रकारों के पैर न कभी छुए, न कभी इस बारे में सोचने की जरूरत महसूस की। नमस्कार करके ही उनके प्रति सम्मान जताया और किसी ने इसे अन्यथा लिया भी नही।

एक अपवाद जरूर थे, जो बड़े विद्वान माने जाते हैं। अब वह नहीं हैं— विद्यानिवास मिश्र। पता नहीं क्यों उनसे मिले बिना भी उनके प्रति मन में सम्मान

नहीं था। कुछ रहा भी होगा शायद, तो वह उस दौरान खत्म हो गया, जब वह 'नवभारत टाइम्स' के सम्पादक बनकर आए यानी मेरे भी सम्पादक हुए। यह मेरा ही नहीं कई लोगों का पर्यवेक्षण रहा है कि जो उनके पैर नहीं छूता था, उसे वह पसन्द नहीं करते थे, जबकि उनसे पहले और मेरे वहाँ रहने तक किसी सम्पादक के समय यह अस्वस्थ परम्परा नहीं रही।

एक तो मैं वामपंथी किस्म का माना जाता हूँ (थोड़ा सा हूँ भी) तो इससे उन्हें समस्या थी। बची-खुची समस्या यह थी कि कुछ औरों की तरह मैं भी उनके पैर नहीं छूता था। इसका नतीजा यह हुआ कि कभी वह दफ्तर में सामने से आते दीखते और मैं नमस्कार करता तो वह मेरी तरफ देखते भी नहीं थे। इससे मुझे भी आराम हो गया, उन्हें नमस्कार करने के झंझट से बच गया। वैसे कहते हैं कि वह विचारों से 'आधुनिक' थे। हाँ तभी तो कुँवर नारायण जी और अन्य लेखकों के सम्पादन में प्रकाशित 'युगचेतना' पत्रिका में रघुवीर सहाय की कविता 'हमारी हिन्दी' छपने पर उसे येनकेन प्रकारेण बन्द करवाने में उनकी बड़ी भूमिका रही। 'आधुनिक' थे, तभी न सिर पर चोटी धारण करते थे, पैर छुआते थे, छूआछूत मानते थे। बताते हैं कि बनारस के ही नेता कमलापति त्रिपाठी तो अपना पैर आगे ही बढ़ाए रहते थे कि आओ और पहले इन्हें छुओ, तब मुँह खोलो। अब पैर छुआना तो वैसे भी राजनीतिक संस्कृति का हिस्सा बन चुका है और ऐंठ यह कि ऊ नेतवा, पैर छूनेवाले की तरफ या तो देखता नहीं या देखता-बोलता है तो ऐसे जैसे उपकृत कर रहा हो। वैसे ऐसे नेता के पास जाता वही है, पैर छूता वही है, जो उनसे उपकृत होना चाहता है।

मैं अपने पैर छूनेवालों को भरसक रोकता हूँ और रोक नहीं पाता तो कहता हूँ, मत छुआ करो यार। हमने भी कभी अपने वरिष्ठ लेखकों के पैर नहीं छुए। वे कहते हैं कि सर, आपके प्रति अपना सम्मान जताने के लिए ऐसा करते हैं तो मेरा जवाब होता है कि नमस्कार करके भी सम्मान (अगर हो) तो जताया जा सकता है। मैंने काफी कम उम्र में डा.राधाकृष्णन की हिन्दी में अनूदित भारतीय दर्शन पर एक किताब पढ़ी थी। उसका और कुछ तो याद नहीं, इतना याद है कि उन्होंने लिखा था कि साधारण भारतीय के साथ कोई अच्छा करता है तो वह झटपट 'थैंक्यू' कहकर मामला नहीं निबटाता। वह शब्दों में कुछ नहीं कहता, जो कहता है, आँखों की कोरों से कहता है। उनकी यह बात मेरी स्मृति में बस चुकी है।

बहरहाल बहुत मना करने पर भी अपनी बहू का पैर छुआना रोक नहीं पाया था। अब उसने बन्द कर दिया है। मेरी पत्नी ने शादी के समय की किसी रस्म में पैर छुए हों तो याद नहीं लेकिन बाद में बिलकुल नहीं। यही संस्कार बेटों को भी मिले हैं। हम मिलने-बिछुड़ने पर गले मिलते हैं, एक-दूसरे की पीठ थपथपाते हैं, भावुक हो जाते हैं, आँखें भीग जाती हैं और बस!

अगर पैर छूना सम्मान दिखाने का एक पारम्परिक तरीका है भी, तो दूसरों की

तो नहीं कहता मगर मेरा अपने बारे में यह खयाल है कि मुझमें ऐसा कुछ भी नहीं है कि मेरे आगे कोई अपना सिर झुकाए।

अब अन्तर्विरोध पर। मैं अपनी सास, ससुर, मामा ससुर के पैर छूता था, जो अब इस दुनिया में नहीं हैं। कुछ तो इसलिए कि उन्हें अच्छा लगता है, कुछ इसलिए कि परम्परा में बँधे ये लोग सीधे-सादे, सरल लोग हैं। ऐसों के आगे इस तरह विनम्र होना कोई गलत नहीं। अपने मुँहबोले मामा और मुँहबोली बहन के पैर भी छूता था।

लेकिन मैं इतना बेवकूफ भी हूँ कि जो संस्कारवश मेरे पैर छूते हैं और मना करने पर मानते नहीं, उनसे इस परम्परा-निर्वहन के बाद क्या कहूँ, यह समझ में नहीं आता। अब कभी-कभी आशीर्वाद शब्द बोल देता हूँ, हालाँकि तथाकथित बुजुर्गों के आशीर्वाद से कुछ बनता-बिगड़ता नहीं। वैसे सब अच्छे रहें, ठीक रहें, यह कामना तो हमेशा रहती है।

दो कलाकारों के प्रति मेरे मन में पहले से जो सम्मान था, वह अचानक उन्हें सामने पाकर, उन्हें सुनकर बहुत बढ़ गया। वे दोनों बुजुर्ग महिलाएँ थीं और अब इस दुनिया में नहीं हैं। एक थीं शास्त्रीय गायिका गंगूबाई हंगल और दूसरी बांग्ला लेखिका महाश्वेता देवी। लेकिन अपने कार्यक्रम के बाद इतनी देर तक वे अपने प्रशंसकों घिरी रहीं कि मैं अपनी यह इच्छा पूरी न कर पाया। उस्ताद अमीर खाँ को कभी आमने-सामने देखा-सुना नहीं मगर इस संगीत-निरक्षर का कभी उनसे आमना-सामना हुआ होता तो भी शायद यही तीव्र इच्छा जगी होती।

स्थानीय राजनीति

राजनीति देखने-समझने में मेरी शुरू से दिलचस्पी रही। तब दस हजार आबादी के कस्बे शाजापुर में दो पार्टियों का कब्जा था (आज भी है)—आज की भारतीय जनता पार्टी (तब भारतीय जनसंघ) और कांग्रेस। बीच में कोई छोटे-मोटे ठेकेदार समाजवादी पार्टी के नाम पर भी सामने आए थे मगर जमे नहीं। कम्युनिस्ट तो सीन में कभी रहे नहीं वहाँ। एक बार चिन्तामण देव वकील साहब के सोमवारिया स्थित मकान पर एक वरिष्ठ कम्युनिस्ट नेता आए थे—सम्भवत: मुजफ्फर अहमद लेकिन अरुण व्यास के मुताबिक वह कामरेड जुग्गन खाँ थे, जो कम्युनिस्ट पार्टी के छात्र संगठन स्टूडेंट्स फेडरेशन का गठन करने आए थे और उन्हें कामयाबी नहीं मिली। तब मैं रहा होऊँगा नवीं-दसवीं में। उन वकील साहब ने अपने घर पर उन कम्युनिस्ट नेता से मिलने मुझे भी क्यों बुलाया था, नहीं मालूम। शायद इसलिए कि उनका बड़ा बेटा प्रकाश मेरे साथ पढ़ता था। इस नाते मुझे बुलाना आसान था।

मुझे कम्युनिज्म का कुछ भी अता-पता नहीं था। उन्होंने क्या कहा, बिलकुल याद नहीं। इतना याद है कि यह बैठक गोपनीय रखी गई थी।

तब एक गांधीवादी नेता हुआ करते थे—किशोर भाई। छोटे कद के गौरवर्ण। स्वतंत्रता सेनानी थे। अपनी क्रांतिकारी गतिविधियों के कारण गुजरात से निष्कासित किए गए थे। खादी का कुर्ता-पायजामा पहनते थे और एक झोला उनके कन्धे पर टँगा रहता था। वह नेता कम लगते थे, कार्यकर्ता अधिक। बेहद ईमानदार, बेहद अकेले-अलबेले। कांग्रेस के साथ भी वह नहीं थे। एक बार उन्होंने सम्भवतः पालिका में भ्रष्टाचार के मुद्दे पर नगरपालिका के दफ्तर पर अनशन किया था, जिसकी चर्चा पूरे कस्बे में थी। मैं भी किसी दोस्त के साथ वहाँ गया था—उन्हें देखने। वहाँ से उस दोस्त के साथ पास ही चीलर नदी तक चला गया था। गर्मी के दिन थे, नदी में पानी बेहद कम था। पैदल-पैदल मजे में आगे बढ़ता गया। आगे रेगुलेटर के पास गहरा पानी था। मैं डूबने लगा। दो बार डुबकियाँ खाकर ऊपर आ चुका था। कहते हैं तीसरे में आदमी डूब जाता है। पता नहीं किसने देखा और हाथ से खींचकर अपनी माँ की इस अकेली सन्तान को बाहर निकाल लिया। अपना तो काम हो चुका होता मगर माँ का क्या हाल हुआ होता, यह सोचकर आज भी दहल जाता हूँ। उसके बाद से नदी में तैरने से ऐसा डर बैठा कि मुझे तैरना सिखाने की सारी कोशिशें असफल रहीं।

किशोर भाई ने एक बार चुनाव लड़ा था। जहाँ तक याद है उम्मीदवार भी वही थे, प्रचारक भी वही। पीछे कोई और नहीं। कन्धा झोले में पर्चे रखकर सड़क पर आते-जाते लोगों को खुद बाँटते थे। तब की राजनीति आज से लाख गुना साफ-सुथरी थी मगर किशोर भाई जैसे ईमानदार स्वतंत्रता सेनानी उसमें भी मिसफिट थे। आज के शाजापुर में कितने होंगे, जिन्हें किशोर भाई की हल्की सी याद भी हो! जिन्होंने उन्हें देखा होगा, सब अब बुजुर्ग हो चुके हैं।

उस जमाने के कांग्रेस और जनसंघ के नेता भी आसानी से लोगों को उपलब्ध थे। कस्बा छोटा था, नेताओं की नेतागीरी से कमाई भी नहीं थी, पैदल ही आते-जाते थे। हद से हद उनके पास साइकिल होती थी। उन्हें जब, जहाँ चाहे, रोक लिया जाता था, वे रुक जाते थे, बात सुनते थे। इस सन्दर्भ में हातिम भाई की याद विशेष रूप से आ रही है। लम्बा-दुबला यह नेता अपनी साइकिल पर ज्यादा चलता था या खड़े होकर साइकिल पकड़े हुए लोगों की बातें ज्यादा सुनता था, कहना कठिन है। वह जिला कांग्रेस के किसी पद पर थे।

पार्टियों की आम सभाएँ कस्बे के एकमात्र चौक में होती थीं। वहीं तब बस स्टैंड भी था, वही पूरे कस्बे की एकमात्र चहलपहल भरी जगह थी, खासकर शाम के वक्त। कस्बे का मुख्य केन्द्र वही था। उसका दिन में कम से कम एक चक्कर लगाए बगैर मेरा दिन नहीं कटता था। अब भी जब जाता हूँ, वहाँ का एक चक्कर

जरूर लगाता हूँ। इन आम सभाओं में अच्छी भीड़ होती थी। जनसंघ चूँकि विपक्ष में था, वक्ता प्रभावशाली होते थे, इसलिए उसकी सभाओं में अधिक भीड़ होती थी। तब कांग्रेस अध्यक्ष नीलम संजीव रेड्डी भी आए थे एक बार। उनकी सभा तब के विक्रम टॉकीज में हुई थी। उसमें भीड़ थी या जुटाई गई थी। रेड्डी साहब ने भाषण अंग्रेजी में दिया था, जिसका तुरत-फुरत अनुवाद तब के मध्य प्रदेश के शिक्षा मंत्री और बाद में राष्ट्रपति डा. शंकर दयाल शर्मा ने किया था। डा. शर्मा खुद भी अच्छे वक्ता थे, यह उसके बाद पता चला। एक बार वह सम्भवत: खादी भंडार का उद्घाटन करने आए थे। जहाँ तक याद है सामने रखी टेबल पर बैठकर, बड़े अनौपचारिक अन्दाज में उन्होंने भाषण दिया था, जो रोचक था। एक बार तब केन्द्र में वित्त राज्य मंत्री रहे प्रकाश चन्द्र सेठी को भी सुनने गया था तो निराश हुआ। वजह उनके पास वक्तृत्व कला नहीं थी और केन्द्र में मंत्री थे तो पूरे देश के सन्दर्भ में बात कर रहे थे, जो मेरे पल्ले नहीं पड़ रही थी। मैं उनसे स्थानीय मुद्दों के मद्देनजर कुछ सुनना चाहता था। वह शायद इसलिए भी आए थे कि उन्हें अन्दाज लगाना था कि अगला चुनाव वह शाजापुर की लोकसभा सीट से लड़ें तो जीतने की सम्भावना कितनी है? उनकी नजर देवास और शाजापुर दोनों पर थी। जहाँ से वह चुनाव लड़ते, वहाँ नोट प्रेस खुलना तय था। शाजापुर संघियों का गढ़ था, इसलिए चीलर बाँध होने या बनने की प्रक्रिया में था, इसके बावजूद नोट प्रेस देवास में खुला, जहाँ पानी के अभाव की खबरें तब आम थीं।

मैंने अपने रहते शाजापुर में रहनेवाले को शायद ही कभी सांसद बनते देखा हो। पहले कोई रहे थे। मंझले कद के सांवले कोई मालवीय जी सफेद टोपी और कुर्ते-पायजामे में शाम के समय अपनी गाय या भैंस चराकर चुपचाप घर ले जाते थे। उनके चेहरे पर चेचक के दाग थे। तब किसी ने बताया था कि ये सांसद रह चुके हैं तो विश्वास नहीं होता था। अभी देखा गूगल पर कि 1957 में कोई कन्हैया लाल मालवीय सांसद थे। शायद वे वही रहे हों।

कोई सांसद रहा हो और भूतपूर्व होने पर अपनी गाय-भैंस चराता हो, यह कल्पना आज असम्भव है। जनसंघ ने भी हमेशा बाहरी उम्मीदवार ही दिए। एक बार जनसंघ के तब के बड़े नेता जगन्नाथ राव जोशी चुनाव लड़े, जो शायद कर्नाटक से थे। उनसे पहले अपने जमाने के प्रसिद्ध फिल्म पत्रकार बाबू राव पटेल चुनाव लड़े। अगर मैं गलत नहीं हूँ तो चुनाव जीतने के बाद दोनों ने कभी पलटकर अपने चुनाव क्षेत्र की तरफ नहीं देखा।

शाजापुर आजादी से पहले ग्वालियर रियासत का हिस्सा था। इस नाते विजयाराजे सिंधिया का भी प्रभाव था। इंग्लैंड से पढ़कर अभी-अभी आए माधवराव सिंधिया का जनसंघ की एक सभा में परिचय दिया था, उनकी माँ ने। तब माधवराव सिंधिया को भाषण देना नहीं आता था। उन्होंने लिखित भाषण पढ़ा था। ऐसी कई स्मृतियाँ हैं।

अटलबिहारी वाजपेयी, बलराज मधोक आदि को सुनने की भी स्मृतियाँ हैं। पहली बार श्री मधोक के मुँह से किसी पंजाबीभाषी को हिन्दी में भाषण करते सुना था। तब अजीब लगी थी, उनकी हिन्दी।

अन्तिम बात। मैं जनसंघ के नेताओं को सुनता था तो उनकी बातें सही लगती थीं और कांग्रेस के नेताओं को सुनता तो उनकी बातें।

काल्पनिक और वास्तविक हवाई यात्रा

मेरा बड़ा पोता तब साढ़े तीन साल का था, हवाई जहाज की आवाज सुनते ही उसे देखने दौड़ पड़ता था लेकिन हवाई जहाज के पास कहाँ इतना समय और उस मशीन को क्या पता कि कोई बच्चा उसके आने की इतनी तीव्रता से प्रतीक्षा कर रहा है तो वह उसके लिए तनिक ठहर जाए! उसे ऐसा करते देखकर मुझे अपना बचपन याद आता है, हालाँकि तब कहाँ थे इतने हवाई जहाज और मेरा कस्बा न तब, न अब, हवाई नक्शे पर है, न निकट भविष्य में होगा।

मेरी यही कोई तब 10-12 की उम्र रही होगी, तब से हवाई जहाज में बैठ कर कैसा लगता होगा, इसकी कल्पनाएँ जागने लगी थीं। मुझे ऐसा याद आता है कि शाजापुर की आगरा-मुम्बई रोड पर यह कल्पना ज्यादा ऊँची उड़ान भरा करती थी, जहाँ से शायद दो-चार बार आसमान में उड़ते हवाई जहाज ज्यादा साफ ढंग से देखे थे। अब वे हवाई जहाज सेना के थे, नागरिक विमान थे या भारवाही थे, यह क्या पता! ऐसा कोई फर्क भी होता है, यह पता नहीं था और पता होना तब जरूरी भी नहीं था!

कुछ विमान कभी-कभी अपने पीछे धुएँ की सफेद लम्बी लकीर छोड़ जाते थे, उसके बारे में हमारा ज्ञान यह था कि ये राकेट हैं, हालाँकि राकेट क्या होता है और हवाई जहाज और उसमें क्या फर्क होता है, तब इसकी कोई समझ नहीं थी। हाँ यह पता नहीं किसने ज्ञान दिया था कि राकेट धुएँ की सफ़ेद लकीर छोड़ता जाता है!

मैंने सपनों में न जाने कितनी हवाई यात्राएँ की हैं, 1982 में वास्तव में पहली बार हवाई यात्रा करने से बहुत पहले! हो सकता है, उससे भी ज्यादा की हों, जितनी वास्तव में आज तक की हैं, हालाँकि इन दोनों में से किसी की भी गिनती करना आज कहाँ सम्भव है! इतना ही कह सकता हूँ कि वे कोरी हवाई यात्राएँ, वास्तविक हवाई यात्रा से ज्यादा ऊँची और ज्यादा मजेदार हुआ करती थीं, बल्कि पहली वास्तविक यात्रा ने उसे काफी हद तक धराशायी कर दिया। फिर वे काल्पनिक यात्राएँ मैं दुबारा न कर सका, जो बहुत बड़ा नुकसान था, हालाँकि एकदम नीला आकाश

देखना, सफेद रुई जैसे बादलों के बीच से गुजरना, हवाई जहाज के उड़ान भरने और नीचे उतरने के दौरान खिलौने जैसी दिखती बिल्डिंगों और कारों को देखने का भी अपना रोमांच है लेकिन समय के साथ वह रिसता जाता है।

मेरी कल्पना में पक्षी की तरह आकाश में उड़ना भी शामिल रहा है और कविता में, साहित्य में, कलाओं में तो ऐसी कई उड़ानें भरने की सुविधा भी खूब होती है और दुनिया की कोई ताकत किसी को इससे रोक नहीं सकती! ऐसी अनेकानेक उड़ानें साहित्य में भरी गई हैं और उनमें से कुछ मैंने भी भरने की कभी-कभी कुछ फालतू-सी कोशिशें की हैं। वैसे मेरी कल्पना में कभी यह नहीं आया कि मुझे हवाई जहाज का पायलट बनना है। मैं बस का ड्राइवर बनने की कल्पना तक नहीं कर सका क्योंकि मुझे कुछ भी मशीनी चलाने से डर लगता है, हालाँकि कार के साथ कुछ साल ऐसी हरकत कभी कर चुका हूँ। हाँ मेरा बड़ा बेटा एक समय तक पायलट बनने की कल्पना में डूबा रहा लेकिन किसी चीज की कल्पना में जीना कितनी बड़ी चीज है, कितनी बड़ी और स्थायी सम्पत्ति है, यह मैंने ऐसी कल्पनाओं में जीकर ही जाना।

1978 में जनता पार्टी की सरकार केन्द्र में बनी, तब प्रसिद्ध कवि और तब 'दिनमान' के मुख्य सम्पादक सर्वेश्वर दयाल सक्सेना का फोन आया कि क्या मैं बोइंग कम्पनी देखने सीएटल (अमेरिका) चलना चाहूँगा? नागरिक उड्डयन मंत्रालय की ओर से ऐसा प्रस्ताव है। 'नवभारत टाइम्स' की तरफ से तुम्हारा नाम दे दूँ क्या? मैं खुद भी जा रहा हूँ।

हवाई जहाज में बैठना तो मेरी चिरसिंचित कल्पना थी, मैं कैसे मना करता? मैंने इस बारे में न सम्पादक से पूछने की तकलीफ की, न यह सोचा कि मेरे पास पासपोर्ट तक नहीं है, न वीसा की दिक्कतों का मुझे अन्दाजा तब था लेकिन मैंने हाँ कर दिया और हवाई जहाज से अमेरिका जाने की कल्पनाओं में डूबने-उतराने लगा, जो जल्दी ही धराशायी हो गईं। यह खबर उसी संस्थान के 'द टाइम्स ऑफ इंडिया' अखबार के विशेष संवाददाता के एन. मलिक को लग गई। शायद उनके अखबार में भी उनकी उपेक्षा करके किसी और को भेजा जा रहा होगा जबकि नागरिक उड्डयन मंत्रालय कवर करना उनकी जिम्मेदारी थी। टाइम्स के मुख्यपृष्ठ पर यह खबर छपी कि ऐसे पत्रकारों को सीएटल ले जाया जा रहा है, जिन्हें उड्डयन का अ, आ, इ, ई भी नहीं आता। बात सही थी। यह खबर छपने से मंत्री पुरुषोत्तम कौशिक डर गए और अपना भी यह सपना हवा हो गया। अन्ततः 1982 मे मौका मिला। इस बार भी सीधे विदेश जाने का, दिल्ली से कोलोन (जर्मनी) जाने का। जैसा कि मैंने कहा कि कल्पना की हवाई यात्रा से वह हवाई यात्रा काफी नीचे स्तर की थी।

हमने भी अंग्रेजी पढ़ी है

हम जब छात्र थे तो 'अंग्रेजी हटाओ' का नारा लगा करता था, अंग्रेजी के साइनबोर्ड पोते जाते थे। अच्छा लगता था, मजा आता था, खुशी होती थी कि अंग्रेजी का झंझट अब खत्म। लगता था बहुत सही हो रहा है। तब तो हम किशोर ही थे और मन से इस आन्दोलन के साथ थे मगर हमारी छठी इन्द्रिय—जो है नहीं—कहती थी विष्णु के बच्चे, थोड़ी-बहुत अंग्रेजी तू जरूर सीख लेना वरना जिन्दगी में बहुत मार खाएगा, लात खाएगा। गरीब की औलाद है, अंग्रेजी आगे तेरे काम आएगी। उस जमाने में अंग्रेजी छठी से पढ़ाई जाती थी। ए बी सी डी यानी वर्णमाला रटने तक तो ठीक था, नाउन-प्रनाउन आदि भी रट्टा लगाकर सीख लिया था मगर ऊपरवाले और नीचेवाले दोनों की कृपा से आज के विपरीत तब अंग्रेजी पढ़ने-पढ़ाने को कोई सीरियसली लेता नहीं था तो आठवीं तक कैसे तो भी अंग्रेजी का बेड़ा पार हो गया। बेड़ा पार करना भले कठिन लगता था मगर गुरुजन पार करवा देते थे। पर्चे से एक दिन पहले रट्टा मारते थे और अंग्रेजी की वैतरणी खट्टदने से पार हो जाती थी। जहाँ तक मुझे याद है हमारे अंग्रेजी के अध्यापकों की अंग्रेजी हमसे तो जरूर ही बेहतर हुआ करती होगी, जिसका एकमात्र आधार यह है कि वे अंग्रेजी पढ़ाने की हिम्मत कर लिया करते थे। हमसे बहुत अच्छा ही हाल था उनका—ऐसा मैं गुरुओं के प्रति सम्मान की भारतीय परम्परा की पूरी तरह रक्षा करते हुए भी निश्चयपूर्वक नहीं कह पाता। नवीं-दसवीं-ग्यारहवीं में भी हमने अंग्रेजी का रट्टा मारा और परीक्षा पास की मगर रट्टा मारने में हम शुरू से कमजोर रहे तो करते यह थे कि अपने को जैसी अंग्रेजी आती थी (और कैसी आती थी, यह अब बताने की जरूरत नहीं) वैसी कॉपी में झाड़ देते थे और पास कर दिये जाते थे! हाँ इतना जरूर करते थे कि हमारे कस्बे शाजापुर के माधव वाचनालय में बम्बई का अंग्रेजी दैनिक 'फ्री प्रेस' आया करता था तो उसकी खबरें पढ़ लेते थे—थोड़ी-घणी।

हाँ तो अंग्रेजी काम आएगी वाला डॉयलॉग हमने शुरू में मारा था तो थोड़ा सीरियस हुए हम कॉलेज जाकर। आप जानते हैं कि बीए में तीन विषय पढ़ने होते हैं और एक जनरल हिन्दी या जनरल अंग्रेजी विषय भी होता था। तो हमने बालकृष्ण शर्मा 'नवीन' महाविद्यालय में तय किया कि हम हिन्दी साहित्य नहीं पढ़ेंगे क्योंकि हम तब तक कुछ-कुछ लिखने लगे थे तो हमें लगता था कि हिन्दी तो अपने को आती है—उसे क्या पढ़ना—हम अंग्रेजी साहित्य एक विषय के रूप में लेंगे। इस तरह के खतरे से खेलनेवाले हम अकेले ही छात्र थे। यह बात दो प्राध्यापकों वाले अंग्रेजी विभाग के प्रमुख गणेश वाजपेयी जी के पास पहुँची, जो बड़े मिलनसार आदमी थे और हिन्दी साहित्य-वाहित्य में भी तनिक रुचि ले लिया करते थे और

अक्सर सोमवारिया बाजार में या तो साइकिल चलाते हुए या साइकिल सँभालते-सँभालते गपियाते हुए नजर आते थे। उन्होंने अपनी चमड़ी बचाने के लिए हमें दोस्ताना सलाह दी कि विष्णु, तुम अंग्रेजी-फंग्रेजी के चक्कर में मत पड़ो। एक तो तुम इस सब्जैक्ट के अकेले छात्र हो तो तुम्हें पढ़ाने में दिलचस्पी कौन लेगा और दूसरा अंग्रेजी साहित्य लोगे तो तुम्हारा 'ओव्हरआल परसेंटेज' घटेगा, जिससे तुम्हारा डिवीजन बिगड़ेगा और तुम्हारा आगे का करियर बर्बाद हो जाएगा। जाहिर है कि यह सलाह हमारे हित में तो खैर रही ही होगी, उनके हित में हमसे अधिक थी क्योंकि उन्हें तीन साल तक हमारे लिए एक्स्ट्रा क्लास लेनी पड़ती, शायद खुद भी पढ़ाना पड़ता। जनरल इंग्लिश पढ़ाने का सालों का उन्हें अभ्यास था तो आराम से काम चल रहा था तो मुझे पढ़ाने से उनके आराम में खलल पड़ता। मैंने उनके और अपने लाभ के लिए यह पवित्र इरादा त्याग दिया। मुझे भी लगा कि मुझमें भी त्याग की भावना पर्याप्त है, आगे चलकर साधुसन्त भी बन सकता हूँ, जो सौभाग्य या दुर्भाग्य से मैं नहीं बन सका। बन गया होता तो माल काटता और मनमोहन जी-मोदी जी के साथ फोटो खिंचवाता। साधु बन जाता तो इतना तो मैनेज कर ही लेता! अरे जब फ्रॉड करने निकले हो तो पूरा करो, आधे-अधूरे से क्या फायदा!

तो जनरल अंग्रेजी भी हमने कॉलेज में परीक्षा पुस्तिका में अपनी विशुद्ध मालवी अंग्रेजी झाड़कर पास की। हमारे अंग्रेजी के वे (वाजपेयी जी नहीं) अध्यापक भी हमारी तरह ही महान थे। बेशक बढ़िया कपड़े पहनते थे, टाई लगाते थे, उस जमाने के हिसाब से स्मार्ट भी लगते थे, थे भी भले ही इनसान मगर कम से कम हमने उन्हें कभी अंग्रेजी झाड़ते हुए नहीं देखा, जो जरूर उनकी 'विनम्रता' रही होगी। हमें यह विनम्रता अच्छी भी बहुत लगती थी। वो जनाब कुंजी से या पता नहीं कहाँ से नोट्स लिखकर ले आते थे और धीरे-धीरे बोलकर हमें अपनी कॉपी में नोट करवा देते थे। बीच-बीच में स्पैलिंग की प्रॉब्लम आती थी तो अपनी कॉपी में देखकर और कभी-कभी अपनी स्मरणशक्ति का उपयोग करके हमारी सहायता कर देते थे।

हाँ हमने इस बीच बुद्धिमानी का एक काम जरूर किया था—जो हम कभी-कभी अब भी कर लिया करते हैं—कि फादर कामिल बुल्के की अंग्रेजी-हिन्दी डिक्शनरी खरीद ली थी, इसलिए जब हम नौकरी ढूँढने के नेक इरादे से दिल्ली आए तो डिक्शनरी भी साथ लेते आए, जिसने हमारी उससे ज्यादा मदद की, जितनी हमारे अध्यापक भी नहीं कर पाए थे। चूँकि हम बीए पास हो चुके थे और पत्रकारिता को पेशा बनाना हमारी इच्छा भी थी और मजबूरी भी क्योंकि इसी की न्यूनतम से भी न्यूनतम योग्यता हममें थी तो हमने उस डिक्शनरी के साथ इस धंधे में प्रवेश किया और यह भी हमने बुद्धिमानी का ही काम किया, जिसके लिए हम खुद को

अभी दाद दिये दे रहे हैं। हाँ हमने इस बीच दिल्ली आकर एक और बुद्धिमानी का काम किया कि हमने उन बुरे दिनों से ही 'द टाइम्स ऑफ इंडिया' अखबार खरीदना शुरू कर दिया था। अंग्रेजी अखबार खरीदने के पीछे मूल उद्देश्य अपनी अंग्रेजी 'इम्प्रूव' करना था, जो काम अभी भी जारी है और आशा है कि मरने तक तो पूरा होकर ही रहेगा!

आगे का किस्सा बताएँ उससे पहले हम यह बता दें कि हम जब बीए में पढ़ रहे थे तो हमने इन्दौर के 'नई दुनिया' अखबार में पत्रकारिता के जरिये घुसने की कोशिश की थी मगर एक गलती के कारण वहाँ हमारी नौकरी का मामला टल गया, जो एक बार टला तो फिर हमेशा के लिए टल गया। हुआ यह कि हम एक सिफारिशी पत्र लेकर राजेंद्र माथुर साहब के पास पहुँचे (जो बाद में नवभारत टाइम्स के सम्पादक हुए)। उन्होंने हमारे अंग्रेजी ज्ञान की परीक्षा लेना चाहा, जो हम देने को मजबूर थे। उन्होंने हमें अमेरिका की एक छोटी सी खबर का अनुवाद करने के लिए दिया, जो संयोग से हमने कर दिखाया। माथुर साहब—जो शायद उस समय पत्रकारिता करने के साथ किसी कॉलेज में अंग्रेजी भी पढ़ाते थे—हमारे अंग्रेजी ज्ञान से निराश नहीं हुए। उन्होंने अनुवाद पढ़ने के बाद अखबार के मालिक अभय छजलानी से कहा—जो उनके पास ही बैठते थे—कि इस लड़के ने ठीक ही अनुवाद किया है। सिर्फ एक गलती की है कि 'स्टेट डिपार्टमेंट' का अनुवाद 'राज्य विभाग' किया है, विदेश मंत्रालय नहीं। छूटते ही अभय जी ने कहा कि अभी संसद (या शायद विधानसभा) सत्र चल रहा है, किसके पास इतनी फुर्सत होगी कि इनका अनुवाद ध्यान से चेक करता फिरेगा, इनसे कहिए कि एक महीने तक घर पर अंग्रेजी से अनुवाद का अच्छा अभ्यास करें। फिर आकर टेस्ट दें। खैर वह नौबत आई नहीं।

हाँ तो हम फिर से दिल्ली लौटते हैं। हमने अपने इस आधे-अधूरे अंग्रेजी ज्ञान के सहारे हिन्दी की एक फीचर एजेंसी में अनुवाद का काम तीन महीने तक सफलतापूर्वक किया। उसे छोड़ा तो एक बार किसी संयोग से पीलू मोदी के अंग्रेजी साप्ताहिक के हिन्दी संस्करण में पहुँच गए। वहाँ हम अकेले शूरमा अनुवाद भी करते थे, साप्ताहिक का बाकी काम भी देखते थे। तनख्वाह हमें उस जमाने और हमारी जरूरत के हिसाब से ठीक मिल रही थी। काम बहुत था, जान लड़ा देनी होती थी। खैर जैसे भी हो, वहाँ भी हम चल गए। तीन महीने बाद ऊबकर दूसरी नौकरी के लालच में फँसकर हमने वह काम छोड़ दिया। तो इस तरह हमें अपने अंग्रेजी ज्ञान पर बड़ा भरोसा हो चला था तो एक बार बुरी तरह मात खा गए।

किसी ने हमारा सम्पर्क उस समय के समाजवादी युवा नेता से करवा दिया, जो शायद हिन्दी में परीक्षा देने की जिद किए हुए थे और उन्हें किसी की जरूरत थी, जो कोर्स की कुछ सामग्री का अनुवाद हिन्दी में कर दे। शायद उनका विषय

इतिहास या राजनीति शास्त्र था। अकादमिक मामला था लेकिन फँस गए थे चार पैसों के लालच में उन्होंने अनुवाद देखा तो कहा यह क्या है और हमारी वहाँ से छुट्टी हो गई। बाद में वह कई बार कहीं दीख जाते थे। वह मुझे शक्ल से जानते हैं या नहीं, मैं नहीं जानता मगर मैं उन्हें जानता हूँ। अपनी उस कारगुजारी पर अभी भी इतनी शर्म आती है कि उनसे बचकर निकलता हूँ। एक बार एक फिल्म की स्क्रिप्ट और डायलॉग का हिन्दी अनुवाद करने का काम मिला था। उसमें अंग्रेजी भाषा की जो बारीकियाँ थीं, नाजुकियत थी, वह मैं पकड़ नहीं पाया और वह काम हाथ से निकल गया। लेकिन अखबारों में काम करते हुए कभी अंग्रेजी ज्ञान आड़े नहीं आया यानी इतनी तो अनुभव से आ ही गई थी। जब तक मैं संवाददाता रहा मैंने सरकारी हिन्दी अनुवाद पर भरोसा नहीं किया। न वह हिन्दी, हिन्दी होती है, न अंग्रेजी!

अपने इसी अंग्रेजी के सहारे दो साल जर्मनी में रह आया और दूसरे यूरोपीय देश भी घूम आया। जर्मनी में था तो मेरी कुछ कविताओं के जर्मन अनुवाद करनेवाले और विद्वान लोठार लुट्ज़से से सम्पर्क हुआ। उन्होंने मुझे हाइडलबर्ग विश्वविद्यालय में बुलाया और कहा कि आपको व्यंग्य पर या व्यंग्यात्मक कविता की हिन्दी परम्परा पर कुछ बोलना होगा मगर अंग्रेजी में। मैंने कहा कि मुझे इतनी अंग्रेजी नहीं आती। उन्होंने विश्वास दिलाया कि सब हो जाएगा, आप आइए तो। वहाँ चूँकि खतरे का अन्दाजा पहले से था तो कुछ लिखकर ले गया ताकि उसे पढ़ सकूँ। जो लिखा, वह अपने एक पत्रकार मित्र से ठीक करवाया और जैसे-तैसे काम निकाला। बस ये है कि इस बहाने हाइडलबर्ग जैसा खूबसूरत शहर देखने का बहाना उन्होंने मुहैया करा दिया।

लेकिन हर बार खतरा कहकर नहीं आता। पंजाबी की प्रसिद्ध लेखिका अजित कौर लम्बे अर्से तक मुझ पर अकारण मेहरबान रहीं। एक बार दो दिन पहले ही उन्होंने कहा कि तुम श्रीलंका जाओगे? देखो मना मत करना। मना मैं करना भी नहीं चाहता था। मुफ्त में श्रीलंका जाने का मौका मिल रहा है तो मैं गँवाना चाहता नहीं था। सोचा था कि मुझे शायद वहाँ अपनी कविताओं के अंग्रेजी अनुवाद पढ़ने होंगे, जो साथ ले जाऊँगा और पढ़ दूँगा। मगर मामला इतना आसान न था। दक्षिण एशिया के देशों के लेखकों के इस सम्मेलन में जो तीन सदस्यीय प्रतिनिधिमंडल भेजा गया था, उसमें संयोग से उम्र में सबसे वरिष्ठ मैं था। मुझे बिलकुल अन्दाजा नहीं था कि मुझे भारत के प्रतिनिधि के नाते मंच पर बैठा दिया जाएगा और मुझे कुछ बोलना होगा। यह बात वहाँ उद्घाटन समारोह में जाकर मंच पर बैठने से कोई दस मिनट पहले पता चली। एक तो वैसे ही भाषणबाजी करना मेरे बस में नहीं, यह काम किसी तरह कर भी दूँ तो अंग्रेजी में? तौबा-तौबा! तत्काल ही कुछ बोलना था, मेरी तो जान निकल गई। खैर कहते हैं न कि मरता क्या न करता? पता नहीं

कैसे दसेक मिनट कुछ बोल गया। साथ गए अंग्रेजीदां मित्रों ने यह कहकर मेरा हौसला बढ़ाया कि नहीं, आप ठीक से बोल गए। हौसला ही दिलाया होगा और बेचारे क्या करते? अगले दिन कोलम्बो में प्रेस कॉन्फ्रेंस थी। वहाँ पहले से ज्यादा बुरी तरह मगर काम निकाल ले गया।

अंग्रेजी बोलना और कुछ लिखना ही पड़ जाए तो वह मेरे लिए आपद्धर्म निबाहने से अधिक कुछ नहीं होता और मनाता हूँ कि कभी श्रीलंका जैसी विकट स्थिति न आए। यह जरूर है कि मेरे बेटे दिल्ली के स्कूल में पढ़े तो सहज ही अंग्रेजी सीख गए। मेरा दस साल का पोता भी धड़ल्ले से अंग्रेजी बोल लेता है और अंग्रेजी के मोटे-मोटे उपन्यास पढ़ता है। छोटा पोता जब ढाई साल का था तो बच्चों के अंग्रेजी सीरियल देख-देखकर 'येस', 'आई डोंट नो' ऐसे प्यारे अन्दाज में बोलने लगा था कि अभी दिल्ली आया था तो मैं उसके 'आई डोंट नो' बोलने का इन्तजार करता था क्योंकि वह बड़ी स्टाइल से बोलता है। बाद में तो वह अंग्रेज हो गया। अंग्रेजी ही सहज भाव से बोलता है। लेकिन एक अच्छी बात यह है कि मेरे बेटा-बहू अपने बच्चों को अंग्रेजी पढ़ाने-बोलने-बुलवाने पर तुले नहीं रहते। वे दोनों बच्चों से हिन्दी में ही बात करते हैं—बहुत सोचसमझकर। वैसे मैंने पाया है कि भद्र समाज में अंग्रेजी जानने का गर्व और अंग्रेजी न जानने की हीनता बहुत पाई जाती है, जो बहुत गहरे मार करती है। इसलिए कभी-कभी लालू प्रसाद यादव अचानक अंग्रेजी बोलना शुरू कर देते हैं, जो बहुत ही टूटी-फूटी है। मोदी जी भी टेलीप्रांप्टर पर लिखी अंग्रेजी बोलते पाए जाते हैं, हालाँकि वह इस तरह मैनेज करते हैं कि एकबारगी भ्रम हो कि बन्दा धड़ल्ले से अंग्रेजी बोल लेता है। बहरहाल यह है हमारी अंग्रेजी का हाल और है तो है। लेकिन भैया हम अंग्रेजी अखबार रोज पढ़ते हैं। उसमें खबर भी होती है और कुछ सार्थक विमर्श भी।

शाजापुर से दिल्ली

पत्रकारिता के लिए दिल्ली

बचपन में ही कभी धुँधला-सा लक्ष्य बन गया था कि दिल्ली या मुम्बई जाकर बसना है। आज सोचता हूँ तो इसके तीन ठोस कारण नजर आते हैं। पहला कारण यह था कि शाजापुर आगरा-मुम्बई राजमार्ग पर है। एक तरफ यह राजमार्ग आगरा होते हुए दिल्ली और दूसरी तरफ मुम्बई ले जाता है। पता नहीं क्यों मुझे शाजापुर अच्छा तो लगता था मगर इच्छा होती थी कि इन महानगरों में रहा जाए। वहाँ स्पेस मिलेगा कुछ करने का। दूसरा कारण शायद यह था कि जब मैं सम्भवत: आठवीं कक्षा में था तो जिस जिला स्कूल में पढ़ता था, वहाँ के अध्यापकों ने (सम्भवत: किसी सरकारी योजना के तहत) ग्वालियर, जयपुर, दिल्ली आदि छात्रों को घुमाने का निश्चय किया था। जो अपने बच्चों को भेजना चाहते थे, उनसे प्रति छात्र 50 रुपये माँगे गए थे। मेरी विधवा माँ की आर्थिक हैसियत ऐसी नहीं थी, इसलिए मैं चुप रहा मगर वह जिन वकील साहब कुंजबिहारी लाल श्रीवास्तव के यहाँ 18 रुपये महीने पर खाना बनाती थी, उनका बेटा सुनील भी उसी स्कूल में और उसी कक्षा में पढ़ता था—जिसमें मैं था और उसे वे भेज रहे थे। वह मेरा घनिष्ठ मित्र था। उसके और मेरे बीच उनकी खाना बनाने वाली नौकरानी के बेटे और वकील के बेटे वाली दूरियाँ नहीं थीं। न उनके परिवार ने इन दूरियों को कभी महत्त्व दिया। शायद इसलिए भी कि मैं पढ़ने में ठीकठाक था। उन वकील साहब ने मेरी माँ को प्रेरित किया कि वह मुझे भी भेजे। बच्चा दुनिया देखेगा तो कुछ सीखेगा। 50 रुपये देने का मतलब उसके लिए तीन महीने के परिश्रम की कमाई देना था। यह बेहद कठिन फैसला था मगर उन भले वकील साहब की सलाह का माँ पर असर हुआ या कहें कि नैतिक दबाव पड़ा और माँ ने अन्तत: मुझे भी भेजने का साहस दिखाया।

शाजापुर के जिस लड़के ने सिंहस्थ (कुंभ) के दौरान पास का शहर उज्जैन और पास का कस्बा तराना और गाँव झोंकर ही देखा था, जो इन्दौर में अनंत चतुर्दशी पर रातभर निकलने वाली भव्य झाँकी देखने के लिए भी तरसता रहा, जिसे सरकारी बस की कंडक्टरी इसलिए आकर्षक लगती थी कि उसमें तनख्वाह भी पाओ और रोज बस का मुफ्त सफर भी करो—उसके लिए यह जीवन की बहुत

बड़ी उपलब्धि थी। पूरे सफर में आनन्द खूब आया मगर यहाँ सबसे प्रासंगिक बात यह है कि दिल्ली में बहादुर शाह जफर मार्ग से जब हमारी बस गुजर रही थी तो टाइम्स आफ इंडिया की बिल्डिंग मैंने देखी। आठवीं में पढ़नेवाले इस छात्र के मन में एक बेसिरपैर का सपना जागा कि क्या ही अच्छा हो, जीवन में यहाँ पत्रकारिता करने का मौका मिले। तीसरा कारण यह बन गया कि बीए करने के बाद मेरा अभिन्न मित्र नरेंद्र गौड़ अपने चाचा के पास गर्मियों में जयपुर जाने की योजना बना रहा था। तब तक मेरे पास ट्यूशन के कुछ पैसे जमा हो गए थे। मैंने कहा, चल मैं भी तेरे साथ चलता हूँ। उसने कहा कि लेकिन मेरे चाचा तुम्हें अपने घर ठहरने नहीं देंगे। उनके भरोसे मत चलना। मैंने कहा कि कोई बात नहीं, असद ज़ैदी के पास रुक जाऊँगा, हालाँकि उससे केवल पत्र-मित्रता थी, वह भी रेडियो सीलोन के उद्घोषक रहे गोपाल शर्मा की किसी फिल्मी पत्रिका के कारण, जो किसी तरह नरेंद्र के हाथ लग गई थी। उसमें पत्र-मित्रता के स्तम्भ में असद का पता छपा था, जिस पर नरेंद्र ने उसे पत्र लिखा।

उसके पास असद के दो-तीन पत्र तब तक आ चुके थे। सुन्दर अक्षरों में उसने कुछ सुन्दर बातें लिखी थीं। नरेंद्र ने वे पत्र मुझे भी दिखाए कि देख यह लड़का कितने अच्छे पत्र लिखता है तो मैं भी पत्र लिखने के लिए ललचा गया। देरसबेर मेरे पत्रों का जवाब भी मिला। इसी भरोसे मैं जयपुर आ पहुँचा। मेरा भरोसा ठीक निकला। संक्षेप में यह कि मैंने बातों-बातों में एम. ए. करने के बाद दिल्ली में बसने की योजना की बात की। असद की सलाह थी कि दिल्ली दो साल बाद क्यों, अभी क्यों नहीं जाते? जब दिल्ली मैं पत्रकारिता करना तुम्हारा लक्ष्य है तो दो साल और क्यों बर्बाद करते हो? बात मुझे जँची। माँ से मनीऑर्डर के माध्यम से कुछ पैसा मंगवाया, भिजवाया भी गया मगर मिला नहीं। शायद मुफलिसी के अपने उन दिनों में भी कुछ इन्तजाम असद ने किया और मैं दिल्ली आया।

पत्रकारिता में तब डिग्री का महत्त्व नहीं था, न तब पत्रकारिता का पाठ्यक्रम पास करना जरूरी था। बीए की डिग्री टाइम्स समूह में नौकरी पाने के लिए न्यूनतम योग्यता थी, जो मेरे पास थी। करीब चार साल बाद यह डिग्री नौकरी के काम आ गई। अब लगता है कि अगर जवाहरलाल नेहरू विश्वविद्यालय के किसी पाठ्यक्रम में दाखिला लेने जितनी अक्ल आ जाती या कोई दे देता तो जीवन शायद इतना मुश्किल नहीं होता। यह जानकारी होती तो कुछ ढंग से पढ़-लिख पाता और कमरे, खाने का इन्तजाम भी हो जाता और क्या पता जीवन की दिशा-दशा बदल जाती। वैसे अन्ततः जो दिशा मिली, वह बुरी नहीं थी, मन की थी।

मेरा शहर दिल्ली

शुरू के इक्कीस वर्ष छोड़कर मेरा तो लगभग पूरा जीवन करीब (लगभग चार और दो वर्ष के दो अन्तरालों को छोड़कर) दिल्ली में बीता। अपनी तमाम समस्याओं के बावजूद यह शहर ही अब मेरा घर है। इसे किसी मजबूरी में छोड़ना पड़े तो अलग बात है वरना अपना शेष जीवन यहीं बिताना चाहता हूँ। हाँ आरम्भ के उन इक्कीस वर्षों को भी भूलना कठिन है बल्कि भूल नहीं सकता, भूलना चाहता भी नहीं। वे वर्ष मेरी अमूल्य निधि हैं। इन पचास वर्षों में मैं भी काफी बदला हूँ, मुझसे ज्यादा यह समय बदला है और स्वाभाविक है शाजापुर भी बहुत बदला है। मेरे लिए अब वह काफी पराया हो चुका है, हालाँकि हम चाहते यही हैं कि हमारी अपनी मूल जगह वैसी ही बनी रहे, जैसी तब थी, जब हम वहाँ थे। उसके कुछ निशान बचे रहते हैं मगर शहर हो या आदमी, उसका वैसा ही बने रह जाना प्रायः असम्भव है। हाँ मैं वहीं रह रहा होता तो वहाँ की स्थितियों से अपना अनुकूलन उस हद तक बैठा लेता, जिस सीमा तक बदलती दिल्ली के साथ मैंने बैठा लिया है। दिल्ली 1971 वाली दिल्ली नहीं है मगर वह अजनबी नहीं लगती, जबकि शाजापुर अब लगता है।

कोई शहर या कस्बा या गाँव वहाँ रहने के कारण कई तरह से आपका अपना इतना अनुकूलन कर लेता है कि फिर वह अपनी तमाम समस्याओं के बावजूद आपको अपना लगता है (शायद आज की दिल्ली में ऐसी कोई विशेषता भी नहीं कि औरों को तो छोड़ो, अपनी सन्तानों से भी कहूँ कि तुम यहीं रहो), फिर कहीं और जाने पर अधिक देर तक वहाँ रहना अच्छा नहीं लगता। दिल्ली ने मेरे बुरे दिनों में ही मेरा इतना अनुकूलन कर दिया था कि बम्बई का शुरू में जो आकर्षण था, वह खत्म होता चला गया। बीच-बीच में दिल्ली आकर इतना अच्छा लगने लगा था कि बम्बई लौटने को मन नहीं करता था।

हाँ दिल्ली में बहुत सत्ता है बल्कि दिल्ली में ठीक-ठाक स्थिति में रहना अपने आप में एक सत्ता है मैं इनकार नहीं कर सकता कि उसके कुछ लाभ, दूसरों की तरह मुझे भी पत्रकारिता और साहित्य के क्षेत्र में मिले होंगे। कोई कह सकता है कि आपको दिल्ली नहीं, दिल्ली ने जो मौके दिए हैं, वे प्रिय हैं। शायद ऐसा कहनेवाले पूरी तरह गलत न हों क्योंकि यहाँ आकर सीखने-समझने के बहुत अवसर मिले, बहुत असुविधाएँ-सुविधाएँ मिलीं, बहुत संचर्ष-आत्मसंघर्ष करने के मौके मिले मगर दिल्ली ने मुझे या मेरी ही स्थितियों में यहाँ आनेवाले सब लोगों को सब कुछ हथेली पर रखकर नहीं दे दिया। बहुत परीक्षा ली, बहुत सिखाया-समझाया। यह सिखाया-समझाया कि यह दुनिया बहुत बड़ी है और तुम बहुत बौने हो।

सम्भव है शाजापुर रहता तो स्थानीय और उससे कुछ अधिक सफलताओं से आत्मतुष्ट रहता। दिल्ली ने उसे छीन लिया और आज तक छीन रखा है और यह उसने बहुत अच्छा किया है।

इसके अलावा दिल्ली ने कितने ही बड़े दिलदिमाग के समकालीनों, वरिष्ठों से मिलने, बात करने, उनका नैकट्य पाने का मौके दिए, कई को दूर से देखने-सुनने के अवसर दिए। कितने ही तरह की दुनियाओं के दरवाजे खोले। उनके अन्दर जाने में मैंने कोताही की, गया और तुरन्त लौट आया, गया मगर देख नहीं पाया, तो यह मेरी समस्या है, दिल्ली की नहीं।

हाँ भौतिक रूप से भी बहुत दिया है इस शहर ने। निम्न मध्यवर्ग के आदमी को मध्य वर्ग में ला दिया। नौकरी से अवकाश लेने के बाद भी जीने लायक साधन दिए। कई अवसरों पर खड़े रहने लायक थोड़ी सी मजबूत रीढ़ दी। इसलिए दिल्ली मुझसे अब छूटती नहीं। सोचा दो-तीन बार छोड़ने के बारे में भी मगर फिर कदम खींच लिए और अभी तक खींच रखे हैं।

बेटिकट की दौड़

बात 1971-72 की रही होगी। मैं तब पुरानी दिल्ली के गांधी नगर इलाके में रहता था, जो बाद में दिल्ली में सिलेसिलाये कपड़ों का बड़ा बाजार बन गया। तब कैलाश नगर, गांधी नगर झीलकुरंजा आदि निम्न मध्यवर्गीय इलाके थे। कृष्ण नगर अपेक्षया बेहतर इलाका माना जाता था। गांधी नगर में किराए के मकान तब की आमदनी के हिसाब से सस्ते थे। मैंने पहले तीस रुपये में कमरा तय किया। वहाँ दो ही दिन में परेशान हो गया। रातभर इतने अधिक मच्छरों ने काटा कि मैं घबरा उठा।

मैं अपने मकान मालिक के पास गया कि मैं वहाँ नहीं रह सकता। उसने कहा कि ठीक है, यहीं पास में मगर उससे छोटा एक कमरा खाली है, जमे तो उसे ले लो। यहाँ मच्छर परेशान नहीं करेंगे, किराया भी कम लगेगा—बीस रुपये। मैं फौरन मान गया। उस समय दस रुपये की बचत का दिल्ली जैसे शहर में भी काफी अर्थ था—मतलब मेरे जैसे अर्द्धबेरोजगार के लिए। मुझे याद है दिल्ली प्रेस में नौकरी के तीन महीनों में बाहर एक रुपये में छोले-कुलचे मिल जाते थे। ढाबों में दो-तीन रोटियों के साथ दाल मुफ्त मिल जाती थी।

मैं गांधी नगर से लालकिले तक का करीब डेढ़-दो किलोमीटर का सफर रोज पैदल तय किया करता था। इसका सबसे बड़ा लाभ यह था कि इससे बस किराए

के 15-20 पैसों की बचत हो जाती थी। वैसे बस स्टाप भी दूर था और पीछे के बस स्टापों से बस भरी हुई आती थी। इसके अलावा बचपन से ही खूब पैदल चलने का अभ्यास था, तो इतना चलना सजा जैसा नहीं लगा। उम्र भी पक्ष में थी। यमुना नदी पर बने लोहे के दोमंजिला पुल से पैदल जाने का अपना ही आनन्द था—नीचे यमुना के पानी को बहते देखने का आनन्द और ऊपर से ट्रेनों के गुजरने से लोहे का पूरा पुल थरथराने का रोमांच, उसका भयमिश्रित आनन्द। फिर लाहौरी गेट या ऐसे किसी पुराने गेट के शार्टकट से लालकिले के बस स्टाप तक आना, लालकिले के परकोटे को देखते हुए।

फिर लालकिले से पंद्रह-बीस पैसे का टिकट कटाकर आईटीओ तक आता, अगर 'दिनमान' में काम होता या वहाँ मन करता तो! कभी पैदल भी चलकर आ जाता था। भीड़ होती थी दरियागंज में मगर आज जैसी नहीं। तब वहाँ चलने का सुख था। वैसे भी प्रकृति या चहल-पहल के बीच चलना मुझे अच्छा लगता है।

रविवार का दिन। मुझे लालकिले से लाजपत नगर के दूसरी ओर बसी अमर कालोनी जाना था। हमारे समय के बड़े कवि शमशेर बहादुर सिंह तब वहाँ रहते थे। उनसे एक छोटा साक्षात्कार लेना था। लालकिले से लाजपत नगर तक का बस का किराया सम्भवतः पचास पैसे था। जेब में कुल पाँच रुपये थे। कब और रुपये मिलेंगे, इसका भरोसा नहीं था। इसी में रविवार की सुबह-शाम और सोमवार की सुबह के खाने का प्रबन्ध करना था, एक-एक आना सोच-समझकर खर्च करना था। रविवार को अनुमन टिकट चैकर भी न के बराबर आते थे। जी कड़ा करके बिना टिकट लिए बैठा रहा। धुकधुकी मची रही। उधर कंडक्टर पुकारने से कि कोई बिना टिकट तो नहीं है, सुनकर धुकधुकी और बढ़ जाती थी। फिर भी मैं सुनकर अनसुना करता रहा और लाजपत नगर पहुँच गया।

नीचे उतरने लगा तो दो-चार टिकट चैकर बस के दरवाजे पर खड़े थे। मेरी जान सूख गई मगर ऊपर से बहादुर बना रहा। टिकट माँगा तो शर्ट-पैंट की जेब टटोलने लगा। टिकट होता तो मिलता न! टिकट चैकरों ने बहानेबाजी का मुझे पूरा समय दिया। कुछ नहीं निकला तो झूठ बोला कि मुझे कुछ न कुछ चबाने की आदत है। सम्भव है, टिकट चबा लिया हो।

उनकी अनुभवी आँखें पहले ही समझ चुकी थीं कि यह लौंडा (दिल्ली में यही कहते हैं।) झूठ बोल रहा है लेकिन टिकट चबाने का बहाना तो कोई बहाना नहीं हो सकता था। उनमें से एक मेरी बाँह पकड़कर पास में खड़ी वैन की ओर ले जाने लगा, जिसमें बेटिकट लोगों को बन्द करके रखा जाता था। सुना था कि बेटिकट लोगों को इस वैन से ले जाकर एक-दो दिन जेल में रखते हैं। इससे मैं घबरा गया। मैंने आव देखा न ताव, जोर लगाकर अपनी बाँह छुड़ाई और लपककर भागा।

टिकट चैकर भी मेरे पीछे कुछ दूर तक भागा मगर इक्कीस-बाईस साल के लौंडे का मुकाबला, 40-45 का आदमी कितनी देर तक कर पाता! वह हाँफ गया और मैं तब तक भागता गया, जब तक कि पूरी तरह आश्वस्त नहीं हो गया कि अब मैं सुरक्षित हूँ। इसी मन:स्थिति में कविता और साहित्य की बारीक समझ रखनेवाले उस बड़े कवि से मिला। वैसे भी तब समझ में कम ही आता था, अब और भी कम समझ में आने लगा है।

उस दिन से सीखा कि बेटा विष्णु नागर, भूखा रह लेना मगर टिकट लेकर ही आगे से बस-ट्रेन में चढ़ना।

प्रेमचन्द का काम

मैं 1971 में दिल्ली के गांधीनगर में अपने जीवन के सबसे सस्ते, मात्र 20 रुपये महीने के कमरे में रह रहा था। वह इतना छोटा था कि पढ़ना-लिखना, खाना-पीना सब उधर से गुजरनेवाले को दिखता था। उसी मकान मालिक के उस मकान के एक हिस्से में एक छोटी बेकरीवाला और उसका परिवार रहता था। उस बेकरीवाले का बाप बहुत खूसट किस्म का था। मैं सुबह साढ़े आठ बजे तक दिल्ली प्रेस की नौकरी करने निकल जाता था तो दिनभर के मैले कपड़े रात आठ-नौ बजे आकर धोता था, ताकि सुबह पहनने लायक बन सकें। उस बुजुर्ग को यह अच्छा नहीं लगता था। वह घर से निकलकर आता कि ये कोई कपड़े धोने का समय है? हैंडपम्प भी उस बरामदे में था, जहाँ वह रहता था। उसे भी रात में चलाने से उस बुजुर्ग को दिक्कत होती थी।

लेकिन उसका मेहनतकश लड़का अच्छा था, जो तब 40-45 साल का रहा होगा। सुबह ही घर में बनाया बेकरी का सामान लेकर वह निकल जाता। वह आते-जाते देखता था कि मैं लिखने या पढ़ने में व्यस्त हूँ। एक दिन उसने कहा—"आप प्रेमचन्द वाला काम करते रहते हैं।" उसका मतलब लिखने-पढ़ने से था। इस काम को प्रेमचन्द का काम मानने से बड़ी उस अर्द्धशिक्षित की प्रेमचन्द के प्रति और बड़ा सम्मान और श्रद्धांजलि क्या हो सकती थी, जबकि उसे पता नहीं था कि मैं क्या लिख रहा हूँ, बस उसे इतना नजर आता था कि कुछ लिख-पढ़ रहा हूँ। यह नजर आता था कि किसी किताब से देखकर नहीं, अपने आप, अपनी कल्पना से लिख रहा हूँ।

आभार दिल्ली के पार्कों तुम्हारा

1974 में जब टाइम्स ऑफ इंडिया समूह के प्रशिक्षु पत्रकार पद के लिए दिल्ली के बाद अन्तिम साक्षात्कार के लिए बम्बई पहुँचा तो जीवन में पहली बार समुद्र देखा। बिना देखे भी उसका आकर्षण खींचता था। देखा तो उसने बहुत आकर्षित-मोहित किया। जब मैं नौकरी के दौरान बम्बई में था और मंगलेश डबराल को भी किसी नई नौकरी की तलाश थी तो उन्होंने बम्बई में भी इसकी सम्भावना तलाश करने के लिए मुझे पत्र लिखा, उसमें भी समुद्र के आकर्षण की बात थी। कई बार, कई समुद्र तटों पर घूमने के बाद भी समुद्र मुझे उसी तरह रोमांचित करता है, जिस तरह उसने पहली बार किया था। बम्बई में सुकून देनेवाली एकमात्र जगह मुझे समुद्र तट लगी।

पार्कों में समुद्र तटों और पहाड़ों जैसा आकर्षण तो नहीं है मगर दिल्ली के बुरे दिनों में यहाँ के पार्कों ने मेरा बहुत साथ दिया। एक बेरोजगार आदमी के कुछ मित्र-शुभचिन्तक नौकरीशुदा हों तो चाहकर भी उनका बहुत समय और साथ नहीं मिल सकता। तब समुद्र, पहाड़ या पार्क जैसी जगहें साथ देती हैं।

हमारे शाजापुर में तब कुल एक पार्क हुआ करता था। आजादी के बाद कभी हर शहर, कस्बे या जिला मुख्यालय पर जयस्तम्भ बनाने की योजना बनी होगी, उसी के नतीजे में एक जयस्तम्भ हमारे यहाँ भी था। उससे जुड़ा एक छोटा-सा, साफ सुथरा पार्क था। उसी में बालकृष्ण शर्मा 'नवीन' की प्रतिमा भी लगी थी। तब यह पार्क एक तरह से कस्बे के ठीक बाहर था—आगरा-बाम्बे राजमार्ग पर। पार्क के बारे में मेरी धारणा यही थी कि वह शहर की हलचलों से दूर, खुली हवा वाली जगह पर होता है।

दिल्ली आया तो मेरी इस धारणा को धक्का लगा। शुरू में गांधी नगर की सघन तथा निम्न मध्यवर्गीय बस्ती में रहता था तो कुछ दूर झील नामक इलाके में एक छोटा पार्क था, वहाँ जाकर लगा कि यह क्या पार्क हुआ—बस्ती-बाजार से घिरा हुआ! खैर शाजापुर वाले तर्क से तो यहाँ एक भी पार्क नहीं बन सकता था। यहाँ तो बसाहट ही बसाहट है और उनके बीच पार्क ही पार्क हैं, एक से एक सुन्दर। अगर बम्बई का आकर्षण समुद्र है तो दिल्ली का आकर्षण जगह-जगह बने पार्क कहे जा सकते हैं। यहाँ नियोजित और अनियोजित इलाके पास-पास ही हैं लगभग, इसलिए गरीब बस्तियों के लोग भी पार्कों की सुविधा से वंचित नहीं हैं। दिल्ली की सड़ी हुई गर्मी में एक कमरे के मकान में पंखा या कूलर भी वह राहत नहीं दे सकता, जो खासकर शाम के समय जगह-जगह फैले पार्क देते हैं—उमस के बावजूद।

ये पार्क आज तो मेरा या मेरे जैसों का साथ देते ही हैं, मैं 1971 से 1974 के बीच बीते कुछ सालों के लिए इनका अधिक आभारी रहा हूँ। इनमें मैंने अपनी हताशा, निराशा, चिन्ता का बहुत समय बैठकर-लेटकर-घास के तिनके नोचते हुए बिताया है। यहाँ बैठकर कभी कुछ लिखा भी है। यहाँ धूप सेंकी है, पेड़ों के साये में आराम किया है, घूमा हूँ और बार-बार घूमा हूँ। बुरे दिनों में इन पार्कों ने मेरे लिए दिल्ली को सहनीय बनाया है। मेरे अकेलेपन के हर समय ये संगी-साथी-साझीदार बने हैं। इनका ऋण मैं कैसे भूल सकता हूँ? यहीं के एक पार्क में मैंने एक कीमती प्रेमपत्र खोया था, जो बुरे दिनों में बहुत बड़ी सांत्वना थी।

दिल्ली सचमुच पार्कों का शहर है। मेरे अपने इलाके में ही एक किलोमीटर के दायरे में छोटे-बड़े, विकसित, कम विकसित सात-आठ पार्क हैं। मैं जिस हाउसिंग सोसायटी में रहता हूँ, उससे एकदम सटा हुआ एक बड़ा पार्क है, जिसका एक चक्कर लगाओ तो लगभग डेढ़ किलोमीटर का है। उसके तीन चक्कर लगाकर रात को सुकून की नींद सोता हूँ। ऐतिहासिक लोदी गार्डन वैसे साहबों की तफरीह की प्रिय जगह है मगर हम जैसे गैरसाहबों को रोकने वाला भी वहाँ कौन है? उधर इंडिया इंटरनेशनल में किसी आयोजन में जाना होता है तो कोशिश करता हूँ कि थोड़ा पहले घर से निकलूँ और लोदी गार्डन का एक पूरा चक्कर लगाऊँ। उसका प्राकृतिक वैभव तो अपनी जगह है ही, शाम को पक्षियों का जोरदार कलरव मन मोह लेता है। उस कलरव के बीच से गुजरते का अपना ही आनन्द है।

पहला कोकाकोला

जीवन का पहला कोकाकोला मुझे मधुसूदन आनन्द ने पिलाया, जिन्हें आपने कभी बहुचर्चित और बाद में उपेक्षित लेकिन बहुत महत्त्वपूर्ण कहानीकार और वरिष्ठ पत्रकार के रूप में जाना होगा। मैं उन्हें एक बहुत अच्छे इनसान और बहुत अच्छे मित्र के रूप में भी जानता हूँ। एक वह हैं जिनसे शायद 1971-72 में पहला परिचय हुआ था, जो मैत्री और फिर गहरी मैत्री में बदलता गया। उनकी पत्नी ज्योत्स्ना जी कभी पत्रकारिता करती थीं, अब सद्गृहस्थ और मेरी मुँहबोली बहन हैं जबकि मेरी पत्नी प्रमिला, आनन्द जी की मुँहबोली बहन हैं, हालाँकि इस रिश्ते को मुँहबोली बहन और मुँहबोले भाई का रिश्ता कहना पर्याप्त नहीं होगा बल्कि उस रिश्ते का अपमान करना होगा। वह उससे बहुत अधिक है।

तो बात कोकाकोला से शुरू हुई थी। मधुसूदन आनन्द से मेरी पहली मुलाकात टाइम्स हाउस में 7-बहादुर शाह जफर मार्ग पर हुई। वह आए तो थे पत्रकार बनने

मगर उन्हें उस समय दिल्ली में नौकरी की जरूरत थी और फिलहाल दफ्तर में क्लर्क की जगह खाली थी, तो मन मारकर वही काम करने लगे। साथ में नियमित रूप से 'नवभारत टाइम्स' में पत्रकारिता भी सीखते थे।

'दिनमान' के लिए फ्रीलांसिंग के दिनों में शायद चैक लेने या नकदी धन लेने मैं अकाउंट्स विभाग में गया तो मुझसे कहा गया कि आप इनके पास जाइए। आप जानते हैं कि फ्रीलांसर की इज्जत सम्पादक भले ही कुछ करता हो मगर क्लर्क नहीं करता। तो कुछ उपेक्षा, कुछ अपमान और कुछ टालमटोल की आशंका लेकर मैं मधुसूदन के पास पहुँचा। गरज थी, इसलिए जाकर सीधे बैठने की हिमाकत नहीं की, खड़ा रहा। क्लर्क बैठा रहे और गरजमन्द आदमी उसके सामने खड़ा रहे तो क्लर्क अपने आपको बहुत सम्मानित महसूस करता है।

मुझे पैसों की सख्त जरूरत थी। अगर मैं उनके पास चैक लेने भी आया होऊँगा, तो उन दिनों कनाट प्लेस में गेंदामल हेमराज की केमिस्ट की दुकान में चैक देने पर 10% कमीशन काटकर बाकी धन तुरन्त नकद मिल जाता था। तो तब चैक मिलना भी नकदी मिलने के बराबर था—चाहे 10% कम मिलता हो।

मधुसूदन ने सबसे पहले मुझे सामने वाली कुर्सी पर बैठने को कहा। मैंने काम बताया तो मेरा काम करने के लिए तत्पर हुए। इसके बाद पूछा—"आप क्या लेंगे? चाय या कॉफी?" मैंने कहा—"कुछ नहीं।" मैं चाय तब पीता नहीं था, कॉफी के बारे में ज्यादा जानता नहीं था। "तो फिर कोकाकोला लीजिए।" गर्मी के दिन थे। मैं मना करूँ, तब तक वह कोकाकोला लाने का आदेश दे चुके थे।

इस बीच कुछ बातें होती रहीं, मेरा काम भी वह करते-करवाते रहे। इस बीच कोकाकोला आ गया। मैं जीवन में पहली बार किसी क्लर्क से मिले इस सम्मान से अभिभूत था लेकिन मेरे सामने बैठा वह इनसान क्लर्क तो मजबूरी में था, एक संवेदनशील इन्सान था, जिसे मैं पहली बार में पहचान गया। वह भी पहली बार में मुझे पहचान गए। बाद में 1974 में हम दोनों टाइम्स समूह में प्रशिक्षु पत्रकार नियुक्त हुए। फिर तो सम्बन्धों का ऐसा सिलसिला बना, जो आज तक अटूट है।

दिल्ली आए तो करीब एक साल हो चुका था मगर तब तक कोकाकोला पीने का सौभाग्य मुझे नहीं मिला था। मन तो बहुत होता था मगर तब पचास पैसे या एक रुपये में मिलने वाला कोकाकोला खरीदकर पीना भी एक तरह से ऐश करना था। मैं अपने पैसों से कोकाकोला पीने की लग्जरी अफोर्ड नहीं कर सकता था। बाद में कुछ स्थिति ठीक हुई तो कोकाकोला कई बार पिया और मुझे वह अच्छा लगने लगा। कनॉट प्लेस में कई बार सॉफ्टी खाई, जो बहुत अच्छी लगती थी। कनाट प्लेस में खादी भवन में पहले नीरा की ठंडी बोतल मिला करती थी गर्मियों में, मुझे आज भी उसका स्वाद याद है। अब तो दिल्ली में शायद ही कहीं नीरा मिलती हो। खादी भवन में तो बहुत पहले मिलना बन्द हो चुकी है। मुम्बई में सड़क किनारे

के स्टालों पर नीरा पी मगर वह स्वाद नहीं आया। उसमें शायद पानी की मिलावट थी। अब मुझे कोकाकोला में स्वाद नहीं आता लेकिन मधुसूदन आनन्द का पिलाया कोकाकोला हम दोनों परिवारों के जीवन में जो मिठास लाया है, उसका स्वाद आज भी उतना ही है, जितना कि उस दिन था।

तुम्हारा गला तो नहीं काट लेंगे

यह 1973 की बात रही होगी। मैं अपने गृहनगर शाजापुर गया था। दिल्ली में जो कविताएँ लिखी थीं, उन्हें सुनाने कॉलेज के अपने प्रिय अध्यापक दुर्गाप्रसाद झाला के घर गया, जिनसे हम कुछ मित्रों के साहित्य के प्रति लगाव के कारण अनौपचारिक सम्बन्ध बने थे। उन्होंने सुनने के बाद कहा कि "इन्हें तुम अशोक वाजपेयी को क्यों नहीं भेज देते (तब अशोक जी चर्चित 'पहचान' पुस्तिका का प्रकाशन अपने संसाधनों से किया करते थे)?" मैंने उनसे कहा—"सर जिसकी कविताएँ आज तक कहीं नहीं छपीं, वह अशोक वाजपेयी को और वह भी पुस्तिकाकार प्रकाशन के लिए कैसे भेज दे?" उन्होंने कहा—"भेज तो दो। हद से हद क्या होगा, नहीं छापेंगे, तुम्हारा गला तो नहीं काटेंगे?"

'गला तो नहीं काटेंगे', यह बात मुझे जम गई और मैंने उनके कहने पर यह दुस्साहस कर डाला। उधर से कोई खबर, कोई पत्र, कोई इत्तिला नहीं। मान तो लिया था कि नहीं छपेंगी मगर फिर भी निर्णय जानने की उत्सुकता थी। अशोक जी तब भोपाल में पदस्थ थे और शायद राज्य सरकार में उपसचिव पद पर थे। पता चला था कि सरकारी काम से दिल्ली आते रहते हैं तथा अपने श्वसुर और 'तार सप्तक' के कवि नेमिचन्द्र जैन के यहाँ जंगपुरा में रुकते हैं। वह आए हुए हैं, यह किसी से पता चला। नेमि जी के यहाँ एक सुबह कहीं से फोन किया। अशोक जी फोन पर मिल गए। अपना नाम बताया और पूछा कि आपको कुछ कविताएँ भेजी थीं। उन्होंने इन्हें छापने, न छापने के बारे में कुछ नहीं बताया। इसके बजाय पूछा कि आज आप कब मिल सकते हैं? मैंने कहा कि मेरे पास तो समय ही समय है, आप जब कहें, जहाँ कहें, मिल सकता हूँ। उन्होंने शाम का समय दिया कनाट प्लेस में मिलने का। मिलने पर कहा, चलिए कहीं बैठते हैं। फिर वह मुझे तब कनाट प्लेस के सबसे अच्छे रेस्तरां 'क्वालिटी' में ले गए। जीवन में पहली बार इतने बेहतरीन रेस्तरां के अन्दर गया था। वहाँ उन्होंने मुझे खाना खिलवाया और बताया कि पहचान-4 में आपकी कविताओं की पुस्तिका हम छापेंगे। इस बीच और कविताएँ लिखें तो उन्हें भी भेजते रहें।

इस आकस्मिक खुशी से मैं बहुत उत्साहित हो गया और उनके पते पर कविताएँ लगातार लिखता और भेजता गया। नवम्बर, 1974 में टाइम्स समूह में प्रशिक्षु पत्रकार की नौकरी मिलने से कुछ पहले यह पुस्तिका 'मैं फिर कहता हूँ चिड़िया' शीर्षक से छपकर मेरे पास आ चुकी थी। इसकी पहली समीक्षा 'प्रतिपक्ष' में प्रयाग शुक्ल ने लिखी—बहुत सकारात्मक। सम्भवतः दूसरी 'दिनमान' में सर्वेश्वर जी ने लिखी—बेहद नकारात्मक। वैसे शायद ये कविताएँ उनके मिजाज की भी नहीं थीं और फिर उस समय वह मुझसे नाराज भी चल रहे थे। तीसरी समीक्षा मलयज जी ने पहचान-4 के सभी कवियों पर लिखी, जिनमें सबसे नया और सबसे अनजाना नाम मेरा था। उन कविताओं के प्रति आशान्वित होते हुए इन्हें पेंसिल खिंची रेखाओं जैसा उन्होंने बताया था। यह बात सही भी थी। तब तक इतना ही सच था।

बाद में भोपाल आने-जाने का सिलसिला शुरू हुआ तो अलग-अलग समय में सोमदत्त, भगवत रावत तथा राजेश जोशी ने बताया कि अशोक जी ने मेरी कविताओं पर इनसे भी राय-मशविरा किया था और इन सबका रुख भी सकारात्मक था। राजेश वैसे तो मेरा समकालीन है मगर संग्रह न छपने के बावजूद प्रतिभाशाली कवि के रूप में उसकी पहचान तब तक बन चुकी थी। फिर 1980 में 'तालाब में डूबी छह लड़कियाँ' शीर्षक से मेरा कविता संग्रह भी आ गया। मेरा ही नहीं और अन्य समकालीनों का भी। उसका श्रेय भी अशोक जी को जाता है, जिन्होंने मध्य प्रदेश सरकार की पुस्तक खरीद योजना में विशेषकर मूल रूप से प्रदेश के और देश के कवियों के भी कविता संग्रहों की 1200 प्रतियाँ खरीदने का निर्णय किया था। धड़ाधड़ कविता संग्रह छपने लगे। उसे 'कविता की वापसी' कहा गया, जिस पर वाद भी हुआ, विवाद भी। इसका सकारात्मक पक्ष यह रहा कि इस योजना के ठप होने के बाद भी कविता संग्रहों के प्रकाशन का सिलसिला बना रहा।

पारिवारिक जीवन की अव्यवस्था और शादी

मेरा जीवन अव्यवस्थाओं से भरा है। व्यवस्था लाने की सारी जिम्मेदारी मैंने पत्नी प्रमिला पर छोड़ रखी है। वह चिढ़कर-कुनमुनाकर भी व्यवस्था लाने का भरसक प्रयास जितना कर सकती है, करती है। हाँ पत्रकारिता ने जरूर अपने काम में व्यवस्था सिखाई है, उतनी प्रोफेशनल व्यवस्था मेरे भीतर है वरना काम चल नहीं सकता था।

आठवीं कक्षा में जिले की या स्कूल की मेरिट लिस्ट में मेरा नाम आ गया तो भाईसाहब इंजीनियर बनने का सपना देखने लगे, जबकि न ऐसी आर्थिक हैसियत

थी और न वास्तविक रुचि। इंजीनियरिंग के सपने के चक्कर में नवीं में विज्ञान विषय ले लिया। आठवीं तक ये भाईसाहब खुद को गणित में होशियार समझते थे। हायर सेकंडरी में गणित, भौतिकशास्त्र और रसायनशास्त्र विषय ले तो लिए मगर भैयाजी के होश फाख्ता हो गए! ट्यूशन करके उससे कमाये पैसों से एक होशियार अध्यापक बी. के. शर्मा की ट्यूशन ली। वह मारते-पीटते तो नहीं थे मगर क्लास में उनका बड़ा आतंक था। 'होलू' उनका प्रिय शब्द था। वे कुछ पूछते थे तो जान सूख जाती थी लेकिन घर में शाम को जब ट्यूशन पढ़ाते थे तो यह आतंक गायब हो जाता था।

बीच-बीच में वह मुस्कुराते भी थे और पूछते थे—"समझ में आया? आया तो आगे बढ़ूँ।" ट्यूशन ने हायर सेकंडरी की बोर्ड की परीक्षा तो पास कर ली लेकिन आगे कान पकड़े। यथार्थवादी होकर फिर बीए किया।

हायर सेकंडरी क्लास से पास हो गए। आगे ज्यादा सोचा नहीं, जो होगा, देखा जाएगा। वैसे स्कूल अध्यापकी तो उस जमाने में पक्की ही थी समझो और क्लर्की भी। शाजापुर सहकारिता बैंक में एक बार क्लर्की के लिए एप्लाय किया, जिसकी न्यूनतम योग्यता उस समय दसवीं पास माँगी गई थी। हम इंटरव्यू में गए तो इंटरव्यू लेनेवाले एक सज्जन ने हमारा दावा पता है कि किस आधार पर खारिज किया, "यू आर ओवर एजुकेटेड!" ग्यारहवीं पास हम दसवीं की योग्यतावाली नौकरी के लिए 'ओवर एजुकेटेड' थे! सुन लें हमारे आज के युवा! मगर उन साहब का शुक्रिया, वह जो भी रहे हों कि उन्होंने अपने किसी आदमी को उपकृत करने के लिए मुझे नहीं लिया! ले लिया होता तो पक्का है कि मैं उस बैंक का हेडक्लर्क बनकर रिटायर होता क्योंकि नौकरी करने के बाद छोड़ने की हिम्मत शायद नहीं होती, न कोई करने देता। शादी होना और करने की इच्छा होना भी तब स्वाभाविक हो जाता। जल्दी बच्चे होना भी। हाँ माँ का यह सपना तब जरूर पूरा हो जाता कि उसके सामने उसके एकमात्र बेटे ने उसका कहना मानकर शादी कर ली। तब उनके पोते-पोतियाँ भी हो जाते।

माँ ने अपने जीते-जी मेरी शादी करवाने के बहुतेरे प्रयास किए, जबकि मैं तय कर चुका था कि बीए करने और नौकरी करने के बाद ही शादी करूँगा। लेकिन शायद मैं अपनी बात को बहुत प्रबल ढंग से रख नहीं पाया, इसलिए इस बीच हुए तमाम प्रयासों का अनिच्छा से भागीदार बना और ऐसे तमाम प्रयासों को असफल भी करता गया। एक लड़की देखने उज्जैन के पास महिदपुर रोड ले जाया गया। इन्दौर के एक मशहूर निजी स्कूल के अध्यापक या शायद प्रधानाध्यापक पद से अवकाश ले चुके एक बुजुर्ग सज्जन की बेटी मुझे देखनी थी, उसे मुझे नहीं! उसे तो बस मुझसे शादी करना था, पिता-माता का 'बोझ' हल्का करना था! दिखने में उसे सुन्दर कहना होगा, मन तो हो रहा था शादी करने का भी मगर लक्ष्य की चेतना

रोक रही थी, जबकि उन मास्टर साहब का आश्वासन दिया था कि वह अपने भावी दामाद को मास्टरी की नौकरी इन्दौर के उसी स्कूल में दिलवा देंगे जहाँ से वह रिटायर हुए थे। उन्होंने मुझे एक नारियल, हरे रंग की प्लास्टिक की एक कटोरी में रखकर दिया। कुछ रुपये भी दिये होंगे शायद। मैं बेवकूफ इसका अर्थ नहीं समझा, सब स्वीकार कर लिया और ले आया। समझा कि किसी के यहाँ लड़की देखने जाने पर ऐसा किया जाता होगा। बाद में शायद अन्तिम स्वीकृति देने माँ भी चली गई या जानेवाली थी, तब मैंने दृढ़ता से इनकार कर दिया।

फिर रिटायरमेंट के करीब पहुँच चुके एक और सीधेसादे मास्टर साहब ने अपनी बेटी से मेरी शादी के लिए हमारे घर के कई चक्कर लगाए। एक बार दबाव और अनिश्चय में उनकी बेटी को देखने उनके इन्दौर स्थित घर भी गया। उसके गले में शायद बड़ा सा काला तिल था। वह भी सुन्दर थी। फिर वहाँ इनकार किया। दोनों बार लड़की की मुझसे शादी करने की इच्छा थी या नहीं, यह सवाल न उनके माता-पिता के सामने था, न मेरे सामने। यह चेतना ही नहीं थी, तब मेरे भीतर।

इसके बाद मेरे शाजापुर रहते किसी तीसरे प्रयास की याद नहीं मगर माँ की मृत्यु के बाद मैं शादी करने को बेहद उत्सुक था क्योंकि ऐसा लगता था कि दुनिया में अब मेरा कोई नहीं रहा, जबकि ठीकठाक-सी नौकरी भी है।

माँ की मौत को कुछ ही दिन बीते होंगे कि हमारे घर से थोड़ी ही दूर रहनेवाले एक साहब के यहाँ हुई शादी में बम्बई से उनके एक रिश्तेदार आए, जिनकी विवाहयोग्य एक कन्या थी। तब मुझे गंजा करवा दिया गया था जबर्दस्ती लेकिन सिर में तब तक छोटे-छोटे काले बालों के साथ सफेद बाल भी उग आए थे, जो बहुत जल्दी; शायद स्कूल-कॉलेज के दिनों में ही उगने लगे थे। मैं वैसे कभी खूबसूरत था भी नहीं, ऊपर से गंजा और सफेद बालवाला भी। पहली बार मुझे अस्वीकार करने के अधिकार का इस्तेमाल उस लड़की ने किया। मैं किसी निष्कर्ष पर नहीं पहुँच पाया था कि गुजरातीभाषी बम्बइया परिवार की उस लड़की से शादी करूँ या न करूँ। उसका धन्यवाद कि उसके इनकार से उसका जीवन भी बच गया और मेरा भी।

अन्ततः अपनी पत्नी को हाँ कहने से पहले मेरे तब के परम मित्र आलोक मेहता का आग्रह था कि मैं उनके खास मित्र की—जिनका कि अचानक देहावसान हो गया था—बहन को भी जरूर देख लूँ। मैं गया उनके आग्रह का सम्मान करने उज्जैन। लड़की ने छुपकर कहीं से मुझे देख लिया होगा। उसे मैं बिलकुल पसन्द नहीं आया होऊँगा क्योंकि काफी देर तक वह लड़की मुझे दिखाई नहीं गई। फिर अन्दर ही अन्दर कुछ तय हुआ कि अब परिवार के एक शुभचिन्तक मित्र ने एक लड़के को भिजवाया है तो उसका अपमान नहीं करना चाहिए तो मुझे शायद उसकी कोई और बहन या कोई और दिखाई गई, जो साफ कहूँ कि मोटी होने के

कारण ही मुझे पसन्द नहीं आई थी। खैर रात हो चुकी थी तो मध्यस्थ बने सज्जन के घर ठहरने का फैसला मेरे मुँहबोले मामा प्रेम नारायण सोनी और उनकी पत्नी शान्तिदेवी ने किया, जिनका मुझसे रिश्ता मामीवाला नहीं बल्कि बहन वाला था। खैर हमने रात को उज्जैन में एक परिचित के यहाँ सोने की कोशिश की मगर खटमलों ने इतना परेशान किया कि सोनी मामा ने तय किया कि रात यहाँ रुक नहीं सकते और देवास जानेवाली आखिरी बस से चलते हैं। हम रात को ही अपने सही ठिकाने यानी मेरी भावी ससुराल पहुँच गए। तब परिवार के सब लोग बिस्तर बिछाकर सो चुके थे। होनेवाले ससुर, सास, पत्नी, साली, साले सब। उन्हें हमारे कारण जागना पड़ा। थोड़ा स्वागत करना पड़ा। वहीं रात को सोये भी। सब बातें तय हुईं।

इससे पहले की कहानी भी संक्षेप में। सोनीजी का पत्र बम्बई आया कि तेरे लिए मैंने एक लड़की देखी है। परिवार मेरा पुराना परिचित है। अच्छे लोग हैं। लड़की भी अच्छी है, तू देखने आ जा। मैंने जवाब दिया कि इतनी छुट्टियाँ नहीं हैं। 9 फरवरी को दिल्ली में मेरे परम मित्र मधुसूदन आनन्द का विवाह है। उसके लिए डीलक्स ट्रेन (बाद में जो पश्चिम एक्सप्रेस कहलाई) से बम्बई से दिल्ली जा रहा हूँ। ट्रेन पाँच-दस मिनट के लिए नागदा स्टेशन रुकेगी। वहाँ सम्भव हो तो लड़की से मिलना और बात करना चाहूँगा। उन्हें स्वीकार हो तो आप लोग फलाँ डिब्बे के पास आ जाएँ, उतरकर बात हो जाएगी। वह सात या आठ फरवरी, 1976 की शाम के शायद छह-सात बजे का समय रहा होगा। हमने देखा एक-दूसरे को। पता नहीं मैं उन्हें क्यों पसन्द आ गया, यह आज तक रहस्य है। एक ही अनुमान लगा पाया हूँ कि उनका कद छोटा है और उनका सपना शायद किसी ऐसे दूल्हे को पाने का था, जो लम्बापूरा हो और बाकी चीजें उनके लिए उतने महत्त्व की नहीं थीं। इस एकमात्र पैमाने पर तो मैं खरा था। एक कारण उनके मन में शायद यह भी रहा होगा कि उनकी छोटी बहन की सगाई हो चुकी थी और इनकी कहीं तय नहीं हुई थीं। पिता-माता का 'भार' कम करने का दबाव भी शायद रहा हो। मेरे बारे में बाकी बातें तो बाद में पता चली होंगी। मेरी शर्त सिर्फ उनसे यही थी कि बम्बई के हिसाब से मेरी आमदनी इतनी अधिक नहीं है कि अकेले की कमाई से घर चल सके। तुम भी बीए पास हो, तुम्हें भी वहाँ नौकरी करनी होगी। मेरी इस एकमात्र शर्त को उन्होंने तुरन्त मानकर मुझे प्रसन्न कर दिया (हालाँकि न यह कोशिश मैंने की, न उनका आग्रह रहा)। मन दौड़ तो बार-बार इधर ही रहा था मगर मित्र का कहना टाल भी नहीं सकता था। शायद मन में लालच भी रहा होगा कि क्या पता मेरे मित्र की बहन मेरे लिए ज्यादा उपयुक्त हो, इसलिए इतना सब होने के बाद भी अन्तिम तौर पर तब उत्तर नहीं दिया था।

तो हम पहुँचे रात में। शादी की तारीख तय की। पाया गया कि बीस फरवरी

से पहले शादी करना उनके लिए सम्भव नहीं है। अट्ठारह फरवरी को भावी पत्नी की मौसेरी बहन की शादी तय है। उसमें हर हाल में पूरे परिवार को जाना है। इस बीच और उन्नीसवीं की सुबह वापिस लौटने पर बाकी के एक दिन में किसी तरह बाकी तैयारियाँ वे कर लेंगे। वैसे कुछ समय हमें भी चाहिए था। इसी बीच इन्दौर जाकर भावी पत्नी को गहने-कपड़े दिलवाए गए, ज्यादा नहीं, केवल प्रतीकात्मक। दूल्हा तब भी सूट के बगैर शादी नहीं कर सकता था और घोड़े पर बैठे बिना भी। तो सूट सिलवाया गया घोड़े पर सूट पहनकर बैठा मैं खासा कार्टून लग रहा था, यह काली-सफेद तस्वीरों से बाद में मैंने जाना।

खैर शादी हो गई छोटे-मोटे उपहारों के अलावा कुल छह सौ-साढ़े छह सौ रुपये उनके रिश्तेदारों-परिचितों ने दिए थे। सासजी का इरादा था कि इससे बेटी के लिए गहने बनवा देंगी। मैं तुरन्त चौकन्ना हो गया। शादी के खर्च में जेब पूरी तरह खाली हो चुकी थी। बम्बई जाने के टिकट का पैसा तक नहीं था और आठ-दस दिन बिना तनख्वाह के गुजारने थे। मेरी अक्ल ने तब काम किया। मैंने अपने वाक्चतुर मित्र श्रीराम जोशी से कहा कि सासजी के इरादों को ध्वस्त करो वरना मैं गरीब मारा जाऊँगा। बीवी को क्या खिलाऊँगा और खुद क्या खाऊँगा! तनख्वाह तो आठ दिन बाद मिलेगी। उनसे कहो कि ये मालमत्ता मुझे सुपुर्द करें। उसने कुशलतापूर्वक इस काम को अंजाम दिया और शादी के तत्काल बाद की बर्बादी से मैं बच गया। राम, आज तुम जहाँ भी हो या नहीं हो, तुम्हें शुक्रिया, धन्यवाद, थैंक्यू और जो भाषाएँ मैं नहीं जानता, उनमें भी धन्यवाद। तुम्हें मैं अक्सर बहुत याद करता हूँ मेरे प्यारे स्वर्गीय दोस्त।

आखिरी अव्यवस्था शादी से सम्बन्धित यह थी कि बम्बई लौटने का रिजर्वेशन नहीं था मगर नए-नए जोड़े का ताजा-ताजा प्यार था, यात्रा में कोई कष्ट नहीं हुआ। बम्बई में तब जवबावाड़ी में नेशनल होस्टल में रहता था। शादी की कोई पूर्व तैयारी तो थी नहीं तो रहने का पक्का इन्तजाम भी नहीं था। मेरे एक और प्यारे और भले मित्र और मेरे लगभग हमनाम विष्णु भटनागर के पास वरिष्ठता के आधार पर होस्टल में अलग कमरा था। उन्होंने कहा कि जब तक दूसरा इन्तजाम न हो, तुम लोग यहीं रहो। कुछ दिन वह किया। फिर होस्टल के भले मैनेजर कुलकर्णी ने एक दिन कहा कि आप नौकरी पर जाते समय कुछ घंटे के लिए अपनी बीवी को अकेले छोड़ जाते हो, तो जान मेरी सूखती रहती है कि कहीं कुछ हादसा न हो जाए! आप जल्दी कोई इन्तजाम करो। मैं यह जिम्मेदारी और नहीं ले सकता।

संकट की इस घड़ी में नवविवाहित मित्र आनन्द काम आए, जिन्होंने अपने एक कमरे के मकान में हमें आश्रय दिया। एक नवविवाहित जोड़े के लिए दूसरे नवविवाहित जोड़े को उसी कमरे में ठहराना कितना चुनौतीपूर्ण और दुविधापूर्ण रहा

होगा, यह समझा जा सकता है। बहरहाल उनकी मदद से कुछ दिनों बाद हमें भी एक कमरा मिल गया और जीवन पटरी पर लौटना शुरू हुआ। पहले बरतन खरीदे। फिर खानेपीने का सामान। फिर एक लोहे का नीवार वाला पलंग। इस घर में मेरे प्रेमवश रघुवीर सहाय भी आए थे और याद आता है, उन्होंने मैथी की भाजी तोड़ने में मदद की थी और रूखा-सूखा, जो भी था, खाया।

डायरी के कुछ पृष्ठ

अदिनांकित

आज सपत्नीक बस स्टॉप पर खड़ा था। लाजपतनगर की बस आते देख उत्साह से भर गया। पत्नी से कहा—"बैठो जल्दी" मगर बच्चे के साथ बस में घुसना असम्भव था। इतने में पायदान पर खड़ा एक 17-18 साल का लड़का मेरी ओर इशारा करके बोला—"देखो-देखो पीछे किसी का पर्स गिरा पड़ा है।" मैं समझ तो गया कि वह मुझे बना रहा है लेकिन उसने कहा कि सच बोल रहा हूँ। मैं मुगालते में आ गया और बार-बार पीछे मुड़कर देखने लगा। नाली के किनारे की झाड़ी में किसी की टूटी हुई सैंडिल पड़ी थी। अब लड़के मेरा मजा लेते हुए हँस रहे थे। पता नहीं मेरी बेवकूफी को पत्नी या दूसरे लोगों ने ताड़ा या नहीं मगर मुझे अपने से बहुत ग्लानि हुई कि क्या मैं पैसे के लालच से ऊपर नहीं उठ पाया हूँ? अगर वहाँ पर्स वाकई होता भी तो मैं उसे उठाने और उसका माल अपनी जेब में रखने का दुस्साहस न करता लेकिन मैंने जो किया, वह दयनीय था।

27 सितंबर, 1978

अभी एक-डेढ़ माह पहले कमानी सभागार में कुमार गंधर्व का गायन था। मध्यांतर में पानी पीने बाहर आया तो देखा कि सब तरफ कैंपाकोला पिया जा रहा है, कोई पानी पीता नजर नहीं आ रहा था। हमें कैम्पाप्रेमियों के बीच पानी पीते शर्म नहीं आती मगर पानी मिला ही नहीं, इसलिए प्यासा ही हॉल में वापिस आया और प्यासे रहकर ही कुमार जी को सुना। कुमार जी तो शुरू से ही महाराष्ट्रीयन लोटा और गिलसिया लेकर बैठे थे। बार-बार पानी का एक घूँट पीते जाते थे मगर वह जिनके लिए गा रहे थे, उनमें से ज्यादातर को पानी पीने में शर्म आती थी। खैर हमारी जेब में पैसे नहीं थे। होते भी तो हमें उन्हें कैम्पा पर खर्च करने की हिम्मत और इच्छा

दोनों नहीं होती मगर क्या वाकई हमारे पास पैसे हुए होते तो हम भी पानी पीने में शर्म महसूस करते? इनमें से कितने लोग रहे होंगे, जिनकी कुमार जी के गायन में वाकई रुचि रही होगी? खैर यह स्थिति अनोखी भी नहीं रही होगी। पहले भी सभी ऐसे अवसरों पर इसी तरह होता रहा होगा, तभी तो कैंटीनवाला कैम्पा बाँटता जा रहा था, कोई पानी भी पी सकता है, इसकी उसे कोई परवाह नहीं थी। कोई पानी माँग भी नहीं रहा था, सिवाय एक बच्ची के, जिसे रहम खाकर नौकर ने पानी दे दिया था। अगर रंगमंच, संगीत की संस्कृति की रक्षा ऐसे ही 'संस्कृतिवान' लोग कर रहे हैं तो उस समर्पण का क्या अर्थ रह जाता है, जो कलाकार को दूसरों के लिए दृश्य-श्रव्य बनाता है?

9 अक्टूबर, 1978

कल बस में अपनी माँ के पास बैठी कोई तीन साल की बच्ची को पेशाब की तलब लगी। लड़की ने माँ से कहा और माँ ने ड्राइवर से। ड्राइवर ने बस रोक दी। कुछ सवारियाँ ड्राइवर के इस सद्व्यवहार से चकित थीं तो कुछ परेशान। एक ने टिप्पणी की कि "बस में चढ़ाने से पहले माँ-बाप अपने बच्चों को हगा-मुता क्यों नहीं लाते?" दूसरे ने इसका प्रतिकार किया। उसने कहा—"बच्चे, बच्चे हैं, उन्हें हगना-मूतना कब आ जाए, वे खुद नहीं जानते।"

ड्राइवर की यह सज्जनता, यात्रियों का इस पर चकित होना, गलत बात का प्रतिकार होना, यही तो जीवन है। महानगरीय बोध का नारा लगानेवाले कभी इसे समझ नहीं पाएँगे।

आज भी कुछ ऐसा ही हुआ। एक यात्री टिकट लेकर बस में घुसा तो उसने पाया कि हर सीट 'रिजर्व' है। किसी पर किसी का रूमाल है, किसी पर कोई किताब है, किसी पर साथ बैठे यात्री ने हाथ रख रखा है ताकि कोई और बैठने की गलती न कर सके। आखिरी सीट तक यही नजारा था। वह यात्री इस स्थिति पर मुस्कुराया। लगा कि उसने इस स्थिति को स्वीकार कर लिया है मगर अचानक वह एक बूढ़े पर धमक पड़ा, जिसने अपने बेटे के लिए सीट 'रिजर्व' कर रखी थी। जाहिर है कि बूढ़ा वह सीट किसी और को देने के हक में नहीं था। उधर वह यात्री उस सीट को लेने पर अड़ा हुआ था। वह कह रहा था कि यह क्या बकवास है कि जो यात्री बाकायदा टिकट लेकर चढ़ रहा है, उसे सीट नहीं मिल रही है और जिन्होंने अभी टिकट नहीं लिया है, उनके लिए सीट 'रिजर्व' है लेकिन तर्क से ऐसे मामले हल कहाँ होते हैं! दोनों अड़े हुए थे। झगड़े को बढ़ता देख एक बहुत बूढ़े और एक अधेड़ ने उस यात्री के लिए अपनी-अपनी सीट छोड़ देने का प्रस्ताव किया लेकिन सवाल सीट का नहीं, 'सिद्धान्त' का था।

अन्ततः बूढ़े का बेटा सीट से उठा और अपनी सीट उसे देने लगा लेकिन इस उदारता से वह यात्री इतना शर्मिंदा हो गया कि उसने उस सीट का वह कोना भी छोड़ दिया जिस पर वह बैठा था। वह उठ खड़ा हुआ और लाख मनुहार के बाद भी नहीं बैठा।

महानगरबोधवाले क्या ऐसी बातें भी देख-समझ लिया करेंगे!

17 अक्टूबर, 1978

आज एक और दृश्य।

सुदर सी फ्रॉक में सजी-संवरी बच्ची अपने पिता के पास बैठी थी। लाजपत नगर जाने का क्रॉसिंग बन्द था और बस जंगपुरा एक्सटेंशन पर खड़ी थी।

बच्ची शायद बहुत देर से अपने पास बैठे उस घायल आदमी को देख रही होगी, जिसके दोनों पाँवों में पट्टियाँ बँधी थीं। बच्ची ने पूछा—"पापा ये चलेंगे कैसे?" पिता ने यही सवाल घायल से दोहरा दिया। उसने जवाब दिया—"रुककर, बैठकर, धीरे-धीरे चलूँगा।" फिर बच्ची ने घायल से प्रस्ताव किया कि वह अस्पताल से लौटते समय हमारे घर खाना खा ले।

जाहिर है कि यह बच्ची का भोला आग्रह था, घायल आदमी ने इसका गोलमोल-सा जवाब दिया। अपनी बेटी के इस आग्रह के बाद पिता ने अपनी जेब से रुपया-आठ आना निकाला और उस बच्ची के जरिये उस घायल को दे दिया। घायल आदमी ने बच्ची को आशीर्वाद दिया।

यह प्रसंग यहीं समाप्त हो गया। फिर सब—वह बच्ची भी—अपनी-अपनी दुनियाओं में खो गए। बच्ची का यह समझना स्वाभाविक था कि इस आठ आने या रुपये से घायल की समस्या सुलझ गई। पिता ने भी इस तरह मुक्ति की साँस ली होगी कि चलो, टंटा मुका।

'बच्चों की प्रतिभा उनकी शैतानियों में है', मधुसूदन आनन्द को लिखे पत्र की एक पंक्ति।

16 जून, 1978

बस से मयूर विहार आ रहा था। मदर डेयरी के बस स्टॉप से दो बच्चे चढ़े। दोनों के हाथ में एल्यूमिनियम का खाली डिब्बा था। कोई भी समझ सकता था कि ये बच्चे मजदूरी करके वापिस जा रहे हैं।

मैं बस के पिछले हिस्से में सरिये के सहारे खड़ा था। उनमें से एक बच्चा मेरे पास आकर खड़ा हो गया। वह बच्चा सुन्दर था। उसकी आँखें काली और

सम्मोहक थीं। मैंने उससे बात शुरू की तो पता चला कि वह एक फैक्टरी में काम करता है जो कार के टायर का कोई पुर्जा बनाती है। उसे फैक्टरी में सुबह सात बजे पहुँचना होता है और रात नौ बजे उसकी छुट्टी होती है। उस फैक्टरी में उसकी तरह चार बच्चे और हैं। इससे पहले वह स्याही की एक दुकान में काम करता था, जहाँ सुबह छह बजे से रात नौ बजे तक काम करना होता था। मजदूरी मिलती थी मात्र 85 रुपये।

अपने आप को सामाजिक रूप से जागरूक समझनेवाला मैं खुद भी चौंक गया कि यहाँ, देश की राजधानी में बच्चों को 14-14 घंटे काम करना होता है और वेतन मात्र सौ रुपये या उससे भी कम मिलता है! सुबह सात बजे फैक्टरी में पहुँचनेवाला बच्चा रात नौ बजे तक चार या पाँच रोटी के सहारे पूरे 14 घंटे मजदूरी करता है! उसे फिर रात दस बजे खाना मिलता होगा (अगर मिलता होगा तो)। उसके बाद सोना और फिर वही क्रम।

यह लोकतंत्र है हमारा? यह गर्वीली भारतीय परम्परा है हमारी? जिस समाज में बच्चे ऐसी यातना सहते हों, वह किस काम का समाज है? लेकिन यह दृश्य देखकर क्या मैं खुद बदला हूँ, मैं जो अभी उस बच्चे से सवाल पूछ रहा था? क्या केवल इसलिए मैं उससे प्रश्न नहीं कर रहा था कि इस समाज के बारे में अपने ज्ञान को अपटूडेट कर सकूँ? यह कैसा समाज और पत्रकारिता है, जिसमें समाज की कोई खबर ही नहीं? खबर है तो बस खबर की तरह है, जिसमें आँकड़े हैं, कुछ तथ्य हैं और बहुत से नहीं हैं।

13 अक्टूबर, 1978

जाने क्यों मूक-बधिरों पर सीधे-सरल होने के मानवीय कर्तव्य का भार हमने लाद दिया है, जिसे हम स्वयं उठा नहीं पाते। जब हम पाते हैं कि मूक-बधिर वैसे नहीं हैं जैसी हम उनके बारे मे कल्पना किए बैठे हैं तो पता नहीं क्यों, हमें झटका सा लगता है।

बस में मेरे आगे की सीट पर दो मूक-बधिर युवा बैठे थे। एक स्टाप पर एक बुजुर्ग चढ़े। उन्होंने इन नौजवानों से थोड़ी सी जगह देने का आग्रह किया। इन्होंने संकेतों में जो बताया, उसका अर्थ यह था कि आप पीछे की सीट पर बैठे सज्जनों से ऐसा आग्रह करेंगे तो वे मान जाएँगे।

बूढ़ा इतना बेवकूफ नहीं था। वह मेरे पास की सीट पर आकर खड़ा रहा और मैं बैठा रहा, जैसे उसका खड़ा रहना, मेरी भी चिन्ता का विषय नहीं है।

विमान यात्रा और उसके बाद

जर्मन एयरलाइंस लुफ्तहांसा के विमान में और विदेश जानेवाले हर विमान में खानेपीने को खूब मिलता है। खाओ-पियो या नहीं, टिकट में वह शामिल होता है। तो मैंने अपनी प्रिय बीयर का खूब सेवन किया। खाना भी अच्छा था, पसन्द शाकाहारी खाना लिखवाया था, तो अच्छे भारतीय व्यंजन मिले। बीयर के साथ मूँगफली क्यों खाते, काजू खाया, जिसके तब घर में कभी-कभी ही दर्शन होते थे। तब खाने की क्षमता भी थी, उम्र भी अधिक नहीं थी—32 साल थी।

वहाँ जाकर दुनिया ही बदल गई। भारत के हिसाब से तब अकल्पनीय मगर आज मुँह बिचकाने लायक वेतन मिलता था। चीजें यहाँ के हिसाब से तब वहाँ सस्ती थीं। खानेपीने की तो बहुत सस्ती। बीयर और बोतलबन्द पानी का भाव एक था। उस समय वहाँ (यूरो नहीं) जर्मन मार्क चलता था, जो भारत के पौने चार रुपये के बराबर था। एक मार्क में एक बोतल पानी ले लो या बीयर ले लो। वहाँ एक भारतीय डाक्टर पोपट से परिचय हुआ तो उन्होंने एक दिन कहा कि आप तो यहाँ बेखटके नल का पानी पियो, जो हमारे यहाँ के शुद्ध से शुद्ध पानी से भी शुद्ध है। पानी पर शुरू में तो अज्ञानवश कुछ खर्च किया मगर बाद में एक धेला भी नहीं। पेय पदार्थ के नाम पर या तो जूस लाते थे या बीयर।

वहाँ बादाम भी सस्ता था। इससे पहले बादाम के हलवे का नाम सुना था। सोचता था कि यह हलवा केवल बादाम से बनता होगा। बादाम खाना एक बहुत बड़ी लक्जरी थी तब। तो उस उम्र तक बादाम न खाने की जितनी भी कुंठा थी, सब वहाँ निकाली। इतनी खाया बादाम कि बाद में उसके नाम से उबकाई आने लगी। कुछ बरस तो उससे पूर्ण विरक्ति रही।

खानेपीने की बाकी चीजें भी सस्ती थीं। खानेपीने का मासिक खर्च कमाई के मुकाबले मामूली था। टीवी खरीदना, तब तक यहाँ हमारे लिए सपना था, वहाँ पहले महीने की तनख्वाह में रंगीन टीवी आराम से खरीद लिया। फिर जरूरत की बाकी चीजें भी। टू इन वन, रिकार्ड प्लेयर आदि-आदि। ठंडा मुल्क, उम्र भी ठीकठाक, स्वास्थ्य भी ठीकठाक। पत्नी-बच्चे सब जल्दी सो जाते। मैं रात दो-दो बजे तक जागकर भारतीय शास्त्रीय संगीत सुनता। कुमार गंधर्व की त्रिवेणी खूब सुनी। मन भरता ही नहीं था। डीवी पलुस्कर के भजन भी। वाद्य संगीत भी खूब सुना। पढ़ा भी खूब। जर्मनी और पड़ोसी देशों में घूमे भी खूब—पत्नी और दो छोटे बच्चों के साथ।

कार और उसमें भी पुरानी कार तो एक जगह हास्यास्पद रूप से सस्ती देखी। अपने मित्र सुभाष वोहरा तब के पश्चिम जर्मनी की राजधानी बॉन की जिस बिल्डिंग में रहते थे, उसके पास एक पुरानी पीली कार का दाम सिर्फ 100 मार्क लिखा था

यानी उस समय के पौने चार सौ-चार सौ रुपये मगर मुझे कार चलाना नहीं आता था। ड्राइविंग सीखना और लाइसेंस लेना वहाँ टेढ़ी खीर था, तो उस चक्कर में पड़ा नहीं। वोहरा जी बी.बी.सी में इसके पहले लंदन में रह चुके थे, अच्छी कार ड्राइविंग जानते थे। उधर विष्णु क्रांति ने भी एक बार फेल होने के बाद ड्राइविंग लाइसेंस ले लिया था, तो कभी तीनों मित्र-परिवार, कभी दो परिवार कहीं चल देते। कभी ट्रेन से सफर कर हम कहीं पहुँच जाते। सार यह कि यथासम्भव घूमे भी खूब। खानेपीने, घूमने, संगीत सुनने, पढ़ने की तब तक की कोई इच्छा शेष नहीं रखी। इस कुंठारहित जीवन ने भी बहुत मदद की आगे जाने-अनजाने। इसका महत्त्व समझाया नहीं जा सकता।

वहाँ यह व्यवस्था थी कि आपसे बहुत पहले पूछ लिया जाता था कि आप कब लम्बी छुट्टी लेना पसन्द करेंगे? वहाँ हर साल छुट्टी लेना अनिवार्य था। यह कितनी सुखद बात थी! यह भी सुखद था कि दफ्तर में कोई चपरासी नहीं था। सब काम खुद करो। चाय पीना हो, कॉफी पीना हो, कोई चीज लानी-ले जानी हो, खुद लाओ। ले जाओ। हमारा बॉस भी आनेवाले अखबार-पत्रिकाएँ, हमारे निजी पत्र भी खुद उठाकर लाता था और एक-एक की टेबल पर खुद रखता था। आफिस के टूर पर हिन्दी-उर्दू-बांग्ला आदि के लोग एक वैन में जाते तो ड्राइवर हमारे साथ बैठकर खाता-पीता, बातें करता, नि:संकोच होकर। यह सब इतना सुखद था कि यहाँ आज भी कल्पना से परे है। गर्मियों में यूरोपियन खूब घूमते हैं। इस मौसम को उत्सव की तरह मनाते हैं। कोई एक-दूसरे के मामले में ताकाझाँकी नहीं करता। प्रेमी-प्रेमिका या पति-पत्नी साथ हाथ में हाथ डाले या गले में हाथ डाले मस्ती से जा रहे हैं तो कोई दूसरा ललचाई, खा जानेवाली दृष्टि से नहीं देखता। सब अपने में खुश हैं। धूप का आनन्द ले रहे हैं। कम कपड़े पहने हैं या समुद्र किनारे रेत में अर्द्धनग्न या पूर्ण नग्न लेटे हैं तो कोई भूखी, फाड़ खा जानेवाली निगाहों से नहीं देखता। ये कुछ वहाँ के सुखद पक्ष हैं।

कोलोन पहुँचकर

मैं जब दो वर्ष के अनुबन्ध पर 1982 के मध्य में तब के पश्चिम जर्मनी के शहर कोलोन पहुँचा, तो डोयचेवैले (वाइस आफ जर्मनी) की ओर से एक मिस्टर ग्रूल मुझे लेने आए। वह रेडियो में काम करने आए सभी विदेशियों का हवाई अड्डे पर स्वागत करने से लेकर उनकी आरम्भिक व्यवस्थाएँ करने के लिए जिम्मेदार बनाए गए थे। फ्लैट दिलाने की जिम्मेदारी निभाना भी उनका दायित्व था। पहली ही नजर

में मैं ही क्या, हर विदेशी समझ जाता था कि यह मिचमिची आँखोंवाला आदमी-जिसे आँखों से कम दिखाई देता है—ऊपर से भले ही विनम्र सा लगता है मगर है यह बहुत घाघ। यह भी समझ में आ जाता था कि यह गोरा, अपने रंग और अपनी सभ्यता के उच्च होने के भ्रम में अपने को ऊँची नस्ल का समझता है, नस्लवादी है मगर चारा क्या था? अलग देश, अलग संस्कृति में आप पहुँच गए हैं और वह आदमी अधिकृत रूप से आपके सत्कार के लिए जिम्मेदार है तो उसी की मदद लेनी होगी। खैर हिन्दी-उर्दू विभाग के प्रमुख गोबल ग्रास और एशिया विभाग के प्रमुख वाइजे के व्यवहार से ऐसा स्पष्ट रूप से नहीं झलकता था। ग्रास तो भारत-पाकिस्तान आते-जाते रहते थे, उनके साथ काम करनेवाले भी सभी इन दोनों देशों के थे। उनके मातहतों के घर जब कोई बड़ी पार्टी होती थी तो वह अक्सर बुलाए जाते थे। वह भी कभी हम सब को बुलाते थे। भारतीय भोजन उन्हें पसन्द था तो उनका रुख करीब-करीब दोस्ताना था। जहाँ तक ग्रूल का ताल्लुक है, बताते हैं कि एक अफ्रीकी से उसने नस्लवादी व्यवहार किया था तो उसने कमरा बन्द करके उसे खूब पीटा था। मगर यह सुनीसुनाई बात है, जिसकी पुष्टि मैं नहीं कर सकता। उसके व्यवहार के कारण ऐसा हुआ हो तो आश्चर्य भी नहीं!

कुछ दिनों की लंदन यात्रा के दौरान जो सीधा-सीधा नस्लवादी व्यवहार देखा था, उसके मुकाबले जर्मनी में जो भी दिखा, वह फिर भी कुछ दबाछिपा था। हमारे कुछ मित्रों का अनुभव इस मामले में इतना अच्छा नहीं रहा।

एक और नस्लवादी बाईं ओर के फ्लैट में मेरा पड़ोसी था। वह भी उसी संस्थान में कार्यरत था, जहाँ मैं काम करता था। वह भी अन्ततः नस्लवादी निकला। जिस जमाने में अनेक जर्मनों का अंग्रेजी ज्ञान मुझसे भी बुरा था और वे कहते थे कि भय्या, जरा धीरे-धीरे बोलो न, तो हमें समझ में आ जाए, उस समय मिस्टर ग्रूल और मेरे पड़ोसी जैसे अंग्रेजी में बात करनेवाले कम मिलते थे। तो थोड़ी-थोड़ी बात उस जर्मन पड़ोसी से कभी खड़े-खड़े हो जाती थी। उसकी रुचि और जानकारी पेंटिंग वगैरह में थोड़ी-बहुत रही होगी मगर भारत के कलाजगत के बारे में उसके ज्ञान का डब्बा गोल था। एक दिन इस पर भी कुछ बात हुई। मैंने उससे कहा कि भारत में भी आधुनिक पेंटिंग काफी विकसित है, मकबूल फिदा हुसैन आदि हमारे बड़े कलाकार हैं, जिनकी व्यापक मान्यता है। लगता है, इससे वह आहत हुआ। तब भारत का शुमार बहुत अविकसित, गरीब देशों में था। तब तक आई. टी. आदि का हल्ला नहीं मचा था। ऐसे भारत के बारे में कोई ऐसी बात बढ़चढ़ कर कहे, यह उसे शायद सहन नहीं हुआ। सीधे-सीधे तो उसका आहत होना बहुत समझ में नहीं आया मगर उसके बाद से उसका व्यवहार काफी रूखा हो चला था। इतना ही होता तो मुझे इसकी परवाह न थी मगर उसे फिर हमसे, हमारे बच्चों से बेजा शिकायतें होने लगीं। उसमें एक यह भी थी कि मेरे बच्चे हीटिंग की रॉड बजाकर

उसकी नींद और चैन में खलल डालते हैं, जबकि यह सरासर झूठ था। दिन में वे जो भी मस्ती करते हों, रात में तो हम उन्हें जल्दी सुला देते थे क्योंकि तब बड़ा बेटा किंडर गार्टन में जाने लगा था तो उसे जल्दी सुलाना पड़ता था। वह पड़ोसी अकेला रहता था। इस बीच किसी ने बताया कि उसकी कोई गर्लफ्रेंड है। उसे वह हमारा वाला फ्लैट दिलाना चाहता है। यह भी एक कारण हो सकता है कि उसने हमारी शिकायतें कीं। उस संस्था से नोटिस भिजवाया, जिसके आधिपत्य में यह बिल्डिंग थी तो हमने जर्मन जाननेवाले साथी सुभाष वोहरा की मदद से जर्मन में माकूल जवाब भिजवाया, तब जाकर मामला शान्त हुआ।

उसकी शिकायतों का असर हम जिस बिल्डिंग में रहते थे, उसके हाउस मास्टर (किराएदारों की समस्याएँ हल करने के लिए जिम्मेदार व्यक्ति) पर भी पड़ा, जिसका व्यवहार पहले बहुत सम्मानजनक हुआ करता था। वह भी बहुत तंग करने लगा। अन्त में जब हम वह फ्लैट और वह देश छोड़कर यहाँ आनेवाले थे, तो उस हाउस मास्टर ने बहुत परेशान किया-करवाया।

फ्लैट खाली करने पर उसकी सफेदी आदि करवाकर उसे अगले किराएदार के लिए रहने लायक बनाकर सौंपने की जिम्मेदारी वहाँ पिछले किराएदार की होती है। हमें हाउस मास्टर ने यह काम किसी जर्मन से कराने का सुझाव दिया। इसके विपरीत हमने अपने सहयोगी और मित्र विजयक्रांति के पड़ोसी और मित्रवत एक पाकिस्तानी रजी साहब को यह काम सौंपा। वह काफी समय से जर्मनी में रह रहे थे और यह काम करते रहे थे इसलिए उन्हें जर्मनी के निर्धारित स्तर पर काम करना आता था। उन्होंने अच्छा और सस्ता काम किया मगर हमारे हाउस मास्टर को तो पहले ही मिर्ची लगी हुई थी, ऊपर से उसकी बात की यह अनदेखी! उसने उस सफेदी में हजार कमियाँ निकालीं और अन्त में हमारी वह जमाराशि वापिस नहीं की, जो हमने शुरू में दी थी। बाद में भारत आने पर उसका कुछ अंश शायद हमें मिला था, कुछ काट लिया गया था।

हमारी एक हिन्दुस्तानी सहयोगी भी कम जर्मन नहीं थीं। उन्हें शायद जर्मन नागरिकता मिल चुकी थी। वह दिल्ली की थीं मगर भारत की तारीफ में और जर्मनी की निंदा में कुछ भी सुन नहीं सकती थीं। वह भारत और दिल्ली की निंदा करने में आगे रहती थीं और हमें यह सहन नहीं होता था। वह कहती थीं, क्या है वहाँ अच्छा? मानसिक तौर पर वह जर्मनों की गुलाम थीं।

हमारे एक और साथी यूँ तो हमसे जर्मनों की बहुत निंदा किया करते थे मगर उनके सामने बड़े मीठे बनते थे। उन्हें भी शायद नागरिकता मिल चुकी थी।

बहरहाल जर्मनी में सब कुछ बुरा और निंदनीय नहीं था। हमने वहाँ बहुत कुछ सीखा, जाना और बहुत से अच्छे अनुभव हुए। वहाँ उर्दू विभाग में सभी पाकिस्तानी थे, उनमें से कुछ से अच्छी मित्रता हुई। एक पाकिस्तानी बख्शीश अहमद मुझसे

कुछ दिन पहले कोलोन पहुँच गए थे। हम दोनों कुछ समय एक होस्टल में रहे तो वह मीट और चावल पका कर मुझे प्रेम से खिलाते। उनके माता-पिता शायद उत्तर प्रदेश के थे। बाद में हम एक ही बिल्डिंग में कुछ दूर रहने लगे। पारिवारिक स्तर पर मैत्री रही। एक नूर साहब थे, उनसे भी दोस्ती रही। भारत-पाकिस्तान सम्बन्धों की कड़ुवाहट के चलते यह रिश्ता दोनों के अपने-अपने देश आने के बाद टूट गया। एक वहाँ अली असगर भी थे। वह जर्मन नागरिक बन चुके थे। प्रगतिशील थे। खूब पढ़ते थे। लोकतंत्र समर्थक थे। वह मेरे सबसे अच्छे मित्रों में थे। बाद में एक बार 2009 में जर्मनी जाना हुआ तो उनसे मिला। वह पहले जितने स्वस्थ हुआ करते थे, उतने ही अब अस्वस्थ थे। उनकी कमर झुक चुकी थी। तब का अनीश्वरवादी अब अल्लाहपरस्त हो चुका था। कुछ साल पहले उनका इन्तकाल हो गया। एक शाह परिवार भी था। उनसे भी एक समय तक अच्छे रिश्ते रहे।

जर्मनी में रह कर यह अहसास तीव्र हुआ कि पराया देश कितना भी अच्छा हो, पराया होता है। अपना देश अपना होता है। आज इस बुरे समय में भी यही कहने को बाध्य हूँ। वहाँ खासतौर पर गर्मियों में घूमना बहुत आनन्ददायी अनुभव है और मिले तो ऐसा अवसर अभी भी छोड़ना नहीं चाहूँगा। मुझे खुशी है कि मेरे बड़े बेटे और बहू ने भी विदेश में उच्च शिक्षा अर्जित करने के बावजूद यही निर्णय लिया कि भारत में रहना है और लगता है, छोटा भी उसी राह पर है।

यह भी जोड़ना चाहूँगा कि 2009 में पुन: बेटे-बहू के आग्रह पर बड़े पोते के जन्म से पहले पत्नी तो वहां मदद के लिए गई थी और मैं एक महीने घूमने के लिए। पहले की तरह तब भी जर्मनी में दक्षिणपंथी सरकार थी मगर न बेटे-बहू ने नस्लवाद की शिकायत की, न मुझे ऐसा अनुभव हुआ। ऐसी समस्याएँ जड़ से तो खत्म नहीं होतीं, न वहाँ अभी तक खत्म हुई हैं मगर तब माहौल बेहतर था, वैसा दमघोंटू नहीं। सम्भव है एक पर्यटक की दृष्टि से मैं ऐसा कह रहा होऊँ।

बहरहाल सब कुछ के बावजूद दो साल में वहाँ की तमाम सुविधाओं के बावजूद ऊब होने लगी थी। अधिक वहाँ रहना सम्भव नहीं लग रहा था। लगता था कि अधिक वहाँ रहा तो पागल हो जाऊँगा।

जब लंदन आना अपने देश आने जैसा लगा

यह लिखना और पढ़ना भी विचित्र लग सकता है कि कभी लंदन जाकर लगा था कि मैं अपने देश जैसी किसी जगह आ गया हूँ, जबकि इन दोनों में समानता क्या है? कोई नहीं। यही है कि हम कभी ब्रिटिश उपनिवेश थे। यही कि आज भी वहाँ बहुत

बड़ी संख्या में भारतीय और भारतीय मूल के लोग रहते हैं। यही कि अब भारत के एक वर्ग की नई पीढ़ी की मातृभाषा-सी अंग्रेजी है। यही कि हमारा संसदीय ढाँचा बहुत कुछ इंग्लैंड की नकल पर बना है। यही कि इस देश के प्रभुवर्ग का अंग्रेजी प्रेम, अपनी मातृभाषा प्रेम पर भारी है—खासकर हम हिन्दीभाषियों का।

बात 1983 की गर्मियों की है। तब तक जर्मनी में रहते-रहते हमें लगभग एक साल बीत चुका था। लगा था कि अभी यूरोप में रह रहे हैं और यहाँ के स्तर से कमा रहे हैं तो आसपास के कुछ देश घूम आएँ। बाद में यह मौका मिले, न मिले। यहाँ फिर आने लायक साधन हों, न हों। तो हम लोगों ने लंदन जाना तय किया। वहाँ हमें अपने एक गुजराती सहयोगी के रिश्तेदार के यहाँ रुकने की सुविधा मिल गई थी तो और भी आसान हो गया था। हम कोलोन से लंदन तक बस से गए थे। रास्ते में समुद्र पड़ता है। वहाँ तमाम बसें, कारें आदि एक बड़े जहाज पर लादी जाती हैं। करीब रातभर का सफर था मगर रास्ते के रोमांच से थकान नहीं हुई। खैर सुबह पहुँचे। घूमे जगह-जगह। अच्छा ही लगा। गर्मी के दिनों में तो वैसे भी यूरोप सुंदर लगता है। हमारे मंत्री और साहब लोग इसी मौसम में तो यूरोप-अमेरिका की राह पकड़ते हैं!

अब यह कि लंदन तब अपने देश जैसा क्यों लगा? मुख्य कारण यह नहीं था कि वहाँ बड़ी तादाद में भारतीय और एशियाई रहते हैं। जगह-जगह इतने दिखते हैं कि न उन्हें, न आपको उन्हें देखकर कोई खास रोमांच होता है मगर हाँ यह भी उस शहर के अपने जैसा लगने का एक कारण रहा होगा। इसके मुकाबले जर्मनी में तब भारतीय-एशियाई मूल के लोग बहुत कम दिखते थे और शायद अब भी यही स्थिति हो। कारण यह भी था कि लंदन को देख कर कुछ बम्बई जैसा लगा था। यूरोप के दूसरे देशों से इसके कुछ इलाके भी कुछ कम साफ-सुथरे लगे थे। दिलचस्प है कि शायद यह भी भारत जैसा लगने का कारण था।

लेकिन मुख्य कारण कुछ और था। जर्मनी में दो साल की ठेके पर नौकरी करने की अनिवार्य शर्त यह नहीं थी कि आप जर्मन सीखें ही सीखें। इसके लिए प्रोत्साहित जरूर किया गया था। वहाँ जो काम करना था, उसके लिए हमें अंग्रेजी माध्यम की समाचार एजेंसियों के समाचार देखते थे, तो भाषा की समस्या काम में बाधक नहीं थी। हम सभी सहयोगी अपनी स्क्रिप्ट उन्हीं को पढ़-समझकर लिखा करते थे। जाने से पहले मक्सम्यूलर भवन में कुछ जर्मन कक्षाएँ ज्वाइन की थीं मगर मुझे अधिक लाभ नहीं हुआ। वहाँ जाने पर भी आरम्भ में कहा गया कि आप जर्मन क्लास जाएँ। सुबह से शाम तक नौकरी करो, फिर क्लास जाओ और फिर घर आओ, यह कुछ अधिक लगा। सधा नहीं। वैसे भी नई भाषा सीखने में न मेरी गति है, न दिलचस्पी।

हमारे घर में तब जर्मन का सबसे अधिक जानकार हमारा बड़ा बेटा अपूर्व था, जो किंडरगार्टन जाता था। वहाँ के बच्चों के साथ खेलने-कूदने, उनके संग रहने के

कारण उसे इस भाषा का उतना ज्ञान हो गया था, जितना पाँच-साढ़े पाँच वर्ष के बच्चे को हो सकता है। हम कामचलाऊ ज्ञान रखते थे, इतना कि काम भर किसी तरह चल जाए। भाषा के कारण कहीं गाड़ी फँसती थी तो किसी भारतीय जर्मन जानकार की मदद ले लेते थे। तो इस तरह हम जर्मन भाषा में कोरे से कुछ अधिक थे। भाषा कम या अच्छी न जानना भी जर्मनी में अजनबीयत का एक कारण था।

ऐसे वातावरण में रहते हुए जब लंदन जाना हुआ और अभी एक साल और भारत लौटने में देरी थी तो वह शहर अपना-सा, अपने देश-सा लगा था। एक राहत महसूस हुई थी। भाषा की कठिनाई बड़ी बाधा नहीं थी। उनकी और हमारी अंग्रेजी के उच्चारण में भेद है पर वह इतनी बड़ी दिक्कत नहीं थी कि उससे पार न पाया जा सके।

भाषा के कारण वहाँ परस्पर संवाद में आसानी थी। जानकारियाँ लेने में आसानी थी। एक-दूसरे को समझने में आसानी थी। यह बड़ी वजह थी कि वह स्वदेश नहीं था मगर लगा था। वहाँ अधिक सहज लगा था, हालाँकि उस समय वहाँ जर्मनी की अपेक्षा प्रत्यक्ष रूप से रंगभेद अधिक है, इसका भी कुछ अनुभव हुआ था।

वैसे कुछ दिनों के लिए रोम जाकर भी आत्मीय लगा था। वहाँ की भाषा का ज्ञान तो हमें बिलकुल भी नहीं था। वहाँ आत्मीयता लगने का कारण जर्मनों और अंग्रेजों की अपेक्षा इटली के लोगों का अधिक सहज स्वभाव था। शहर में जगह-जगह पीने के पानी की सुविधा भी थी। लोग बात करने को अधिक उत्सुक रहते थे।

बिन भाषा भी न्यूनतम संवाद सम्भव है

संवाद की इच्छा हो और जरूरत तो न्यूनतम संवाद तो भाषा ज्ञान के बगैर भी हो सकता है। 1984 की बात है। स्वदेश लौटने से पहले हम इटली गए थे। पत्नी और दो बच्चों के साथ हम रोम में कोई म्यूजियम देखने गए। जिस कक्ष में हम थे, वहाँ के सुरक्षा कर्मचारी के भी हमारी तरह दो छोटे बच्चे थे। छोटे बच्चों को म्यूजियम से क्या लेना-देना! वे अपनी मस्ती में दौड़भाग रहे थे। हम दोनों का ध्यान म्यूजियम और बच्चों, दोनों की तरफ था। उस कर्मचारी का हमारे बच्चों को देखकर अपने ही बच्चों जैसा ममत्व उभर आया लेकिन वह हिन्दी तो छोड़ो, अंग्रेजी भी नहीं जानता था और हम इतालवी नहीं जानते थे। वह हर हालत में यह बात हमें बताना चाहता था। कुछ मुखमुद्राओं, कुछ हाथ के संकेतों, कुछ भाषा के माध्यम से उसने यह बात आखिर में हमें समझा दी। और अगर संवाद की इच्छा न हो तो भाषा की समानता भी संवाद की गारंटी नहीं देती। आज इस तरह की संवादहीनता अपने शिखर पर है।

हमारा बड़ा बेटा-बहू और दो पोते फिलहाल केरल में हैं। पति-पत्नी दोनों प्राध्यापक हैं, इसलिए दिनभर के लिए गीता नामक एक अधेड़ महिला घर के सारे कामकाज सँभालती हैं, जिन्हें सब चेची (बहन) और विशेषकर बच्चे गीता चेची कहकर पुकारते हैं। वह बहुत भली महिला हैं, बच्चों के प्रति बहुत ममत्व रखती हैं। कुछ समय पहले छोटे बच्चे ने जिद की कि उसे मछली खाना है तो वह अपने घर से बनाकर लाई मगर तब तक छोटूराम का मछली खाने का उत्साह मन्द पड़ चुका था। उसने मछली नहीं खाई। पहले गीता अक्सर माँड़ निकाला हुआ चावल—जो खाना मलयाली पसन्द करते हैं—बनाकर अपने साथ लाती थी तो छोटूराम, गीता चेची के साथ वह चावल शौक से खाया करता था। आजकल उसे कट्टन चाया (बिना दूध की चाय) पसन्द है, जो गीता पीती है।

वह इन बच्चों के लिए वैसे भी कुछ-कुछ लाया करती है। अपने बच्चों की तरह ही इन बच्चों से वह लाड़ रखती है। उसकी भी तीन-चार साल की एक पोती है। बहुत चंचल और बहुत बातूनी है। वह खूब खुश रहती है, अपनी नानी को भी इस तरह खुश रखती है। गीता शायद साक्षर है, इससे अधिक नहीं मगर विनम्र और सुसंस्कृत होने के लिए पढ़ा-लिखा होना अनिवार्य नहीं होता बल्कि दिल्ली जैसे शहर में तो सामान्यतः पढ़े-लिखों से अधिक उजड्ड और संस्कृतिविहीन मैंने कम देखे हैं। धन-सम्पत्ति का घमंड यहाँ अक्सर सर पर चढ़कर बोलता है।

बहरहाल जब हम केरल में होते हैं तो पत्नी का सबसे अधिक वास्ता गीता चेची से पड़ता है। दोनों को लगातार संवादरत रहना पड़ता है। न गीता को हिन्दी आती है, न पत्नी को मलयालम। जब गीता चेची ने काम शुरू किया था, तब तो चेची को शायद हिन्दी का एक शब्द भी समझ में नहीं आता था मगर बीच-बीच में यहाँ आते रहने के कारण तब तक पत्नी को चार-छह मलयाली शब्द आने लगे थे। कुछ शब्दों, कुछ संकेतों, 80 प्रतिशत हिन्दी, दस प्रतिशत मलयालम और दस प्रतिशत अंग्रेजी के मिक्सचर से पत्नी का गीता चेची के साथ संवाद बना रहता है। उधर गीता चेची विशुद्ध मलयालम बोलती है, हालाँकि अब वह कुछ-कुछ हिन्दी शब्द समझ लेती है और पत्नी भी पहले से कुछ अधिक मलयालम। इस कुछ-कुछ से भी जब काम नहीं चलता तो हमारा बड़ा पोता—अगर उस समय घर में होता है—तो अनुवादक की भूमिका निभाता है। छह साल का छोटा पोता भी स्कूल के मलयालीभाषी वातावरण में रहता है तो वह भी चेची से कामचलाऊ मलयालम में बात कर लेता है। इस प्रकार कुछ-कुछ से बहुत कुछ काम चल जाता है।

मेरी तीसरी पीढ़ी त्रिभाषा फार्मूले के बारे में जाने बगैर इस पर अमल कर रही है—हिन्दी, अंग्रेजी और मलयालम। मेरा बड़ा बेटा भी जब करीब पाँच साल का था तो जर्मनी के एक किंडरगार्टन में जाने के कारण फर्राटे से जर्मन बोलने लगा था। संकट में हम उसका सहारा लेते थे। एक बार कोलोन के न्यू मार्केट में

हम एक मॉल में थे। पत्नी को टायलेट जाना था। वहाँ इस शब्द को 'टायलेट्टन' जैसा कुछ कहा जाता है। कर्मचारी हमारे हिन्दी मिक्स जर्मन के इस उच्चारण को समझ नहीं पा रहा था। बेटे ने इसका विशुद्ध जर्मन उच्चारण किया, तो उसे फौरन समझ में आ गया।

बहरहाल मैं जब गीता चेची और पत्नी का यह संवाद देखता हूँ तो मेरी आत्मा प्रसन्न होती है। इससे मैं कुछ सीख तो नहीं पाता, अपने जीवन में कुछ खुशी जोड़ पाता हूँ। भाषा सीखने के मामले में मेरा डिब्बा गोल है। हाँ थोड़ी-सी दिक्कत के साथ मराठी और गुजराती समझ लेता हूँ, जो हिन्दी भाषा के काफी करीब हैं, मलयालम की तरह एकदम भिन्न नहीं, जिसमें बीच-बीच में संस्कृत के शब्द भी आते हैं मगर इससे भाषा समझने में अधिक मदद नहीं मिलती।

होली पर भाँग

1

यह घटना बीस-पच्चीस साल पुरानी रही होगी। साहित्यिक सम्पर्क के कारण एक सांसद के बंगले पर हम भी होली खेलने बुलाये गए। उन दिनों मैं जैसे-तैसे कार चला लेता था। कार से हम पति-पत्नी वहाँ गए। बहुत आग्रह हुआ तो ठंडाई ली। कुछ खाया और चल दिए। हमारे पत्रकार मित्र सुरेश बाफना भी वहीं थे। उन्होंने कहा, "चलिए हमारे यहाँ भी आज।" चले गए। वहाँ भी मिठाई चरी। गप्पें चलती रहीं।

वहाँ से हमने रवानगी डाली तो नशा-सा होने लगा। शायद जिन मित्र ने कहा था वहाँ पर कि यह ठंडाई है, वह दरअसल भाँग थी, जो मिठाई ज्यादा खाने के बाद रंग दिखाने लगी थी। फिर भी हमने सोचा कि मामला गम्भीर नहीं है, पहुँच जाएँगे पर डेढ़-दो किलोमीटर दूर आईटीओ (दिल्ली) तक पहुँचे कि नशा रंग दिखाने लगा। हम बेवकूफ, पत्नी को अपनी हालत बताने से बच रहे थे। खैर रिंग रोड की तरफ बढ़े। रास्ते में लगा कि पेट्रोल खत्म हो रहा है तो पेट्रोल पम्प पर रुके। हालत बिगड़ रही थी। डर लग रहा था कि कहीं एक्सीडेंट न कर बैठें।

खैर पेट्रोल भरवाकर गाड़ी चलाने लगे तो गाड़ी को भी शायद नशा हो गया होगा। उसने चलने से मना कर दिया। हम बहुत खुश कि बढ़िया हुआ। संकट से अपने आप बच गए। कार वहीं खड़ी की। उस दिन स्कूटर-टैक्सी मिलना मुश्किल था। कुछ पैदल, कुछ लिफ्ट लेकर जैसे-तैसे घर पहुँचे। प्राण बचे और लाखों पाए।

रंगपंचमी के दिन ही सारे मालवा क्षेत्र में और हमारे शाजापुर में भी असली होली खेली जाती है। होली के दिन तो सिर्फ बच्चे ही रंगभरी पिचकारी से एक-दूसरे पर रंग डालते हैं। रंगपंचमी की होली तो कपड़ा फाड़ होती है। इसमें बड़े ज्यादा धमाल मचाते हैं। अब परिदृश्य बदला हो तो मालूम नहीं।

2

ये तो अवांतर बातें हुईं। हमारी हाउसिंग सोसायटी में तब होली खूब खेली जाती थी। हम भी मित्रों के साथ मिलकर खूब खेलते थे। जो घर से नहीं निकलता था, उसे निकाल लाते थे।

तो खैर साहब रंग, हँसी-मजाक चल रहा था। हमारे बिलकुल पास रह रहे कुछ बच्चों को शैतानी सूझी। उनके घर की तरफ गए तो उन्होंने 'ठंडाई' पेश की। मैंने ही क्या, कई ने इसे पीया। कुछ ने कम, कुछ ने गिलासभर। मैं गिलासभर वालों में था।

खैर उसके बाद होली का उत्सव खत्म। घर आए। अब घूमने लगा सिर। ऐसे जैसे वाशिंग मशीन जब तेजी से घूमने लगती है—वैसे। यह मेरे लिए एकदम नया अनुभव था। मुझे कुछ होश था। मैंने अपने बड़े बेटे अपूर्व से कहा कि बेटा मैं बोलता जाता हूँ, तू यह अनुभव लिखता जा। वह मेरे सामने कागज-पेन लेकर बैठ गया। मैं अपनी धुन में बोले जा रहा था, वह लिख रहा था। मैं खुश था कि जीवन के इस अनोखे अनुभव को मैं यथावत दर्ज करवा रहा हूँ। बाद में पता चला कि उसने दो-चार पंक्तियाँ तो लिखीं, बाकी यों ही कुछ घसीटा मारता रहा, मुझ नशेड़ी को बहलाता रहा। वह जमाना मोबाइल का तो था नहीं और न तब उसे सूझा, न मुझे कि टेपरिकॉर्डर पर रिकॉर्ड कर ले। मैं तेज-तेज बोल रहा होऊँगा अपनी गति से और वह कोई स्टेनोग्राफर तो है नहीं कि नोट कर लेता या उसे लगा होगा कि मेरा बाप नशे में कुछ बक रहा है, इसे क्या लिखना!

खैर यह तो एक बात हुई। मेरी यह हालत देख पत्नी घबराई। उसने अपनी माँ को फोन किया कि भांग का ऐसा-ऐसा नशा इन्हें हो गया है, क्या करूँ? खैर वह उपाय किया गया। नशा शाम तक उतर गया। नींद आ चुकी थी शायद इसलिए। हम तो सस्ते में छूट गए, हमारे एक परिचित शुगर के मरीज थे, उन्हें अस्पताल ले जाना पड़ा। बाद में पता चला कि भांग का नशा तेजी से चढ़े, इसलिए उसमें तांबा या कुछ और मिला दिया गया था। खैर किसी को उन बच्चों की नीयत पर कभी शक नहीं रहा। वे बहुत ही प्यारे बच्चे तब थे, अब तो बच्चों के पिता हैं।

इसका असर यह रहा कि तब के बहुत नजदीकी दोस्त के घर होली पर जाता और उनकी श्रीमती जी ठंडाई का प्रस्ताव करतीं, प्रस्ताव क्या करतीं, ले आतीं तब बीस बार विश्वास दिलातीं कि यह ठंडाई ही है, तब जाकर पीता। हाँ होली पर बेटे के

पास था। उसने अपने दोस्तों को होली मनाने बुलाया था। सबके साथ मुझे भी ठंडाई पेश की तो एक गिलासभर पी ही, दूसरा गिलास भी गटक गया और मजे में रहा।

सुबह की चाय

बचपन में चाय पीने की आदत नहीं थी। एक कारण यह था कि कहा जाता था कि बच्चे चाय नहीं पिया करते और अभी भी कमोबेश यह बात अधिकांश घरों में लागू है। इसके अलावा घर की आर्थिक स्थिति भी ऐसी नहीं थी कि रोज मुझे चाय मिलती। 1978 में मुझे चाय पीने की आदत पड़ी। हुआ यह कि मेरी सास दिल्ली आई थीं। जाहिर है कि उन्हें चाय पीने की आदत थी और पत्नी को भी है। सास जी ने सोचा कि चाय पीना तो स्वाभाविक सी बात है, दामाद जी भी पीते होंगे। सो मेरे सामने भी चाय का प्याला रख दिया गया। मैंने सोचा कि चलो, इन्होंने चाय बना दी है, तो पी लेते हैं। चाय पीने के बाद कल से अपने लिए चाय बनाने की मनाही कर दूँगा। मनाही करना रह गया और अगले दिन फिर वही हुआ। चाय पी ली मगर आगे से इसके लिए मना करना याद नहीं रहा। तीन-चार दिन जब यह क्रम चलता रहा तो चाय पीने की आदत पड़ गई। ऐसी आदत, जो फिर कभी छूटी नहीं। अब तो सुबह डटकर चाय पीता हूँ—डेढ़-दो मग से कम नहीं मगर सिर्फ सुबह के समय। शाम को पीना कभी-कभी ही होता है। घर में कोई आया हो तो मेहमान के सम्मान में थोड़ी पीकर, बाकी छोड़ देता हूँ। कभी-कभी ही शाम को चाय पीने की इच्छा होती है, वह भी ठंड के दिनों में। और हाँ, जिसे डस्ट टी कहते हैं, वही हमेशा पी है तो वही पसन्द है और वह भी दूधवाली। दार्जिलिंग टी यानी बढ़िया चाय पीने के मौके आए कई बार मगर वह कितनी ही बढ़िया हो—और होगी ही—हलक के नीचे नहीं उतरती। इसी तरह ग्रीन टी वगैरह भी अच्छी नहीं लगती। उसे पिया भी है तो दवा की तरह। हाँ कभी मन न हो और मेहमान का आग्रह अधिक हो तो इतनी छूट ले लेता हूँ कि नीबूवाली काली चाय पी लूँगा।

एक चाय ही है जो मैं अपने लिए अच्छी-बुरी बनाना जानता हूँ। कुछ और बनाने में मेरी कभी दिलचस्पी नहीं रही। विद्यार्थी जीवन में जरूर एक बार ऐसी स्थिति पैदा हो गई थी कि मुझे चाय से लेकर रोटी-सब्जी तक सब बनाना पड़ा था और मेरी बनाई रोटी ने फूलना भी सीख लिया था लेकिन जैसे ही वह मजबूरी खत्म हुई, मैंने खाना बनाना छोड़ दिया।

चाय पीने के अनेक रोचक संस्मरण हैं। तब मेरी ड्यूटी 'सांध्य टाइम्स' में हुआ करती थी। हमारे मुख्य उप सम्पादक सत सोनी थे, जो बड़े रोचक आदमी थे।

हम लोगों के दफ्तर पहुँचते ही वह ब्रेड-जैम के दो-दो पीस हम सभी सहयोगियों को देते और गर्म चाय मँगवाते। वह पहले और आखिरी हमारे वरिष्ठ थे, जो रोज अपने सहायकों का इस तरह खयाल रखते। मन ताजा हो जाता और फिर हम मज़े-मजे से काम में जुट जाते।

कुछ साल पहले कोलकाता जाना हुआ। हम पति-पत्नी शेक्सपियर सरणी स्थित भारतीय भाषा परिषद के अतिथि गृह में ठहरे थे। दिल्ली से बाहर जाते हैं तो हम आदतन सुबह चाय पीने बाहर निकल पड़ते हैं। होटल में ठहरे हों तो भी बाहर ही चाय पीते हैं। होटल चाहे पाँच सितारा हो, पटरी किनारे के ठेले या दुकान पर चाय पीने का आनन्द तो अलग है। वहाँ चाय अक्सर अच्छी मिलती है। इस बहाने थोड़ा सा प्रातः भ्रमण भी हो जाता है। उस जगह के सुबह के जीवन की हल्की-सी झलक भी मिल जाती है। स्थानीय लोगों की बातचीत के विषय और उनके बोलने के लहजे का अन्दाज़ हो जाता है। चाय की दुकान पर आनेवाले लोगों और दुकानदार से कुछ संवाद हो जाता है। इससे चाय से मिलनेवाली स्फूर्ति और बढ़ जाती है।

कोलकाता में ठहरने की जगह से कुछ ही दूर चाय के दो-तीन ठीये थे। जहाँ हमने ग्राहक अधिक देखे, वहीं चले गए। ऐसी जगह चाय अक्सर अच्छी मिलती है। कुछ दूरी पर चौड़ी पटरी पर कम से कम पचास टेबलें और कुर्सियाँ लगी थीं और सभी भरी हुई थीं वहाँ लोग मजे से गप्पें लड़ाते हुए चाय पी रहे थे, समोसे आदि खा रहे थे। कहीं आस-पास ही लगता है कि धनी मारवाड़ियों और गुजरातियों का इलाका है। कई मॉर्निंग वॉक के बाद अपनी-अपनी कार के पास खड़े होकर या वहीं कहीं खड़े होकर या बैठकर चाय पी रहे थे और खाने-पीने से ज्यादा गपशप लड़ाने में व्यस्त थे। एक-दो लड़के वहाँ थे, जो भी चाय माँगता, उसके पास रख जाते और किसे कितनी चाय दी, इसका हिसाब नहीं रखते थे। इतने लोगों को कितनी बार चाय दी, कितने समोसे दिए, इसका हिसाब रखना आसान भी नहीं। ग्राहक चाय-समोसे का जो हिसाब देता, दुकानदार उसे मान लेता और पैसे ले लेता। ऐसा पहली बार देखा। दिल्ली में होता तो चार महीने में ही वह शायद लुटपिट जाता।

एक आयोजन के सिलसिले में अजमेर जाने का मौका मिला। वहाँ हम जिस अतिथिगृह में ठहरे थे, उसके लगभग सामने एक सरकारी अस्पताल था और उसके बाहर एक चाय का ठेला था। वह चायवाला बड़ी देर तक चाय उबालता और एक मग भरकर उस उबलती हुई चाय को ऊपर तक ले जाता और फिर उसे पतीली में डाल देता। फिर यही दोहराता। उसकी चाय बनाने अपनी ही अनोखी स्टाइल थी। चाय के साथ उसकी स्टाइल भी एक बड़ा आकर्षण थी। और चाय तो लाजवाब थी ही।

एक बार अंडमान में आकाशवाणी द्वारा आयोजित हिन्दी कविता पाठ में जाना हुआ। तब लीलाधर मंडलोई आकाशवाणी के महानिदेशक थे। उन्हीं की पहल पर

स्थानीय केन्द्र के सहयोग से यह आयोजन हुआ था। हम एक गेस्ट हाउस में ठहरे थे और वहां से कुछ ही दूर पर चाय की एक थड़ी थी, जहाँ पर कई लोग चाय पी रहे थे। वहां चाय प्लास्टिक के छोटे से डिस्पोजेबल गिलास में मिल रही थी, जिसमें मुश्किल से तीन या चार घूँट चाय आती होगी। मेरा तो इतनी सी चाय से कुछ होनेवाला नहीं था—ऊँट के मुँह में जीरा। पत्नी का भी इतनी कम चाय से काम नहीं चलता। हमारी—खासकर मेरी चाय पीने की इस आदत को देखकर वहाँ चाय बनाने वाली महिला चकरा गई और बोली—"अय्यो!" यानी इतनी चाय पीते हो, बप्पा रे। वह अय्यो करे या वय्यो, हमें तो इतनी चाय पीना ही था और उसे इसका कुछ और फायदा होना ही था।

मैं शाम को चाय इसलिए भी नहीं पीता कि मुझे जो मजा सुबह की चाय में आता है, वह शाम की चाय में पता नहीं क्यों नहीं आता। दवा पीने जैसा लगता है। वैसे किसी के घर जाओ तो आम भारतीय लोकाचार यही है कि आप को पानी पिलाने के बाद चाय पीकर जाने का आग्रह किया जाता है बल्कि आग्रह नहीं किया जाता, चाय आपके सामने रख दी जाती है। आप अगर कहें कि मैं चाय नहीं पीता तो सम्बन्धित परिवार परेशानी में पड़ सकता है। वह कुछ और इन्तजाम करने की सोच सकता है जिसमें ठंडा पेय या लस्सी या छाछ हो सकती है। जरूरी नहीं कि वह आसानी से उपलब्ध हो, इसलिए ऐसे घर जाकर मैं चाय पीना स्वीकार कर लेता हूँ लेकिन किसी गहरे मित्र या परिचित के यहाँ गया और वहां चाय पीने का आग्रह किया जाता है तो मैं कह देता हूँ—"शाम इसलिए नहीं हुआ करती कि आदमी चाय पिए।" यह सुनकर वे भी मुस्कुरा देते हैं और मैं भी और इस तरह बात खत्म हो जाती है।

चाय एक ऐसा सस्ता पेय है, जो दो लोगों, दो मित्रों, दो परिवारों, दो दोस्तों को जोड़ता है। और हाँ हमारे एक घनिष्ठ के घर चाय बनती ही रहती है। वे सोने से पहले भी चाय पी लेते हैं, जबकि माना जाता है कि चाय पीकर नींद नहीं आती। उस परिवार के लोगों को नींद ही चाय पीकर आती है। मेरी मुँहबोली बहन शान्तिदेवी का तो समझिए भोजन ही चाय थी। उनसे मुश्किल से ही खाना खाया जाता था। वह बहुत दुबली-पतली, शान्त, सहनशील और मानवीय थीं।

दक्षिण में खासकर केरल और तमिलनाडु के बारे में अधिक अधिकार से कह सकता हूँ, वहाँ चाय-कॉफी बनाने की शैली अलग है। शहरों की बात अलग है, ट्रेन वगैरह से जाएँ और समय आपके अनुकूल हो या न हो, भूखे हों तो भोजन जब मिले, तब लेकर खा लें या खरीदकर रख लें। वहाँ उत्तर भारत की तरह हर स्टेशन पर चाय-कॉफी या खाना नहीं मिलता। हम दो बार फँस चुके हैं। एक बार शाम को पत्नी को उनके इच्छित समय पर चाय-कॉफी नहीं मिली, जबकि उन्हें शाम को चाय न मिले तो उनका सिर दुखने लगता है।

जुनून में किए गए काम

जुनून कई बार कुछ ठीक-ठाक-सा काम भी करवा ले जाता है। औरों की तरह मैंने भी कई गलत-सही काम जुनून में ही किए हैं। जुनून में ही बिना कुछ सोचे-समझे दिल्ली आ गया था। जुनून में ही अपनी हाउसिंग सोसायटी की हालत दुरुस्त करने के लिए अपने व्यापारी दोस्त और पड़ोसी के.टी. जॉन आदि के साथ लग गया था। जुनून में ही एक ही दिन में 'ईश्वर की कहानियाँ' शृंखला की बहुत सी कहानियाँ लिख डाली थीं। 1985-86 में जुनून में ही खराब स्कैच और सस्ते वाटर कलर की पेंटिंग बनाने में जुट गया था। मैं भी और दिल्ली के बहुत पुराने दोस्त तथा बेहतरीन कहानीकार मधुसूदन आनन्द भी।

दोनों को कायदे से कुछ आता-जाता नहीं था, लगन से कभी सीखा भी नहीं था मगर जुनून सवार हो जाए तो फिर क्या कीजिएगा! स्कैचबुक पर स्कैचबुकें खरीदीं, काली स्याही और ब्रश लाए, वाटर कलर लाए और भिड़ गए। जो जैसे भी समझ में आया या नहीं आया, करते चले गए। वह अपने घर, मैं अपने घर में। फोन से एक-दूसरे को क्या कुछ करने की खबर देते रहे। मिले तो एक-दूसरे को चित्र दिखाए, परस्पर प्रशंसा की। इसका यह मतलब है कि हमने 'अहो रूपम, अहो, ध्वनि' जैसा कुछ किया।

इस मामले में पहला जुनूनी मैं था, बाद में आनन्द जी बने। घर-गृहस्थी के कुछ साधारण काम और नौकरी की मजबूरी के बाद हम यही करते। छात्र जीवन में क्लास में बैठकर रफ कॉपी में खासकर सफेद टोपी पहने नेताओं के काल्पनिक चेहरे बनाते रहने भर की ट्रेनिंग थी मेरी। एक बार जरूर 'नई दुनिया' के किसी पृष्ठ पर छपे स्कैच को हूबहू बनाया था, ऐसा याद आता है, बाकी कभी इतने ठीक नहीं बनाए।

जाने कितनी स्कैच बुकें और कागज बर्बाद करने के बाद यह जुनून उतरा तो फिर ऐसा उतरा कि फिर चढ़ा नहीं।

इस बीच अपने पहले कहानी संग्रह 'आज का दिन' के कवर पर अपना सफेद-काला स्कैच और अन्दर भी कुछ स्कैच छापने की जिद की और प्रकाशक ने मान ली। बाद में दूसरे कहानी संग्रह 'आदमी की मुश्किल' में आनन्द जी का एक स्कैच कवर पर छपवाया। फिर कभी यह दुस्साहस नहीं किया। एक बार वरिष्ठ कवि और कला समीक्षक प्रयाग शुक्ल को ये स्कैच और चित्र अतिआत्मविश्वास में दिखाए। उन्होंने प्यार और नरमी से कहा कि आप जो कर रहे हैं, कला की दुनिया उससे बहुत आगे बढ़ चुकी है।

इस जुनून का एक फायदा जरूर हुआ कि यह समझ में आया कि एक आदमी

में इतना कुछ कहने-बताने के लिए होता है कि सब कुछ किसी एक कला माध्यम में व्यक्त नहीं किया जा सकता। वह होता क्या है, यह मैं आज बता नहीं सकता लेकिन होता है, यह बात बहुत गहराई से तब महसूस हुई थी। अमूर्त रूपाकारों के जरिए की गई अभिव्यक्ति कभी शब्दों में समा नहीं सकती। आपके अन्दर एक कोना हमेशा होता है, जो एक और रूप में अभिव्यक्ति चाहता है और उसे रास्ता नहीं मिलता।

सेक्सलिप्सा की वह वीभत्सता

बात कोई दो दशक से अधिक पुरानी होगी लेकिन मेरी स्मृति से मिटती नहीं, जैसे इस अपराध का कर्ता स्वयं मैं हूँ। आज भी मन बेहद कड़ुवाहट से भर जाता है, जब-जब इस दृश्य की याद आती है, हालाँकि उससे कहीं अधिक भयावह अपराधों की खबरें पढ़ता-सुनता रहता हूँ लेकिन जो आपने अपनी आँखों से देखा हो और कुछ कर न सके हों या किया न हो, उसके दुख या पछतावे की छाप मन पर अधिक गहरी रहती है। जैसे 1984 या 2002 में जिन्होंने अपनों को मारे जाते हुए देखा है, सहा है और आज जी रहे हैं, इस उम्मीद में कि दोबारा ऐसा नहीं होगा, उनकी तकलीफ को कोई फिल्म, कोई पेंटिंग, कोई कविता (अगर वह खुद भोक्ता न रहा हो) छू तो सकती है, उसे उसी शिद्दत से व्यक्त नहीं कर सकती लेकिन इस तरह जो दर्ज हो जाता है, वह हम सबकी स्मृतियों का अंग बन जाता है।

मैं तब कनाट प्लेस में हिन्दुस्तान अखबार में काम करता था और किसी काम से सिंधिया हाउस के पास पैदल पटरी पर जा रहा था। दाहिनी तरफ से वाहन जा रहे थे। नजर एक थ्रीव्हीलर पर पड़ी। एक गोरी-सुन्दर लड़की—जो कोई 19-20 साल की रही होगी—उसके पास कोई पचपन-साठ साल का बुढ़ऊ, उसके पिता की उम्र का पुरुष बैठा था। पता नहीं, उस लड़की की क्या मजबूरी रही होगी, जिसका फायदा उठाते हुए वह उसके शरीर से खेल रहा था और वह भी दोनों तरफ से खुले थ्रीव्हीलर में इतने चलते ट्रैफिक के बीच! वह अपनी कामेच्छा में पागल हुआ जा रहा था और उस लड़की पर गिर-गिरकर उसे चूमता जा रहा था। वह लड़की छटपटाती-सी लग रही थी, नफरत के भाव उसके चेहरे पर प्रकट थे, फिर भी वह चुप थी। यह दृश्य मेरी आँखों के सामने हद से हद कुल तीस-चालीस सेकंड या एक मिनट रहा होगा क्योंकि दोपहर का समय था और ट्रैफिक आसानी से चल रहा था। आगे ट्रैफिक सिग्नल भी हरा था।

मैंने किया तो क्या और मैं दूर था और ट्रैफिक गतिशील था। इस हालत में

शायद कर भी कुछ नहीं सकता था मगर उस लड़की की विवशता पर सोचता हूँ तो आज भी दहल जाता हूँ। मैं फिर कह दूँ कि रोज होने और छपने-दिखनेवाले ऐसे अपराधों में यह अपराध इतना मामूली लग सकता है कि शायद उस समय भी आप अपने भीतर उठते वितृष्णा के तूफान को खबर बनाकर लिख नहीं सकते थे। इसके बारे में लिखने की जगह कविता ही हो सकती थी लेकिन यह मेरी असफलता समझिए कि मैं इस पर एक पंक्ति तक नहीं लिख पाया, जबकि उन क्षणों का वह चित्र आँखों के सामने यथावत् है। पहली बार ही कुछ लिख रहा हूँ।

कुछ समय पहले एक फेसबुक मित्र ने एक पोस्ट डाली थी। किसी ट्रेन से कोई ससुर महोदय अपनी बहू को शायद उसके मायके से वापिस ससुराल ला रहे थे। वह जनरल डिब्बा था। ससुर और बहू पास-पास बैठे थे। बहू ने लम्बा सा घूंघट काढ़ रखा था, जिससे उसका चेहरा, उसकी ठुड्डी तक ढकी हुई थी। ससुर और बहू की उम्र में भी वही अन्तर रहा होगा, जो पहलेवाले मामले में उस पुरुष और उस लड़की के बीच था। ससुर साहब उसे कोहनी मारकर, फिर बड़ी चतुराई से उसकी पीठ की तरफ हाथ बढ़ाते हुए 'टेस्ट' कर रहे थे कि मामला कहाँ तक बढ़ाया जा सकता है। ससुर साहब अपने हिसाब से यह काम बड़ी होशियारी से कर रहे थे। बार-बार इधर-उधर, अगल-बगल, ऊपर-नीचे देख रहे थे कि उनकी इस करतूत पर किसी की नजर तो नहीं है! वह आश्ववस्त थे कि ऐसा नहीं है। उनकी करतूत आसपास के लोगों से छुपी नहीं थी मगर वे उनका शायद आपसी मामला मानकर चुप रहे होंगे। कोई मोबाइल से यह दृश्य अपने कैमरे में कैद कर रहा था, इसे भी ससुर साहब की चतुराई पकड़ नहीं पाई। वह लम्बे घूंघटवाली बहू बहादुर निकली। कुछ देर तो उसने यह सब सहा मगर फिर सबके सामने उसकी वो खबर ली कि अपना बचाव लड़खड़ाती जुबान से ही वह कर पा रहा था। फिर बहू ने उसे अपने पास से उठाया और सामने की सीट पर बैठने को मजबूर कर दिया। फिर कोई और भी बोल उठा कि हम बड़ी देर से यह सब देख रहे थे। उन शर्मिंदा ससुर साहब का बाकी सफर कैसे कटा होगा, वह जानें। इसके बाद ससुर साहब का कुछ बिगड़ा या बहू का, कौन जाने! शायद बहू का ही कुछ बिगड़ा हो।

एक पछतावा

यह नवम्बर, 1984 की बात है, जब दिल्ली ही नहीं, देश के अधिकांश उत्तरी हिस्से में सिख-विरोधी दंगे हो रहे थे। इससे सबसे ज्यादा प्रभावित होनेवाले शहरों में दिल्ली था। उन दिनों मैं मयूर विहार फेज-1 के पॉकेट-2 में किराए के एक

फ्लैट में रह रहा था और मशहूर कथाकार शानी साहब पास ही पाकेट-1 में रहते थे। उनसे मिलना-जुलना होता था। उन्हीं दिनों किसी शाम मैं उनसे मिलने गया। शायद उनका बेटा फीरोज और उनके दामाद तथा 'नवभारत टाइम्स' में मेरे साथी रहे और मित्र परवेज अहमद सब साथ में बालकनी में बैठे थे। पता नहीं क्या और कैसे शानी जी ने मुझसे पूछा कि एक सरदार परिवार सड़क के दूसरी ओर रहता है। सरदार जी बड़े अच्छे इनसान हैं। आज के इस माहौल में क्या हमें अपने घर में उन्हें शरण देना चाहिए?

मैंने कुछ यूँ कहा कि दंगों के दौरान आदमी की एकमात्र पहचान दंगाइयों की नजर में उसका धर्म होता है, दूसरी पहचानें नहीं, तो आप भी ऐसे समय में हिन्दी के एक बड़े लेखक नहीं, उनके लिए एक मुसलमान रह जाएँगे। दंगाइयों को इससे मतलब नहीं कि आप क्या और कौन हैं, लेकिन वे आपका धर्म जानते हैं। ऐसी हालत में आप अपने यहाँ से उन सिख के घर पर पूरी निगरानी जरूर रखें ताकि उनका कोई नुकसान न होने पाए। अगर दंगाइयों को पता चला कि एक मुसलमान ने एक सिख को अपने घर में शरण दी है तो आज का सिख विरोधी माहौल, सिख-मुसलमान विरोधी भी बन सकता है। शायद उन्हें मेरी बात ठीक लगी। इसके बाद यह बात आई-गई हो गई। फिर यह प्रसंग कभी हमारे बीच आया नहीं।

शानी जी के देहावसान के बाद उनके पुत्र फीरोज ने उनकी स्मृति में कहीं लिखते हुए मेरा नाम न लेते हुए जो लिखा, उससे लगा कि उनके पिता को दी गई मेरी इस सलाह से वह बहुत आहत हुए। मैं चुप रहा लेकिन अन्दर ही अन्दर बेचैन रहा कि क्या मैंने सचमुच शानी जी को तब गलत सलाह दी थी? क्या ऐसा मुझे कहना नहीं चाहिए था लेकिन उसके साथ मेरे मन में यह बात भी थी कि सामान्य परिस्थितियों में भी एक वर्ग में मुसलमानों के प्रति जो नफरत भरी है, वह दंगे जैसे नाजुक मौके पर भड़क सकती थी और इसका शिकार होने की आशंका से उन्हें बचाना मेरा मकसद था। मैं शानी जी और उनके परिवार को अच्छी तरह जानता था, उसके प्रति मेरा कर्तव्य पहले था।

एक दिन परवेज अहमद, पंकज श्रीवास्तव और मैं साथ थे। परवेज साहब ने अपनी गाड़ी से मुझे अपने घर छोड़ा तो मेरे आग्रह पर हम कुछ देर साथ बैठे। दुनियाभर की बातें हुईं, जिनमें विष्णु खरे जी के तब खराब चल रहे स्वास्थ्य की चर्चा होती रही, कुछ फोन भी उनके बारे में इस बीच आते रहे।

पता नहीं किस प्रसंग में मेरे मुँह से 1984 की उस घटना का जिक्र निकल आया। तब परवेज भाई ने एक नया रहस्य उजागर किया, जिससे मैं शर्म से गड़ गया। जब हम लोग शानी जी की बालकनी में बैठे बातचीत कर रहे थे, उसी समय उनके यहाँ जवाहरलाल नेहरू विश्वविद्यालय से पढ़े, उदारवादी वह सिख सज्जन भी हमारे ठीक पीछे बने ड्राइंग रूम में बैठे ये बातें सुन रहे थे। यह सब सुनते ही

वह सरदार साहब अपने मुँह और सिर को कपड़े से बाँधकर शानी जी के यहाँ से उठकर चुपचाप अपने घर चले गए। वह यह बताते हुए कुछ घंटे पहले आए थे कि मुझे डर के मारे अपने घर में दो-तीन दिन से रातों को नींद नहीं आई है। तब उनसे कहा गया कि आप यहाँ चैन से सोयें। मेरे आने तक शायद उनकी नींद पूरी हो गई होगी तो वह ड्राइंग रूम में आकर बैठ गए थे, जिसका पता शानी जी को नहीं रहा होगा। सिख सज्जन ने समझा कि शायद उन्हें शरण देने के बारे में शानी जी खुद भी पसोपेश में हैं।

परवेज अहमद ने उजागर किया, उसके अनुसार इसके बाद उन परिवारों के बीच जो मधुर सम्बन्ध पहले थे, वे सरदार साहब की ओर से वैसे नहीं रहे। वह सिख सज्जन उखड़े-उखड़े-से रहने लगे। फिर वह इस इलाके को छोड़कर कहीं और किराए के मकान में रहने चले गए। मयूर विहार के दूसरी तरफ त्रिलोकपुरी है, जहाँ के 27 ब्लॉक का नम्बर मुझे आज भी इसलिए याद है कि वहाँ उन्मादी भीड़ ने सिखों के विरुद्ध जबर्दस्त हिंसा की थी। पता नहीं कहाँ से कुछ हिंसक तत्त्व मयूर विहार में भी घुस आए थे। यहाँ भी उन्मादी भीड़ ने कुछ सिखों को जिन्दा जलाया था। यह सब शानी जी, मेरे और वहाँ सबके दिमाग में था।

इस पूरी कहानी का सकारात्मक पक्ष यह रहा कि शानी जी के सामनेवाले हिस्से में जो कुल दो सिख परिवार रह रहे थे, उनकी सुरक्षा की जिम्मेदारी स्थानीय लोगों ने ली और रात-रातभर उनके लिए पहरा दिया। उन्हें इस दौरान कोई नुकसान नहीं होने दिया। इनमें से अधिकांश क्या, शतप्रतिशत हिन्दू रहे होंगे और मुझे ही क्या किसी को भी ऐसे सिखों, मुसलमानों, हिन्दुओं पर गर्व होगा और ऐसे हिन्दू होने पर नहीं, जैसे हिन्दू होने पर गर्व 1992 के बाद से सिखाया जा रहा है।

अभी खुले इस रहस्य ने फिर से मेरे भीतर हलचल मचा दी। क्या मैं गलत था, यह सवाल मेरे भीतर कुलबुला रहा है और अगर खुदा न खास्ता उस परिवार को कोई नुकसान हो जाता, उन सरदार जी की जान ले ली जाती तो मैं अपने आपको कभी माफ नहीं कर पाता, क्योंकि मैं अनजाने उनकी जान को खतरे में डाल रहा था। यह भी लगता है कि शायद शानी जी के मन में भी शरण देने को लेकर द्वंद्व था, इसीलिए उन्होंने यह बात मेरे सामने छेड़ी। अगर मुझे बताया गया होता कि वह सज्जन इसी घर में अभी शरण लिए हुए हैं, तब शायद मेरी सलाह यह होती कि शानी जी अब जैसे भी हो, उन्हें बचाकर अपने घर में रखने के अलावा आपके पास कोई विकल्प नहीं है।

फिर भी लगता है कि जीवनमूल्यों की रक्षा की उस छोटी-सी परीक्षा में भी मैं असफल रहा। उस समय सबसे बड़ी मनुष्यता, उस सिख के साथ खड़ा होना था, जिसे शरण देने के बारे में मेरी राय माँगी गई थी।

अपने फ्लैट में तीन दशक

15 जुलाई, 2018 को इसी फ्लैट में रहते-रहते हमें तीस साल हो चुके हैं। शाजापुर के मकान में छोटे से बड़ा हुआ मगर वहाँ इक्कीस साल ही रहा, हालाँकि मेरे सपने में वही मकान रूप बदल-बदलकर आज भी आता है, यह वाला नहीं। शाजापुर से बाहर आने के बाद किराये के किसी मकान में अधिकतम पौने चार साल रहा। इस मकान में हमारे बच्चे, बच्चे से किशोर हुए, युवा हुए, फिर नौकरियाँ करने लगे और दूर-दूर चले गए। भौगोलिक दूरियाँ तो पैदा हुईं, मगर मन से हम सब निकट हैं। हम जब यहाँ आए थे, युवा थे, अधेड़ हुए और अब सरकारी भाषा में वरिष्ठ नागरिक हो चुके हैं, गो कि ऐसी भी कोई नागरिकता होती है क्या इस देश में!

जिस दिन इस घर में आए थे, उस दिन घनघोर बारिश हो रही थी मगर कई बार हम अपने तब के मकान मालिक को मकान बदलने की कई तारीखें दे चुके थे पर यहाँ काम में प्रगति नहीं हो रही थी तो हमारा वह मकान मालिक हमसे चिढ़ गया। इस तरह मजबूर होकर 66 फ्लैटों की इस छोटी-सी हाउसिंग सोसायटी में आने के लिए हम बाध्य हुए। हमारा परिवार तीसरा था, जो यहाँ आया था। तब हमारी तरफ एक भी फ्लैट में कोई नहीं आया था, दूसरी तरफ दो परिवार थे और दोनों आसपास थे।

हमारे पुराने मित्र आलोक मेहता ने किसी तरह कह-सुनकर एक बड़ा काम करवा दिया था कि डीडीए से फ्लैट भी अलॉट करवा दिए थे जो उस हालत में अन्यथा असंभव था। कई पुरानी चली आती समस्याओं के कारण अनेक बुनियादी सुविधाएँ नहीं के बराबर थीं—पीने का पानी तक सुलभ नहीं था। बिजली और सड़क नहीं थी। आए थे तो बरसते पानी में कीचड़ में लिथड़े हुए आए थे। लाइट की तो बहुत समय तक बहुत विकट समस्या रही। मैं तब सोसायटी का सचिव बन चुका था। एक दिन किसी को बाहर से अन्दाजा हो गया कि मेरे ड्राइंगरूम की ट्यूबलाइट जल रही है तो प्रचार हुआ कि मैंने पद का बेजा फायदा उठाया है। ऐसी बुरी हालत थी लाइट की, जो हम ठेकेदार के पुराने-सड़े तारों से ले रहे थे। वैसे ट्यूबलाइट यह कृपा दूसरों पर भी इसी तरह कभी-कभी कर दिया करती थी।

खैर हमने बिजली लाने के लिए खूब भाग-दौड़ की। समस्याएँ तब के सरकारी बिजली विभाग 'डेसू' की तरफ से बहुत आईं। समस्याओं के बारे में तब के बिजली केन्द्रीय मंत्री आरिफ मोहम्मद खाँ से मिले तो उन्होंने कहा कि साहब मेरी बीवी आपके पास ही बन रही एक हाउसिंग सोसायटी की सचिव हैं, उनसे भी रिश्वत माँगी गई है, यह तो हाल है! अन्त-अन्त तक इस विभाग ने परेशान किया। सब कुछ के बाद मीटर लगाने की बारी आई तो उनके कहे अनुसार मीटर बॉक्स बनवाने

के बावजूद कह दिया गया कि मीटर बॉक्स छोटे हैं, इनमें मीटर नहीं लग सकते। आखिर एक ईमानदार इंजीनियर ने मदद की और उच्चाधिकारियों से कहा कि यह रिश्वत खाने के लिए की जा रही बहानेबाजी है।

यह हाल तब था, जब हमारी सोसायटी के नाम के साथ दिल्ली के एक बेहद लोकप्रिय हिन्दी अखबार का पुछल्ला जुड़ा हुआ था और तब मैं खुद उसका विशेष संवाददाता भी था लेकिन जिस दिन बिजली का कनैक्शन मिल गया, रात को ट्यूब लाइटों से जब हमारे घर जगमगाने लगे तो लगा कि जैसे हम किसी और लोक में आ गए हैं। लोगों ने अपने घर के हर कमरे की हर लाइट जलाकर उत्सव-सा मनाया।

इस बीच कुछ ने कुछ फ्लैट बेच दिए हैं, कुछ दुनिया से कूचकर गए हैं। एक साल तो इतना बुरा था कि यहीं बने हमारे तीन घनिष्ठ मित्र लगभग चार महीनों के अन्तर से दुर्घटनावश गुजर गए। जो उस समय चपल-सफल-सफल थे, आज समय को हाथ से निकलते देख रहे हैं। कुछ जो कल तक एक-दूसरे के बहुत करीब थे, बहुत दूर और दूर होते गए हैं। शान्ति तो है मगर परस्पर सम्बन्ध लगभग समाप्त हैं।

विवादों-तनावों के बीच भी सोसायटी को चलाए रखने के लिए के.टी.जॉन समेत तब के अनेक साथियों ने दिनरात मेहनत की, समय दिया, वह सारा अनुभव जीवन और मनुष्य स्वभाव को समझने की मेरे लिए अमूल्य धरोहर बन गया।

यहाँ आने से पहले हद से हद हम एक ड्राइंग रूम, एक बेडरूम के फ्लैट में रहे थे। तीन बेडरूम का यह दुमंजिला फ्लैट मुझे तमाम दिक्कतों के बावजूद महल जैसा लगा था।

कभी-कभी लगता है, यह फ्लैट तब न बन गया होता, जब इसमें आया था, तो शायद आज दिल्ली में किराए का मकान लेकर रहना असम्भव-सा होता और क्या पता ऐसा होना भी अच्छा ही होता! हर नई स्थिति में एक सम्भावना छिपी होती है और हर स्थिरता में एक जड़ता। फिलहाल तो यह जड़ता रास आ रही है, इसे सलाम।

हमारी तमाम सरकारों को 'विकास' करने की पड़ी रहती है। सुनने में 'विकास' शब्द बड़ा सुनहरा-सा, स्वप्निल-सा लगता है। हम अक्सर कहते हैं कि आजादी के बाद 'विकास' तो हुआ है। हुआ है साहब, मानता हूँ। जैसे मैं तीन दशकों से भी अधिक समय से एक जगह आराम से रह रहा हूँ लेकिन पहले यहाँ काफी मोर थे। पिछले पंद्रह-बीस साल से यहाँ एक भी मोर नजर नहीं आता। पहले यहाँ बहुत चिड़ियाँ थीं, अब भी हैं मगर बरायेनाम हैं।

लेकिन 'विकास' बहुत हुआ है। बस-कार के शोरूम यहाँ नहीं हैं, बाकी सब यहाँ है। हाउसिंग सोसायटियों के लोगों के लिए बड़ा-सा पार्क है लेकिन वह न जाने कितने गरीबों की झुग्गियाँ तोड़कर हमारी आँखों के सामने बना है। पहले उधर से जाता था तो मन को यह बात चुभती थी, अब तो यह सब दूसरों की क्या कहूँ, मुझे

भी याद नहीं आता। पहले अपराधबोध होता था, एक हूक सी उठती थी, यह याद आता था कि ये किसी-किसी दिन पेड़ के नीचे बैठकर ढोलक लेकर गाते-बजाते थे, तो कितना अच्छा लगता था। अब यह सब स्मृति से धुलपुंछ चुका है। लिखने लगा तो याद आया। अब तो उल्टे इस बात पर गर्व करता हूँ कि मेरी हाउसिंग सोसायटी से जुड़ा पार्क इतना बड़ा है कि उसका एक चक्कर डेढ़ किलोमीटर का है।

चिन्तित एक पिता

कोई बीस-पच्चीस साल पुरानी बात है। या तो मैं पहले से बस स्टॉप पर खड़ा था और वह सज्जन बाद में आए या वह पहले से वहाँ थे, मैं बाद में आया। इस बात से मेरी मूल बात पर कोई फर्क नहीं पड़ता। दोनों एकदम एक-दूसरे से अपरिचित थे। एक ही इलाके में रहते थे मगर न मैंने उन्हें कभी देखा था, न उन्होंने मुझे। हिन्दी बोलने के उनके लहजे से लगा कि वह बांग्लाभाषी हैं। उस दिन वह बहुत परेशान थे और मुझ जैसे अपरिचित को भी अपना व्यक्तिगत दर्द बताने लगे। कहने लगे—"मैं अपने बेटे से बहुत परेशान हूँ। वह मोटरसाइकिल खरीदने की जिद पर अड़ा है और आए दिन दुर्घटनाओं को देखते हुए मैं इसके पक्ष में नहीं हूँ। आजकल के नौजवान बहुत तेज मोटरसाइकिल चलाते हैं और इससे उनकी और दूसरों की जान को खतरा रहता है मगर वह मेरी एक बात सुनने को तैयार नहीं। क्या करूँ, कुछ समझ में नहीं आता।"

शायद उन्हें उम्मीद रही होगी कि मैं कोई उपाय बता पाऊँगा या उनकी परेशानी इतनी अधिक थी कि उसे किसी से तत्काल साझा किए बगैर उनका निस्तार नहीं था। महानगरों में कौन बैठा है दूसरे का दर्द सुनने के लिए! सबके अपने-अपने दर्द हैं—गलत या सही और सुननेवाला कोई है नहीं!

फिर कभी कहीं उनसे मुलाकात नहीं हुई। अगर वह लड़का नहीं ही माना होगा, पिता की रोनी सूरत और बुरी तरह धड़कते दिल का उसे खयाल नहीं आया होगा, अगर वह आत्मविश्वास से इतना लबरेज रहा होगा कि उससे कोई दुर्घटना नहीं हो सकती, तो विवश होकर उसके पिता ने उसे मोटरसाइकिल खरीदकर दी होगी। उम्मीद है कि उसके भावनात्मक रूप से विचलित पिता की आशंका के विपरीत सब कुछ बाद में ठीक रहा होगा। वह लड़का बाद में जब खुद कमाने लगा होगा, तो हो सकता है उसने कार खरीदी हो। तब का वह लड़का अब शायद बच्चों का बाप बन चुका हो और उस दिन का चिन्तित वह पिता बूढ़ा होकर अपने पोते-पोतियों, नाती-नातिनों के बीच मगन हो।

अपने अनुभव से जानता हूँ कि अपने बच्चों को लेकर उनके पिता, उन बच्चों की माँ से भी अधिक परेशान रहते हैं। जहाँ आशंका नहीं होती, वहाँ भी वे आशंकित रहते हैं। जाहिर है कि भारत के वे सारे लड़के दुर्घटनाग्रस्त नहीं हो जाते, जो मोटरसाइकिल चलाते हैं मगर पिता के धड़कते दिल का क्या कीजै! हो सकता है उस लड़के का भी एक जवान होता या हो चुका लड़का हो और वह मोटरसाइकिल माँग रहा हो। धड़क तो उस पिता का दिल भी रहा होगा मगर जिस पिता ने बस और तिपहिये की सवारी जिन्दगीभर की थी, उससे कम चिन्तित वह होगा। उसने अपने बच्चे को बताया होगा कि ये-ये सावधानियाँ बरतना तो कुछ नहीं होगा मगर दिल तो शायद उसका भी धड़कता होगा कि लड़के हैं, क्या पता क्या कर बैठें! शायद उसे अपने पिता की उस समय की मन:स्थिति अब समझ में आ रही होगी।

इस 'असारता' की ऐसी-तैसी

घर से बाहर निकलो और पैदल चलकर या धीमी गति के वाहन से जाओ तो 'ज्ञान' की प्राप्ति कभी कम, कभी अधिक हो जाती है और इच्छा हो तो अज्ञान का थोड़ा-थोड़ा निष्कासन भी हो सकता है। एक मंगलवार को सिर्फ डेढ़ घंटे में एकमुश्त तीन ज्ञान प्राप्त हो गए यानी आधे-आधे घंटे के औसत से एक 'ज्ञान' प्राप्त हुआ। पहला ज्ञान साइकिल रिक्शा खींचने वाले की मजदूरी को लेकर, दूसरा पुरुषों द्वारा आपस में मजे-मजे में एक-दूसरे से माँ-बहन की गालियाँ बकते हुए बात करने पर और तीसरा पुनर्ज्ञान था। इस ज्ञान की पुनर्प्राप्ति हुई कि यह संसार 'असार' है और ईश्वर ही इसका सार है वगैरह।

तीसरा ज्ञान घर पहुँचने के करीब दस मिनट पहले प्राप्त हुआ, इसलिए पहले उस ताजे-ताजे ज्ञान पर। सोचा तो था कि इस प्रकार के ज्ञान की पुनर्प्राप्ति के लिए कुछ देर एक अच्छे भक्त की तरह कथा में बैठ जाऊँगा, ताकि एक अच्छे व्यंग्य के लिए सामग्री मिल जाएगी। फिर यह सुनकर कि पंडित जी वही रटारटाया ज्ञान दे रहे हैं कि यह संसार असार है और ईश्वर से हमारी दूरी बढ़ने के कारण हम इस संसार में ज्यादा से ज्यादा फँसते जा रहे हैं। यह सुनकर मेरी व्यंग्य-ज्ञान प्राप्ति की इच्छा मर गई और घर पहुँचने की इच्छा बढ़ गई। मैंने मन ही मन कहा—पंडित जी इस 'असार संसार' में ही आपको और हमें रहना है और आपसे ज्ञान प्राप्त करने आए इन बुजुर्गों को भी। इस 'असार संसार' में ही जीवनयापन के लिए आप कथा बाँचने का यह उपक्रम कर रहे हैं ताकि दान-दक्षिणा मिले और घर की गाड़ी ठीक से चलने लगे या ठीक से चल रही तो और अधिक गति से चलने लगे। पंडित जी,

यह संसार 'असार' नहीं है, यही असल सार है। हाँ आपका ज्ञान अवश्य असार है। आप आज जो ज्ञान प्रदान कर रहे हैं, वह मुझे बचपन से ही प्राप्त होता रहा है और इस तरह के ज्ञान की जितनी विपुल राशि मेरे पास इकट्ठा होती गई, उतना ही इस 'असार संसार' में मुझे सार अधिक नजर आने लगा। आपको भी यह सार खूब मिले, इसे 'असार' बताकर तो और भी ज्यादा मिलना चाहिए, इस आशा के साथ पंडित जी आपको मन ही मन प्रणाम करता हूँ और आगे बढ़ने की हिमाकत करता हूँ। इजाजत है न पंडिज्जी!

वैसे तो मोहल्ले में एक-डेढ़ किलोमीटर काम से जाना पड़े तो अक्सर पैदल ही जाता हूँ, लेकिन जहाँ मुझे जाना था, वह जगह घर से दो किलोमीटर से अधिक दूर थी। इतनी दूर जाना और फिर आना—वह भी दोपहर में—कुछ अधिक हो जाता। अभी से मैं थक जाता, इसलिए चलकर थकने का काम शाम पर छोड़कर इधर से मैं ई-रिक्शा से गया और उधर प्रतीक्षा करने के बाद एक साइकिल रिक्शा दिखा तो उसे रुकने का इशारा किया। तभी पीछे से खाली ई-रिक्शा आता दिखा लेकिन फिर साइकिल रिक्शा पर ही चढ़ा।

उसने कहा कि फलाँ जगह तक चलने के वह 40 रुपये लेगा। मैंने कहा कि 30 दूँगा। वह फौरन मान गया। इससे पहले ई रिक्शा से इससे अधिक दूरी के उस चालक ने 30 रुपये मांगे होंगे, मैंने सुना कि बीस रुपये माँग रहा है तो मैं बैठ गया था। वहाँ पहुँचकर उसने तीस माँगे और कहा कि मैंने तो तीस ही कहा था तो थोड़ी सी, हल्की सी बकझक करने के बाद उसे दे दिए।

साइकिल रिक्शा से वापिस आते हुए यह 'ज्ञान' प्राप्त करने का प्रयत्न करता रहा कि इसने मुझसे 40 रुपये क्यों मांगे थे और मैंने किस तर्क से इसे 30 ही देना तय किया और यह क्यों तत्काल मान गया? मैंने सोचा कि उसने सोचा होगा कि वह ज्यादा नानुकुर करेगा तो यह आदमी ई रिक्शा से चला जाएगा, जो तीस क्या शायद 20 रुपये में राजी हो जाए। शायद यह भी सोचा हो कि ठीक है, कुछ मिल ही रहा है न, तो ले लो। यह भी सोचा हो शायद कि दूसरा भी 40 नहीं देगा, तीस ही देगा तो इससे 30 लेने में क्या बुराई है, लेकिन उसकी तरफ से यह सब सोचने से भी यह जिज्ञासा शान्त नहीं हुई कि उतनी ही दूरी के वह 40 क्यों माँग रहा था, इससे ज्यादा या कम क्यों नहीं और कौन तय करता है साइकिल रिक्शाचालकों की मजदूरी? सरकार तो यह करती नहीं तो जाहिर है कि मैं यानी रिक्शा पर बैठने वाले हम तमाम लोग मगर वह नहीं जो इसे चलाता है, पसीना बहाता है, फेफड़े गलाता है और शायद घर पर पैसा भेजने की मजबूरी के कारण आधा भूखा रहता हो। फल-हरी सब्जी अगर मिल जाए तो उस दिन को वह ईश्वर की कृपा मानता होगा। वैसे जितनी दूरी यह है उससे लगभग आधी दूरी पर तक हम पति-पत्नी दोनों सामान सहित हाट से रिक्शा पर लदकर घर आते हैं और जेब से 20 रुपये निकाल

कर रिक्शावाले को देते हैं तो वह चुपचाप रख लेता है। मैं अक्सर तीस दे देता हूँ, इतने भी वह सन्भाव से चुपचाप रख लेता है। आज मंगलवार को मैं ज्यादा कमीना हो गया था, सोमवार को अक्सर कम कमीना होता हूँ।

इतना सब ज्ञान प्राप्त करने के बावजूद मैंने रिक्शा वाले को 40 नहीं 30 रुपये ही दिए क्योंकि यह संसार 'असार' है और इस 'असार संसार' में रिक्शेवाले को भी उसी तरह जीना है, जिस तरह वह जी रहा है और मुझे भी उसी तरह जीना है, जिस तरह मैं जी रहा हूँ। इसलिए तीस रुपए दोनों के लिए 'सुविधाजनक' और 'आदर्श' थे। हम दोनों इस संसार की 'असारता' के बारे में ज्ञान प्राप्त करने की कोई इच्छा नहीं रखते। यह 'जब तक चाहे असार' रहे। इस 'असारता' की ऐसी और तैसी।

बहरहाल दूसरे नम्बर पर जो ज्ञान मुझे प्राप्त हुआ था, उस पर बात फिर कभी।

हाट-बाजार

2014 से मैं अपने जीवन को आबाद या बर्बाद करने के लिए लगभग पूरी तरह स्वतंत्र हूँ। जीवन से जुड़ी कुछ भागदौड़ सभी को करनी पड़ती है। बाकी बचे समय में कभी कुछ, कभी कुछ करने लगता हूँ, अधिकतर व्यर्थ के काम। जो कुछ सार्थक जैसे काम करता रहा हूँ (कोरोना-काल से पहले) उनमें से एक काम पत्नी के साथ लगभग हर सोमवार को हाट जाना था। मुझे लगता है कि यह एक रचनात्मक काम है। वैसे तो बचपन से साप्ताहिक हाट कभी-कभी माँ के साथ भी जाता रहा हूँ मगर पत्नी के साथ यह नियम-सा बन गया था। याद है कि एक बार माँ से मैंने आग्रह किया था कि हाट से मेरे लिए सड़क बनाने के इंजन का खिलौना लाना मगर ऐसा कुछ मिलता नहीं था। इसे मँगवाने का आग्रह करने के पीछे हमारी गली में तब पक्की सड़क बनना था, जिसके इंजन को मैं दिलचस्पी से देखा करता था और खुद भी सड़क बनने के बाद इंजन की तरह आगे और फिर पीठ की दिशा में चलता था—बगैर ठीक से पीछे देखे। एक बार ऐसा करते हुए गाय मेरे पीछे आ गई और उसने अपने सींगों के बल पर मुझे ऊपर उठाने की कोशिश की। मैं समझा किसी बड़े ने लाड़ में आकर मुझे उठाने का प्रयत्न किया है। खैर।

हाट-बाजार में आप सिर्फ ग्राहक होते हैं। लेखक, पत्रकार, बुजुर्ग, धर्मनिरपेक्ष, फासीवादी कुछ भी नहीं। पहले जब नौकरी करता था तो हाट नामक इस बेहद जीवंत जगह पर कम जा पाता था। उसके बाद कभी किसी सोमवार को कोई और जरूरी व्यस्तता हो तो अलग बात है वरना मैं कोरोना प्रकोप से पहले हमेशा उत्साह से हाट जाता था। उमस भरे दिनों में हाट जरा ज्यादा थकाते हैं मगर ठंड में भीड़भाड़

की गर्मी बहुत राहत देती है और वापसी में रिक्शे पर ठंडी हवा थोड़ा कँपकँपाती है।

बहुतों को भीड़-भाड़ से घबराहट होती है लेकिन मुझे भीड़-भाड़ में होना अधिक आश्वस्त करता है। ऐसा लगता है कि आपके चारों तरफ जीवन लहरा रहा है और आप भी एक छोटी-सी मिट जानेवाली एक लहर मात्र हैं।

हाट में दैनिक उपयोग की पचासों सस्ती चीजें मिल जाती हैं। मुझे हाट एक आदिम-सी जगह लगता है। ऐसा लगता है कि हाट की यह परम्परा हजारों सालों से चली आ रही है और मैं इसमें आज आकर उस परम्परा का एक अंश बन गया हूँ। मैं यहाँ आए साधारण लोगों में से एक हूँ, जो कि अन्यथा मैं हूँ भी। यहाँ एक ऐसा ग्राहक हूँ, जिसे अपनी जरूरतों की कुछ चीजें चाहिए और यह जानकर अच्छा लगता है कि दुकानदार आपको ग्राहक के रूप में और आप भी उसे दुकानदार के रूप में जानते हैं, न कोई अतिरिक्त लगाव वह आपके प्रति दिखाता है, न आप उसके प्रति, फिर भी आप एक सम्बन्ध से जुड़ते हैं। दुकानदार अपनी चीज का एक भाव बोलता है और अगर आप उससे कम बोलते हैं तो कभी तो वह आपकी बात पर गौर नहीं करता और कभी आप आगे बढ़ जाते हैं तो वह आपको वापस बुलाता है—"अरे भाई साहब, अरे बहन जी, आओ चलो ले जाओ।" कई बार आपकी लगाई कीमत पर सामान देते हुए वह अहसान-सा जताता है, कभी कुछ नहीं कहता, सिर्फ सामान तौलकर दे देता है। हमेशा पाया है कि सब्जी-फलवाले 10-20 ग्राम आपको ज्यादा ही देंगे, कम नहीं।

पत्नी की किसी व्यस्तता के कारण साल में एक-दो बार हाट अकेले भी जाना हुआ है—बेहद जरूरी चीजें लेने के लिए। वैसे सामान खरीदना मुझे ठीक से आता नहीं, न मैं भाव-मोल करने की कला में पारंगत हूँ मगर कभी-कभी दुनियादारी का जुनून चढ़ने पर सौदेबाजी भी करने लग जाता हूँ और ऐसा करने के बाद अपने आप पर आश्चर्य होता है और थोड़ी शर्म आती है।

आप हाट जाते हैं तो कितनी ही प्राणवान आवाजों से आपका सामना होता है। कितने सारे लोगों, मुखमुद्राओं, स्वरों, ध्वनियों, बिंबों से आपका एक अव्यक्त सम्बन्ध बनता है। मानवीय प्राण, मानवीय स्वर वहाँ प्रधान होते हैं। वहाँ सिर्फ खरीद-फरोख्त नहीं होती। वह मुख्य होते हुए भी आनुषंगिक लगती है। मुख्य तो यह सन्देश है कि यहाँ तुम भी हो, यहाँ मैं भी हूँ। हम परस्पर निर्भर हैं, इसको न तुम भूलना, न मैं भूलूँगा।

वहाँ गंधों की पूरी दुनिया है। सब्जियों-फलों, मसालों, अचार, किसी चीज के पकने की, पसीने की गंध है। रंगों और आकारों का पूरा संसार है—सब्जियों-फलों के रंग, कपड़ों, चीनी मिट्टी और मिट्टी से बनी चीजों के रंग और आकार, चूड़ियों के रंग, मसालों के रंग हैं। इसके अलावा इस दुनिया में विभिन्न वर्गों के लोग कम-ज्यादा मात्रा में एक-दूसरे से टकराते हैं, बोलते हैं, एक-दूसरे पर गरम-

नरम होते हैं, एक-दूसरे को सहना-जीना सीखते हैं। एक-दूसरे को मानवीय नजरों से देखते-समझते हैं।

हाट में सब्जी, फल और तमाम घरेलू सामान खरीदने के लगभग सारे निर्णय पत्नी के होते थे। वही तय करती थी कि क्या, कब लेना या नहीं लेना है। क्या सस्ता, क्या महँगा है, क्या इस मौसम में लेने योग्य है, क्या नहीं। वह मेरी पसन्द और इच्छा का भी खयाल रखती हैं। कभी मेरी सलाह मान लेती हैं, कभी नहीं मानतीं। वह एक कुशल गृहिणी हैं, इस मामले में उनके विवेक पर पूरा भरोसा करता हूँ क्योंकि उनके पास इस सबका लम्बा अनुभव है और मैं लगभग कोरा हूँ। हाट में कुछ सामान ढोते हुए वह घूमती हैं, कुछ मैं। कुछ मैं थकता हूँ, कुछ वह। सोमवार को साइकिल रिक्शे से सामान घर में ढोकर लाने के बाद मेरा काम खत्म हो जाता है मगर उनका काम समाप्त नहीं होता। खाना खाकर, एकाध अपना प्रिय टीवी प्रोग्राम देखकर, सब्जियों-फलों को कहाँ कैसे रखा जाए, फ्रिज में कैसे सलीके से रखा जाए, यह काम भी समय और मेहनत माँगता है।

हाट में जाना नौकरी के बाद का एक सुख है और मैं तो हर रचनात्मक व्यक्ति से कहूँगा कि वह सम्भव हो तो हाट जाया करे, खरीदे नहीं तो घूमा करे, देखा करे। कोई भी रचनात्मक व्यक्ति साधारण से और अधिक साधारण होना चाहता है। हाट-बाजार उसे यह सुख देते हैं।

मेरे लिए हाट में जाना बचपन में, अपने कस्बे में लौटना भी था, खाली दिल्लीवाला होना नहीं। मेरे लिए अपने वर्ग, अपनी समझ, अपने गुमान से क्षणिक ही सही मुक्ति पाना भी था। यह मुक्ति मुझे ताकत देती थी। पता नहीं यह बाजारवाद इन हाटों को कब तक सहन कर पाएगा! वह छोटे-मोटे गरीबों के रोजगार छीनने में लगा है। देर-सबेर वह अपने मिशन में सफल होगा या नहीं, यह मैं आज नहीं कह सकता। सफल नहीं हो, यह कामना जरूर है। निष्फल हो जाए तो इसका जश्न मनाना चाहिए।

हमने भी कार चलाई है

किसी यांत्रिक चीज को चलाने की हमारी काबिलियत पर सबसे ज्यादा सन्देह हमारे परम मित्र मधुसूदन आनन्द को था। वह पूछते थे कि अच्छा तुम सच-सच बताओ यार कि तुमने कभी जिन्दगी में साइकिल भी चलाई है? हमने कहा, हाँ भई, चलाई है। साइकिल हमारे पास थी नहीं मगर दूसरों की साइकिल से सीखा और चलाई है। पहले कैंची चलाना सीखा, फिर सीट पर बैठ कर चलाना सीखा। कई

बार गिरा भी हूँ। आनन्द जी को मेरी हर बात पर भरोसा रहा है, बस इसी एक बात पर नहीं था। उनका अतिअविश्वास अकारण नहीं था। खैर हम दो-तीन बार कार ड्राइव करके उनके घर ले गए, तब शायद यकीन आया कि इसने वाकई कभी साइकिल चलाई होगी।

यह तो सही है कि हमने साइकिल सीखी और चलाई पर तब खरीद नहीं पाए थे मगर बाद में भी अपने लिए नहीं, अपने बच्चों के लिए खरीदी। आईआईटी, दिल्ली में जब बड़ा बेटा पढ़ता था तो उसके यह बहुत काम आई। स्कूटर-मोटरसाइकिल कभी खरीदी नहीं। खरीदी तो सीधे कार ही, इसलिए दोनों को कार चलाना तो आता है, कभी उन्होंने मेरी जानकारी में दूसरे वाहन नहीं चलाए।

बहुत समय तक तो हम कार खरीदयोग्य नहीं थे। जब हुए तो खरीदी लेकिन पुरानी फिएट कार। ड्राइविंग स्कूल से जितना वे हम जैसों को सिखा सकते थे, उतना सीखा। अब बारी ड्राइविंग लाइसेंस बनाने की थी। गए साहब। सड़क के संकेत-चिह्न आदि की समझ हासिल कर रखी थी। परीक्षक के पास गए। उसने हमारी आँखों के सामने हमसे कम संकेत चिह्नों को समझनेवाले लड़के को पास कर दिया मगर हमें फेल बताया। फिर उसे बताना पड़ा कि हम दिल्ली के फलां अखबार से हैं तो वह अतिविनम्र हो उठा। उसने कहा, सर आपने पहले बताया होता और उसने हमें तुरन्त पास कर दिया!

पहले हमने अपने साथ बैठने के लिए एक ड्राइवर रखा। मैं गड़बड़ करता तो वह बताता। एक बार कुछ गड़बड़ हुआ मगर टक्कर वगैरह नहीं लगी तो पीछे के वाहनवाले से हमने नहीं, उसने डाँट खाई क्योंकि पीछे लर्निंग का L लिखा हुआ था। फिर हम खुद ऑफिस तक कभी गाड़ी ले जाते, कभी नहीं। अपनी योग्यता पर विश्वास का अभाव भी कारण था और पेट्रोल पर खर्च करने की हमारी तब की क्षमता का सवाल भी था। हाँ हमने गाड़ी पार्क करना कभी ठीक से नहीं सीखा। यह भी कारण था कि कई ऐसी जगह कार नहीं ले जाते थे, जहाँ खुद पार्क करने की मजबूरी सामने आती थी। ऑफिस की पार्किंग वाला तो पार्क कर देता था और जाने पर सामने लाकर गाड़ी खड़ी भी कर देता था।

और बताएँ कि गाड़ी लाने-ले जाने के एक घंटे पहले से हमें धुकधुकी होने लगती थी और गाड़ी चलाने के अन्तिम दिन तक यह स्थिति बनी रही। लगता था कि कहीं कुछ गड़बड़ न हो जाए। अपनी जान जाने से ज्यादा कहीं असावधानी में दूसरों की जान हम न ले लें, यह भय लगा रहता था! मुख्य सड़क पर आकर ही यह डर मिटता था। जब कार अपनी लेन में चलते-चलते अपने ठिकाने तक पहुँच जाती, तब चैन मिलता। दूसरी कुछ मुश्किलें भी थीं क्योंकि कार चलाने की कुशलता हमारा क्षेत्र नहीं था। एक-दो बार हमने अपनी हाउसिंग सोसायटी से कार निकालते हुए दरवाजे से लगी दीवार पर ठोंक दिया था। एक बार पार्किंग

में खड़ी एक गाड़ी को थोड़ी खरोंच लगा दी। एक बार हल्की सी चढ़ाई पर पता नहीं क्या गड़बड़ हुई कि गाड़ी थोड़ी सड़क से नीचे आ गई। लोगों की मदद से उसे सड़क पर लाना पड़ा। दो बार उस पुरानी गाड़ी में साथ बैठकर जानेवालों से धक्का लगवाना पड़ा। एक बार तो हमारे कवि मित्र मनमोहन हमारे चक्कर में फँस गए थे। हम उन्हें अपने ड्राइविंग कौशल से प्रभावित करना चाहते थे और वह मन ही मन कह रहे होंगे, नागर जी आपका काव्यकौशल ही हमारे लिए काफी है, यह कौशल प्लीज हमें मत दिखाइए। हमारी दुबली-पतली काया को कोई क्षति हुई तो हम जीवनभर भुगतेंगे पर हम कहाँ माननेवाले थे! हाँ भांग खाकर कार चलाने का भी एक अनुभव है। उस पर हम अलग से लिख चुके हैं।

दिशा ज्ञान के मामले में अपना ज्ञान भी माशाअल्लाह है। जाना पूरब है, जा रहे पश्चिम में हैं। रास्ता परिचित नहीं है तो जाना घर है, मगर जा रहे विपरीत दिशा में हैं। एकाध बार हमें तो अनुमान नहीं था मगर अपने कौशल से हमारी सुरक्षा करने के बाद पीछे के वाहनवाले ने हमें डाँटा कि तुम परिवार के साथ जा रहे हो, खयाल रखा करो।

खैर साहब इस तरह गाड़ी कभी चलती, कभी धक्के खाती, खतरे झेलती रही। बाद में ऊँचे पद पर पहुँच गए तो ड्राइवर रख लिया। खटारा कार को विदा कर दिया, नई कार खरीद ली। ड्राइवर रखने के बाद हमने कभी खुद चलाने का खतरा नहीं उठाया। अब पुनर्मूषको भव हैं। टैक्सी, स्कूटर, मेट्रो, ई रिक्शा, साइकिल रिक्शा की सवारी करते हैं। और दो-तीन किलोमीटर की दूरी हो तो पैदल यात्रा करना पसन्द है। हाँ कार खुद आत्मविश्वास से चलाना आता, तो मामला अलग होता मगर इसका अफसोस भी नहीं है।

हमारी इन्दिरा

हमारी इन्दिरा। देश की नहीं, हमारी इन्दिरा। इन्दिरा—जो हमारे घर पिछले करीब 25 से अधिक वर्षों से बर्तन-कपड़े का काम करती आ रही है। जब पहली बार आई थी, तब यही कोई 18-19 साल की उम्र की नवविवाहिता थी। नवविवाहिता का उत्साह उसमें था। संयोग से उसे पति इस मायने में अच्छा मिला कि वह शराबखोर नहीं था तो इन दोनों ने मिलकर अपनी गृहस्थी धीरे-धीरे ठीक से जमाई। पति कार साफ करके कमाई करता, इन्दिरा कपड़े-बर्तन-सफाई का काम करके। दो बच्चे हैं उनके। बेटी का नाम शिवगामी है, बेटे का नाम शिवकुमार। बेटे को पिता का प्यार अधिक मिला, डाँट कम। लाड़प्यार में वह ठीक से पढ़-लिख

नहीं पाया। बेटी को पिता से उपेक्षा ही मिली मगर वह पढ़ने-लिखने में ठीकठाक रही। इस समय वह बारह-पन्द्रह हजार की नौकरी कर रही है। तमिलों की जिस जाति से है, उसमें मामा से भांजी का भी विवाह कर दिया जाता है मगर नौकरी करके पत्राचार से आगे की पढ़ाई कर रही इस लड़की ने फिलहाल बड़ी चतुराई से इन दबावों में आने से इनकार कर दिया है। उसके रिश्ते के लड़के उससे काफी कम पढ़ेलिखे हैं, जाहिर है ऐसे परिवार में जाकर वह अपना जीवन बर्बाद करना नहीं चाहती।

यह बच्ची शुरू में कुछ साल अपने दादा-दादी के पास रही, फिर लगभग चार साल की थी तो माँ-बाप के पास लौटी। हमारे घर में पहली बार आकर वह लाइट-पंखा और अधिक खाली जगह देखकर इतनी खुश हुई कि पूरे घर में दौड़ती-भागती रही। समय के साथ उसकी यह चंचलता खोती चली गई। उसका चेहरा भावविहीन होने लगा। शायद उसकी उपेक्षा इसके मूल में रही हो।

इन्दिरा का दुर्भाग्य यह रहा कि उसका पति-जो बरसों से गरीबों की बस्ती त्रिलोकपुरी से पाँच-छह किलोमीटर दूर साइकिल से आता-जाता था—कुछ साल पहले एक दिन सड़क दुर्घटना का शिकार हुआ। उससे पहले लेकिन उसने 100 गज के प्लाट पर छोटामोटा मकान बनवा लिया था। घर की यह सुरक्षा आज इन्दिरा की थाती है और किराए की राशि भी। पति के हिस्से में गाँव की पैतृक जमीन का एक हिस्सा आया था तो उसने रिश्तेदारों के पंजों से उस जमीन को निकालकर और अपनी शहरी ठसक दिखाने के लिए गाँव में भी ठीकठाक-सा घर बनवा लिया है और सिर पर बहुत कर्ज भी चढ़ा लाई है।

पहले वह दिन में दो बार काम करने आया करती थी, अब एक बार आती है, हमारी कालोनी में भी सिर्फ हमारे यहाँ। पत्नी को उससे ऐसा लगाव और उसकी ईमानदारी पर ऐसा अटूट भरोसा है कि वह कई बार कई कारणों से लम्बी-लम्बी छुट्टियाँ लेकर गई है—मकान बनाने के लिए तो करीब पाँच महीने की—मगर वह इन्दिरा को छोड़ने को तैयार नहीं, न इन्दिरा उसे। कहानी को छोटा करते हुए बताता हूँ कि करीब आधा किलोमीटर अतिरिक्त पैदल चलकर हमारे यहाँ वह आती है। यहाँ आने का उसका मुख्य आकर्षण पैसा नहीं, बीस मिनट-आधा घंटा उसके दुखदर्द सुननेवाला यहाँ कोई है यानी मेरी पत्नी है, जो समय-समय पर उसे हिम्मत भी देती है, सलाह भी। वह इन्दिरा के परिवार के सब लोगों को कम से कम नाम से जानने लगी है और उसके रिश्तेदारों से उसके सम्बन्धों के बारे में भी गहराई से। इन्दिरा आती है तो मैं अलग कमरे में चला जाता हूँ, ताकि वह खुलकर पत्नी से बात कर सके, मेरे सामने उसे संकोच होता है। लाकडाउन के कारण उसे हमने कोई छह महीने सवेतन अवकाश देकर नहीं बुलाया तो पत्नी भी उसके बगैर अकेला महसूस करने लगी थी।

अपनी माँ की मृत्यु की खबर पाकर वह और उसकी बेटी पहली बार हवाईजहाज में बंगलुरु गए थे, जहाँ से करीब तीन हफ्ते बाद सभी लोकाचार पूरे करके वह काम पर फिर लौटी और साथ में ढेरों किस्से भी लाई पत्नी के लिए।

हमारे इरशाद

नौकरी के करीब आठ-नौ वर्षों तक इरशाद हमारे ड्राइवर रहे। इस बीच उन्होंने मेरी डाँट भी खाई लेकिन रिश्ता कुछ ऐसा बना कि आज तक कायम है। मीठी ईद पर वह सिवैयाँ, छोले, दही-बड़े देने जरूर आते हैं, चाहे, जो हो। पिछली बार भी आए, जबकि उनके पैरों में इतनी तकलीफ़ है कि एक-एक कदम चलना भी मुश्किल है। हमने इस पर उन्हें प्यार की डाँट भी पिलाई मगर वह मानने वाले नहीं। वैसे भी जब मन होता है, मिलने चले आते हैं, यह कहकर कि आपको देखने-मिलने की बहुत इच्छा थी। अभी फरवरी में उनका बड़ा बेटा—जो पश्चिम एशिया में काम करता है—उसे लेकर आए और वहाँ की बेहतरीन खजूर हमारे लिए लाए। वह कह रहे थे कि मेरी बेटी कह रही है कि पापा, जो भी हो, आप ईद के दिन उनके यहाँ जाओ जरूर। उनकी बेटी, उनका छोटा बेटा सब लगाव रखते हैं।

पहले तो ईद पर इतना अधिक लाते थे कि हमसे दो दिन तक भी खाया नहीं जाता था। बाद में बहुत मना करने पर एक बार खाने लायक तो लाते ही हैं। जितना प्रेम हम उन्हें दे नहीं पाए, उतना उनसे मिला है। दुख की बात है कि वह और उनकी श्रीमतीजी, दोनों काम किया करते थे मगर पैरों की समस्या के कारण दोनों ही घर में कैद से रहते हैं। अब उनका छोटा बेटा भी काम कर रहा है। क्या करे?

'शुक्रवार' में एकाध को छोड़कर मेरे सभी सहयोगी अच्छे मनुष्य थे। अब भी मिलते हैं, बात होती है तो बहुत सुखद लगता है। मेरे एक निजी सहायक होते थे—वसीम। वह भी खोजखबर देते-लेते रहते हैं। मेरे एक अत्यंत उत्साही और सक्रिय सहयोगी थे—रईस अहमद लाली। वह न होते तो मेरी बड़ी मुश्किल होती। कभी थकते नहीं थे और थकते थे तो थकान उनके चेहरे पर, उनके बर्ताव में नहीं दिखती थी। उनसे भी हर बरस ईद मुबारक होती है। एक और मेरे बहुत जहीन और सरल हृदय साथी जगीर किरमानी साहब थे। उनसे बात कर आनन्द आता है।

और पूजा मल्होत्रा। ओह उसने तो मेरी बहुत डाँट खाई मगर कभी वह हारी नहीं। बिलकुल बिंदास है। एक बार बस में उससे किसी ने बदतमीजी की तो उसकी अकड़ निकाल कर दम लिया। एक थे मधुकर मिश्र। वह भी बीच-बीच में मिलने

आ जाते हैं। अक्सर कहते हैं कि एक बार और आपके साथ काम करने की इच्छा है लेकिन अब मेरी नौकरी करने की न इच्छा है, न हम जैसों की अब पत्रकारिता को जरूरत है। वीरेंद्र शर्मा बेहद मेहनती और नरेन्द्र वर्मा भी। हमारे डिजाइनर देसाई जी विचारों से शिवसेनावादी हैं मगर व्यवहार में अद्‌भुत सहयोगी, मेहनती और कल्पनाशील। अनिल कुमार भी बड़े मेहनती थे। सब ठीक रहें, सक्रिय रहें, अभावग्रस्त न रहें, यही कामना रहती है।

सहयोगियों की दृष्टि से 'शुक्रवार' के सवा तीन साल बहुत खूबसूरत थे और तमाम समस्याओं के बावजूद जब तक इनके साथ काम कर सका, अच्छा लगा-बेहद अच्छा लगा।

मोबाइलाय नमः

यह 1997-1998 की बात होगी, तब मैं 'दैनिक हिन्दुस्तान' में विशेष संवाददाता था। एयरटेल ने हिन्दुस्तान समूह में कार्यरत लोगों को मोबाइल का कनैक्शन लेने पर 'कारपोरेट डिस्काउंट' देने की पेशकश की थी। एयरटेलवाले सम्पादकीय कार्यालय में घूम-घूमकर एयरटेल का प्रचार कर रहे थे। मैं मोबाइल का झंझट पालने के पक्ष में नहीं था लेकिन जब मुझे छोड़कर सभी विशेष संवाददाताओं ने मोबाइल ले लिया तो मुझे भी हारकर लेना पड़ा। सोचेंगे कि यह संवाददाता है या निरा साहित्यकार!

तब मोबाइल आकार में बड़ा होता था। उसमें ऐंटिना जैसा कुछ होता था। देखने में आज के मोबाइलों से बड़ा, भद्‌दा ओर भारी होता था। उसे पैंट की जेब में लेकर चलना झंझट का काम था। फिर भी किसी भी तरह का मोबाइल होना मात्र अपने आप में एक तरह का स्टेटस सिंबल था, जबकि अपना कोई स्टेटस था नहीं। जब बस में मोबाइल लेकर चलता था तो मनाता था कि मोबाइल बज न उठे। जेब में मोबाइल और बस में सफर! वैसे तब मेरे इतने कम मित्रों-परिचितों के पास मोबाइल था कि यह खतरा अधिक नहीं था।

फिर तो खैर मोबाइल जीवन का हिस्सा बनता चला गया। एक अर्थ में वह इतना अनिवार्य और सुलभ हो गया कि गरीब मजदूर के पास भी हो गया। उससे सम्पन्न वर्ग को भी सुविधा हो गई तो इससे उसे ईर्ष्या भी नहीं हुई। हाँ फिर मोबाइल होना नहीं, महँगा से महँगा मोबाइल होना, आईफोन होना स्टेटस सिंबल होता गया! आई फोन में भी कौन सा आईफोन है, यह स्टेटस सिंबल बन गया।

इतने से इस यंत्र में इतनी जादूभरी दुनियाएँ कैद हैं कि सबका तो उपयोग भी मेरी उम्र के लोग नहीं जानते। मुझे कुछ-कुछ बच्चों और बड़े पोते ने सिखाया

और अभी भी सीखता रहता हूँ। फेसबुक और गूगल के कारण वह ऐसी चीज बन गया है कि मुझ से बूढ़े भी इसके आकर्षण में गिरफ्तार हो चुके हैं।

आजकल यह बच्चों-बड़ों सबका सबसे प्यारा खिलौना है। बच्चों को दे दो, तो माँ-बाप को चैन! घर में पति-पत्नी दोनों के पास हो तो दोनों को एक-दूसरे से चैन! मैं तो देखता हूँ पार्क में बैठे प्रेमी-प्रेमिका भी मोबाइल पर झुके बैठे होते हैं। मोबाइल से पहले पेजर आया था, जो समझिए एसएमएस की तरह काम करता था। इसमें मेरी रुचि नहीं जागी। नवभारत टाइम्स के दिनों में इसे अपने एक साथी पंकज शर्मा के पास देखा था। तब पेजर भी एक तरह का स्टेटस सिंबल था। इसका जमाना जल्दी चला गया। आया और समझो गया।

मोबाइल फिर मोबाइल ही न रहा, स्मार्ट भी हो गया। मैं स्मार्ट होने के खिलाफ था, हूँ भी मगर कुछ साल पहले मोबाइल के मामले में फिर से समर्पण करते हुए स्मार्ट भी हो गया, हालांकि स्मार्ट मोबाइल मुझसे ज्यादा स्मार्ट है। इतना स्मार्ट कि जिसे सुबह फोन लगाया था, जेब में पड़े-पड़े, उस मोबाइल ने फिर उसे फिर लगा दिया। वह हैरान और आपको कुछ पता नहीं!

मोबाइल इंटरनेटमय हो गए तो फिर हम बचतेबचाते फेसबुक पर आ गए। व्हाट्सएप की सुविधा से खुद को दूर रखे हुए हूँ, जबकि रोज सवाल होता है कि आप व्हाट्सएप पर हैं क्या? मैं निराश करता हूँ कि नहीं हूँ। उन्हें लगता है बड़ा उजबक हूँ। उजबक ही बना हुआ हूँ क्योंकि जिसके पास आपका नम्बर है, दनादन व्हाट्सएप करेगा और मेरा नम्बर बहुतों के पास है। न जाने किन-किन कंपनियों के पास भी है!

मेरे पोते साहब ने एक दिन चुपचाप व्हाट्सएप डाल दिया था मगर उससे जल्दी ही पीछा छुड़ाया। कौन दिनभर फेसबुक-व्हाट्सएप करता रहे? दुनिया में और भी गम हैं—फेसबुक-व्हाट्सएप के सिवाय। अभी मेरा तर्क है कि ये फेसबुक का झंझट ही क्या कम है, जो नया संकट भी मोल लूँ! मेरे मित्र लीलाधर मंडलोई ट्विटर और इंस्टाग्राम के फायदे भी बताते हैं, सुन लेता हूँ बस। इनसे प्रतिरोध का दौर अभी जारी है। कोई भीष्म प्रतिज्ञा भी नहीं है कि यह प्रतिरोध हमेशा बना ही रहेगा। बना रहे तो अच्छा है वरना 'हरिइच्छा' के आगे मनुष्य की चलती कहाँ है!

खूब कासिम साहब, खूब

थोड़ी पुरानी बात है। मैं कहीं जाने के लिए मेट्रो स्टेशन पर मेट्रो का इन्तजार कर रहा था। मेट्रो आने में कुछ देर थी। आसपास के लोगों पर नजर डाली, फिर

एकदम सामने निगाह गई। वहाँ देखा सामने के ओवरब्रिज के इस तरफ वाली दीवार पर रोमन में बड़े-बड़े अक्षरों में लिखा था—'कासिम लव शषु।' थोड़ी ही दूर पर फिर लिखा था—'लव यू शषु।' पेशाबघरों और पुरातात्त्विक स्थलों पर प्रेम के ऐसे इजहार बहुत देखे थे मगर इतनी ऊँचाई पर और इतने बड़े-बड़े अक्षरों में प्रेम का ऐसा प्रदर्शन कम से कम मैंने पहली बार देखा था। कासिम साहब ने इतनी ऊँचाई पर या तो क्रेन पर चढ़कर या किसी को चढ़वाकर यह लिखवाया होगा या बड़ी सी नसैनी का इस्तेमाल किया होगा, ताकि मेट्रो से आने-जाने वाली उनकी प्रेमिका पढ़ सके। ये वाले कासिम साहब जरूर युवा रहे होंगे और शायद प्रेम में पगला रहे होंगे। यह हो सकता है कि उनका प्रेम एकतरफा रहा हो और वे दुनिया को बताना चाहते हों कि वे फलाँ से प्रेम करते हैं ताकि उनकी प्रेमिका को ही नहीं, उस स्टेशन से आने-जाने वाले हर शख्स को पता चल सके। हो सकता है वे इस तरह अपनी प्रेमिका पर दबाव बनाना चाहते हों। हो यह भी सकता है कि उनकी प्रेमिका ने कहा हो कि ऐसा करके दिखाओगे तो ही यह साबित होगा कि तुम्हारा प्यार सच्चा है। और भी पचासों सम्भावनाएँ हैं। लेकिन जब पड़ोसी राज्य उत्तर प्रदेश में 'एंटी रोमियो स्क्वैड' सक्रिय हों, मुस्लिम विरोधी भावनाएँ भड़काई जा रही हों, तब कासिम साहब प्रेम में गले-गले तक डूबे हैं यानी वक्त कितना ही बुरा हो, पागलपन की हद तक जाकर प्रेम करना बन्द नहीं किया जा सकता। खूब कासिम साहब, खूब।

मैं रोटी खाकर आऊँगा

"भई मैं रोटी खाकर आऊँगा।" यह वाक्य मैंने पार्क में नियमित रूप से घूमनेवाले एक आदमी के मुँह से सुना।

इस वाक्य में कुछ भी ऐसा नहीं है कि आपके-हमारे दिमाग की घंटी बजे। हमारी बोलचाल का यह सबसे साधारण-सामान्य, रोजमर्रा इस्तेमाल होनेवाला वाक्य है। मैंने खुद यह वाक्य हजारों बार बोला होगा, दूसरों को कहते सुना होगा लेकिन आज रोटी खाना सुनकर मेरे दिमाग की घंटी अचानक बज उठी। इसलिए भी कि यह वाक्य बोलनेवाला मेरा अनुमान है कि मुझसे अधिक सम्पन्न और चालू आदमी है लेकिन वह अभी भी रोटी खा रहा है और मैं खाना खाने, भोजन करने लगा हूँ! खाना वह भी खाता है और युवा है तो मुझसे अधिक ही खाता और पचाता होगा। सम्भव है रोज मुझसे बेहतर और विविध चीजें वह खाता होगा मगर फिर भी वह मेरे जितना 'सभ्य' नहीं हुआ और वह अभी तक रोटी खा रहा है और मैं सभ्य

होकर न जाने कब से खाना खाना शुरू कर चुका हूँ! अगर मैं भी रोटी खा रहा होता तो मेरे दिमाग की घंटी बजती भी नहीं, हाँ भोजन करने, खाना खाने की बात सुनकर शायद बज जाती।

इस वाक्य ने मुझे आज कई तरह से चौंकाया। एक तो यह खयाल आया कि हम अधिकतर उत्तर भारतीयों के भोजन में केन्द्रीयता रोटी की है, चावल की नहीं। हम चावल भी खाते हैं बीच-बीच में और कुछ लोग तो खासकर सुबह के भोजन में चावल और रोटी दोनों खाते हैं मगर वर्गभेद की दीवार के परे केन्द्रीयता रोटी की है। लोग कहते मिलेंगे कि अपने को तो दो रोटी मिल जाए, काफी है। इससे ज्यादा की अपन सोचते भी नहीं। चटनी-रोटी, नमक-रोटी, दाल-रोटी मिलना अभिधा भी है और व्यंजना भी। बस सामने रोटी हो, फिर तो हम उसे किसी भी चीज से खा लेंगे नमक से, चटनी से वरना केवल रोटी भी होगी और भरपूर होगी तो खाकर डकार आ जाएगी, कोई खास कमी महसूस नहीं होगी। याद करेंगे तो रोटी से जुड़ी न जाने कितनी कथाएँ, व्यंजनाएँ हमारी भाषा-बोलियों में हैं। रोजी से जुड़ी है रोटी-रोजीरोटी। रोटी के सभी पर्यायवाची बेकार हैं। रोटी की पर्यायवाची रोटी ही हो सकती है।

रोटी शब्द सुनते ही मेरे दिमाग में गेहूँ के पतले फुलके आते हैं। वे फुलके भी जो फुलके जैसे नहीं होते। उस समय अन्न का अभाव ऐसा था कि अमेरिका से गेहूँ मँगाया जाता था, जो लाल रंग का होता था। यह गेहूँ पीएल-480 का गेहूँ कहलाता था। इसकी रोटी भी लाल रंग की होती थी। इसे खाना मुश्किल था मगर देसी गेहूँ खरीदना बस में भी नहीं था तो हम ही क्या अधिकतर गरीब यही खाते थे। पेट में रोटी तो होना चाहिए न!

किसी के दिमाग में रोटी शब्द सुनकर गेहूँ की बजाय ज्वार-बाजरे की रोटी आती होगी। किसी के दिमाग में तंदूरी रोटी आती होगी। किसी का दिमाग अभाव के उन दिनों की ओर दौड़ जाता होगा, जब रोटी भी नहीं मिलती थी। खाने को सब मिले मगर उसमें रोटी न हो, तो कई को वह खाना, खाना ही नहीं लगता। और आज भी लाखों-करोड़ों लोग हैं, जो मेहनत करके भी दो समय की रोटी का इन्तजाम नहीं कर पाते। शहरों में आए ऐसे स्वाभिमानी भी मिलेंगे, जो भूखे रह गए मगर किसी के सामने हाथ नहीं फैलाया। अपने और बच्चों का पेट भरने की खातिर रोटी के लिए अपनी देह बेचने की स्त्री-कथाएँ, कथाएँ नहीं, यथार्थ दास्तानें हैं।

दक्षिण भारत में चावल ही खाया जाता है, उत्तर पूर्व में भी और भी कई जगह शायद मगर मेरे खयाल से रोटी का जो भी रूप हो, जो भी नाम हो, शायद दुनिया के बड़े हिस्से में वही भोजन का मुख्य अंग है।

किताबें और कामगार

एक दिन मेरी नजर में एक अद्भुत बात हुई। दो युवा पर्दों की रॉड उस कमरे में फिट कर रहे थे, जहाँ किताबें रखी हैं। एक ने अपना काम करते-करते पूछा—"अंकल जी, आपने ये सारी किताबें पढ़ी हैं?" मैंने कहा—"काफी पढ़ी हैं, कुछ को फिर-फिर पढ़ता हूँ और कुछ अभी पढ़ी नहीं हैं, पढ़ना है।"

जहाँ चढ़कर वह काम कर रहा था, वहाँ कुछ धार्मिक किताबें भी थीं, जिनमें संयोग से दो-चार किताबें रजनीश की भी हैं। उसने एक का शीर्षक पढ़ा—'जीने के दो तरीके।' उसने कहा, "यह मुझे अच्छी लग रही है।" मैंने कहा—"ले जाना। पढ़कर वापिस दे देना।" उनका काम खत्म हुआ तो मैंने उसके साथी से कहा कि अपने उस साथी की पसन्द की वह वाली किताब निकाल लो, उसे दे देना। इसी बीच इस युवा की नजर वहीं रखी कुरान पर पड़ी। कहने लगा कि ये तो हिन्दी में होगी? मैंने कहा, हाँ हिन्दी में है। उर्दू पढ़ना उसके लिए आसान रहा होगा या जो कुछ हो, उसने कुरान को उलटा-पलटा। कुछ पढ़कर देखा भी और वापिस रख दिया। फिर उसकी नजर सामने रखी डा. जाकिर हुसैन की एक किताब-'कछुआ और खरगोश' पर पड़ी। उसने कहा मैं यह ले जाना चाहता हूँ। ईद में घर आते-जाते समय ट्रेन में पढ़ूँगा। वहाँ से आते ही, बिना देर किए लौटा दूँगा। वह नहीं जानता था कि जाकिर साहब कौन थे। मैंने बताया उसे।

पहलेवाला भी कह गया है, इसे पढ़कर लौटाऊँगा और दूसरी ले जाऊँगा। काश यह सिलसिला चलता रहे। यह पहली बार है कि किसी मजदूर ने मुझसे किताब माँगी। खुश वे दोनों भी होंगे। मैं भी हूँ।

इससे पहले सफेदी करने आए मजदूरों में एक मजदूर चौथी फेल था, बाकी सब लिखना-पढ़ना बिलकुल नहीं जानते थे। उनमें चौबीस-पच्चीस साल का एक युवक भी था लेकिन मैंने देखा है कि सारे कामगार कितने का नोट या सिक्का है, यह अवश्य जानते हैं। और यह भी कि आठ घंटे कब हो जाएँगे। इस तरह का ज्ञान उनके जीवन का सबसे जरूरी ज्ञान है। वैसे भी निरक्षर, अक्सर बुद्धू नहीं होते लेकिन इसका मतलब यह नहीं कि न्यूनतम शिक्षा उनके लिए जरूरी नहीं।

आओ, कुछ करते हैं

पैदल चलने से स्वास्थ्य तो अच्छा रहता ही होगा, कुछ दिलचस्प बातें—जो शायद आपको उतनी दिलचस्प न भी लगें—सुनने-सोचने को मिल जाती हैं। मैं संसद

मार्ग से कनाट प्लेस में बस प्रवेश ही करनेवाला था कि 20-22 साल के तीन निम्न मध्यवर्गीय युवा दिखे। उनमें से एक ने मुस्कराते हुए बाकी दो से कहा—"यार जिन्दगी में कुछ कर तो न सके मगर आ कॉफी ही पीते हैं आज।" तीनों आगे कनाट प्लेस की ओर आगे बढ़ने की बजाय संसद मार्ग की ओर मुड़े ही थे कि दूसरे एक युवा ने कहा, "यार मैगी भी खाते हैं।" इस पर भी सहमति बन गई।

मैगी खाई ही होगी सबने, कॉफी भी पी होगी। फिर शायद राजीव चौक से मेट्रो पकड़ी होगी या बस या क्या पता स्कूटर या टैक्सी! कॉफी और मैगी ने आगे क्या कमाल दिखाया या नहीं दिखाया, मालूम नहीं।

मैं साला फालतू में ही तब से इस 'कुछ न कर पाने' और कॉफी पीने और मैगी खाने का क्या सम्बन्ध हो सकता है, यही सोचे जा रहा हूँ। जरूरी नहीं कि कोई सम्बन्ध हो। नहीं है तो भी कोई बात नहीं है मगर है तो भी क्या? बीस-बाईस साल में तो जिन्दगी की कुछ-कुछ असलियत खुलना शुरू होती है। निम्न मध्य वर्ग के बच्चे हैं तो शायद सत्रह-अट्ठारह की उम्र से ही जिन्दगी की असलियत सामने आने लगी होगी लेकिन जिन्दगी तो अभी बहुत पड़ी है। कुछ न कर पाने का यह वाक्य क्यों? लेकिन कहा तो उसने यह मुस्कराकर ही था! मतलब उसके इस वाक्य का कोई मतलब नहीं था। फिर कॉफी पीने और मैगी खाने की बात भी हुई और खानपान भी हुआ ही होगा। फिर मैं क्यों उलझ गया हूँ? क्या अर्थहीन में अर्थ ढूँढ़ने में लगा हूँ? लेकिन यह भी नहीं मान पाता कि जिन्दगी में कुछ कर न सकने वाले वाक्य का कोई अर्थ ही नहीं है।

वैसे कहते हैं कि खाली दिमाग शैतान का घर होता है। कहने वाला भी अपना यह वाक्य भूल चुका होगा लेकिन शैतानी दिमाग ने उसे दर्ज कर लिया।

गरीब कोई मन्दिर नहीं है

उसने मुझसे कहा—"आज मैंने एक गरीब बुजुर्ग की उनके बिना माँगे मदद की और मुझे यह बहुत अच्छा लगा।"

हुआ यह कि एक बुजुर्ग को उसने एक साइकिल रिक्शावाले से कहीं चलने को कहते हुए देखा। उन दोनों में किराया तय हुआ। रिक्शावाला चलने ही वाला था कि उसने पास जाकर पूछा—तुम इनसे कितना किराया ले रहे हो? उसने वह बताई राशि। उतना पैसा उसने रिक्शेवाले को देते हुए कहा कि ये बहुत गरीब लग रहे हैं, यह किराया, तुम मुझसे ले लो और इन्हें छोड़ दो। रिक्शावाले ने पैसे ले लिए। उन बुजुर्ग से न रिक्शेवाले ने कोई बात की, न उसने की बल्कि उनकी

तरफ देखा तक नहीं। उन्हें शायद मालूम ही नहीं पड़ा कि क्या हुआ है।

वह बहुत खुश था कि उसने बिना माँगे, एक गरीब की मदद की।

मैंने कहा—"बहुत अच्छा किया। बहुत सम्भव है वह बुजुर्ग तुम्हें बहुत आशीर्वाद दें मगर तुम्हें उनसे पूछ लेना चाहिए था।" यह किसी गरीब से भी पूछा जाना चाहिए कि क्या उसे इस तरह की कोई मदद मंजूर होगी, चाहे उसकी आर्थिक स्थिति बहुत खस्ता हो। यह गुप्त सहायता तुम्हारे लिए ठीक है मगर गरीब कोई मन्दिर नहीं है, जहाँ मूर्ति या पुजारी से पूछने की जरूरत नहीं। वहाँ पैसे चढ़ाने का हर हाल में स्वागत ही किया जाता है।

कवि जी, दिल्ली में मेकअप ही नहीं है

दिल्ली से इतर एक महानगर में रहनेवाले एक युवा कवि की कविता पढ़ी। यूँ वह अच्छे ही कवि हैं मगर उनकी एक कविता पढ़कर चौंका। चौंका भी क्या क्योंकि ऐसी अभिव्यक्तियों में अब चौंकाने को खास रहा नहीं। जिस कविता के बहाने बात कर रहा हूँ, वह है तो साधारण मगर दिल्ली का खौफ जगाती है, इसलिए उस पर लिखने को मन हुआ क्योंकि इससे पहले की पीढ़ियों के कुछ कवियों ने भी दिल्ली को एक खौफ के रूप में पेश करके तालियाँ बटोरी हैं।

कविता का सार यह है कि फलाँ शहर जाऊँगा तो फलाँ कवि से मिलूँगा और फलाँ शहर जाऊँगा तो फलाँ कवि से मिलूँगा मगर दिल्ली जाऊँगा तो किस (कवि) से मिलूँगा क्योंकि इतना मेकअप है दिल्ली के चेहरे पर (अर्थ हुआ कवियों के चेहरों पर) कि इसे पहचान नहीं पाता, जबकि उस कवि को दूसरे शहरों में बिना मेकअप वाले कवि उपलब्ध हैं। कितना सुंदर सरलीकरण है!

इस कविता से लगता है कि यह कवि इस कविता के छपने तक दिल्ली आया नहीं था मगर उसे पहले से मालूम था कि यहाँ केवल मेकअपवाले कवि रहते हैं। ऐसे कवि दिल्ली में ही रहते हैं, इसका अधिक ज्ञान मुझे नहीं है। अभी इतना अनुभववृद्ध भी नहीं हुआ हूँ कि यह बात उनकी तरह अधिकार से कह सकूँ।

मैं दिल्ली के कवियों के बचाव में कुछ कहकर व्यर्थ विवाद पैदा नहीं करूँगा। दरअसल यह कविता भटकाकर जहाँ पहुँचाई गई है, उस पर कुछ कहूँगा कि दिल्ली महज सत्ता का केन्द्र है। एक अर्थ में वह है भी। आज की तारीख में साहित्यिक सत्ता का केन्द्र भी वह है शायद। लेकिन दिल्ली सिर्फ सत्ता केन्द्र का नाम नहीं है। वह पूँजीवादी सत्ता की तमाम बुराइयों के साथ, प्रदूषण के साथ, मुम्बई या कोलकाता जैसा एक महानगर भी है, जिसका ओरछोर, जिसकी बहुस्तरीयता

लगभग पाँच दशक तक रहने के बाद भी कम से कम मैं तो नहीं जान पाया हूँ। यहाँ लाखों मेहनतकश लोग हैं, दैनिक संघर्ष में लगी स्त्रियाँ हैं। लाखों शरीर, दिल-दिमाग इसे तरह-तरह से खुद चलते और चलाते भी हैं। यहाँ रंगेपुते चेहरे भी होंगे हर दूसरी जगह की तरह तो पसीने में नहाये शरीर भी हैं। कुछ हजार सत्तामंडित लोग हैं तो करोड़ों लोग मानवीय गरिमा से वंचित जीवन जीनेवाले लोग भी हैं। इस महानगर को जानना हो तो इसे रघुवीर सहाय और इब्बार रब्बी की कविताओं के जरिए जानिए, उनके माध्यम से नहीं, जिन्हें यहाँ के कूड़ेदानों में भी सत्ता बिखरी पड़ी दीखती है। और अगर मुम्बई को जानना हो तो विजय कुमार के फेसबुक पेज पर जाइए। इससे पता चलेगा कि महानगरों को किस तरह जानना-समझना चाहिए।

इस शहर में जो सत्ता ही सत्ता देखते हैं—वे कवि हों या कोई और—वे कहीं न कहीं सत्ता के पास पहुँचने की या खुद सत्ता बनने की ललक लिए हुए लोग होते हैं। यह आरोप उस कवि-विशेष पर नहीं, उस मानसिकता पर है, जो दिल्ली और सत्ता को पर्याय मानती आई है। मैंने तो ऐसे कवि-लेखक भी देखे हैं जो बाहर रहकर भी दिल्ली की सत्ता या सत्ताओं के अधिक करीब हैं और ऐसे भी कवि-लेखक देखे हैं, जो दिल्ली में रहकर भी उस सत्ता से बहुत दूर हैं। दिल्ली जिनके लिए रोजीरोटी का साधन है, मजबूरी है, जरूरत है, साँस है। मैंने ऐसे भी कवि-लेखक देखे हैं, जिन्हें दिल्ली में रहकर भी केवल दिल्ली की सत्ता ही दिखी, दिल्ली कभी नहीं दिखी और ऐसे कवि-लेखक भी देखे, जिन्हें दिल्ली से बाहर रहकर भी सिर्फ दिल्ली ही दिल्ली दीखती रहती है।

तो बंधु आइए यहाँ। बिलकुल मत मिलिए यहाँ के कवियों से मगर घूमिए और जानिए कि दिल्ली क्या है और क्या यह सिर्फ सत्ता का पर्याय है? और कुछ नहीं और कुछ भी नहीं? इसके बाद जरूरी लगे तो उस कविता को कूड़ेदान के हवाले कर दीजिएगा

आज बहुत कुछ अच्छा हुआ

आज बहुत सी बातें अच्छी हुईं। आज बहुत दिनों बाद दिल्ली के आकाश पर छाए बादल छँटे। आकाश नीला दिखा। पत्नी साढ़े छह के आसपास उठी तो रोशनी काफी थी। मैंने सात बजे देखा तो मैं भी इतनी सुबह इतने दिन बाद इतनी रोशनी देखकर चकित हुआ। प्रसन्न हुआ। सुबह ठंडी हिमालयी हवाएँ चुभ रही थीं, अब अच्छी लग रही हैं। धूप इतनी तेज है कि मेरे जैसा 'बहादुर' ही इसमें बैठने का

आनन्द ले सकते हैं। इस धूप ने इतना तरसाया है इतने दिनों, बादलों ने इतना वंचित किया है रोशनी से, धूप से, कि जैसे उसकी भरपाई करने ही अभी बैठा हूँ। ऊनी कुर्ते पर स्वेटर चढ़ा रखा था, उसे निकाल कर रख दिया है। लगता है कुर्ता भी निकालना होगा।

आज कनाटप्लेस का व्यर्थ चक्कर लगाने से भी बच गया। आज एक रूठा हुआ दोस्त—जिसके बार-बार रूठने से मैं भी उससे रूठ गया था—वह खुद गिले-शिकवे दूर करने आनेवाला है। और कल से खयाल आ रहा है कि एक और को मैं कभी जल्दी ही मनाने जाऊँगा। जाऊँगा या नहीं अन्ततः नहीं जानता।

तमाम बुरी खबरों के बीच यही आज की ताजा और अच्छी खबरें हैं।

बाकी देश की अच्छी खबरों पर भी लगता है अभी बादल छाए हैं, कोहरा छाया है। क्या पता यह मौसम बदला है तो वह मौसम भी बदले शायद और धूप आज जैसी ही तेज हो। अभी तो इतनी तेज धूप भी सुकून दे रही है:जब रोज यही नजारा होगा तो छाँह की जरूरत महसूस होगी। आज ही एक बागीचे से गुजर रहा था तो पेड़ों की घनी छाँह का होना अच्छा लगा। और अभी तार पर सूखते तौलिए की छाँह मुझ पर पड़ रही है तो कोफ्त नहीं हो रही है, अच्छा लग रहा है। इस मौसम में पहली बार।

सबसे अधिक खुश हैं पेड़-पौधे

आज शाम को हमारे इलाके के भी एक हिस्से में तीन-चार दिन बाद थोड़ी-सी बारिश हुई। इससे उमस और बढ़ गई। अभी तक तीन-चार बार दिल्ली में थोड़ी-थोड़ी वर्षा हुई है। इससे थोड़ी-थोड़ी खुशी हम मनुष्यों को भी मिली है। इधर के किसानों को यह खुशी कितनी मिली है अभी, यह नहीं मालूम मगर सबसे ज्यादा खुशी किसे हुई है, जानते हैं? बच्चों से भी ज्यादा खुश हैं—पेड़-पौधे! कितनी जल्दी सब इतने हरिया गए हैं, जैसे गर्मी में जलकर सूखकर काँटा हुए ही नहीं थे कभी! ऐसे ही थे पहले भी या बारिश का बढ़-चढ़कर स्वागत करने के लिए यह सब वे कर रहे हैं? क्या खुश हैं कि दुखभरे दिन बीते रे भैया? हाँ एक पेड़ जरूर हमारी सड़क पर टूटा पड़ा था। हवा और पानी के इतने बड़े-बड़े झोंके कई बार जो सह गया, आज वह हल्का सा झोंका भी सह नहीं पाया! ऐसा आदमी के साथ भी होता है कम से कम एक बार जरूर—आखिरी बार।

इसके अलावा प्रकृति की यह खुशी देखने लायक है। नल से निकलने वाला पानी जो जीवन सालभर में पेड़ों को नहीं दे पाता, वह दो-तीन बार की बरसात का

पानी दे जाता है। आज घूम रहा था तो एक पेड़ की हरे-हरे पत्तों से झुकी डाल ने मेरा रास्ता रोका। पूछा—ऐ भागा-भागा कहाँ जाता है रे? ठहर। जिन्दगी में भागता ही रहेगा क्या? रुक!

लेकिन मैं कहाँ ठहरनेवाला था! एक हाथ से टहनी को ऊपर उठाया और आगे चल दिया।

लेकिन आज पानी और मिट्टी की मिलीजुली महक नहीं थी या इतनी तेज नहीं थी कि मेरे क्षीण होते नासापुटों तक पहुँच पाती। जो भी हो प्रकृति है विलक्षण। साढ़े तीन दशक पहले दो साल के लिए जर्मनी में था तो देखा, भयानक ठंड पेड़ों से उनका सारा वैभव छीन लेती है। वे पूरे नंगे हो जाते हैं लेकिन गर्मियों में प्रकृति की छटा वहाँ निराली हो जाती है। हमारे यहाँ मैदानी इलाकों में पूरी प्रकृति कभी अपना वैभव नहीं खोती। पतझड़ में भी वह अपनी सारी हरियाली नहीं खोती। कभी पेड़ों की कुछ प्रजातियाँ पतझड़ झेलती हैं, कभी दूसरी। हरापन कभी खत्म नहीं होता। और बरसात में तो हरापन इतनी घास-पत्तियों के साथ प्रकट होता है कि काफी कुछ से मुक्ति पाना भी जरूरी हो जाता है।

मैला नाखून और चींटियाँ

वैसे तो मेरे लिए हर दिन रविवार का दिन है—सोमवार, मंगलवार बुधवार से शनिवार तक सभी दिन। अक्टूबर का वह रविवार का दिन था। धूप खिली हुई थी। उस धूप में खड़े होकर मैं अपने नाखून काट रहा था। उसमें से एक नाखून बालकनी की सीमेंट के ऊपरी सिरे पर गिर गया, जहाँ चींटियाँ बहुत आ-जा रही थीं।

नाखून काट चुका तो ध्यान गया कि मेरे उस नाखून को—जिसमें मैल के अलावा और क्या रहा होगा—बहुत सी चींटियाँ लादे हुए कहीं ले जा रही हैं। फिर शायद इसे मुश्किल काम मानकर या इतनी सारी चींटियों के लिए इसे भविष्य की पर्याप्त खाद्य सामग्री न मानकर लादनेवाली चींटियों की संख्या कम होती गई। अन्त में तीन चींटियों ने उसे अपने घर ले जाना ठीक समझा, जो दीवार की किसी दरार में कहीं रहा होगा।

पहले उन्होंने खड़ी दीवार पर चढ़ने के लिए टेलीफोन के तार को रास्ता बनाना ठीक समझा। उससे नाखून पकड़ में तो रहता था मगर नाखून के साथ उन्हें भी कुछ ऊपर चढ़ते ही नीचे खींच ले जाता था। फिर उन्होंने तार वाला यह रास्ता छोड़ा। वे दीवार के कभी सपाट, कभी खुरदुरे हिस्से से ऊपर चढ़ने लगीं, जो उनके लिए अपेक्षया आसान था।

कुछ देर बाद दुबारा देखा तो वे नाखून को काफी ऊपर तक ले जा चुकी थीं। दो-तीन मिनट बाद फिर देखा तो न नाखून था, न चींटियाँ। या तो चींटियाँ का अपना घर आ चुका होगा या वे मेरे दृष्टि-पथ से काफी दूर जा चुकी होंगी लेकिन वे अपने मिशन में सफल रही होंगी, इसमें शक नहीं।

दिलचस्प यह है कि किसी पूजा के सिलसिले में बालकनी के ऊपरी हिस्से में गुड़ की एक छोटी-सी डली भी पत्नी ने रख रखी थी, उसे कम से कम 50 चींटियाँ खा रही थीं। गुड़ के उनके इस पहाड़ के एक-एक मिलीमीटर पर चींटियाँ थीं लेकिन इन तीन चींटियों ने गुड़ छोड़कर वह नाखून अपने साथ ले जाना ठीक समझा—शायद भविष्य के लिए।

मेरा मैला नाखून भी किसी के काम का आ सकता है, यह मैंने कभी सपने में भी नहीं सोचा था। हमारी फालतू चीज किस के क्या काम आ सकती है, इस पर एक अधूरी सी कविता कहीं लिखी पड़ी है। शायद उसमें कभी मेरा यह नाखून भी जुड़ जाए तो हो सकता है, वह कविता पूरी हो जाए। सम्भव यह भी है कि कविता के पोषण के लिए मेरा कटा हुआ नाखून पर्याप्त न हो!

मेरी इस पोस्ट पर स्वर्गीय विष्णु चन्द्र शर्मा की प्रतिक्रिया थी कि चींटियाँ नाखून को चावल का दाना समझकर ले गई होंगी। मैंने गूगल पर देखकर उनके इस सन्देह का निवारण किया। नहीं नाखून भी उनके काम आता है।

पहले स्वतंत्रता, फिर रोटी

हम मनुष्य आज तक यह बहस करते आ रहे हैं कि पहले रोटी या पहले स्वतंत्रता? कुछ कहते हैं पहले रोटी, कुछ कहते हैं पहले स्वतंत्रता। थोड़े ऐसे भी हैं, जो कहते हैं—रोटी और स्वतंत्रता, दोनों एक साथ। लेकिन मुझे लगता है कि चूहों (अन्य प्राणियों ने भी) ने बहुत पहले इस पहेली का सुलझा लिया है। वे पहले स्वतंत्रता चाहते हैं क्योंकि उनके लिए स्वतंत्रता ही रोटी है। वे दिनभर छुपते-छुपाते भटकते-लपकते हैं और कभी चुपड़ी, कभी सूखी रोटी हासिल कर ही लेते हैं। किसी दिन मेवा-मिष्ठान्न, किसी दिन खाली बासी रोटी। इसलिए जैसे ही किसी चूहे को आप रोटी के लालच में पिंजरे में बन्द कर देते हैं, वह रोटी भूलकर, उसे छोड़कर, स्वतंत्रता के लिए छटपटाने लगता है। पिंजरे में बेचैन भागता-दौड़ता-उछलता है। उसे जंगल में भी छोड़ दो तो पिंजरे की कैद से निकलने को व्याकुल हो जाता है, पिंजरे में रहने की बजाय जंगल की तरफ भागने का खतरा उठाता है।

इसके विपरीत मनुष्य की हालत है। जरूरी नहीं कि मनुष्य की स्वतंत्रता, उसकी स्वतंत्र-चेतना उसे रोटी मुहैया ही कराए, किसी दिन मेवा-मिष्ठान्न और किसी दिन सूखी रोटी ही दिलाए! वह भूखा भी मर सकता है बल्कि ऐसा मनुष्य भूखा ही मर सकता है इस देश में। इसलिए पिंजरे में बन्द होने में वह सुरक्षा महसूस करता है। वह बहस ही करता रह जाता है और हल नहीं निकाल पाता, जबकि मनुष्य से निम्नतर प्राणी—जिसे मनुष्य पसन्द नहीं करता, वह बहस कर नहीं सकता मगर अनुभव के आधार सही निष्कर्ष तक पहुँचा होता है। है न यह चमत्कार!

पक्षी और प्रकृति

पक्षियों को फुरसत से देखना भी एक विरल अनुभव है। केरल के एक शहर में देखा था कि सुन्दर, नहाए हुए-से ताजे दो एकदम काले कौओं (उत्तर भारतवाली प्रजाति के कौओं के अलावा ये भी होते हैं और सुन्दर लगते हैं) के पास ही एक गिलहरी भी आई। वह भी निर्भीक होकर उनके साथ चुगने लगी। जिसकी जब इच्छा हुई, यहाँ से चला गया, जब तबीयत हुई उड़ गया। फिर आया, फिर उड़ गया। मैंने पक्षी और इस प्रकार के छोटे जीवों में पहले भी यह देखा है कि खाते समय विभिन्न पक्षियों-जीवों के बीच किसी तरह की कोई प्रतिद्वंद्विता, कोई झगड़ा नहीं होता, एक अज्ञात समझदारी होती है। हद से हद यह देखा है कि कहीं किसी ने दाने डाले हैं और कौओं या कबूतरों की बिरादरी चुग रही है तो उनके उड़ने के बाद चिड़ियों की बिरादरी चुगने आती है। गिलहरी भी आती-जाती रहती है। सबको थोड़ा-थोड़ा ही चाहिए। हो सकता है मैं गलत होऊँ। पक्षी जगत का इतना कम ज्ञान अधूरा-अपूर्ण भी हो सकता है।)

एक और जगह हम खाना खाने गए थे। वहाँ कुछ खरगोश पले हुए थे। वे बिलकुल निर्भीक थे। एक जगह समुद्र किनारे कौए और बिल्लियाँ निर्भीक थीं। ये मनुष्य की संगत में जान चुके हैं कि इनके पास आने से कुछ मिल सकता है खाने को और नहीं भी मिला तो इनसे कोई खतरा नहीं, कम से कम इस जगह तो कतई नहीं।

ये जीव सड़क के कुत्तों से मुझे काफी भिन्न लगे हैं। कुत्ते किसी मुसीबत के मारे दूसरे कुत्ते को अपने इलाके में आता देखकर, सब मिलकर उसे बुरी तरह खदेड़ देते हैं। कारण भी समझ में आता है। उन्हें खुद समूह रूप में हर दिन पर्याप्त खाना मिलने की उम्मीद कम रहती है तो दूसरों के लिए उदारता कैसे दिखाएँ! वे खुद कई बार भूख से परेशान होकर किसी उम्मीद में आपके साथ चलने लगते हैं

मौन या कूँऊँ करते हैं। इस तरह अपनी भूख की व्यथा बिन कहे कहते हैं। एक बार उनके लिए कुछ ले आओ तो फिर आपको देखते ही उनकी उम्मीद आपसे बढ़ जाती है। वे आपके साथ मुँह उठाए हुए चलने लगते है। दे बाबा, आज भी दे। हताश क्यों करता है। उधर वह खदेड़ा हुआ कुत्ता कहीं और शरण पाता है या नहीं, नहीं मालूम। शायद अभावों की उसी दुनिया में हार-थक कर, भगाए जाकर लौट जाता होगा।

इसी तरह जिस कमरे में मैं सोता हूँ, काम करता हूँ, उसकी खिड़की के सामने जो पेड़ है, उस पर आजकल पतझड़ आया हुआ है। किसी-किसी फुनगी पर चिड़िया आती है। वहाँ जितना हरा है, उसमें दो चोंच मारती है और उड़ जाती है। फिर कोई आती है और चोंच मार कर उड़ जाती है। बाकी पक्षी भी इस पेड़ पर डोलते रहते हैं। उधर हरेभरे पेड़ भी हैं। पेड़ ही पेड़। पक्षियों का कलरव ही कलरव है। उसी खिड़की से पूरा या अधूरा चाँद इस कमरे में आता है आधी रात को और मुझे अपनी रोशनी से अच्छी तरह भिगोकर फिर आगे बढ़ जाता है। इधर रात को सड़क पर टहलता हूँ तो कुछ दिन चाँद मेरे आगे-आगे कुछ दूर तक चलता है। यह भ्रम जो हर व्यक्ति को चाँद देता है कभी न कभी, कितना सुन्दर होता है, कितना जरूरी, कितना आश्वस्तकारी।

अभी एक कौए ने जोर से काँव-काँव की है। शायद इस तरह दूसरे कौओं को आमंत्रित किया हो कि आओ, यहाँ खाने को खूब मिलेगा। फिर उसने पुकारा है। कहीं से कोई प्रत्युत्तर नहीं आया। अन्ततः वह उड़ गया खाकर और पानी पीकर। बाकी कौओं का भी कोई बढ़िया इन्तजाम कहीं हो गया होगा। शायद।

कबूतरों के घर का कुछ हालचाल

तप जिसे कहते हैं उसे ये साधु-संन्यासी वगैरह कितना करते हैं या नहीं करते, हम नहीं जानते मगर मैं कुछ अधिकार से यह बात कह सकता हूँ कि कबूतरनियाँ जरूर अपने बच्चों को जन्म देने के लिए कठोर तप करती हैं।

वर्षों तक हमारे बाथरूम की शाफ्ट में ये बच्चे देती रही हैं। पहले वे कहीं सही जगह ठिकाना ढूँढने की कोशिश करती हैं। फिर कबूतर-कबूतरियाँ अंडे देने से पहले तिनके जमा करते हैं। खासकर कबूतर तिनके लाता है, वे जरूरत से आकार में बड़े होते हैं, तो उन्हें तोड़ता है और कबूतरी के नीचे रखता जाता है, जिससे अंडे गिरते नहीं। फिर पता नहीं क्यों यकायक उन्होंने ऐसा करना छोड़ दिया, ऐसा लगा। कारण वे ही जानें। क्या उन्हें हमारे इलाके में अब तिनके आसानी से नहीं

मिलते? क्या नई पीढ़ी यह बात भूल रही है? क्या कबूतर आलसी हो गए हैं और क्या कबूतरियों का कबूतरों का जोर अब नहीं चलता? ये कोरे इनसानी अनुमान हैं।

खैर जब तक कबूतरी अंडे नहीं दे देती, बहुत बार देखा है कि कबूतर तब तक आता-जाता रहता है मगर उसके अंडे देने के बाद कबूतर साहब अकसर उससे टाटा-टाटा- बाय-बाय कर लेते हैं। कुछ तो पलट कर देखते तक नहीं। फिर कबूतरी दो-तीन हफ्ते तक बिना खाए पिए अंडे सेती रहती है। इतनी अधिक निष्ठा से कि कोई बड़ा से बड़ा सचमुच का योगी भी इस तरह का तप क्या कर पाता होगा! वह अपनी जगह से हिलती-डुलती तक नहीं, एकान्त साधना करती है। फिर जब अंडे से बच्चा निकल आता है तो हिलती-डुलती है मगर अपने लिए नहीं, अपने बच्चों का पेट भरने की खातिर। उस समय भी उसके प्राण बच्चों में ही अटके रहते हैं। जैसे ही जरूरत के दाने उसे मिल जाते हैं वह फौरन लौट आती है कि कहीं इतनी सी देर में तो उसके बच्चों को कुछ हो न गया हो। कोई और उनका शिकार न कर गया हो!

जब तक उसके बच्चे उड़ने लायक नहीं हो जाते, तब तक वह लगातार उनका भरणपोषण और सुरक्षा करती है। जब वे उड़ने लायक हो जाते हैं तो उनका हौसला बढ़ाती है। उन्हें उड़ना सिखाती है। नहीं उड़ते तो उन्हें जबर्दस्ती उड़ाती है, उनका डर मिटाती है। उसके बाद उसका अपना सामान्य जीवन लौटता है। शायद वही या कोई और नया कबूतर उसकी जिन्दगी में आता हो।

कबूतर गंदगी भी करते हैं मगर उनका आसपास होना राहत देता है। इस बीच (लाकडाउन से पहले) कहीं पढ़ा था कि प्रदूषण से 60 प्रतिशत पक्षी मर गए दिल्ली में। जिस देश में आदमी मर रहे हैं तो पक्षियों को कौन पूछे? वे तो कोई प्रतिरोध भी नहीं कर सकते, उनकी चिन्ता सरकार, मीडिया किसी को क्यों हो? आदमी का बेमौत मरना जब रुकेगा, तभी उनका मरना भी रुकेगा। और आदमी तो साहब मरेंगे ही, जो जितना गरीब है, वह उतना ज्यादा, उतना पहले मरेगा।

2

पिछले कुछ दिनों से एक अकेला कबूतर/कबूतरी पूरी रात अकेले बैठता-बैठती है। दिन में भी अक्सर यही होता-होती है। शायद पक्षी हमारी तरह अकेलापन नहीं जानते मगर फिर भी क्या यह उन्हें सुहाता होगा? पता नहीं। वैसे कबूतर अक्सर जोड़ों में ही दीखते हैं, इसलिए इस कबूतर को लगे या न लगे, मुझे कुछ विचित्र, कुछ अच्छा नहीं लगता मगर मैं क्या कर सकता हूँ, सिवाय इसके कि फालतू, खालीपीली दया बरसाऊँ, करुण हो जाऊँ! बस सोचता रहता हूँ कि यह अकेला क्यों है? मेरे अनुमान मनुष्य को देख कर-समझ कर लगाए गए अनुमान हैं। जरूरी है कि मेरी कल्पना का यह खेल सही हो!

ऐसे अनुमान तो मनुष्यों तक के बारे में गलत निकल जाते हैं। बस ये है कि जब तक उसे इस तरह देखता रहूँगा, तरह-तरह के खयाल उमड़ते रहेंगे। यह भी मेरे लिए अच्छा है। वैसे उस कबूतर/कबूतरी को इससे क्या वास्ता!

धूप में बैठने का सुख

ठंड में दिन में धूप में बैठने से बड़ा सुख और क्या हो सकता है? जो इस सुख के प्रति उदासीन रहते हैं, उनके बारे में क्या कहा जाए! हाँ जो नौकरी या किसी और कारण से मजबूर हैं, उनकी बात अलग है। दिन में धूप और रात में रजाई में सोने का सुख! खाने का सुख भी इसी मौसम में है। गुड़ के पकवान इसी मौसम के लिए हैं। मूंगफली भी। दूध की मिठाइयाँ इस मौसम में मेरे लिए अपना काफी हद तक आकर्षण खो देती हैं।

प्रकृति के पास सबको देने के लिए होता है, बशर्ते लेना हम जानते हों। इनमें से कई सुख गरीब भोग सकते हैं और वे भोगना सबसे सहज ढंग से जानते भी हैं। हम तो अपने घमंड में फूले रहते हैं। सबसे बड़ा सुख धूप का तो ज्यादातर लोग भोग सकते हैं। मुझे तो इन दिनों धूप का सुख मिल रहा है। शिकायत बस यह है कि दिन में धूप बारह बजे आती है हमारे यहाँ। वैसे कुछ शिकायतें अपने प्रिय से भी आपको रहती हैं, उसे भी आपसे होती है। इसी में सुख है। बताइए आज मोदी जी के बजाय कुछ और लिख दिया। मोदी-समर्थक भी दुखी हुए होंगे मगर होने दो आज की ही तो बात है क्योंकि आज दिल्ली में बढ़िया धूप निकली है। उसकी तारीफ में तो लिखना ही पड़ा। मजबूरी थी न!

हम भाग्यशालियों को सूरज रोज दीखता है

आज किसी को सूर्य को अर्घ्य देते देखा। देखा तो कई को कई बार, कई सालों से कई जगह लेकिन आज एक पुरुष को ऐसा करते देखा तो न जाने क्यों खयाल आया। तब जर्मनी में था—दो साल के लिए। वहाँ साल के कुछ ही महीने सूर्य ठीक से दीखता है, इसलिए गर्मियों के महीने तो सचमुच ही उनके लिए उत्सव के महीने हैं—महीनों चलनेवाले उत्सव के महीने और वे मनाते भी हैं इसी तरह। हम जैसे विदेशी तो उस समय वहाँ खूब दिखते ही हैं, पश्चिमी देशों के लोग बहुत

बड़ी तादाद में होते हैं—उत्सवी मुद्रा में। उन दिनों तो सूरज रात को नौ-नौ बजे तक उनके साथ रहता है। लोग घूम-घूमकर थक जाते हैं मगर वह नहीं थकता। उन दिनों बच्चों को समय पर सुलाना एक समस्या होती है।

वहाँ पहली बार महसूस हुआ कि गर्मी के कुछ भयानक महीनों के अलावा—जब लू से गरीबों की मौत होना स्वाभाविक माना जाने लगा है—हम कितने भाग्यशाली हैं कि सूर्य हमारा लगभग रोज स्वागत करता है। हमें जीवन देता है। हमारे उठने से पहले उठ जाता है और जब हम थकने लगते हैं, तब डूब जाता है। सूर्य हमारे जीवन का स्वाभाविक हिस्सा है। वह हमारा बहुत बड़ा साथी है, माँ-बाप, भाई-बहन, पत्नी-बच्चों की तरह। इतना हमारा अपना है कि उससे मिलनेवाले अपनत्व को हम अक्सर भूल जाते हैं। यहाँ तक कि वह है, यह भी याद नहीं रहता। ठंड में तो सूरज मुझे अपनों से भी ज्यादा अपना लगता है, तबीयत ही नहीं होती कि एक क्षण भी उससे हटूँ। नौकरी के दिनों में बड़ी कसमसाहट होती थी कि बाहर सूरज खिला है और हम यहाँ बैठे-बैठे मालिक की सेवा कर रहे हैं। इस बहाने शाजापुर के किला स्कूल के अपने एक शिक्षक अग्रवाल साहब की भी याद आ रही है। वह खूबसूरत और दिलचस्प इनसान थे। ठंड के दिनों में वह किले के विस्तृत मैदान में ले जाते, जहाँ वह और हम बच्चे गुनगुनी धूप में बैठने का मजा लेते और उनसे किस्से-कहानियाँ सुनते। किसी और शिक्षक को पास आता देख वह फौरन पढ़ाने का ड्रामा करने लगते। उसके जाते ही फिर शुरू। उनका जल्दी ही स्थानांतरण हो गया, पता नहीं क्यों? शायद किसीने शिकायत की हो या कुछ और कारण रहा होगा। उनकी औपचारिक विदा ने मुझे बहुत रुलाया था।

दिल्ली के अपने आरम्भिक दिनों में तो मई की धूप में भी खूब मजे-मजे से चला हूँ—मीलों। अभी भी धूप में बैठने की तबीयत होती है और उसके निर्बाध प्रकाश में तो हमेशा।

मैं धार्मिक नहीं हूँ (और अब क्या खाक मुसलमां होंगे) लेकिन आज के अर्घ्य ने इतना सब याद दिलवाया और लिखवाया भी। पहले याद तो दिलवाया था उसने मगर लिखवाया आज ही। नागार्जुन की सूर्य को अर्घ्य देने पर एक बहुत खूबसूरत कविता है।

प्रशान्त महासागरों में बहते हुए

कुछ समय पहले मैं ट्रेन से भोपाल से वापिस दिल्ली आ रहा था। रास्ते में हादसा हुआ जरूर लेकिन ट्रेन का नहीं, ट्रेन के अन्दर हुआ। एक मित्र के शब्दों में कहूँ

तो अचानक मैं और मेरी पत्नी प्रशान्त महासागरों से घिर गए। आपके मन में दो जिज्ञासा पैदा हुई होंगी : एक यह कि दुनिया में एक ही प्रशान्त महासागर है तो आप दो प्रशान्त महासागर कहाँ से ले आए और आप उनसे कैसे घिर गए? दूसरी यह कि वह भी ट्रेन में और वह भी भोपाल से दिल्ली के बीच? बहुत गप मारते हो भाई!

धैर्य रखें आगे की स्थितियाँ स्वयं इसका उत्तर दे देंगी।

असल में हम तीनों तरफ प्रशान्त नामक बेटों, दामादों के माँ-बापों, सास-ससुरों से अचानक घिर गए थे। एक माँ के बेटे का नाम प्रशान्त था और एक के दामाद जी का नाम प्रशान्त। एक और जोड़ा था, जिसकी दो बेटियाँ थीं। दोनों दो अलग-अलग देशों में रह रही हैं, जिनके पास वे जा रहे थे और बहुत गदगदायमान थे कि उन्होंने अपनी बेटियों को कितना लायक बना दिया है कि वे उन्हें अपने खर्च पर विदेश बुला रही हैं। उनके दामादों में से किसी का नाम प्रशान्त तो शायद नहीं था और बेटियों का नाम प्रशान्त हो नहीं सकता, फिर भी इन सबमें इतनी अद्‌भुत समानताएँ थीं कि इनकी बेटियों-दामादों को भी प्रशान्त मानने में कोई हर्ज नहीं।

इन सबके उद्‌घोषों से एक बात बारम्बार प्रकट हो रही थी कि ये खुद भी जीवन में बहुत सफल-सन्तुष्ट रहे हैं और इनके बेटे-बेटियों, दामादों ने देश ही नहीं विदेश में भी सफलता के इतने सारे और इतने ऊँचे झंडे गाड़ दिए हैं कि किसी के बाप में दम नहीं कि उन्हें उखाड़ सके! ये उनकी सफलता से इतने चकित-थकित और गदगद ही नहीं बल्कि सिर से पैर तक आप्लावित थे कि बार-बार डूबते-डूबते बच रहे थे। रात नौ बजे से जो 'प्रशान्त-प्रशान्त' का भजन शुरू हुआ तो ग्यारह बजे तक चलता रहा। सुबह छह बजे से फिर से 'राग-प्रशान्त' सुनते-सुनते मैं जागा। यह राग विलम्बित में इतनी देर तक चलता रहा कि सुबह के सवा नौ बजे स्टेशन आ गया वरना यह चलता ही रहता। प्रशान्त की मम्मी जी ने तो ऐसा गजब ढाया कि अगर मैं कोई भगवाधारी सन्त टाइप होता तो कहता कि हे माता तूने जितनी बार 'प्रशान्त-प्रशान्त' किया है, अगर उतनी ही बार तूने राम-राम क्या मरा-मरा भी कहा होता तो इस भवसागर से तेरा बेड़ा पार हो जाता। अब भी सुधर जा देवी लेकिन वह इतनी जबरजंग पुत्रभक्तिन है कि सुधर नहीं सकती!

इनके आगे मुझ कायर में तो इतनी भी हिम्मत नहीं थी कि अपने प्रशान्तों की स्वर्णिम सफलताओं का जिक्र घुसेड़ पाता, जबकि हमारे तो बेटे जैसे एक युवा का नाम भी प्रशान्त है। वह अभी इनके प्रशान्तों जितना प्रशान्त तो नहीं है, शान्त है मगर कुछ भी कहो, है तो वह भी प्रशान्त ही। हमें आशा ही नहीं पूर्ण विश्वास है कि एक दिन वह भी इस लायक बनकर दिखाएगा कि हम भी 'प्रशान्त-प्रशान्त' गाते हुए पाए जाएँगे। फिर देखते हैं कि किस मोदी का कौन सा लाल हमें रोक पाता है!

वैसे पूरा भारत ही ऊपर से लेकर नीचे तक प्रशान्तों और उनके गदगदायमान माताश्रियों और पिताश्रियों से भरा पड़ा है। सबसे ऊपरवाले प्रशान्त की बात अभी

छोड़ते हैं, नीचेवाले प्रशान्तों और उनकी मम्मियों-पापाओं से ही यह देश इतना आक्रांत है कि हमें लगता है कि हम रहें कहीं भी, जाएँ कहीं भी मगर प्रशान्त महासागर हमेशा हर जगह हमें घेरे रहेगा। झूठ क्यों बोलें हमें भी कभी-कभी इसमें डूबने-लहराने-इतराने की इच्छा हो आती है मगर हमें हमेशा इसमें असफलता मिली है। एक मित्र से मिलना तक इस ईर्ष्यावश हमने छोड़ दिया कि वह स्वयं अपने को भी प्रशान्त मानते हैं और अपने बेटे को तो प्रशान्त महासागर ही मानते हैं। जब देखो, सिर्फ यही एक विषय। एक और हैं, जो दूसरे की मूर्खताओं की तो हँसी उड़ाते हैं मगर अपने प्रशान्त की हर मूर्खता उन्हें अभिभूत करती है। इनके आगे हम और हमारे प्रशान्त पप्पू लगते हैं।

इन प्रशान्तों और इनके पापा-मम्मियों को झेले बिना न जिया जा सकता है, न मरा। मैं तो जी रहा हूँ क्योंकि मुझे आशा है कि किसी दिन मुझे भी अपने प्रशान्तों का जिक्र गौरवपूर्वक करने का मौका कहीं तो, कभी तो, कोई तो देगा ही! कोई तो इस नश्वर जगत में ताली बजाने को मिलेगा!

राम-राम, कृष्ण-कृष्ण

अभी ट्रेन में बैठा हूँ। मेरे सामने एक उम्रदराज दक्षिण भारतीय जोड़ा बैठा है। पति के बारे में तो नहीं पता, उनकी पत्नी जी सुबह पाँच बजे से कृष्ण-कृष्ण का जाप कर रही हैं और पति जी के बारे में कह सकता हूँ कि वह कम से कम दो घंटे से राम-राम का जाप कर रहे हैं। इस तरह संयुक्त रूप से रामकृष्ण का जाप हो रहा है। दोनों का दाहिना हाथ एक थैली के भीतर है, जिसमें शायद माला है। सुबह से पति-पत्नी के बीच कुल पाँच-दस पंक्तियों का संवाद हुआ है। हाँ पत्नी जी का इस बीच किसी से लम्बा फोन संवाद हुआ, जो लगभग एकपक्षीय था। उसमें भी कृष्ण-कृष्ण के जापवाली निरन्तरता थी यानी उनका संवाद हो या एकालाप, सब कृष्णमय है। शायद एक उम्र के बाद पति-पत्नी के बीच दैनिक संवादहीनता से उपजे खालीपन को भरने की यह कोशिश हो, जो राम और कृष्ण के जाप में व्यक्त हो रही है। जीवन में आर्थिक समस्याएँ हैं नहीं। करने को और कुछ है नहीं। बच्चे शादी करके कहीं चले गए होंगे। बाद में यह भी पता चला कि यह तरह-तरह से अकेले पड़ चुके खाये पिये लोगों के एक समाज में शामिल होकर सामूहिक अकेलेपन को सामूहिकता में बदलने की एक कोशिश भी है मगर इससे व्यक्तिगत अकेलापन नहीं दूर नहीं होता। वह फिर सामने आ खड़ा होता है।

सुबह उन्हीं के साथ बातचीत करने आए कुछ लोगों से पता चला कि वे अपने (सम्भवत: इस्कॉन) सम्प्रदाय के किसी समारोह में जा रहे हैं। ये दिल्ली-नोएडा आदि जगहों से आए हैं। इस समूह में वृद्ध स्त्री-पुरुषों के अलावा युवा भी हैं। पता चला कि इस सम्प्रदाय में भगवत पूजा और भक्ति के कोर्स भी हैं। पूजावाला कोर्स करीब डेढ़ लाख का है। इसका एक संक्षिप्त कोर्स भी है। बातचीत से लगा कि इसका अपना एक पूरा कर्मकांड है, जो पूरी तरह व्यावसायिक है।

यानी व्यवसाय और धर्म और राजनीति में आपसी शान्तिपूर्ण सहयोग और समन्वय है। किसी को किसी से कोई शिकायत नहीं है, उतनी भी नहीं, जितनी परिवार में हरेक को हरेक से रहा करती है।

'सर' का भूत

'सर' शब्द अब सिर पे चढ़ चुका है। इतना अधिक प्रचलित है कि जो देखो, अब 'सर' कहकर ही सम्बोधित करता है। पहले हम अपने अध्यापक को 'सर' कहा करते थे। जब मैं 'शुक्रवार' में था तो प्रसिद्ध व्यंग्यकार ज्ञान चतुर्वेदी से बात होती रहती थी। वह अक्सर मुझे 'सर' कहा करते। दो-चार बार तो झेला, फिर कहा—"आप मुझे सर क्यों कहते हैं? हम तो लगभग हमउम्र हैं।"

शायद उनका जवाब कुछ इस तरह था कि यह हमारे अभ्यास की बात बन चुकी है। यहाँ तक कि जिस मित्र के साथ शुरू से हाईस्कूल तक पढ़ा था, वह भी एक बार घर आया तो मुझे 'सर' कहने लगा। मैंने उसे भी टोका मगर सरकारी नौकरी करते-करते, उसकी भी आदत 'सर' कहने की पड़ चुकी है, जबकि तब तक पत्रकारिता में अपने से बड़े के प्रथम या अन्तिम नाम के साथ जी जोड़कर कहने की परम्परा ही थी। केरल में भी 'सर' का प्रचलन आम है। मुझे 'सर' कहना और पाँव छुआना एक जैसे अस्वीकार्य लगते हैं लेकिन प्रतिरोध कहाँ तक करूँ 'सर' से सिर कहाँ-कहाँ मारूँ! मुझे हथियार डालने पड़ते हैं।

स्वागत है दीपिका

उस दिन घूमने में देर हो गई थी और मुझे यह ताजा खबर नहीं थी कि दीपिका पादुकोण जेएनयू गई है, वहाँ की छात्रसंघ की अध्यक्ष आइशी घोष के पास यह

कहने कि मुझे तुम पर गर्व है। मेरे आगे एक प्रेमी-प्रेमिका चल रहे थे। उन दोनों को यह बात पता रही होगी। उस लड़की ने दीपिका का नाम लिया। उसके प्रेमी ने व्हाट्सएप यूनिवर्सिटी चला दी फौरन। कहा—"दीपिका पादुकोण मुसलमान है।" फिर उसने फिल्मी दुनिया के और भी सितारों के नाम लिए, जो धर्म से या नाम से मुसलमान हैं।

वह लड़की भी इतनी बोदी थी कि उसने इस पर आश्चर्य प्रकट किया मगर 'अच्छा' कहकर चुप हो गई। मुझे सन्दर्भ मालूम नहीं था, मैं भी चुप रहा। वैसे भी पार्क में कई संघी बूढ़े रोज बकवास करते रहते हैं—जो उनका अधिकार है—मैं चुपचाप सुनता हूँ और पास से निकल जाता हूँ। कोई फायदा तो है नहीं, उन्हें सच बताने का। एक बुजुर्ग कभी-कभी उनसे भिड़ता है तो उसे पागल समझकर उसकी बात पर ये चुप लगा जाते हैं। वह भी ऊबकर उठ जाता है और फिर वही संघी बकवास शुरू हो जाती है। वैसे भी प्रेमी-प्रेमिका के मामले में हम करें भी क्या? वे जानें, उनका काम जाने, उनका ज्ञान जाने!

खैर दीपिका मुसलमान है या हिन्दू है या नास्तिक है, इससे फर्क नहीं पड़ता। वह एक बड़ी फिल्मी स्टार है और उसकी जब एक फिल्म रिलीज हो रही है, तब उसका जेएनयू जाना केवल फिल्मी टोटका नहीं हो सकता था। था भी नहीं, यह सरकार की बाद की कार्रवाई से पता चला। वह साहसिक इस मायने में है कि उसकी फिल्मों का बजट कई-कई करोड़ों में है और आज के माहौल में संघी उत्पाती उसकी फिल्म को पिटवाने के लिए गुंडागर्दी से लेकर सरकारी मशीनरी तक का इस्तेमाल कर सकते हैं। यह भी उल्लेखनीय है कि जेएनयू में वह भले कुछ न बोली हो, चुप रही हो, दस मिनट में लौट आई हो मगर 'इंडिया टुडे' टीवी पर वह खुलकर बोली।

लेकिन अगर आप पोजीशन लेने की छोटी-सी भी कोशिश करते हैं तो आपके साथ क्या-क्या हो सकता है, इसका उदाहरण जेएनयू, एएमयू, जामिया समेत तमाम विश्वविद्यालय के छात्र-छात्राएँ तो हैं ही, दीपिका भी है। एक कोशिश आपके बारे में सफेद झूठ फैलाने की भी हो सकती है।

ऐसा नहीं है कि उन प्रेमी जी को तुरन्त संघ कार्यालय से फोन आया होगा या सन्देश मिला होगा मगर संघी प्रेमी का प्रशिक्षण ही इस तरह का हुआ है कि तुरन्त उसने दीपिका का धर्मांतरण कर दिया, जो पूरी तरह संघी षड्यंत्र के अनुरूप है। और आत्मलिप्त युवा इतने बोदे भी हो सकते हैं और इतने संघी भी कि किसी को मुसलमान कह देना उसके अविश्वसनीय होने का स्वतः प्रमाण बन जाता है!

यह किया है इन्होंने हमारे देश के साथ पिछले साढ़े पाँच सालों में तेजी से मगर अब इससे युवाओं का बड़ा तबका उकताकर तन कर खड़ा हो रहा है, यह शुभ है।

और न जाने कितने फिल्मी दुनिया के लोग खड़े हो रहे हैं, यह बड़ी बात है। उस दिशा में एक झिझकता हुआ छोटा सा कदम दीपिका का भी है, इसका स्वागत है।

संगीत से लगाव

पत्नी उस दिन अपने मोबाइल पर कुमार गंधर्व की त्रिवेणी सुन रही थीं (और आज भीमसेन जोशी के गाए उस भजन में निमग्न हैं, जो उन्होंने अद्भुत ढंग से गाया है—'रघुवर, तुम हो मेरी लाज')। इसमें कुमार जी और उनकी पत्नी वसुंधरा कोमकली (दोनों स्वर्गीय) ने कबीर, सूर, तुलसी के भजन गाए हैं। 1982-84 के बीच जर्मनी में देर रात कभी-कभी दो-दो बजे तक विशेषकर त्रिवेणी सुना करता था, पलुस्कर और दूसरे गायकों-वादकों को भी। उस आनन्द का वर्णन करना असम्भव है। वैसे भी जब पूरी दुनिया-आपके घर के सदस्य भी—सो रहे हों—तो उस अखंड शान्ति में श्रेष्ठ संगीत आपके साथ जादू करता है।

बस कमी यह है कि कभी भारतीय शास्त्रीय संगीत सुनने का बुखार-सा चढ़ जाता है और कोई बुखार कभी स्थायी नहीं रहता, उतर जाता है बल्कि उतरा हुआ अधिक रहता है। वैसे मुझे शास्त्रीय संगीत की धेलेभर भी तकनीकी समझ नहीं। मैं बता नहीं सकता कि यह कौन सा राग है। बस—वह भी शायद ही—यह समझ में आता है कि कोई बड़ी बात है इसमें या नहीं है। एक समय में कितने बड़े-बड़े गायक और वादक हुए हैं। अमीर खाँ, मल्लिकार्जुन मंसूर, गंगूबाई हंगल, भीमसेन जोशी, बड़े गुलाम अली खाँ, रविशंकर, अन्नपूर्णा देवी, अली अकबर खाँ आदि कुछ ही गायकों-वादकों के नाम हैं, जिन्हें समय-समय पर खूब सुना है और शायद सुनता भी रहूँ आगे।

इस सबका श्रेय मेरे अभिन्न मित्र इलाशंकर गुहा को है। हम लोग तब मुम्बई के नेशनल होस्टल में रहा करते थे। हम सभी अविवाहित थे। नौकरी के बाद समय ही समय था। मस्ती में कहीं भी निकल जाते। कभी खानेपीने, कभी संगीत सुनने, कभी समुद्र किनारे। कभी इधर-उधर की गप लड़ाते। गुहा हमें पकड़-पकड़कर संगीत सभाओं में ले जाता (वह तो हमें बांग्ला पढ़वाने के चक्कर में भी था मगर दो-चार बार के बाद हम गोल कर गए)। धीरे-धीरे आनन्द आने लगा। इसके पहले मैं भी कहता था कि क्या ये देर तक आं-आं करते रहते हैं। दिल्ली में बचपन के मित्र और फिर कुछ सालों के लिए पड़ोसी रहे माधव सप्रे और उनकी पत्नी मानसी के साथ भी कई संगीत सभाओं में गए हैं। बाद में भी एक पौराणिक साहब पड़ोस में रहते थे, उनके साथ भी जाते थे। जाते अब भी हैं मगर उतने नियमित नहीं।

मुम्बई की एक घटना की याद है। तब सितार वादक विलायत खाँ का जिद्दी स्वाभिमान देखा था। शायद पाटकर हाल में रविवार की एक सुबह हम उन्हें सुनने गए थे। उन्हें सुनने तब महाराष्ट्र के राज्यपाल अली यावर जंग भी आए थे। वादन शुरू ही हुआ था कि किसी युवा ने सीटी बजा दी। इस पर खाँ साहब बिगड़ गए। राज्यपाल ने भी उन्हें खूब मनाया मगर वह न माने तो न माने। उनकी और हम सब की वह सुबह बर्बाद हो गई।

बहुत से महान गायकों को प्रत्यक्ष, उनके रिकार्ड, कैसेट्स, सीडी और अब यूट्यूब के माध्यम से सुनने-देखने का मौका मिला है। मुझे मंच पर सबसे सहज मल्लिकार्जुन मंसूर, बड़े गुलाम अली खाँ और गंगूबाई हंगल लगे। याद आता है कि एक बार मंसूर साहब ने सिर पर से टोपी उतारी और गाना शुरू। गंगूबाई भी आतीं, दाहिने कान पर हथेली रखतीं और शुरू। भीमसेन जोशी और कुमार गंधर्व भी सहज थे। और भी बहुत से। इस माइक को कम और उसे तेज करो, यह भी जरूरी होता होगा, मगर मुझ अनभिज्ञ श्रोता को यह सब अच्छा नहीं लगता। इसमें दोष मेरा ही है। हरिप्रसाद चौरसिया का बाँसुरी वादन सुनकर मुग्ध हुआ हूँ। कुछ साल पहले त्रिवेंद्रम के एक विज्ञान संस्थान (आइसर) में उन्हें सुना छात्रों के बीच तो उस दिन वह बहुत रंग में थे। उस दिन उन्होंने बाँसुरी अधिक अच्छी बजाई या अपना वाक्कौशल बेहतरीन दिखाया, मेरे लिए यह तय करना कठिन है। उस दिन छात्र उनके मुरीद हो गए थे। बड़े नामों में पंडित जसराज मुझे बहुत पसन्द नहीं रहे मगर एक घटना गुहा ने सुनाई, वह बहुत अर्थ रखती है। एक संगीत सभा में उस्ताद गुलाम मुस्तफा खाँ के बाद पंडित जसराज को गाना था। उस दिन उस्ताद ने इतना अच्छा गाया कि जब जसराज जी की बारी आई तो उन्होंने क्षमा माँग ली। कहा कि उस्ताद ने इतना अच्छा गाया है कि इसके बाद गाने का साहस मुझमें नहीं। उन्होंने अन्ततः नहीं गाया। ऐसा बड़प्पन या विनम्रता कम ही देखने को मिलती है।

बातें तो बहुत सी हैं। कोलोन (जर्मनी) में एक शाह साहब होते थे। उन्हें शास्त्रीय संगीत का शौक कितना था, यह तो नहीं मालूम मगर उनके पास शास्त्रीय संगीत का बड़ा खजाना था। वे भी मेरी पसन्द का संगीत रिकॉर्ड करके दे देते थे। बातें और भी हैं मगर बातें हैं, बातों का क्या?

गुल्लू, मुझे बहुत कुछ अच्छा भी लगता है

शाजापुर के मेरे पड़ोसी रहे और बचपन के एक दोस्त थे अरुण व्यास। अचानक कुछ ऐसा हुआ कि वह नहीं रहे। वह मेरी पोस्ट पर रोज कुछ न कुछ प्रतिक्रिया

लिखते थे। वह सोच-विचार से संघी थे मगर इसके अलावा भी थे। उनकी एक बात का मैं कायल हूँ कि उनके जवाब में सख्त से सख्त टिप्पणी भी करूँ तो वह बुरा नहीं मानते थे। कई बार उनकी टिप्पणियाँ हताश और निराश करनेवाली भी होती थीं। मन होता था कि इन्हें अपने फेसबुक पेज पर ब्लॉक कर दूँ मगर अपने बचपन से उन्हें कैसे ब्लॉक करूँगा, यह सोचकर ठहर जाता था मगर फिर हर दिन यह कठोर निर्णय ले ही लिया। उनकी छोटे भाई अशोक कुमार व्यास भी फेसबुक पर हैं। उनका नाम अशोक है यह तो बहुत बाद में जाना, हम तो उन्हें उनके बचपन से गुल्लू नाम से जानते रहे हैं। एक बार मेरी किसी पोस्ट पर उन्होंने कुछ ऐसा लिखा कि भाई साहब, आपको कुछ अच्छा भी लगता है? इसके जवाब में जो सख्त बात मुझे कहनी थी, तभी कह दी थी। उन्हें शायद इसका बुरा लगा लेकिन आज बताता हूँ कि गुल्लू के जीवन की बहुत सी चीजें, बहुत सी बातें, मुझे बहुत अच्छी लगती हैं।

हर चीज यहाँ गिनाना न उचित होगा, न सम्भव, लेकिन इस बुरे समय में भी कुछ बहुत छोटी-छोटी बातें मुझे बहुत अच्छी लगती हैं। अपने घर-परिवार में क्या अच्छा लगता है, फिलहाल छोड़ता हूँ। मैं जिस पार्क में घूमने जाता हूँ, वहाँ कई कुत्ते हैं, जो आपस में लड़ते हैं, प्यार करते हैं और कहीं कुछ भाँपकर सब एक साथ दौड़ते और भौंकते हैं। पिछले कई दिनों से देख रहा हूँ कि शाम सात बजे के बाद लोग जब कुछ कम होने लगते हैं तो इनमें से एक कुत्ता, एक बढ़िया-सी बेंच पर आकर सो जाता है, जबकि एक और कुत्ता ठीक उसके पास, नीचे जमीन पर सोता है। बाकी कुत्ते भी जमीन पर ही बैठते-सोते हैं। उस कुत्ते का बेंच पर सोना मुझे अच्छा लगता है, बाकी किसी को लगे न लगे। जाहिर है, ऐसा करके वह कोई हक नहीं जता रहा है, भगा दो तो भाग जाएगा, गुर्राएगा नहीं मगर कोई उसे इससे रोकता-भगाता नहीं, मनुष्य होने के कारण यह अच्छा लगता है।

एक अधेड़ रोज, कुछ देर से, नीली शर्ट और काली पैंट में कन्धे पर एक थैला टाँगकर आते हैं। उसमें न जाने क्या-क्या होता होगा। मुझे उनमें से दो-तीन चीजों का पता है, जो वह वहाँ निकालते हैं। उसमें थोड़ा सा तेल होता है और माचिस की एक डिबिया भी। वह वटवृक्ष के नीचे पड़े एक दीए को उठाते हैं, साफ करते हैं, उसमें तेल डालते हैं, बत्ती लगाते हैं, उसे जलाते हैं और जब हवा चलती है तो वह तुरन्त बुझ जाता है। इससे वह निराश नहीं होते। अगले दिन फिर वही सब करते हैं। फिर वह अपने थैले से कुछ बिस्कुट निकालते हैं। पार्क का एक कुत्ता आसपास मँडराता रहता है। वह अपने थैले से कुछ बिस्किट निकालकर उसके लिए जमीन पर गिराते हैं, प्यार से उससे 'आ' कहकर बुलाते हैं। वह कुत्ता बिस्किट खाता है। वह जानता है कि इससे अधिक बिस्किट उसे मिलनेवाले नहीं हैं, इसलिए इस उम्मीद में वह ज्यादा देर तक वहाँ टिकता नहीं, चला जाता है। इसके बाद वह

सज्जन एक निश्चित पेड़ पर थैला टाँगकर कुछ देर व्यायाम करते हैं। फिर वह भी चले जाते होंगे। मुझे यह सब बहुत अच्छा लगता है।

इस पार्क में शाम के समय कुछ ग्रामीण, कुछ अर्द्धग्रामीण अधेड़ और बूढ़ी औरतों में से कुछ तो पार्क में चारों ओर बनी पटरी के किनारे पर और कुछ नीचे जमीन पर बैठती हैं। वे कुछ पारंपरिक और कुछ फिल्म आधारित भक्ति गीत गाती हैं। उमस के दिन हों तो बहुत सी अपने साथ झलने के लिए गत्ते का टुकड़ा लाती हैं। पसीना सुखाना और गाना साथ-साथ चलता रहता है। यह भी अच्छा लगता है।

लगता है शायद पहली ही बार मैंने एक दृश्य देखा कि दो अधेड़ सखियाँ एक-दूसरे के हाथ में हाथ डाले हुए बातें करती हुई चल रही हैं। यह मुझे न जाने कितना अच्छा लगा, हमेशा के लिए जैसे यह चित्र स्मृति में बिंध गया—हाथ में हाथ डाले दो सखियाँ!

कुछ दिनों से संयोग से वे नहीं दिखते लेकिन करीब 90 वर्ष के बुजुर्ग सरदार जी के कन्धे कुछ झुके हैं। उनकी पत्नी उन्हीं कन्धों में से एक का सहारा लेकर पति के साथ पार्क के एक से दूसरे कोने तक जाती हैं। दोनों बाहर निकलते हैं, थोड़े से सब्जी-फल खरीदते हैं फिर धीरे-धीरे इसी तरह लौटते हैं। यह मुझे अच्छा लगता है।

एक सज्जन मेरे हमउम्र होंगे। धीरे तो मैं भी नहीं चलता मगर मुझसे वह बहुत तेज चलते हैं। बीच-बीच में दौड़ने भी लगते हैं। मुझे लगता है कि वह मुझसे कहीं अधिक स्वस्थ हैं। उनकी आदत है कि पार्क का कोने-कोने पर उनके कदम पड़ने ही चाहिए। पौधों के लिए छोड़ी गई जमीन के अलावा एक इंच भी उनसे नहीं छूटनी चाहिए। कभी मुझे उनकी इस हरकत पर हँसी भी आती है, मन ही मन मजाक भी सूझता है लेकिन कुल मिला कर यह सनक मुझे यह अच्छा लगता है।

कुछ समय पहले तक तीन-चार बंगाली बुजुर्ग शाम को आमने-सामने की बेंचों पर बैठा करते थे। इनके बीच उनके एक परिचित गैरबंगाली बुजुर्ग भी धँस जाया करते थे। बाकी आपस में बांग्ला में बात करते थे और वह अपनी कोई बात हिन्दी में कहते। बाकी बंगाली बुजुर्ग उन्हें बातचीत में शामिल करने के लिए हिन्दी में बात शुरू कर देते। उनमें से एक बुजुर्ग आधी बाँह का खादी का कुर्ता और पैंट पहनकर आते हैं। कन्धे पर उनके एक झोला होता है, जिसमें पता नहीं क्या-क्या होता होगा। वह बातें भी खूब करते हैं और बीच-बीच में कोई बांग्ला गान भी गाते हैं। उनका गाना बहुत मधुर नहीं होता लेकिन कर्ण कटु भी नहीं। हाँ शायद उमस से उन्हें बहुत परेशानी होती है तो वह चलते-चलते भी पंखा झलते हैं। मुझे यह बहुत अच्छा लगता है।

एक अधेड़ सज्जन बारहों महीने अँधेरा हो या उजाला, अपने कपाल पर काला चश्मा चढ़ाए घूमते हैं, आँखों पर चढ़ाते नहीं। मुझे पहले कुछ अजीब लगता था और लगता है लेकिन वह कुछ अलग हैं, यह अच्छा लगता है।

जैसे यह चीज भी कि हमारे सांसद महोदय ने इस पार्क में एक ओपन जिम खुलवा दिया है। उसमें बहुत से बूढ़े और अधेड़, जिन्होंने मेरी तरह कभी जिम का चेहरा भी नहीं देखा और उनमें से कई की हैसियत जिम जाने की होगी भी नहीं, वे सब यहाँ जिम का आनन्द लेते हैं और अपना स्वास्थ्य सुधारने की कोशिश करते हैं। यह भी अच्छा लगता है।

सोचो कि गुल्लू जब मुझे एक ही जगह पर इतनी सारी चीजें अच्छी लगती हैं, तो बताओ अपने मोहल्ले में, अपनी इस अच्छी-बुरी दिल्ली में और पूरे देश और दुनिया में जो देखा है, जो देखा नहीं उसमें, ऐसी कितनी छोटी-छोटी चीजें अच्छी लगती होंगी, इसका तुम अनुमान लगा सकते हो। और गुल्लू तुम दोनों भाई, तुम्हारे माता-पिता भी मुझे हमेशा से अच्छे लगते रहे हैं। आपकी एक बुजुर्ग (शिक्षिका) बुआ भी हुआ करती थीं। उनसे बात करने की कभी हिम्मत नहीं हुई लेकिन उन्हें आते-जाते, आत्मनिर्भर जीवन जीते देख अपने बचपन में भी बहुत अच्छा लगता था।

आखिर में यह भी बता दूँ कि मुझे तुम्हारा यह प्रश्न भी कुछ बुरा, तो कुछ अच्छा भी लगा। बुरा लगा था वह उसी दिन उसी समय बता दिया था लेकिन जो अच्छा पक्ष, मेरे दिमाग में ठहर गया था, उनमें से कुछ बातें आज फेसबुक पर सब को हाजिर-नाजिर जानकर लिख दी हैं। शायद तुम्हें तुम्हारी बात का आंशिक उत्तर मिल गया हो, न मिला हो तो किसी दिन और चैन से फिर से उत्तर दूँगा।

आखिर मैं लिख दूँ, जब इतना सब अच्छा लगता है तो ही बुरे को बुरा कहने की जितनी भी हिम्मत कर सकता हूँ, करता हूँ। और यह नहीं जानता कि इसका नतीजा क्या होगा। बुरा भी हो सकता है लेकिन इसका अब अपने खुद के लिए डर नहीं रहा। आखिरी पारी खेल रहे हैं, जो हो, सो हो।

पत्रकारिता, साहित्य और परिवार

कविता संग्रह भी बिकते हैं

सुलोचना जी ने मेरी एक पोस्ट पर लिखा था कि असद ज़ैदी ने एक कार्यक्रम (हिन्दी अकादमी, दिल्ली के कविता पाठ) में यह उल्लेख किया कि यह भ्रम तो सबसे पहले प्रकाशक ही फैलाते हैं कि कविता की किताबें नहीं बिकतीं। इसका व्यक्तिगत अनुभव मुझे हासिल है कि हाँ कविता की किताबें भी बिकती हैं।

1985 में मेरा कविता संग्रह आया—'संसार बदल जाएगा'। इसके बाद सात वर्ष हो गए थे। अगला कविता संग्रह तैयार किया तो मन में यह बात आई कि मुझे इसे स्वयं प्रकाशित करना चाहिए क्योंकि मैं किसी प्रकाशक को दूँगा तो वह शायद एक वर्ष लगा दे और मैं इतना धैर्य रख नहीं सकता था।

मैंने 1992 में अपना कविता संग्रह 'बच्चे पिता और माँ' स्वयं प्रकाशित किया अंकुर प्रकाशन के नाम से। अंकुर मेरे छोटे बेटे का नाम है। उसका बनाया एक रेखाकंन भी मुखपृष्ठ पर प्रकाशित किया। प्रकाशन में मैंने 'उद्‌भावना' के सम्पादक, मित्र और एक प्रिंटिंग प्रेस से सम्बद्ध अजेय कुमार की मदद ली। उन्होंने जितने कम में हो सकता था, वह संग्रह छापकर बंडल घर पहुँचा दिए। 1000 प्रतियों को छापने की कुल लागत उस समय 7000 रुपये आई यानी फी प्रति सात रुपये। इसमें अधिकतर प्रतियाँ अजिल्द थीं, दो सौ या तीन सौ प्रतियाँ सजिल्द थीं। अजिल्द का दाम रखा था बीस रुपये और सजिल्द का पचास रुपये। उद्देश्य इससे मुनाफा कमाना नहीं था तो जेब का पैसा गँवाना भी नहीं था, इसलिए अनुभवियों की सलाह पर यह कीमत रखी गई थी।

अब समस्या बेचने की थी। जितनी प्रतियाँ मित्रों को भेंट करनी थीं, कर दीं। समीक्षा के लिए देनी थीं, दे दीं। संयोग से कवि मित्र मंगलेश डबराल ने 'जनसत्ता' में और अशोक कुमार ने इंडिया टुडे (हिन्दी) में लगभग आसपास ही इसकी समीक्षा प्रकाशित कर दी। उस समय इन दोनों (जनसत्ता और इंडिया टुडे) की साहित्यिक दुनिया में काफी प्रतिष्ठा थी, जिसका कारण ये दोनों मित्र थे। समीक्षाओं का स्वर सकारात्मक था। इस कारण इस संग्रह को व्यक्तिगत पाठकों तक पहुँचाना आसान हो गया।

इन समीक्षाओं के प्रकाशन से पहले मैं पाँच प्रतियाँ दिल्ली के हिन्दी बुक सेंटर में दे आया था, जो बड़ी अनिच्छा से स्वीकार की गई थीं। इस वायदे के साथ उन्होंने ली थीं कि एक निश्चित अवधि के बाद अगर ये किताबें नहीं बिकीं तो मैं इन्हें वापस ले जाऊँगा। जब मैं करीब एक या दो महीने बाद वहाँ पहुँचा, तो उस समय दुकान के मालिक ही वहाँ थे। उन्होंने कहा कि आप अभी तक कहाँ थे महाशय? इस किताब की तो लगभग सौ प्रतियों की माँग थी मगर मुझे यह सपना कैसे आ सकता था कि इन दो समीक्षाओं का ऐसा जबरदस्त असर हुआ! माँग तो थी मगर दिल्ली के सबसे बड़े पुस्तक-विक्रेता को भी ऐसी क्या पड़ी थी कि मेरे पते पर पत्र लिखने का कष्ट करते!

खैर इस किताब की बिक्री के लिए मैंने विभिन्न शहरों में फैले अपने कुछ मित्रों-वरिष्ठों का भी सहयोग लिया, जिनमें वरिष्ठ कवि विनोद कुमार शुक्ल भी शामिल थे। सम्भवत: मैंने उन्हें पाँच प्रतियाँ भिजवाई थीं बिक्री के लिए और उन्होंने इनका यथासमय पैसा भी दे दिया। मुझे मालूम नहीं कि संकोची विनोद जी इन्हें बेच पाए या इन्हें अपने साहित्यिक मित्रों को बाँट दिया और पैसे मुझे दे दिए। यह पूछना तब अच्छा नहीं लगा था।

समीक्षाओं से प्रभावित होकर बहुत से पाठकों ने मेरे पास 20 रुपये के मनीआर्डर भेजे, जबकि रजिस्ट्री से भेजने का खर्च अतिरिक्त सात रुपये था लेकिन ये मेरे प्रकाशन के ग्राहक नहीं, मेरे अपने पाठक थे। उनसे मैं पत्र लिखकर सात रुपये और भेजने के लिए कहता तो यह मेरी मूर्खता और अहम्मन्यता होती। वैसे भी रजिस्ट्री का खर्च उठाने के बाद भी छह रुपये की अब भी बचत थी। बनियागिरी की दृष्टि से भी नुकसान नहीं था। पाठक भी मिल रहे थे, घाटा भी नहीं था। हाँ यह कष्ट जरूर था कि इसके लिए मुझे करीब दो किलोमीटर दूर रजिस्टर्ड पोस्ट से भेजने के लिए बस से आना-जाना पड़ता था। इसके अलावा किताब की पैकिंग का खर्च और उसकी मेहनत भी कवि महोदय को ही करनी थी। एक-दो प्रति भेजने के लिए भी मैं यह सब कवायद करता था। फिर भी खुश और उत्साहित था।

उधर सजिल्द प्रतियाँ बेचने में थोड़ा सहयोग डॉ. नामवर सिंह का भी मिला, जो उस समय राजा राममोहन राय लाइब्रेरी के अध्यक्ष थे और इस नाते इस किताब को खरीदवाने में मदद कर सकते थे। उन्होंने सौ प्रतियों का आदेश दिलवाया, जो देश में फैली अलग-अलग संस्थाओं-लाइब्रेरियों तक प्रकाशक के नाते मुझे पहुँचाना था।

इस तरह एक वर्ष के भीतर सारी प्रतियाँ खत्म हो गईं। आखिरी फटीटूटी प्रति कुछ दिन पहले तक मेरे पास थी तो उसे पढ़ने के लिए मेरे प्रिय कवि अमिताभ बच्चन उनके अपने सबसे प्रिय कवि की हाल ही में की गई तारीफ से प्रभावित

होकर ले गए थे। वायदा था कि फोटोप्रति करवाकर मेरे घर मूल प्रति पहुँचवा देंगे मगर ले गए दरभंगा। बाद में उसे मुझ तक उन्होंने पहुँचवा भी दिया।

तो यह अनुभव उत्साहवर्द्धक रहा मगर यह भी समझ में आया कि विष्णु नागर, इस अच्छा लगने के लिए परिश्रम बहुत करना पड़ता है। नौकरी भी, परिवार भी और यह कवायद भी, यह सब कुछ ज्यादा ही है। तुमसे अधिक यह सब सधेगा नहीं। छोड़ो यह काम। इस प्रकार इस एकमात्र किताब के साथ ही अंकुर प्रकाशन अकाल कालकवलित हो गया।

इस प्रयोग का स्थायी दुष्प्रभाव भी हुआ। एक बड़े प्रकाशक संयोगवश मुझे अपने घर की ओर जानेवाली सीढ़ियों में मिल गए। वह तब के मेरे पड़ोसी विष्णु खरे जी से मिलने आए थे। मैंने बीच में ही उन्हें रोक लिया और बताया कि देखिए प्रकाशक तो कहते हैं कि कविता संग्रह नहीं बिकते, जबकि मैं इस क्षेत्र का अनुभवहीन एक ही वर्ष में अपनी किताब की 1000 प्रतियाँ बेच चुका हूँ। उनका जवाब था क्योंकि आपने सिर्फ एक ही किताब प्रकाशित की है और आपका सारा ध्यान उसी किताब पर था, इसलिए आपको इसमें इतनी सफलता मिली वरना हम सैकड़ों पुस्तकों के प्रकाशकों के लिए यह सम्भव नहीं है।

बातचीत का अन्त तो सौहार्दपूर्ण हुआ मगर उन्होंने शायद उसी समय कसम खा ली कि भविष्य में इसको कविता की कोई किताब नहीं छापना है।

आलोचक का शिष्य दल

वह 25 दिसम्बर, 1994 की शाम थी। संयोग से उसी वर्ष मेरा कविता संग्रह 'बच्चे, पिता और माँ' छपकर आया था। दिल्ली के जनवादी लेखक संघ ने उस पर एक विचार गोष्ठी रखने का निर्णय किया था। संयोग से पूर्व राष्ट्रपति ज्ञानी जैल सिंह की मृत्यु के कारण गोष्ठी के दिन ही राष्ट्रीय शोक घोषित हुआ।

मैं दुविधा में था कि ऐसी स्थिति में गोष्ठी होगी या नहीं, शायद न हो मगर निश्चित रूप से कुछ पता नहीं था। फोन करने पर कुछ पता नहीं चला। चर्चा चूँकि उस दिन मेरे कविता संग्रह पर होनी थी, इसलिए मैं 8, विठ्ठल भाई पटेल हाउस पहुँच गया, जहाँ एक कमरा मार्क्सवादी कम्युनिस्ट पार्टी के किसी सांसद ने जनवादी लेखक संघ को दे रखा था। आधुनिक साहित्य की गोष्ठियों में सामान्यत: जितने लोग आते हैं, उस दृष्टि से वह जगह पर्याप्त थी। खैर मेरे पहुँचने तक संघ के कुछ पदाधिकारी भी पहुँच चुके थे क्योंकि किसी को गोष्ठी के स्थगन की सूचना नहीं थी। मेरे समेत सबकी राय यह थी कि

राष्ट्रीय शोक के कारण आज की इस गोष्ठी स्थगित किया जाए, इसे किसी और दिन रखा जाए।

इतने में दिल्ली विश्वविद्यालय के एक प्राध्यापक और आलोचक अपने शिष्य दल के साथ वहाँ पहुँच गए। उनका आग्रह था कि गोष्ठी आज ही होनी चाहिए। इस बीच कुछ और लोग भी भूलेभटके आ पहुँचे।

खैर आलोचक-प्रवर के आग्रह पर गोष्ठी हुई। उनके आग्रह का कारण यह था कि न केवल वह सदलबल आए थे बल्कि इस कवि को पूरी तरह ध्वस्त करने की तैयारी से आए थे। अगली बार क्या पता वह जोश उनमें रहता या नहीं! यह भी सम्भव है कि उनमें जोश तो रहता मगर अगली बार इतने शिष्यों को जुटाना मुश्किल होता!

साहब, उन्होंने जी-भरकर मेरे कविता संग्रह का ध्वंस किया। उन ध्वंसावशेषों को मैं समेटता रहा। वह आलोचक-प्रवर मेरे 1982 से 1984 के बीच के जर्मन प्रवास के दौरान यह राय जाहिर कर चुके थे कि जनवादी लेखक संघ जर्मनी से यानी मुझसे प्राप्त निर्देशों पर चल रहा है, जबकि इस गरीब लेखक की हैसियत अपने पाँवों पर जितना और जैसा भी चला जा सके, उतना चलने की ही रही है। आज भी मैं इस संगठन का साधारण सदस्य हूँ।

खैर मुरली मनोहर प्रसाद सिंह (मुरली बाबू) ने मेरी कविता की दृढ़ता से रक्षा की मगर आलोचक-प्रवर शिष्य मंडली के साथ विजयी मुद्रा में लौटे।

खैर कटुता बाद में न उन्होंने रखी, न मैंने। इसका कोई लाभ नहीं था। होता रहता है यह सब भी। वैसे यह मेरे लिए एक भूला हुआ-सा प्रसंग था मगर पता नहीं अचानक कैसे याद आ गया। यह एक दिलचस्प अध्याय है, ऐसा समझकर मैंने इसे लिखा है। न उन आलोचक-प्रवर ने आज तक अपने क्षेत्र छोड़ा है, न मैं अपने इलाके में हार मानकर बैठने को तैयार हुआ हूँ।

वैसे मैं भी कोई कम रकम नहीं हूँ। मैंने भी कुछ विध्वंस साहित्य में किए हैं मगर ऐसा करके भी ज्यादा कुछ बिगाड़ नहीं पाया हूँ। इसलिए आजकल साहित्य का क्षेत्र छोड़कर मोदी जी के आलोचनात्मक ध्वंस में अधिक लगा रहता हूँ, हालाँकि मुझे मालूम है कि मैं हूँ उनके लिए किस खेत की मूली!

चलता-फिरता अध्ययन-कक्ष

एक मध्यवर्गीय घर में न्यूनतम सहज साधारण रूप से जो सुविधाएँ अपेक्षित होती हैं, वे मेरे यहाँ हैं। डाइनिंग टेबल है मगर वहाँ अनुशासन से बैठकर खाना हम दोनों

को अधिक रुचता नहीं। खा भी लेते हैं, नहीं भी खाते। बचपन से आलथी-पालथी मारकर जमीन पर खाने के संस्कार काफी हद तक चले गए हैं मगर पूरी तरह गए भी नहीं हैं। मन हो तो कुर्सी पर भी आलथी-पालथी मार कर बैठ जाता हूँ। हाँ मेहमान आ जाएँ तो खाने के लिए डाइनिंग टेबल का उपयोग है।

पत्रकार-लेखक हूँ तो कई बार पूछा जाता है कि आपका अध्ययन-कक्ष कहाँ है? कहाँ बैठकर लिखते-पढ़ते हैं? यह सवाल मुझे शर्मिंदा नहीं करता है और विचित्र लगता है। मेरे यहाँ एक कमरे में अधिक किताबें हैं मगर बाकी कई जगह बिखरी हुई हैं। टेबलें भी हैं मगर कपड़े और किताबें रखने, जरूरत पड़ने पर इस्तरी करने के काम आती हैं। कुर्सी का भी उपयोग लगभग शून्य है। नौकरी के दौरान जरूर टेबल-कुर्सी का उपयोग करना पड़ता था मगर घर में पढ़ने-लिखने की कोई जगह और कोई समय तय नहीं है। मौसम प्रतिकूल न हो तो जिस बालकनी में बैठने की थोड़ी जगह है, वह भी मेरा अध्ययन-कक्ष बन जाता है। एक जमाने में जब सारा लिखना कलम-कागज से ही होता था, जमीन पर दरी बिछाकर सीने के नीचे तकिया लगाकर भी लिखता था (कंप्यूटर या मोबाइल में यह सुविधा नहीं है)। और जहाँ जमीन पर दीवार से पीठ टिकाकर बैठ या जमीन पर लेट गए, वही जगह अध्ययन कक्ष बन गई। किताब या पत्रिका की जरूरत पड़ गई तो निकाल कर पास रख ली वरना उठ कर ढूँढ़ लीं।

आजकल ड्राइंग रूम के सोफा पर भी और बिस्तर पर दीवार के सहारे तकियों की टेक लगाकर लिखने-पढ़ने लगता हूँ। बाथरूम भी दस-पंद्रह मिनट के लिए अध्ययन-कक्ष बन जाता है। मेट्रो में जा रहे हैं, थोड़ा लम्बा सफर है, बैठे-बैठे अखबार पढ़ रहे हैं या सोशल मीडिया देख रहे हैं या यूँ ही लोगों का आपसी व्यवहार देख रहे हैं या उनकी बातों का चुपचाप आनन्द ले रहे हैं तो उतनी देर के लिए मेट्रो की वह सीट भी अध्ययन कक्ष बन जाती है। आखिर लोगों का अध्ययन भी तो अध्ययन है। कई बार पार्क भी अध्ययन कक्ष बना है। शब्दों के प्रचलित अर्थ में तो नहीं मगर वास्तविकता में लेखक के लिए तो सड़क भी, बस स्टाप भी, रेलवे स्टेशन भी देखने-सोचने की दृष्टि से अध्ययन-कक्ष है।

और समय की भी कोई बन्दिश नहीं। यहाँ तक कि शरीर थका है और सोने की ओर बढ़ रहा हूँ मगर कुछ सूझ गया तो पता है कि अभी आधाअधूरा ही सही, नहीं लिखा तो नींद नहीं आएगी। तो आधी रात का वक्त भी लेखन-अध्ययन का समय बन जाता है। रात को नींद नहीं आ रही है, बिस्तर पर पड़े-पड़े उकता गए हैं तो रात के तीन बजे हों या सुबह के चार, वह भी अध्ययन का समय है।

मेरे खयाल से सभी लेखकों के साथ यही स्थिति होगी।

बेमकसद का मकसद

जीवन में बेमकसद किए गए कामों का भी बहुत अर्थ होता है, खासकर उनके लिए जो किसी भी तरह की रचनात्मकता से जुड़े होते हैं। गहराई में जाकर जीवन के किसी पक्ष का यों ही, निरुद्देश्य ही अध्ययन किया जाए, उसमें रमा जाए, एकाकार हुआ जाए, तब तो बात ही क्या है मगर सरसरी तौर पर भी जीवन को देखना-जानना, बेमतलब गलियों-बाजारों-बस्तियों में घूमना, लोगों से बतियाना भी एक दृष्टि, एक समझ, रचनात्मक उत्तेजना देता है।

एक बार कवि-मित्र विजय कुमार और मैं मुक्तिबोध पर एक आयोजन में रायपुर गए। सुबह हो या शाम, ज्यों ही साहित्यिक बहसबाजी से थोड़ी फुरसत मिलती, हम आसपास के इलाकों में भटकने निकल जाते। सुबह चाय पीने के बहाने इधर-उधर मटरगश्ती करते, लोगों को, उनके व्यवहार को, उस सामाजिक पर्यावरण को देखते। इस मामले में हमारे शौक कहो या दिलचस्पी, एक है। इस बार रायपुर में मैं उनके साथ नहीं हो सका मगर वह उन एक-दो दिनों के इस साथ को रायपुर आकर फिर याद कर रहे थे और इस बार वह अकेले ही इस अभियान पर निकल पड़े।

अब तो कुछ कम हो गया है मगर मेरे लिए कहीं जाने या अपने शहर में कहीं जाने का मतलब अकसर काम करके भागना नहीं, कुछ समय निकाल कर यों ही पैदल भटकना भी है। जरूरी नहीं, वह कोई ऐतिहासिक स्थल हो, वह कोई गलीकूचा भी हो सकता है, वह झुग्गी-बस्ती भी हो सकती है, वह चाय का ठीहा भी हो सकता है, वह भीड़भाड़ वाला बाजार भी हो सकता है और निपट एकांत सूनी जगह हो तो भी अच्छा।

कुछ समय पहले कवि मित्रों मनमोहन और शुभा से मिलने रोहतक गया था। शुभा बता रही थीं कि मनमोहन उनके साथ जा नहीं पाए तो वह एक पहाड़ी स्थल पर करीब एक महीना अकेले रहकर आईं और ऐसा वह बीच-बीच में करती रहती हैं। उन्हें इसमें बहुत आनन्द आता है, लौटने का मन नहीं करता। ऐसे ही एक और कवि-मित्र अमिताभ, मसूरी के पास अपने एक मित्र के खाली पड़े ठिकाने पर काफी समय तक अकेला लिखता-पढ़ता और आसपास के लोगों से गपियाता रहा। कुछ समय पहले वह कहीं और इसी तरह रहा था, बगैर किसी टीमटाम के।

कवियों में यह बात खासतौर पर होनी चाहिए। यह क्या कि हमेशा सफलता के पीछे लट्ठ लेकर पड़े हैं यहाँ से वहाँ, वहाँ से यहाँ हवाई जहाज या एसी फर्स्ट या सेकंड क्लास या टैक्सी में दौड़े-भागे चले जा रहे हैं। इससे असफलता बहुत अच्छी।

वह फुरसत तो देती है, चैन तो देती है। बाकी इस दौड़भाग वाली सफलता में भी क्या धरा है, आज है, कल नहीं है। हममें न कोई ब्रेख्त है, न विस्वावा शिम्बोर्स्का, न निराला, न मुक्तिबोध, न रघुवीर सहाय। हम वक्त के साथ भुलाए जाने के लिए बने हैं तो आइए अपने इस वक्त में अपने को ऐसे घुला दें कि उसके होकर रह जाएँ, जीवन से कुछ लें क्योंकि देने के लिए हमारे पास कुछ खास है नहीं।

अपने पर हँसी आई

पिछले दिनों घर में सफेदी होनेवाली थी, इसलिए मैं अपने कमरे की किताबें निकालकर उन्हें अलग जगह रख रहा था ताकि जिन अलमारियों में ये किताबें रखी हैं, उनमें ठीक से सफेदी हो सके। इस दौरान बहुत सी ऐसी किताबें दिखीं, जिनका होना मैं लगभग भूल चुका था। अपनी भी किस्म-किस्म की अभी तक छपी कुछ किताबों के एकाधिक संस्करण दिखे। कुछ किताबों-पत्रिकाओं में मेरी भी कुछ रचनाओं के देशी-विदेशी अनुवाद दिखे, कुछ ऐसी किताबें भी दिखीं, जो मेरी किसी रचना का अविकल अनुवाद हैं। पुरस्कार के साथ मिले मानपत्र भी दिखे।

इनमें से कुछ पुरस्कारों का मिलना तक याद नहीं था और याद करने लायक था भी नहीं। कुछ महत्त्वपूर्ण पत्रिकाओं के विशेषांक दिखे, जिनमें मेरी रचनाएँ भी शामिल हैं। कुछ शोधग्रंथ दिखे, जो मेरी रचनाओं पर हैं। 60 वर्ष का होने पर प्रकाशित एक लघुपत्रिका का विशेषांक भी दिखा और भी न जाने क्या-क्या।

यह सब देख कर मुझे अपने पर हँसी आई। इन्हीं से कवि-कथाकार, व्यंग्यकार आदि बड़े नहीं हो जाते वरना निराला को कुल कितने पुरस्कार मिले होंगे, क्या मुझसे अधिक? और क्या मेरे समय के कुछ बड़े नामों से भी अधिक? कुछ समय पहले तक मुम्बई से प्रकाशित एक पत्रिका में ऐसे कवि-लेखक छपा करते थे, जिनके नाम आज तक न मैंने, न मेरे मित्रों ने सुने थे मगर पुरस्कारों की संख्या की दृष्टि से वे हिन्दी के मशहूर से मशहूर लेखक से बहुत आगे थे। इससे अधिकतर पुरस्कारों-सम्मानों की व्यर्थता अधिक समझ में आई।

तो इस बात का कोई महत्त्व नहीं है कि आपकी कितनी किताबें छपी हैं और आपको कितने पुरस्कार मिले हैं? अगर पैमाना यही है तो मुक्तिबोध को तो शायद अपने जीवन में कोई पुरस्कार नहीं मिला, वे तो फिर मुझ नाचीज से भी बहुत छोटे कवि हुए! आज भी कई कवि-कथाकार ऐसे हैं जो छोटी जगहों पर रहते हैं। न उनकी तरफ आलोचकों का ध्यान जाता है, न सम्पादकों का। उन्हें कुछ पुरस्कार अगर मिले भी हैं तो वे स्थानीय स्तर के हैं।

काल बहुतों को जीते जी भुला देता है, कुछ को मरने के कुछ दिन बाद। कुछ को महीने-दो महीने बाद। फेसबुक पर जिन लेखकों की मृत्यु के बाद उन्हें श्रद्धांजलि देनेवालों, उनके योगदान बतानेवालों की लम्बी लाइन लगी देखी, एक महीने बाद उन्हें भूलेभटके भी याद करनेवाले कम मिले। ये पुरस्कार, ये तमगे, सब यहीं धरे रह जाते हैं और सन्तानों के लिए बोझ बन जाते हैं, जिसे वे ज्यादा देर तक सँभाल नहीं पातीं क्योंकि फ्लैट छोटे हैं और पहले से रखी चीजों की बहुतायत है। नाती-पोतों, नातिनों-पोतिनों के लिए उनके दादा-नाना या दादी-नानी के रूप में तो शायद हम उनकी स्मृति में थोड़े-बहुत व्यक्ति के रूप में जिन्दा रहें लेकिन एक लेखक के रूप में? उनके लिए हमारे ये सब सम्मान-पुरस्कार व्यर्थ होंगे। ये किताबें, ये पुरस्कार या तो समय के साथ सड़-गल जाएँगे या इससे पहले ही फेंक दिए जाएंगे। पाठक और प्रकाशक भी प्रायः भूल जाएँगे। अधिकांश मनुष्य और अधिकतर रचनाएँ नष्ट हो जाने के लिए ही पैदा होती हैं। इस बारे में अधिक भ्रम नहीं होना चाहिए।

समाज बहुत कम लोगों को याद रखने लायक समझता है और वाकई याद रखने लायक होते भी कम हैं। मरने के बाद दुखी या सुखी होने के लिए कुछ नहीं होता मगर मान लो कि होता है तो कतई गम नहीं होना चाहिए कि आपको भुला दिया गया है। हाँ बस इतना सन्तोष काफी है कि ज्यादातर हमने वह लिखा, जो लिखने की इच्छा थी और उसी तरह लिखा, जिस तरह लिखने का मन था।

मुफ्त सेवा के लिए हिन्दी लेखक से सम्पर्क करें

हिन्दी लेखक शायद भारत का एकमात्र ऐसा प्राणी है, जिससे सबको मुफ्त सेवा चाहिए। हाँ धन्यवाद या थैंक्स जरूर कभी-कभी उसके हिस्से आ जाता है। वैसे यह भी सामनेवाले की इच्छा पर निर्भर है। धन्यवाद नहीं दिया तो लेखक उस पर मुकदमा तो नहीं कर देगा! करेगा तो लालची से लालची वकील भी भगा देगा। "कहेगा, आपका दिमाग तो ठीक है?" इस 'न्यू इंडिया' में दिमाग को ठीक रखना, लिखने से अधिक बड़ी चुनौती है!

ताजा सन्दर्भ यह है कि कल मेरे पास एक साहित्य सम्पादिका का सन्देश आया कि आप फलाँ लेखक पर दो हजारों शब्दों का संस्मरणात्मक लेख एक सप्ताह के अन्दर भेज दीजिए। अपना परिचय और तस्वीर भी साथ में। हमारे लिए यह संस्मरण एक उपलब्धि होगी और आगे भी हमें आपसे इसी तरह के सहयोग की अपेक्षा रहेगी। मतलब सारी अपेक्षाएँ उन्हें लेखक से है। उन्हें लेखक का मोबाइल

नम्बर जरूर कहीं से मालूम है मगर लेखक का परिचय तक मालूम नहीं है, न वे गूगल पर उसकी तस्वीर ढूँढ़ सकती हैं। उन्हें मेरे या अन्य लेखकों के बारे में कुछ पता नहीं होगा। बस किसी साहित्यप्रेमी ने उन्हें मेरा नाम और मोबाइल नम्बर दे दिया होगा। ऐसा पहले भी कई बार हुआ है।

ऊपर से आग्रह 2000 शब्दों का भी है और समय भी एक सप्ताह का है। सब कुछ हम उनकी थाली में परोस दें और वे बस जीमने का कष्ट करेंगी।

पूरे पत्र में भुगतान का कोई उल्लेख नहीं था। मैंने लिखा सम्मानजनक भुगतान करेंगी तो अवश्य लिख देंगे। जवाब आया हम तो खुद इस पक्ष में हैं लेकिन अखबार नया है। इसका रविवारीय संस्करण हम आरम्भ कर रहे हैं वगैरह यानी मुफ्त में आप लिख दीजिए और लिखते रहिए। मैंने क्षमा माँग ली। उन्होंने इतना अवश्य किया कि शुक्रिया दे दिया।

यह सही है कि मैं अवकाशप्राप्त हूँ मगर अवकाशप्राप्त का अर्थ इतना खाली होना नहीं होता कि तुम अखबार चलाओ, मुझसे एक हफ्ते में दो हजार शब्दों का आलेख चाहो और मैं फटाफट लिखने बैठ जाऊँ और अर्थलाभ के नाम पर ठनठन गोपाल! आखिर क्यों किसी व्यावसायिक संस्थान के लिए मुफ्त लिखें? तुम्हारा अखबार नया है वगैरह, यह मेरी जिम्मेदारी नहीं। और न आप इससे पहले मुझे जानती थीं, न अब जानती हैं, तो क्यों करूँ आपके लिए यह तकलीफ? इस समय में कुछ बेहतर पढ़ूँगा, लिखूँगा और हो सकता है, मित्रों और परिवारजनों से गप लड़ाऊँ या टीवी देखूँ या सोशल मीडिया देखूँ या कहीं सड़क पर निकल जाऊँ। आपको फलां लेखक पर लिखवाना है तो जो लिखे, उससे खुशी-खुशी लिखवाइए। और वैसे भी उन पर लिखने में मुझसे सक्षम बहुत से लोग हैं।

हाँ मेरा फेसबुक या अन्यत्र लिखा, मेरे कुछ मित्र छाप लेते हैं पूछ कर, यह अलग बात है। एक लेखक के तौर पर नए पाठकों तक पहुँचने की इच्छा हमेशा रहती है लेकिन आप कमाई करेंगे तो एक लेखक को उसका पारिश्रमिक भी तो मिलना चाहिए! आप सबको पैसा देंगे, बस लेखक को नहीं! वैसे हम सब लेखक बिना किसी आर्थिक या अन्य अपेक्षा के ही लिखते हैं मगर वह जो लिखने को मन करता है। वह लिखते हैं और उन्हें देते हैं, जिनसे हमारा किसी तरह का कोई साबका है। वैसे फेसबुक पर लगभग रोज लिखता हूँ तो कोई आर्थिक क्या कोई और अपेक्षा भी नहीं रहती। कुछ रचनात्मक लिखा और किसी ने कहा कि हमें कुछ दीजिए और मन किया कि इसे छपवा लेने में बुराई नहीं तो सादर दे दिया मगर किसी के आदेश पर उनके बताये विषय पर क्यों लिखें? और आप क्या हैं, कौन हैं, हम नहीं जानते। आप भी हमारे बारे में कुछ नहीं जानते।

लिखने के बदले पारिश्रमिक मिले, तब भी यह लेखक का चुनाव होगा कि वह लिखे या न लिखे। और कहाँ लिखे, कहाँ न लिखे।

हिन्दी जगत में लेखक से हर कोई मुफ्तिया काम करने की अपेक्षा रखता है। कितने हैं, जो उसके बदले कुछ देना चाहते हैं? और देते भी हैं तो क्या वह अक्सर सचमुच सम्मानजनक होता है? प्रकाशक आमतौर पर रायल्टी देना नहीं चाहते। देते भी हैं तो मात्र बहलाते हैं, उस राशि को बताते हुए भी शर्म आती है, जबकि उन्हें देते हुए शर्म बिलकुल नहीं आती। छोटी पत्रिकाओं के लिए आप कुछ लिखते हैं तो यह मानकर चलते हैं कि अंक की एक प्रति मिल जाए, इतना बहुत है। वही आपका पारिश्रमिक है। कई लघु पत्रिकाएँ इतना सार्थक काम कर रही हैं कि उनका सहयोग करने की इच्छा होती है। और सहयोग करते ही हैं तमाम लेखक। इस तरह हिन्दी का कोई भी लेखक काफी मुफ्त सेवा करता है मगर इसका अर्थ यह नहीं कि हर कोई उसे लिखनोत्सुक समझ ले, टेकन फार ग्रांटेड ले ले!

एक तरह से लेखक को सामान्यतः उसके परिश्रम का कोई प्रतिदान तो नहीं ही मिलता, ऊपर से तोहमतें भी उसे ही सबसे ज्यादा मिलती हैं। ऐसा क्यों कर दिया, क्यों कह दिया, क्यों लिख दिया, वहाँ क्यों चले गए, वहाँ क्यों नहीं गए, उसकी प्रशंसा या निंदा क्यों कर दी? रचनात्मकता की दूसरी विधाओं में काम करने वालों के बारे में मानकर चला जाता है कि उन्हें तो समझौते करने ही हैं मगर लेखक का जरा सा विचलन उसे जनवादी से कलावादी और कलावादी से अलेखक बना दे सकता है।

वीर कवि नरेन्द्र गौड़

हमारे समय के महत्त्वपूर्ण कवि और 'साक्षात्कार' पत्रिका को सबसे जीवंत रूप देने वाले स्वर्गीय सोमदत्त तब मध्य प्रदेश साहित्य परिषद के सचिव थे। बालकृष्ण शर्मा नवीन का जन्म चूँकि शाजापुर के पास एक गाँव में हुआ था और शाजापुर में उनकी स्कूली शिक्षा हुई थी, इसलिए उनके निधन के बाद से उनकी स्मृति में 8 दिसम्बर को एक न एक साहित्यिक कार्यक्रम यहाँ जरूर होता रहा है। हम कुछ मित्रों ने साहस कर खुद भी 'किशोर उद्गार मंडल' की तरफ से दो बार भव्य कवि सम्मेलन करवाए थे। बाद में कभी नवीन जयंती मनाने की जिम्मेदारी साहित्य परिषद ने ले ली, जो अब मध्य प्रदेश साहित्य अकादमी बन चुकी है।

एक बार इसमें नरेश मेहता और चन्द्रकांत देवताले के साथ इब्बार रब्बी और मुझे भी कई और कवियों के साथ बुलाया गया था। जब मैं अपने कुछ मित्रों के साथ शासकीय नवीन महाविद्यालय के रास्ते में था और बस स्टैंड से होकर जा रहा था तो अचानक देवताले जी ने आवाज़ दी, जो कि तब तक नरेश जी के साथ

उज्जैन जानेवाली बस में बैठ चुके थे। मैंने आश्चर्य व्यक्त किया कि आप लोग अभी से कैसे जा रहे हैं? उन्होंने कहा कि हम दोनों ने एक-एक कविता पढ़कर अपना कर्तव्य निर्वाह कर दिया है, अब हम लौट रहे हैं। वे दोनों अपने लम्बे अनुभव से यह समझ चुके थे कि वे भले ही कितने ही प्रतिष्ठित, सम्मानित और विभिन्न पुरस्कारों से अलंकृत कवि हों, उनकी और उनके जैसी कविता की यहाँ खैर नहीं। श्रोता यहाँ उन्हें भी छोटामोटा कवि सम्मेलनी कवि समझकर पहुँचे हैं। बेहतर है अपनी कविता की बेइज्जती करवाने से पहले एक-एक कविता पढ़कर बढ़ लिया जाए!

खैर हम बाद में पहुँचे। मंच पर बैठा दिए गए। रब्बी जी के बाद मैंने अपनी कविताएँ पढ़ीं। श्रोताओं में अधिकांश छात्र थे। उन्होंने हमें हूट कर दिया। अपना-सा मुँह लेकर पराजित भाव से हम दोनों मंच पर बैठे रहे। हमारे बाद शाजापुर के मेरे प्रिय दोस्त तथा एकदम अलग तरह के कवि नरेंद्र गौड़ का नम्बर आया। उसके साथ भी यही सलूक होने लगा तो वह अचानक बिना कुछ बोले-कहे मंच से उतरा। मैं डरा हुआ था कि पता नहीं वहाँ जाकर यह क्या सलूक कर बैठे, कहीं लड़ न पड़े और पिटपिटा न जाए!

उसने किया यह कि जो छात्र हमें 'हूट' कर रहे थे, ठीक उनके बीच जा पहुँचा और कहा कि लो और अब सुनो मेरी कविताएँ। उसकी यह रणनीति काम कर गई। हतप्रभ और निष्प्रभ छात्र मजबूरन उसकी कविताएँ सुनने लगे। समझ में आईं या नहीं मगर सुनने को विवश थे बल्कि तीनेक कविताएँ सुनाकर वह वापिस जाने लगा तो उन छात्रों ने कहा और सुनाओ। अपना कोटा पूरा कर नरेंद्र वापस लौटा मंच पर। वहाँ उसने संचालक नईम साहब से माइक लिया और रब्बी जी और मेरी तारीफ में कुछ शब्द कहे और हमारी कविताएँ भी मजबूरन उन छात्रों को शान्ति से सुननी पड़ीं।

नरेंद्र गौड़ का अप्रत्याशित व्यवहार बहुत नया नहीं था—मेरे लिए लेकिन उस दिन तो उसने अपना सिक्का सब पर जमा लिया। मैंने कार्यक्रम के बाद उससे कहा कि यार मैंने वीर रस के कवि तो बहुत देखे हैं मगर वीर कवि पहली बार देखा।

वैसे वह वीरता और समझौतों दोनों का मास्टर है। किसी न किसी तरह खींच-खाँचकर अपनी जरूरत भर कमा लेता है। माँ और अपनी दाल-रोटी और तंबाकू-चाय का खर्च निकाल लेता है। शरीर से मोटा हो चला है लेकिन काफी पैदल चलता है। वह कभी गम्भीर रूप से बीमार हुआ हो, ऐसा सुना नहीं। उसकी उम्र 70 से अधिक है मगर वह पहले की तरह अपने में मस्त अलबेला-अनोखा है। अपनी कुछ कमजोरियों के कारण वह अभी-अभी तक मुसीबतों में फँसता और निकलता रहा है। दो बार उसने स्थानीय अखबारों में मेरे काल्पनिक इंटरव्यू छापे हैं और उनकी कतरनें भी मुझे भेजी हैं। मैं उसका कुछ कर नहीं सकता!

मुझे जब 2001 में साहित्य के लिए मध्य प्रदेश का शिखर सम्मान मिला तो वह इतना खुश हुआ कि उसी दिन भोपाल में हुए सम्मान समारोह के समय ही उसने शाजापुर में भी एक काव्य गोष्ठी रखी। एक बार उसने इस दोस्त का वहाँ के सम्माननीयों के बीच जबरदस्त सम्मान करवाया। जिस जीवाजी क्लब में इक्कीस साल की उम्र तक कभी अन्दर एक कदम रखने तक की हिम्मत नहीं की थी, वहाँ गले में इतनी फूलमालाएँ पड़ीं कि कवि-लेखक से अचानक कुछ-कुछ नेता हो जाने जैसा लगा। ऐसे दोस्त मुश्किल से मिलते हैं लेकिन मिले हैं मुझे शाजापुर में और भी कुछ ऐसे दोस्त।

सफलता के किस्सों के बीच कवि

कवि-आलोचक मित्र विजय कुमार एक काव्य-पाठ के सिलसिले में दिल्ली आए थे। वह इस बार इस इरादे से आए थे कि अलीगढ़ के पास अपने उस गाँव भी जाएँगे, जहाँ उनके बचपन का कुछ हिस्सा गुजरा है। वह 50 साल बाद फिर उस गाँव जा रहे थे तो एक किस्म का रोमांटिसिज्म भी उनमें था। इतने साल बाद कोई भी अपने बचपन के दिनों में लौटना चाहेगा तो अपनी उन स्मृतियों में कुछ रोमांटिसिज्म साथ ले पाएगा। कोई और उपाय है भी नहीं शायद।

फिर भी इतने यथार्थवादी तो वह हैं ही कि 50 साल बाद उनका वह गाँव भी बहुत कुछ बदल चुका होगा लेकिन इसके बावजूद आदमी यही चाहता है कि उसकी स्मृतियों की दुनिया का बहुत कुछ वहाँ बचा रह गया हो, तो बेहतर, ताकि वह उस जगह से, उन स्मृतियों अपने को जोड़ सके।

इस बीच पीढ़ीगत अन्तर के कारण भी यहाँ के उनके रिश्तेदार से उनका कोई सम्बन्ध नहीं रह गया था, तो उन्होंने सीधे उनके घर जाना ठीक नहीं समझा। उन्होंने एक धर्मशाला में कमरा लिया और तैयार होकर अपने रिश्तेदार से मिलने गए मगर उनके रिश्तेदार किसी तरह राजी कर उन्हें अपने विशाल मकान में ले आए, जो तब बनने की प्रक्रिया में था।

विस्तार से तो विजय जी शायद कभी अपने इस अनुभव पर लिखना चाहें मगर उनसे टेलीफोन पर लम्बी बातचीत के बाद मेरा मन हुआ कि मैं खुद भी उस पर कुछ लिखूँ। उनके अनुभव के खजाने से केवल एक ही बात साझा कर रहा हूँ, जो मुझे बहुत दिलचस्प लगी।

उनके इस रिश्तेदार ने दिल्ली और अपने गाँव के बीच खरीदने-बेचने का कुछ ऐसा धंधा जमा लिया है कि वह अपने गाँव में रहकर ही करोड़पति बन चुके हैं।

वह अपनी इस सफलता से इतने मुग्ध हैं कि उन्हें लगता है कि उनके अपने गाँव के लोग उनसे ईर्ष्या करने लगे हैं। विजय जी उनके यहाँ शाम और रात को रुके तो वह रिश्तेदार अपनी सफलता के किस्से दर किस्से उन्हें सुनाते रहे। उन्होंने बताया कि उन्होंने इस बीच कितनी कारें बदली हैं, वह कितना महँगा मकान बनवा रहे हैं और वह कहाँ से कहाँ पहुँच चुके हैं!

विजय जी ने अपने रिश्तेदार से उनके पिता के बारे में पूछा तो उन्हें अपने पिता के बारे में बताने में कोई खास दिलचस्पी नहीं दिखाई, जो कि इस दुनिया में नहीं हैं। उनके बहाने भी वह अपनी सफलता का गाना ही गाते रहे। उन सज्जन की बेटियाँ पढ़ाई में बेहतर हैं, उनकी आगे पढ़ने और बढ़ने में दिलचस्पी है तो विजय जी उनसे इन बारे में बातें करने लगे लेकिन उनके पिता की इसमें भी कोई रुचि नहीं थी।

वह अपनी सफलता से इतने मोहित थे कि विजय जी को मोबाइल पर उस दिन आई उनकी मेल और फेसबुक वगैरह देखने का समय तक नहीं दिया। उनकी चर्चा के केन्द्र में सिर्फ पैसा, पैसा और पैसा था। विजय जी के बारे में उनकी दिलचस्पी भी यहीं तक सीमित थी कि सेवानिवृत्ति के समय उनकी तनख्वाह कितनी थी और अब उन्हें पेंशन कितनी मिल रही है, मुम्बई में उनका कितना बड़ा फ्लैट है और उसकी कीमत कितनी है। इसके अलावा उनकी कोई जिज्ञासा नहीं थी। उन्हें अपने ही जिले का एक कस्बा अतरौली उनके गाँव से कितना दूर है, जहाँ के रहनेवाले महान गायक अब्दुल करीम खाँ थे, इसकी जानकारी तक नहीं थी। खैर वह अब्दुल करीम खाँ के बारे में तो कुछ जानते थे ही नहीं।

बहरहाल उन सज्जन की बातचीत का कुल सन्देश यह था कि देखो, मुम्बई में इतने साल रह कर भी जो तुम हासिल नहीं कर पाए, जो नहीं बन पाए, वह इस गाँव में रहकर वह बन चुके हैं। विजय जी सरकारी पद पर रहकर जो नहीं बन पाए, वह यहाँ रहकर, कम पढ़-लिख कर बन चुके हैं।

किसी तरह विजय जी ने उनसे पीछा छुड़ाया। उन्हें इस बीच पता चल चुका था कि गाँव से कुछ बाहर एक ठीक-ठाक सा होटल है, वहाँ कोई बहाना बनाकर उन्होंने शरण ली और सफलता के अविराम किस्सों की ऊब से खुद की जान बचाई।

एक लेखक के लिए हर अनुभव बड़ा और कीमती होता है। अपने गाँव में 50 साल बाद आकर जो अनुभव वह कमाकर ले आए हैं, उस कमाई का अन्दाजा उनका वह रिश्तेदार नहीं लगा सकता। लग भी जाए तो उसे इससे क्या लेना-देना? विजय जी का कद उनके लिए हमेशा छोटा बना रहेगा और विजय जी को इससे कोई निराशा नहीं है।

अफसरी दिखाने वाले साहित्यकार

एक कवि-मित्र पदोन्नति पाकर इतने बड़े अफसर बन गए कि उन्हें अलग कमरा, पीए सब नसीब हो गया। अच्छी बात है। हम भी तब पत्रकारिता में अफसर जैसी स्थिति में थे, हमारे पास भी यह सब था। उन्होंने अपने पीए के जरिए हमारे मोबाइल पर फोन करवाया कि साहब आपसे बात करेंगे। और जैसा कि साहबों को करना होता है, उन्होंने दो-तीन मिनट का इन्तजार हमसे करवाया, तब लाइन पर आए। एक-दो बार तो यह सब चल गया। तीसरी बार भी यही हुआ तो हमने कहा, "ऐ मित्र, अगर तुम समझते हो कि तुम अफसर हो, तो सुन लो, आज की तारीख में हम भी अफसर हैं। तुम सरकारी अफसर हो, तो हम भी बड़े बनिये के अफसर हैं। और याद रक्खो, फोन तुम करते हो, मैं तुम्हें नहीं। तो अपनी अफसरी हमें मत दिखाओ। एक तो हम वो नहीं, जो अफसरों के रौब में आएँ और दूसरे हम रहे हैं विशेष संवाददाता। हमारा वास्ता तुम से कई गुना बड़े अफसरों से पड़ा है और केन्द्रीय मंत्रियों से भी। आगे से बात करना हो तो सीधे हमारे मोबाइल नम्बर पर खुद फोन करना। पीए-फीए का रौब हमें मत दिखाना वरना तुम जहाँ हो, सुखी रहो और जहाँ हम हैं, वहाँ सुखी हैं।" काफी था यह डोज। दवा काम कर गई। मरीज हमारे मामले में ठीक हो गया।

एक और साहब हैं। कुछ हुआ और एक दिन वह कुछ और से बहुत बड़े अफसर हो गए। पिछले वाले से भी बड़े अफसर। लेखक भी अच्छे हैं। हमने उनसे अनुरोध किया कि हमारी पत्रिका के लिए कुछ लिखा कीजिए। नियमित लिख सकें तो और भी अच्छा। उन्होंने कहा, "ठीक है, बात करते हैं।" बात करने से किसे इनकार था! उन्होंने कहा कि "एक दिन आप हमारे दफ्तर आ जाइए।" हमने कहा, "ठीक है। बताते हैं।" जाना नहीं था, गए नहीं। फिर पूछा, फिर वही जवाब, "दफ्तर आ जाओ।" हमने विनम्रता से कहा, "नहीं दफ्तर नहीं। वहाँ चैन से बात नहीं हो सकेगी। कहीं और आप जहाँ बताएँ, वहाँ मिलते हैं।" उन्हें यह सुझाव पसन्द नहीं आया। उनकी रट थी—दफ्तर आओ। हमारी भी जिद थी—उनके दफ्तर नहीं जाएँगे। उन्हें हम अरसे से जानते थे। वह अपने विशाल तामझाम से हमें प्रभावित करना चाहते थे और हम प्रभावित होने से इनकार कर रहे थे। लिहाजा उन्होंने लिखा नहीं, हमने भी आग्रह फिर किया नहीं। उनकी नाराजगी आज तक कायम है। रहे। स्वागत है।

जीवनभर पत्रकार रहे तो अफसरी हमें आती नहीं। उसके बगैर हमने काम चलाया और चल गया। जैसे अपने बच्चों को डाँटते हैं, दुलारते हैं, इतना काफी होता है, वैसे ही हम अपने सहयोगियों के साथ बर्ताव करते रहे कि जो काम आपके

जिम्मे हो, वह अपने सहायकों से बेहतर आपको आता हो तो वे आपकी डाँट सुनते हैं और काम में सुधार लाते हैं। खैर। बहुत पहले की बात है। हम नए-नए दिल्ली आए थे। तब सरकारी दफ्तरों में अन्दर जाने में इतना झंझट नहीं था, जितना कि आज हैं। बस रिसेप्शन पर अपना नाम और काम लिखवाया और चले गए। तब थे हम फटीचर फ्रीलांसर हमें किसी अखबार या 'दिनमान' की तरफ से किसी संयुक्त सचिव जैसे किसी अफसर से बात करनी थी। वह बड़े अफसर थे, हम फटीचर फ्रीलांसर। फटीचर थे तो अपने सबसे अच्छे कपड़ों में भी फटीचर दिखते थे। तो हमने शास्त्री भवन में सीधे उनके कमरे का दरवाजा खोला। उन्होंने गर्दन उठाकर देखा कि एक फटीचर आया है। गरम हो गए। उन्होंने कहा बल्कि डाँटा, "तुम सीधे कैसे चले आए? कौन हो? तुमने अपॉइंटमेंट लिया?" मैंने कहा, "अफसर साहब सुनिए। हमारे कपड़े मामूली हैं। हम हैं भी मामूली लेकिन हैं पत्रकार। कोई एप्लीकेशन लेकर आपके सामने नहीं आए हैं। हम आए हैं फलाँ की तरफ से आपका इंटरव्यू लेने क्योंकि हमसे कहा गया कि आप उनसे मिल लेना। तब वह लाइन पर आए और आराम से बात की।

तो हवा में तैरनेवालों को यह याद दिलाने की जरूरत पड़ जाती है कि भैया धीरे, भाभी जी, धीरे। पंख आने से पहले उड़े तो याद रखो आओगे सीधे जमीन पर। चोट लगेगी। और फिर अफसरी तो आनी-जानी है बाबूजी। आज है, कल नहीं। कल तो हम-तुम एक ही सड़क पर होंगे मगर कुछ की चालढाल, जीवनशैली में अफसरी घर कर जाती है। रिटायरमेंट के बाद भी वह जाती नहीं। हमारे एक प्यारे दोस्त। बड़े अफसर होकर भी कभी अफसर न हो पाए मगर उनसे कोई प्रस्ताव करता तो वे कहते, "देखते हैं"। मैं कहता, "ए भाई देखते हैं। यह अफसरों वाली भाषा है। देखना-वेखना छोड़ो। साफ, दोटूक बताओ।"

वैसे साहित्यिक कारणों से हमारे अशोक वाजपेयी, सुदीप बनर्जी आदि से निकट सम्बन्ध रहे। इन्होंने कभी अपनी अफसरी से प्रभावित करने की कोशिश नहीं की। करते तो अफसर साहब, आप अपने रास्ते जाओ, हम अपने। अफसर होने के नाते न हम आपके पास आए थे, न आप हमारे निकट आए। उनसे जो रिश्ता था, उससे परे था और होना भी चाहिए।

प्रयाग जी, कलाकार और कविता

1971 से 'दिनमान' से फ्रीलांसर के नाते आते-जाते रहने के कारण वहाँ के जिन लेखकों-पत्रकारों से सघन रिश्ता बनता गया, उनमें कवि-कला समीक्षक प्रयाग

शुक्ल भी हैं। वह पहले व्यक्ति हैं, जिन्होंने 1974 में अशोक वाजपेयी द्वारा सम्पादित 'पहचान' की चौथी और अन्तिम शृंखला में मेरी पुस्तिका 'मैं फिर कहता हूँ चिड़िया' की साप्ताहिक 'प्रतिपक्ष' में समीक्षा लिखी थी।

प्रयाग जी ही वह व्यक्ति रहे हैं, जिन्होंने दिल्ली में अपने सम्पर्क में आनेवाले तमाम हिन्दी के कवियों को दिल्ली के बड़े कलाकारों से जोड़ा। आज से करीब तीन दशक पहले उन्होंने ही ललित कला अकादमी के गढ़ी स्टूडियो में जगदीश स्वामीनाथन, कृष्ण खन्ना, हिम्मत शाह, मनजीत बावा से मुझ जैसे नौसिखिया कवि और अन्य कई कवियों को मिलवाया था, उनसे संवाद स्थापित करवाया था। हम किसी-किसी शाम को वहाँ जाते, उनका ताजा काम देखते, वे हमारे कविताएँ सुनते। इसी सम्बन्ध के कारण यह सम्भव हुआ कि स्वामीनाथन ने मेरे पहले कविता संग्रह 'तालाब में डूबी छह लड़कियाँ' का कवर बनाया और एक बार मेरा सुन्दर रेखाचित्र भी बनाया, जिसका इस्तेमाल मैंने अपने पहले कहानी-संग्रह 'आज का दिन' में' किया है।

ऐसे अवसर आए, जब हम कई कवियों ने कविता पाठ किया, कलाकारों की उपस्थिति में कनॉट प्लेस स्थित धूमीमल गैलरी में। स्वामीनाथन की कला प्रदर्शनी के समय भी ऐसा हुआ था। अभी 2018 में यह सिलसिला प्रयाग जी ने फिर शुरू करवाया था। 21 जून को स्वर्गीय स्वामीनाथन का 90 वां जन्मदिन था। उस दिन धूमीमल में ही कई कवि बुलाए गए जिनमें गिरधर राठी, विनोद भारद्वाज, गगन गिल, सविता सिंह आदि थे। 3 अगस्त को हम लोगों के पुराने कवि-मित्र स्वर्गीय नवीन सागर के कलाकार-पुत्र अनिरुद्ध सागर की प्रदर्शनी के मौके पर प्रयाग जी की पहल पर फिर गैलरी 'स्पास' में ऐसा मौका मिला। इसमें कुल तीन कवि थे, जिनमें संयोग से मैं भी एक था।

अनिरुद्ध हमारे स्वर्गीय कवि-कथाकार मित्र नवीन सागर के बेटे हैं, अच्छे युवा सिरेमिक कलाकार हैं। उन्होंने भी अपनी कुछ कविताएँ पढ़ीं। उनके लिए यह पहला मौका था सार्वजनिक रूप से कविताएँ पढ़ने का। इस कारण इसलिए सबने महसूस किया और देखा कि पढ़ते समय उनके हाथ काँप रहे थे। वह तो अच्छा था कि हम सब बैठकर कविताएँ पढ़ रहे थे, खड़े होकर पढ़ रहे होते तो शायद उनके पैर भी कांपने लगते, जैसा कि कॉलेज के दिनों में मेरे साथ भी होता था। हम लोगों के साथ एक नई कवियत्री पूनम अरोड़ा भी थीं।

दोनों बार कवियों को सम्मानजनक पारिश्रमिक तो कला गैलरी की तरफ से मिला ही, लेकिन इससे बड़ी बात यह थी कि हम हिन्दी कवियों को अपनी कविताओं को दोनों बार कलाकारों का एक नया श्रोता वर्ग मिला। इनमें चित्रकार और मूर्तिशिल्पी थे, जिनमें कई गैरहिन्दीभाषी थे। उन सबके लिए भी यह अनुभव सुखद रहा। यह उन्होंने कविता पाठ के बाद तो बताया ही, अगले दिन फोन पर

भी प्रयाग जी को बताया। हमेशा नए श्रोताओं तक पहुँचना और कई बार उन तक भी पहुँचना, जिनका साहित्य से कोई खास वास्ता नहीं, एक नया सुखद अनुभव (और कुछ बार दुखद) होता है कि वे कविता को सुन ही नहीं, समझ भी रहे हैं।

बाबरी मस्जिद ध्वंस के बाद पुरुषोत्तम अग्रवाल ने दिल्ली के कुछ व्यस्त चौराहों पर मुझसे 'ईश्वर की कहानियाँ' पढ़वाई थीं। वह एक नया अनुभव था। 'सहमत' और अन्य स्वयंसेवी संगठनों में कविताएँ पढ़ना भी एक अनुभव रहा। तमाम मित्रों ने दिल्ली के कॉलेजों में छात्रों के सामने कविताएँ पढ़ने के अवसर दिए, उससे भी हिम्मत बढ़ी। मेरे बचपन के दोस्त ब्रजकिशोर शर्मा ने उज्जैन के एक निजी कॉलेज में बी.एड. के छात्रों के बीच 'ईश्वर की कहानियाँ' पढ़ने का अवसर दिया। दिल्ली में कितने ही ऐसे अवसर याद हैं, जिनमें नए किस्म के श्रोता वर्ग तक हिन्दी कवि पहुँचाए गए। एक बार तो मार्क्सवादी कम्युनिस्ट पार्टी के दिल्ली राज्य सम्मेलन में विशुद्ध कार्यकर्ताओं के सामने कविताएँ पढ़वाईं। मनमोहन सिंह की सरकार के समय अमेरिकी राष्ट्रपति बुश के आगमन के विरोध में जवाहर लाल नेहरू विश्वविद्यालय में रातभर का आयोजन रखा गया था। उसमें प्रशान्त भूषण और अरुंधति राय आदि मंच पर थे। वहाँ सैकड़ों छात्रों के बीच कविताएँ पढ़ना इसलिए भी सुखद अनुभव था कि उस समय सारा वातावरण बुश विरोधी था और मेरे पास एक कविता ऐसी थी, जो बुश और उस जैसे एक देशी नेता पर टिप्पणी करती थी।

बहरहाल प्रयाग जी ने कवियों-कलाकारों का कविता पाठों के जरिये ही नहीं, ललित कला अकादमी के माध्यम से कवियों द्वारा कला और कलाकारों पर लिखी कविताओं का एक संकलन भी प्रकाशित करवाया है।

स्वामीनाथन के बारे में उनसे मिलने से पहले मेरे मन में डर था कि इस तमिल कलाकार को हिन्दी क्या आती होगी मगर शिमला में पले-बढ़े स्वामी जी ने न केवल चन्द बहुत अच्छी कविताएँ हिन्दी में लिखी हैं बल्कि उन्होंने एक समय हिन्दी पत्रकारिता से रोजीरोटी भी कमाई है। कभी हिन्दी में भी 'पेट्रियट' अखबार निकलता था, जिसमें तब कम्युनिस्ट रहे स्वामी जी ने पत्रकार के रूप में काम किया था। उनका तब का हिन्दी में लिखा काफी कुछ अभी भी अप्रकाशित है। बाद में वह कम्युनिस्ट तो नहीं रहे लेकिन उनकी स्पिरिट कामरेडों वाली ही थी वरना वह मध्य प्रदेश (तब छत्तीसगढ़ भी मध्य प्रदेश में था) के गाँव-गाँव जाकर लोक और आदिवासी कला का सुन्दर संग्रह भारत भवन के लिए नहीं कर पाते। मंजीत बावा अच्छे गायक भी थे। मदन गोपाल सिंह के साथ उनकी जोड़ी थी। राजनीति की भयंकर दुर्दशा के जमाने में ये कुछ यादें, ऐसे कुछ दिन, अब भी ताकत देते हैं।

एक अलग नरेश सक्सेना

नरेश सक्सेना हमारे समय के जितने अच्छे, उतने ही लोकप्रिय कवि भी हैं, हालाँकि अच्छे कवि का लोकप्रिय कवि होना अनिवार्य शर्त नहीं है वरना शमशेर बहादुर सिंह और गजानन माधव मुक्तिबोध कभी कवि नहीं माने जाते। नरेश जी किसी भी मंच पर जाएँ, श्रोताओं को निराश नहीं करते, जबकि बाकी सब आधुनिक कवियों के साथ ऊँच-नीच चलती रहती है। कुछ बरस पहले कुछ सोचकर वह लाल किले पर गणतंत्र दिवस के अवसर पर होनेवाले कवि सम्मेलन में कविता पढ़ने चले गए थे। उसकी अध्यक्षता नीरज जी कर रहे थे मगर वृद्धावस्था के कारण वह बहुत देर रात रुकने की स्थिति में नहीं थे तो नरेश जी को उसकी अध्यक्षता सौंप दी गई। हिन्दी के कवि सम्मेलनी कवियों को छोड़कर कोई और ऐसे मंच पर जाने का 'साहस' या 'दुस्साहस' नहीं कर सकता, न ऐसे मंचों पर वे बुलाए जाते हैं, न जो हालात हैं, उनमें वे जाना पसन्द करेंगे। भाजपा की सरकार के समय वह रायपुर में आयोजित एक साहित्य समारोह में भी चले गए थे, जिस पर काफी तूफान मचा था और उन्हें 'जनसत्ता' में एक लेख लिखकर अपने पर लगे आरोपों का जवाब देना पड़ा था।

बहरहाल नरेश जी 80 वर्ष की उम्र पार कर चुके हैं। आज भी वह न जाने कहाँ-कहाँ बुलाए जाते हैं और वह जाते भी हैं। कई बार प्रेमवश बिना खर्च लिए-दिए, बिना अपनी वरिष्ठता का बोझ लादे या लदवाए जाते हैं, जबकि हम जैसे गए बीते कभी-कभी अकड़ जाते हैं। लाकडाउन से पहले वह अक्सर ही कविता पढ़ने के दौरे पर रहते आए हैं, लखनऊ के अपने घर पर कम रहे हैं। अब जरूर वह कहने लगे हैं कि उम्र हो गई है, आना-जाना कम करेंगे।

खैर यह तो अवांतर प्रसंग है। कुछ और बताने के लिए यह लिखा जा रहा है। संयोगवश लखनऊ में उनके घर पर जो लोग कभी गए हों, उन्होंने गौर किया होगा कि बाहर संगमरमर पर खुदी जो पट्टिका है, उस पर उनके अलावा सात नाम और हैं। उनका और उनके बेटे (जिनका अब निधन हो चुका है) तथा उनकी बेटी का ही नहीं और भी कई नाम हैं, जो सामान्य अर्थों में परिवार की परिभाषा में नहीं आते। और ये नाम सिर्फ यह सूचित करने के लिए नहीं हैं कि फलाँ-फलाँ यहाँ रहते हैं, इसके अलावा इन नामों को खुदवाने का सन्दर्भ यह है कि ये—ये इस घर के हिस्सेदार हैं। इन नामों में उनके अपने दो बच्चों के अलावा उनके यहाँ काम करनेवाली पुष्पा जी के दो बच्चों तथा उनकी एक और सहायिका रेखा जी के तीन बच्चों के नाम भी हैं। रेखा जी को उनके पति ने जब से छोड़ दिया, तब से वह भी अपने बच्चों के साथ यहीं रह रही हैं। पुष्पा जी

तो यहाँ सपरिवार रहती ही हैं, उनके पति चाट का ठेला शहर में कहीं लगाते हैं और इसी उच्च मध्यवर्गीय बस्ती के इस घर से ठेला सजाकर लाते और ले जाते हैं।

जिनके नाम नामपट्ट में नहीं हैं, उनके नाम नरेश जी की वसीयत में हैं, उनमें पुष्पा जी और उनके पति राम कुमार के नाम भी हैं। पुष्पा जी और रेखा जी उनके यहाँ खाना बनाने के साथ घर के बाकी कामों में हिस्सा बँटाती हैं और उसी मेज पर सब साथ बैठकर चाय-नाश्ता-खाना खाती हैं। नरेश जी की स्वर्गीय पत्नी विजय जी ने अपनी नवब्याहता बहू से कह दिया था कि याद रखना, तुम घर की छोटी बहू हो और पुष्पा इस घर की बड़ी बहू हैं। घर का खर्च चलाने की जिम्मेदारी उनकी है। घर खर्च का पैसा ये अपने पास रखेंगी और जरूरत होने पर तुम इनसे लोगी। यही आज तक होता आया है।

पुष्पा जी के बेटे ने इंजीनियरिंग की है, उनकी एक बेटी राखी, एफ टी आई आई, पुणे में कोर्स करने के बाद फिल्म, टीवी, रंगमंच से जुड़ कर काम कर रही है। रेखा जी की एक और बेटी निधि तथा रेखा जी के बच्चे भी कुछ कर रहे हैं। राखी पुणे से मुम्बई आती-जाती रहती है, जहाँ नरेश जी की प्रसिद्ध रंगकर्मी बेटी पूर्वा रहती है। पूर्वा के रंगकर्म में भी राखी सहायता करती है और देश-विदेश में जगह-जगह उनके साथ बराबरी से आती-जाती है, चाहे ट्रेन हो या हवाई जहाज। राखी को तो मैंने देखा है, वह नरेश जी की लाडली बेटी जैसी है, अपने दादा-दादी या नाना-नानी से बच्चे जिस तरह जिद किया करते हैं, वह भी करती है।

साठ की उम्र के बाद इनके यहाँ काम कर रही इन दोनों महिलाओं को पेंशन दी जाएगी, यह वसीयत में लिखा है। किसके नाम घर का कौन सा हिस्सा आएगा, यह भी वसीयत में लिखा है। और अगर किसी कारण घर को बेचना पड़े तो इन्हें इनकी पूरा राशि मिले, यह भी स्पष्ट किया गया है।

पता नहीं किसी दूसरे कवि-लेखक के यहाँ यह उदारता मिलेगी। होंगे शायद और भी होंगे।

शनिवार की वह सुबह

दिल्ली में रहने और कार्यक्रमों में आनेजाने के कारण विश्वनाथ त्रिपाठी जी से हल्का परिचय तो पहले से था मगर यह ऐसा था, जैसा दिल्ली में हिन्दी के अधिकतर लेखकों से है। यह सम्बन्ध प्रगाढ़ बनना तब शुरु हुआ, जब मैं 'कादम्बिनी' के सम्पादन से जुड़ा। मैंने मार्च, 2003 के अंक के लिए—जो मेरा पहला अंक था—

उनसे लिखने का अनुरोध किया, जिसे स्वीकार करके उन्होंने निराला की कविता में आँखों के वर्णन जैसे अनूठे विषय पर लेख लिखा। फिर मैं उनसे अनुरोध करता रहा और वह लगातार लिखते रहे। एक बार उन्होंने अपने छात्रों पर एक शृंखला लिखने का प्रस्ताव किया। एक अध्यापक अपने छात्रों के साथ बीते हुए दिनों के बारे में संस्मरण लिखे, यह कम से कम हिन्दी के लिए अविश्वसनीय और अपूर्व बात थी। उन्होंने यह शृंखला लिखी और आप जानते ही हैं कि वह कितना आत्मीय और रोचक गद्य लिखते हैं। यह मकबूल हुआ और 'गुरुजी की खेतीबारी' शीर्षक से पुस्तकाकार रूप में राजकमल प्रकाशन से छपा। फिर जब मैं 'शुक्रवार' में आया तो वहाँ भी यह सिलसिला चलता रहा। 'शुक्रवार' के तीनों वार्षिकांकों में उनके आलेख छपे।

इस बीच उनसे ढेरों बातें होतीं, अधिकतर टेलीफोन पर। बातचीत उनकी या मेरी ओर से लिखने के प्रस्ताव से शुरू होती और अटकते-भटकते जाने कहाँ-कहाँ पहुँच जाती। अब यह सिलसिला कुछ कम हुआ है मगर आत्मीयता के तार वैसे ही मजबूत हैं। वह बीच-बीच में मेरे घर भी आते रहे, मैं भी जाता रहा हूँ। वह उन कुछ लेखकों में हैं, जो उम्र में मुझसे काफी वरिष्ठ और बेहद प्रतिष्ठित हैं मगर जब उनका मन होता है मुझे फोन कर लेते हैं। मुझे तो यह अधिकार उन्होंने दिया ही हुआ है।

एक बार वह गर्मियों में मेरे आमंत्रण पर भोजन पर आए तो उन्हें हमारे यहाँ का कच्चे आम का पना बहुत पसन्द आया। उनसे बातचीत का सिलसिला जब भी भोजन की ओर मुड़ता, पने के उस स्वाद का जिक्र वह अवश्य करते। वह कहते, मुझे पना पीने आपके यहाँ आना है। मैंने कहा, स्वागत है आपका, जब चाहे, आइए। मेरी पत्नी अपने इस बुजुर्ग के लिए उनकी मर्जी की चीज बनाकर-खिलाकर बहुत खुशी होतीं।

टलते-टलते एक शनिवार का दिन तय हुआ कि वह आएँगे तथा कुछ और आत्मीय मित्र भी आएँगे, ताकि इस बहाने हम सब का मिलना-जुलना हो सकेगा। उन्होंने यह भी कहा कि एक दिन पहले मुझे स्मरण अवश्य दिला दीजिएगा। जब मैंने शुक्रवार को उन्हें फोन किया तो उन्होंने कहा अभी दाँतों के डाक्टर को दिखाने जा रहा हूँ। देखें वह क्या कहता है। तब जवाब दूँगा। फिर उन्होंने पूछा कि आपका घर नीचे है या ऊपर? अपनी स्मरणशक्ति के लिए मशहूर त्रिपाठी जी से मैंने कहा कि आप तो यहाँ तीन-चार बार आ चुके हैं। बीस-बाईस सीढ़ियाँ ऊपर चढ़नी होती हैं। तो उन्होंने कहा कि इतनी सीढ़ियाँ चढ़ना अब मेरे लिए मुश्किल होगा। फिर भी सोचूँगा। डाक्टर क्या कहता है, तब बताऊँगा। मैंने कहा कि इतनी सीढ़ियाँ तो आपको अपने घर से आने-जाने में भी चढ़नी होती हैं। खैर वह मान गए कि खरामा-खरामा वह सीढ़ियाँ चढ़ जाएँगे।

जिस दिन उन्हें आना था, सवा सात बजे उनका फोन आया। उसने विकल कर दिया। दाँत का दर्द उनका असहनीय हो चुका था। सीढ़ियाँ चढ़ने की कठिनाई तो खैर थी ही तब। 88 वर्ष के त्रिपाठी जी आने में असमर्थ थे। असमर्थ थे मगर उनमें एक गहरा अपराधबोध था क्योंकि उनकी सहमति से, उनके लिए ही विशेष रूप से तैयारियाँ की गई थीं। अचानक यह सब याद करके वह भावुक हो गए। टेलीफोन पर बातचीत में उनके आँसू तो मैं देख नहीं सकता था मगर उनकी आवाज़ का कंपन बता रहा था कि वे रो रहे हैं। उसी काँपती आवाज में उन्होंने कहा कि आपकी पत्नी से बात करवाइए, मैं उनसे क्षमा माँगना चाहता हूँ। मैंने जानबूझकर उनकी बात नहीं करवाई। उन्होंने कहा कि मैं आप लोगों की स्थिति समझता हूँ और अभी भी दुविधा में हूँ और क्या पता आ जाऊँ! खैर मैंने यह कहा कि आपकी स्थिति ठीक नहीं हैं, आप कतई न आएँ। परेशानी अपनी न बढ़ाएँ। आप हमारी स्थिति समझते हैं तो हम भी आपकी स्थिति समझते हैं। उन्होंने अपनी इस अपनी स्थिति को देखकर कहा कि आप पति-पत्नी अपने स्वास्थ्य का पूरा खयाल रखें।

यह सच है कि उन्हें हमने या उनके किसी भी आत्मीय ने उन्हें बुलाया, तो एकाध बार कोई आपातस्थिति आ गई हो तो अलग बात है, अन्यथा वचन देकर वह न आए हों, ऐसा नहीं हुआ।

शनिवार को बड़ी देर तक उनकी बात और इस स्थिति से मन विचलित रहा, अविचलित तो अब भी नहीं है।

अभी (13 मार्च, 2021) जिस दिन उन्हें 'अमर उजाला' के सर्वोच्च शब्द सम्मान 'आकाशदीप' देने की औपचारिक घोषणा हुई तो फिर उन्होंने पना पीने के लिए आने का वायदा किया है। इस बार जैसे भी हो, आऊँगा, उन्होंने कहा। मैंने कहा नहीं, पना लेकर मैं आपके यहाँ हाजिर होऊँगा। नहीं, उनका कहना था, मैं आऊँगा।

सहज भारतभूषण अग्रवाल

1971 में दिल्ली आने के बाद जिन कवियों से अक्सर मिलता था, उनमें 'तार सप्तक' के कवि भारतभूषण अग्रवाल भी थे। अक्सर सूट-टाई या पैंट-शर्ट में रहनेवाला यह शख्स बहुत सहज और अलमस्त था। तब वह आकाशवाणी छोड़कर साहित्य अकादमी में उपसचिव थे। रवींद्र भवन की पहली मंजिल में दाहिने हाथ पर उनका पहला या दूसरा कक्ष था। उस समय सचिव प्रभाकर माचवे थे, जो भारत

जी की तरह 'तार सप्तक' के कवि थे। सचिव के नाते माचवे जी के पास काफी बड़ा कक्ष था मगर जमघट भारत जी के यहाँ लगता था। वह सहज, हँसमुख और सर्वसुलभ थे, अपनी कविताओं की तरह। उनके यहाँ सबका स्वागत था। उनसे कभी समय लेने की जरूरत नहीं पड़ती थी। तब यह चलन भी वैसे कम था। माचवे जी भी इसी तरह मिल लेते थे मगर उनकी सहजता पर औपचारिकता का आवरण चढ़ा रहता था।

सहजता के माहौल के कारण भारत जी के यहाँ लोग आते रहते थे—कुछ काम से, कुछ यों ही गप लड़ाने। पता नहीं किस बात से खुश होकर उन्होंने अपना ताजा कविता संग्रह 'एक उठा हुआ हाथ' लोहे की आलमारी से निकाल कर हस्ताक्षर करके मुझे भेंट किया था। वह शहर और मकान बार-बार बदलने के चक्कर में कहीं गुम हो गया। एकाध बार जंगपुरा में उनके घर जाना भी हुआ था।

एक बार उनके कक्ष में नामवर सिंह पहले से बैठे थे। मैं भी संयोगवश पहुँचा। नामवर जी से शायद यह पहली भेंट थी। पता नहीं किस प्रसंग में नामवर जी ने यह सवाल भारत जी से पूछा—"अच्छा बताइए कि निराला बड़े कवि हैं या मुक्तिबोध?" भारत जी का जवाब था—"निराला।" मैं भी वहाँ था, इसलिए नामवर जी ने यह सवाल मेरी ओर भी दागा। मुझे उम्मीद नहीं थी कि मुझ जैसे लड़के की ओर—जिसका तब तक कुछ भी सामने नहीं आया था—ऐसा सवाल बढ़ाया जाएगा। उस समय मुझे जो सूझा, जवाब दे दिया। जवाब यह था कि निराला का काव्य पक्ष मजबूत है और मुक्तिबोध का विचारपक्ष। एकदम नया था, इसीलिए नामवर जी ने मेरी वाहवाही की होगी।

एक बार जब भारत जी के कक्ष में पहुँचा तो आते ही उन्होंने कहा कि अभी वात्स्यायन जी यहाँ आए थे। वह तुमसे बहुत नाराज हैं। 'धर्मयुग' में तुम्हारी लेखकों के साहित्य का सामाजिक दायित्व विषय पर जो चर्चा छपनेवाली है, उसके बारे में वह कह रहे थे कि यह विष्णु नागर है कौन? मैंने तो इससे कभी कोई बात नहीं की। मैंने तो उनसे कहा है कि नहीं, उसने मुझसे तो बात की थी। जाओ-जाओ माचवे जी के कक्ष में तुरन्त, वहाँ वह बैठे हैं। खैर मैं तत्काल गया। तब तक माचवे जी भी वात्स्यायन जी से ऐसी किसी बातचीत होने से मुकर चुके थे। वात्स्यायन जी का सन्देह पक्का हो चुका था। ऐसे वातावरण में मैंने उन्हें विस्तार से सब बताया कि उनके वसन्त विहार स्थित घर में गरमी की एक दोपहर आया था और वह तब पीला कुर्ता तथा सफेद पायजामा पहने थे और मुख्य द्वार उन्होंने ही खोला था। तब वह शान्त हुए। वात्स्यायन जी शान्त हुए तो माचवे जी को अलग से स्पष्टीकरण देने की जरूरत नहीं पड़ी।

भारत जी 1975 में मात्र 56 साल की कम उम्र में चले गए। तब मैं मुम्बई में नौकरी कर रहा था। उनकी याद यदाकदा आती है। उनकी स्मृति में हर पाँच

साल बाद होनेवाले भारतभूषण अग्रवाल स्मृति पुरस्कार के अवसर पर जाता रहा हूँ। बहुत कम पुरस्कार हैं, जो यथासम्भव योग्य युवा कवियों को लगतार चार दशक से भी अधिक समय से दिए जा रहे हैं। पिछले साल (2019) भारत जी का जन्मशताब्दी वर्ष था।

'धर्मयुग' : अज्ञेय जी, जोशी जी

इस संस्मरण के सभी मुख्य पात्र इस दुनिया में अब नहीं हैं, इसलिए सही केवल वह माना जाए, जो मैं बता रहा हूँ।

दिल्ली आने के बाद कभी नौकरियाँ लगीं, कभी छूटीं। एक ही नौकरी मुझे छोड़नी पड़ी मगर बाकी नौकरियाँ तमाम सही-गलत कारणों से मैंने छोड़ीं और मुसीबतें मोल लीं। पहली बार 1974 में टाइम्स ऑफ इंडिया समूह में प्रशिक्षु पत्रकार की नौकरी से पहले कोई नौकरी तीन-चार महीने से अधिक नहीं चला सका। प्रशिक्षु पत्रकार के नाते चयन से पहले काफी फ्रीलांसिंग की। 'दिनमान' में लेखन बड़ा सहारा था मगर इतना काम वहाँ से भी नहीं मिल पाता था कि उसके भरोसे आजीविका चला सकूँ।

एक बार मनोहर श्याम जोशी के पास भी काम के सिलसिले में गया। साहित्य में मेरी रुचि को देखते हुए उन्होंने मुझे लेखक या साहित्य (ठीक याद नहीं) पर कई लेखकों से परिचर्चा करने का काम दिया। उनका नेक इरादा उनके द्वारा अपमानित किए जाने के बहुत बाद में समझ में आया कि वह चाहते रहे होंगे कि दिल्ली के बड़े लेखकों से अलग-अलग थोड़े विस्तार से इस पर बात करूँ, ताकि परिचर्चा नियमित रूप से छपती रहे और इस लड़के की कुछ कमाई होती रहे। यह बात शुरुआती बातचीत के दौरान स्पष्ट नहीं हुई थी। जैसा चलन था, भागदौड़ करके मैंने कई वरिष्ठ लेखकों से बात की। टेपरिकॉर्डर तो था नहीं, नोट्स के आधार पर सबकी बात संक्षेप में लिखकर उन्हें दे दी। लेखकों से मिलने में समय भी काफी लग गया था।

करीब 300 शब्दों में हर लेखक की बात देखकर जोशी जी भड़क गए। कहा कि ये क्या लाए हो और वापिस कर दिया। फ्रीलांसर बेचारा अपमानित होकर चुपचाप चला आया।

इतने लेखकों से इतनी बड़ी दिल्ली में मिलने बस से गया था, फिर भी आमदनी के हिसाब से पैसा काफी खर्च हुआ था। समय भी काफी लगा था। मुझे यह अखर गया। मैंने सोचा कि मेहनत को व्यर्थ नहीं जाने देना चाहिए, इसलिए 'धर्मयुग'

में इसे भेज दिया। इससे पहले वहाँ मैंने न कुछ भेजा था, न धर्मवीर भारती मेरे नाम से किसी भी तरह परिचित रहे होंगे। वहाँ से पत्र आया कि हम इसे शीघ्र ही 'धर्मयुग' के गणतंत्र दिवस विशेषांक में प्रकाशित करेंगे। गणतंत्र दिवस एक या दो सप्ताह बाद था। विशेषांक से पहले के अंक में आगामी अंक की प्रस्तावित सामग्री का विज्ञापन छपा तो उसमें इस परिचर्चा का प्रमुखता से उल्लेख था। यह देखकर अज्ञेय जी भड़क गए थे और सम्भवत: विज्ञापन छपने के दिन ही रवीन्द्र भवन पहुँच गए, जिसके दो लेखकों के नाम भी प्रकाशित थे। बाकी किस्सा अन्यत्र लिख चुका हूँ।

वैसे अज्ञेय जी का भूलना अकारण नहीं था क्योंकि जब मैंने उनसे बात की थी और जब वह परिचर्चा प्रकाशित हुई, उसके बीच कम से कम साल-डेढ़ साल का अन्तर रहा होगा।

मुझे बाद में किसी से पता चला कि धर्मवीर भारती और अज्ञेय जी के बीच अनबन थी और अज्ञेय जी ने तय किया था कि वह 'धर्मयुग' को अपनी कोई रचना नहीं देंगे। ऐसे में अचानक उन्होंने उसमें अपने नाम छपा हुआ देखा तो उनकी प्रतिज्ञा टूटती-सी लगी। वैसे भी मैंने उनसे 'धर्मयुग' का नाम लेकर बात नहीं की थी। इस परिचर्चा के तुरन्त प्रकाशन का एक बड़ा कारण उसमें अज्ञेय जी का नाम रहना भी रहा होगा। भारती जी भी साहित्य की राजनीति के पारंगत खिलाड़ी थे। 'धर्मयुग' इस साहित्यिक राजनीति का एक मजबूत गढ़ था। उधर कमलेश्वर की इससे भिन्न राजनीति थी, जो उस समय 'सारिका' के सम्पादक थे।

इसके प्रकाशन से समस्या किसी और लेखक को तो नहीं हुई लेकिन' साप्ताहिक हिन्दुस्तान' के मुकाबले अधिक लोकप्रिय पत्रिका 'धर्मयुग' में इतने प्रमुख ढंग से इस परिचर्चा के प्रकाशन से मनोहर श्याम जोशी को बहुत बड़ा धक्का लगा। इसके बाद उन्होंने मुझे कभी माफ नहीं किया। इसके काफी अर्से बाद एक या दो बार मेरा लिखा वहाँ प्रकाशित हुआ लेकिन उसका कारण जोशी जी नहीं थे। उनके एक प्रिय सहयोगी थे। जोशी जी कहीं भी मिलते और मैं उन्हें नमस्कार करता तो कभी उन्होंने खुशी से जवाब नहीं दिया। उपेक्षा ही दिखाई आजीवन। उनके सीरियल 'हम लोग' पर मेरी नवभारत टाइम्स में टिप्पणी भी उन्हें नागवार गुजरी थी। खैर बड़े लेखकों में उनकी गिनती है। उनके उपन्यास, कहानियाँ, उनकी टिप्पणियाँ, साक्षात्कार, व्यंग्य मैंने पढ़े हैं।'असहमति में उठा एक हाथ' (रघुवीर सहाय की जीवनी) लिखने के दौरान उनके कभी निकट मित्र रहे रघुवीर सहाय पर उनकी किताब से रघुवीर जी के कुछ अछूते पक्षों की जानकारी मिली। आकाशवाणी में दोनों मित्रों का समय कैसे मस्ती में गुजरा, इसका जो खाका उन्होंने खींचा है, वह अन्यत्र मिलना असम्भव था।

ऐसा होता है। लेखक भी हमारी तरह आखिर हाड़माँस के इनसान हैं।

भारती जी का एक यह पहलू

धर्मवीर भारती का उपन्यास 'गुनाहों का देवता' वैसे बड़ा फिल्मी नाम है (बाद में इस नाम से दो बम्बइया फिल्में और एक टीवी सीरियल बना) मगर अपनी किशोरावस्था में जब इसे पढ़ा था, तब यह अहसास नहीं हुआ था। तब पढ़कर कम से कम मुझे लगा था कि ऐसी भाषा कोई मनुष्य नहीं लिख सकता, देवता ही लिख सकता है। रोमांटिक-सामाजिक उपन्यास की श्रेणी में वह गुलशन नन्दा को आईना दिखानेवाला उपन्यास है और उसकी लोकप्रियता से गुलशन नन्दा को जरूर ईर्ष्या रही होगी। बाद में उनका उपन्यास'सूरज का सातवां घोड़ा'भी पढ़ा। उनकी कहानियाँ 'गुल की बन्नो' और 'बन्द गली का आखिरी मकान 'भी काफी अच्छी लगीं।' ठेले पर हिमालय' संस्मरण भी अच्छा था मगर उनकी कविताओं से हमेशा विरक्ति रही। उनका संग्रह 'ठंडा लोहा' वाकई बर्फ की तरह ठंडा था। 'फिरोजी होंठ' सुन कर मुझे न जाने क्यों अब भी हँसी आ जाती है। उनके खंड काव्य 'अंधायुग' का एनएसडी द्वारा भव्य मंचन देखा। 'धर्मयुग' का उत्थान और पतन, दोनों उनके नेतृत्व में हुआ।

एक ही संस्थान में होने की वजह से आरम्भ में कभी-कभी जरूरी होने पर मिलना हो जाता था। उन्होंने मेरा एक लेख 'चुप्पी के विरुद्ध' छापा था। एक बार उन्होंने प्रस्ताव किया कि तुम लघु पत्रिकाओं के बारे में करीब तीन सौ शब्दों का एक स्तम्भ लिखो। मैंने सबसे पहले ज्ञानरंजन द्वारा सम्पादित 'पहल' पर लिखा, जो उस समय अपने उरूज पर थी मगर ज्ञानरंजन का वामपंथी और इलाहाबादी होना, दोनों शायद भारती जी को रास नहीं आया। वामपंथियों के वह सख्त खिलाफ थे। वामपंथी लेखन के खिलाफ वह पहले लिखवा भी चुके थे। इस स्तम्भ की भी मौत जन्म लेने से पहले हो गई!

फिर तो समस्याएँ ही समस्याएँ आने लगीं—एक प्रतिष्ठित सम्पादक और 24 साल के इस लड़के के बीच! तब तक मध्य प्रदेश कला परिषद की पत्रिका 'पूर्वग्रह' का प्रकाशन आरम्भ हो चुका था। उससे पहले ही शरद जोशी और अशोक वाजपेयी के बीच सौहार्द न केवल खत्म हो चुका था बल्कि शरद जी ने अशोक जी के विरुद्ध तलवार तान ली थी।'पहचान' सीरीज में मेरी कविता पुस्तिका कुछ ही समय पहले छप कर आई थी और अशोक जी से नियमित पत्र व्यवहार था।

इस बीच शरद जी ने 'पूर्वग्रह' तथा मध्य प्रदेश की सरकारी सांस्कृतिक पहल को लेकर एक घोर आलोचनात्मक लेख लिखा। वह अगले अंक में प्रकाशित होना था। मैं 'धर्मयुग' के सम्पादकीय विभाग में सुरेन्द्र प्रताप सिंह के सामने बैठा

था। उन्होंने मुझे वह लेख दिखा दिया। एक पत्र में और बातों के अलावा इसका उल्लेख भी मैंने अशोक जी से किया। मुझे न तब लगा था, न अब लगता है कि मैंने कोई महान 'रहस्य' खोल दिया था। खैर भोपाल में एक कार्यक्रम में शरद जी और अशोक जी का आमना-सामना हुआ तो अशोक जी ने इसका उल्लेख किया। इसके एक-दो दिन बाद ही यह लेख छप कर आ गया।

यह शायद शरद जी, भारती जी के लिए गोपनीय रहस्य रहा होगा। 'दुश्मन खेमे' में यह खबर दो-तीन दिन पहले पहुँच जाने से शरद जी विचलित हुए होंगे। उन्होंने यह बात भारती जी से साझा की होगी। खैर उनका वह लेख छपा, विवादित हुआ। 'धर्मयुग' की साहित्यिक रणनीति सफल रही। इधर भारती जी ने मुझे बुलाया। उनके तेवर से पता चला कि उन्हें यह खबर अशोक जी तक पहुँचना नागवार गुजरा है। स्वाभाविक है, उन्हें शक मेरे अलावा किस पर हो सकता था? तब तक मैं कुछ महीने पहले ही प्रशिक्षु पत्रकार नियुक्त हुआ था। मैंने साफ झूठ बोला कि यह जानकारी मैंने नहीं साझा की। औपचारिक रूप से भारती जी मेरे बॉस नहीं थे। फिर भी उन्होंने तब के प्रबंधक कार्णिक जी को लिखित या मौखिक शिकायत की और यह सुनिश्चित किया कि मैं उनके साप्ताहिक में प्रशिक्षु के रूप में तीन महीने क्या, तीन दिन के लिए भी न आ सकूँ। कार्णिक जी ने मुझे बुलाया। शान्ति से पूछा कि मामला क्या है? उन्होंने भारती जी की बात को गम्भीरता से नहीं लिया और कहा कि भारती जी ऐसा करते रहते हैं। यह मामला इस तरह रफादफा हो गया।

इधर शरद जोशी जी, जो मुझे बाहर एक रेस्तरां में ले जाकर चाय पिला कर गप हाँका करते थे, वह भी नाराज हो गए। उन्होंने बातचीत बन्द कर दी। देख कर भी न पहचानना आरम्भ कर दिया। उन्हें अन्तिम बार अप्रैल, 1991 में हमारे सम्पादक और उनके परम मित्र राजेन्द्र माथुर की मृत्यु का जब वह शोक व्यक्त करने आए थे, तब देखा था। तब इस घटना करीब डेढ़ दशक बीत चुका था मगर तब भी उनका मुँह मुझे देख कर तना रहा। मेरी भी हिम्मत नहीं हुई बात करने की। इसके कुछ महीने बाद वह भी इस दुनिया से विदा हो गए। उनसे पुनः सम्बन्ध न ठीक न हो पाने का अफसोस हमेशा रहेगा।

बाद में न मेरा कोई वास्ता 'धर्मयुग' से रहा, न भारती जी से। 1980 में मेरा पहला कविता संग्रह छपा और विजय कुमार उस पर तथा अन्य संग्रहों पर लेख लिखकर ले गए तो भारती जी ने कहा कि इस एक कविता संग्रह को छोड़ दो, बाकी पर हम छाप देंगे मगर विजय जी यह लेख उनसे वापिस ले आए। वहाँ नहीं छपवाया।

बाद में उन्होंने माफी माँगी

ढूँढ़ तो कुछ और रहा था, उसी क्रम में सम्भवत: 21 अप्रैल 1975 को 'नवभारत टाइम्स' के बम्बई संस्करण में छपा एक लेख मिल गया—'बाल-पत्रिकाएँ : कुछ महत्त्वपूर्ण प्रश्न'। महत्त्व इस लेख का नहीं है, इसके प्रकाशन के बाद उस घटनाक्रम का है, जिसके कारण टाइम्स संस्थान में मेरी नई-नई लगी नौकरी पर खतरा आ गया था और यह नौकरी चली जाती तो मेरे लिए बुरा होता।

बम्बई में टाइम्स संस्थान में था तो उस समय इसकी सारी पत्र-पत्रिकाओं के दफ्तर तब की वीटी (विक्टोरिया टर्मिनस) और अब सीएसटी (छत्रपति शिवाजी टर्मिनस) के सामने इस प्रकाशन की पुरानी मगर शानदार बिल्डिंग में थे। मैं तब नभाटा में प्रशिक्षु पत्रकार था और 'धर्मयुग' के लिए भी कभी-कभी लिखता था। बम्बई जाने से पहले दिल्ली में फ्रीलांसर था तो हिन्दी की तमाम पत्र-पत्रिकाएँ देखता था, जिनमें बाल पत्रिकाएँ भी थीं। उनकी कल्पनाहीनता पर गुस्सा मन में था। इसी संस्थान की बाल पत्रिका 'पराग' के सम्पादक तब तक कन्हैया लाल नन्दन बन चुके थे और उसमें एक-दो बाल कहानियाँ मेरी भी उसमें छपी थीं

मैं 'धर्मयुग' के सम्पादक धर्मवीर भारती के सामने प्रस्ताव लेकर गया कि मैं बाल पत्रिकाओं की वर्तमान हालत पर लेख लिखना चाहता हूँ मगर बम्बई में होने के कारण दिक्कत यह है कि 'पराग' के अलावा कोई और हिन्दी बाल पत्रिका यहाँ उपलब्ध नहीं है, इसलिए मैं 'पराग' का नाम लिए बगैर, उसमें प्रकाशित कहानियों का शीर्षक भी न देते हुए उन कहानियों की विषयवस्तु पर अपनी बात कहूँगा। उन्होंने कहा—"लिखो।" दो-तीन दिन बाद लिखकर उन्हें उनके कक्ष में दे आया। उन्होंने तत्काल उसे पढ़ा और अपने सहायक के माध्यम से नभाटा में फोन करवाया कि भारती जी से आप आकर मिल लें। मैं गया। उन्होंने कहा—"विष्णु यह लेख हम छाप नहीं पाएँगे। छापूंगा तो नन्दन से मेरे सम्बन्ध खराब हो जाएँगे।" मुझे उस समय बुरा तो लगा क्योंकि उनकी सहमति से यह लिखा था मगर किसी रचना को छापना-न छापना सम्पादक के अधिकार क्षेत्र में है। मेरे कहने का असर नहीं होनेवाला था। मैंने कहा—"कोई बात नहीं भारती जी।" यह कहकर वह आलेख मैं वापिस ले आया।

मामला यहाँ तक रहता तो भी शायद कोई समस्या नहीं होती। अपनी दो-तीन दिन की मेहनत को इस तरह बेकार जाता देख, मैं दुखी मन से नीचेवाली मंजिल पर नभाटा में आया। उस समय जितेन्द्र मित्तल बम्बई नभाटा का रविवारीय संस्करण देखते थे। मैंने उन्हें सब कुछ बताया, यह भी कि भारती जी ने इस आधार पर इसे छापने से मना किया है। आप देख लें, सोच लें। उन्होंने सब सुनने के बाद कहा :

"विष्णु, तुम तो यह बताओ कि लेख अच्छा है या नहीं?" मैंने कहा—"मैं कैसे यह तय कर सकता हूँ। मेरी नजर में तो ठीक है।" मित्तल जी ने लेख पढ़ने की जरूरत भी नहीं समझी और तुरन्त मेरे सामने ही उसे छपने के लिए प्रेस में भेज दिया।

समस्या अब शुरू हुई। नन्दन जी कुछ समय पहले ही 'पराग' के सम्पादक बनकर दिल्ली आए थे। बम्बई आने पर या पहले से ही किसी ने या स्वयं भारती जी ने उन्हें बताया—जो भी हुआ—मुझ तक समाचार पहुँचा कि नन्दन जी बहुत गुस्से में हैं, इस लेख के कारण। वह सम्पादक और मैं मात्र प्रशिक्षु पत्रकार, जिसकी नौकरी अभी कच्ची थी। नौकरी बचाने के लिए नन्दन जी से मिलने गया, जो उस समय आर्ट डिपार्टमेंट में काम के सिलसिले में बैठे थे। जो-जो जैसे हुआ, सब उन्हें बताया मगर वह तो गुस्से से फनफनाए हुए थे। नए-नए सम्पादक बने थे तो उनके नक्शे ही और थे। मेरा कोई स्पष्टीकरण काम न आया और जैसी कि आशंका थी, नौकरी पर बन आई। उस समय दिल्ली में महाप्रबंधक रमेशचन्द्र जैन थे। मूलतः एक ही शहर के होने के नाते रमेश जी ने मेरे बैचमेट मधुसूदन आनन्द से मेरे बारे में पूछा। आनन्द जी ने पूरी ताकत से मेरा बचाव किया। इस तरह बात बिगड़ते-बिगड़ते बन गई और मैं निकाले जाने से बच गया।

इस घटना के कोई पच्चीस बरस बाद नन्दन जी को समझ में आया कि उस समय उनका इस हद तक उतरना ठीक नहीं था। उम्र में बड़े होने के बावजूद अलग-अलग मौकों पर कोई तीन बार उन्होंने इसके लिए मुझसे क्षमा माँगी और मैं शर्मिंदा होता रहा पर अब न मेरा इससे कुछ न बन सकता था, न बिगड़ सकता था।

शास्त्री जी, साहनी जी और हम जी

नवभारत टाइम्स, मुम्बई से मेरा करीब साढ़े तीन साल तक रिश्ता रहा। एक अर्थ में यह बड़ा मजेदार समय था। उस समय सबसे बड़ी यह सुविधा थी कि हमें छह घंटे की बजाय कुल तीन घंटे काम करना होता था। बाकी तीन घंटे आने-जाने में लग जाते थे। इस प्रकार कुल छह घंटे में वापिस घर पहुँच जाता था। काम था मगर बहुत अधिक नहीं। आखिरी कुछ दिनों में मैं कुछ समय वहाँ रिपोर्टर भी रहा मगर अधिकतर समय उप सम्पादक रहा। रिपोर्टर के रूप में सबसे ज्यादा बोरियत प्रेस कान्फ्रेंस में जाकर होती थी। जहाँ जाओ, वहाँ आलूबोंडा और गुलाबजामुन। बताते हैं कि किसी-किसी प्रेस कॉन्फ्रेंस में आने-जाने का खर्च देने के नाम पर भी चन्द रुपयों का लिफाफा कुछ संवाददाताओं को पकड़ाया जाता था मगर "सौभाग्य"

से ऐसा प्रस्ताव किसी ने मुझसे नहीं किया। आलूबोंडा और गुलाबजामुन खाता रहा और सेहत बनाता रहा। खैर यह तो अवांतर प्रसंग हुआ।

न्यूज डेस्क पर एक रामवल्लभ शास्त्री हुआ करते थे। वह मुख्य उपसम्पादक थे। शास्त्री जी वैसे भले-सज्जन आदमी थे। अच्छे लम्बे-तगड़े थे। वह हर दिन सफेद झक्क धोती, सफेद कुर्ता और सफेद ही बंडी पहनकर और पैरों में चमड़े की बढ़िया चप्पल पहनकर आते थे। ऐसा कभी नहीं देखा कि उनके कपड़े पर एक जगह भी सलवट या दाग हो। व्यक्तित्व और पोशाक से वह कांग्रेस के वरिष्ठ नेता लगते थे, हालाँकि जहाँ तक मेरी जानकारी है, उनका किसी राजनीतिक दल से कोई सम्बन्ध नहीं था। मोहल्ला स्तर की राजनीति के दाँव-पेच भी शायद उनके बस में नहीं थे।

उप सम्पादक से मुख्य उप सम्पादक वह वरिष्ठता के आधार पर बने होंगे, अन्यथा कोई और कारण नहीं था। उनके साथ काम करने में और खासतौर पर नाइट ड्यूटी करने में सबसे ज्यादा दिक्कत यह थी कि वह थे तो वरिष्ठ मगर इतने वर्षों में पत्रकारिता उनका कुछ बिगाड़ नहीं पाई थी। साफ कहें तो उन्हें अपने काम की न ठीक समझ थी और न उसे बढ़ाने में उनकी कोई दिलचस्पी थी। आत्मस्वाभिमान की भी वह परवाह नहीं करते थे।

रात की ड्यूटी में मुख्य उप सम्पादक को अखबार के पहले पेज की खबरें तय करना और सहयोगियों से बनवाना होता था। उनका हाल यह था कि उनमें न यह समझ थी, न आत्मविश्वास कि एक दिन भी वह स्वयं यह तय कर सकें कि कल के अखबार की मुख्य खबर आज आई तमाम खबरों में से क्या बनेगी और इनमें से कौन-सी दूसरी, तीसरी, चौथी खबर होगी। कौन सी खबर चार कॉलम में जाएगी और कौन सी दो कॉलम में। यह कहते हुए खुद को बुरा लगता है कि इस मामले में वह हम नौसिखियों से भी गएबीते थे।

शास्त्री जी हमें कोई खबर देते अनुवाद के लिए और कहते इसे छोटी-सी एक पैरे की खबर बना दो। हम कहते कि शास्त्री जी उसे सिर्फ एक पैरे में देना ठीक नहीं होगा, यह पहली या दूसरी लीड भी बन सकती है या दो कॉलम की तो बननी ही चाहिए। तो वह मानते नहीं थे। हम भी वह जैसा कहते, वैसा कर देते थे। कई बार सिंगल कॉलम की उसी खबर को पहली या दूसरी लीड के रूप में फिर से बनाना पड़ता था। वह बिना नागा किए उसी हॉल में बैठनेवाले 'द टाइम्स ऑफ इंडिया' के रात्रिकालीन मुख्य उप सम्पादक के पास जाते और वह जो-जो मुख्य खबरें बताते थे, आकर हम लोगों से उन्हें बनवाते थे। वहाँ से आकर कहते कि यह खबर अब "डेवलप" हो गई है, इसे लीड बनाना होगा। दसेक पैरे में बना दीजिए।

वह स्वभाव से दयनीयता की हद तक विनम्र थे तो कोई इनकार भी नहीं करता था। वैसे भी अखबार तो निकलना ही है और चूँकि हम उन्हें जान चुके थे तो गुस्सा आकर भी नहीं आता था। काम इसलिए भी बढ़ जाता था कि उस समय हिन्दी की

संवाद समितियों का कोई प्रोफेशनल महत्त्व नहीं था, इसलिए अंग्रेजी की समाचार समिति पीटीआई और यूएनआई की अंग्रेजी खबरों का अनुवाद करना होता था। इसके अलावा आत्मविश्वास की कमी के कारण वह एक पेज की बजाय डेढ़-दो पेज के लायक खबरें बनवा लेते थे।

उनसे एकदम भिन्न थे—बालकृष्ण साहनी। जहाँ तक मुझे याद आता है भारत विभाजन के बाद वह आज के पाकिस्तान से मुम्बई आकर बसे थे और शुरू में उन्हें अंग्रेजी और उर्दू ही आती थी, हिन्दी नहीं। उन्होंने बड़ी मेहनत से हिन्दी सीखी और वह अच्छी हिन्दी जानने लगे थे। उनकी विशेषता यह थी कि वह दिन की शिफ्ट हो या रात की, उतना ही काम करवाते थे, जितना उनके पेज को बनवाने के लिए जरूरी होता था। उनके साथ ड्यूटी में अगर कोई नौसिखिया है और उन्हें आशंका है कि यह किसी खास अंग्रेजी शब्द का गलत अनुवाद कर सकता है तो वह अनुमान लगा लेते थे कि अब तक यह उस पंक्ति तक पहुँच चुका होगा, जहाँ इससे गलती हो सकती है तो वह सम्बन्धित उप सम्पादक से पूछते थे, तुमने फलां शब्द का क्या अनुवाद किया है? अगर अनुवाद ठीक नहीं होता था तो ठीक करने को कह देते थे। सबको खबरें बाँटने और निश्चिन्त हो जाने पर टाइम्स ऑफ इंडिया के एक सम्पादकीयकर्मी के साथ रात की ड्यूटी में शतरंज खेलते थे और खेलते-खेलते भी इन बातों का खयाल रखते थे। मेरे सामने उनके सहयोगी और हमउम्र वर्मा जी ने कहा था—"साहनी तू किसी दिन मरेगा, तेरी नौकरी जाएगी। किसी दिन खबरें कम बनीं और पेज लेट हुआ तो बेट्टा तू गया समझो।" (जाहिर है कि उस जमाने में कंप्यूटर नहीं था, तो किसी खबर का अनुवाद, फिर कंपोजिंग, प्रूफरीडिंग करवाना आसान नहीं था, काफी समय लगता।) साहनी जी या तो इस बात पर कान नहीं देते थे या हँसी-मजाक में बात टाल देते थे। मेरे वरिष्ठ विश्वनाथ सचदेव ने बताया कि एक बार ऐसी नौबत आई तो उनसे साहनी जी ने कहा था कि विश्वनाथ, पाठकों की चिट्ठियाँ तो पड़ी होंगी। ला। और उनमें से एक को चुनकर शुरुआत में कुछ बदलाव कर उसे खबर का रूप दे दिया।

1977 मेरी और मेरे साथी और मित्र मधुसूदन आनन्द की 11 दिनों के अन्तर से शादी हुई थी। शादी के बाद एक महीने तो हमसे नाइट ड्यूटी नहीं करवाई गई। वहाँ यह एक अलिखित नियम-सा था या हमारे साथ यह रियायत बरती गई थी, मालूम नहीं। उसके बाद साहनी जी के साथ ड्यूटी लगी तो उनका निर्देश था कि हम दूसरों से पहले दस बजे ही दफ्तर छोड़ दें। अगर हम संकोचवश पाँच-दस मिनट रुक जाते तो तुरन्त प्यार से डाँटते थे। एक बार मुझे डाँटा—"तू अभी तक गया नहीं, फौरन भाग यहाँ से। तेरी सूरत अब एक मिनट भी नहीं दिखनी चाहिए।"

इतना सक्षम और मानवीय मुख्य उप सम्पादक मैंने अपने कार्यकाल में दूसरा नहीं देखा। वैसे उस समय नवभारत टाइम्स के सम्पादकीय विभाग में कई मानवीय

और सहयोगपूर्ण रवैया रखने वाले वरिष्ठ सहयोगी थे लेकिन साहनी जी जैसा कोई और नहीं था। व्यक्तिगत रूप से भी वह लोगों की मदद किया करते थे। मैं और मधुसूदन आनन्द इनके गवाह हैं।

सीखने का अवसर

सम्पादक तो मैं जैसा भी रहा हूँ, बहुतों के सामने है। मेरे पत्रकारिता और लेखकीय जीवन का सबसे महत्त्वपूर्ण और जीवंत भाग मेरी नजर में वह रहा, जब मैं संवाददाता था। मैं व्यावहारिक रूप से 1988 से 2003 की जनवरी तक संवाददाता रहा यानी 15 वर्ष तक। यूँ तो मैं मुम्बई में कुछ समय तक स्थानीय संवाददाता भी रहा हूँ मगर जैसा वातावरण वहाँ तब था, उसमें अधिक कुछ करने की गुंजाइश नहीं थी। रिपोर्टिंग के शिखर पद पर बैठे सज्जन भी बस यूँ ही से थे। अखबार का स्वभाव भी ऐसा न था कि रूटीन से अलग कुछ किया जा सके। एक-दो बार ताज जैसे होटल में जाने और खाने का मौका भी मिला, जो मेरी हैसियत से बहुत बड़ी चीज थी। मैं तो तब चाय भी वहाँ अपने पैसे से पी नहीं सकता था। एक बार प्रधानमंत्री इन्दिरा गांधी के बम्बई आने पर उनके कार्यक्रम की कवरेज का मौका भी मिला था। एक-दो बार नेता के बुलावे पर भी भेजा गया था।

उस दौरान जो सबसे ज्यादा याद रहा, वह यह था कि महाराष्ट्र के खादी ग्रामोद्योग परिषद की कोई मासिक पत्रिका शायद हिन्दी में भी निकलती थी या हो सकता है, केवल अंग्रेजी में आती हो। उसमें एक खबर बचे हुए तिरंगे झंडे की नीलामी की थी। मैंने उसे खबर की तरह छाप दिया। शायद उसके बाद तिरंगे का यह अपमान रुक गया।

दिल्ली में 1986 में कार्यालय और बाद में विशेष संवाददाता बनाया गया। करीब दो साल तक तो इस पद के बावजूद सम्पादकीय पृष्ठ के लिए काम किया। 1988 से बाकायदा विशेष संवाददाता का काम करने का मौका मिला। मैं कोई बहुत अच्छा संवाददाता था, यह दावा झूठा होगा मगर हाँ अपने काम को गम्भीरता से लिया जरूर। नेताओं की कभी लल्लोचप्पो नहीं की। वामपंथी दलों की कवरेज सबसे गैरजरूरी काम माना जाता था, वह मुझे दिया गया। मैंने अपने संवाददाता के पूरे करियर में इसे किया। वहाँ सम्पर्क बनाए और खबरें लाया। वैसे मार्क्सवादी कम्युनिस्ट पार्टी में इतना अनुशासन था कि पार्टी के अन्दर की कोई कुछ खास बात सामान्यत: कोई बताता नहीं था। सफदर हाशमी कई बार विज्ञप्ति देने आते। वह बहुत जल्दी में होते थे। उस जल्दी में भी कुछ बता जाते थे। बाकी भी कुछ पता

चल जाता था। कई खबरें माकपा के साप्ताहिक और समय-समय पर प्रकाशित होनेवाली पुस्तिकाओं से निकलती थीं। ईएमएस नम्बूदरीपाद, ज्योति बसु, हरकिशन सिंह सुरजीत आदि से साक्षात्कार लेने का मौका भी मिला।

उधर सीपीआई में एबी वर्धन, मुकीम फारूकी से भी अच्छे सम्बन्ध थे। दोनों सादा, भले और खुले इनसान थे। फारूकी साहब से तो दूसरी बातें भी काफी होती थीं। वह खुद बातें छेड़ते थे। फारूकी साहब छोटे कद के थे। खादी का कुर्ता-पायजामा पहनते थे। हँसमुख थे। वर्धन साहब पैंट-शर्ट में रहते थे मगर बेहद सादगी से। शायद दो जोड़ी कपड़े ही उनके पास थे। पूरी बाँह की शर्ट की बाँह ऊपर करके रखना उन्हें अच्छा लगता था। ये और इनसे पूर्व के पार्टी महासचिव राजेश्वर राव भी निरहंकार थे। सहज प्राप्य। डी. राजा भी बात करते थे आसानी से मगर अपनी पब्लिसिटी की उन्हें फिक्र रहती थी। अतुल कुमार अनजान से भी मित्रवत सम्बन्ध रहे। कुल मिलाकर सीपीआई के लोग अधिक सादा और मिलनसार थे। वैसे माकपा के सुरजीत भी मिलनसार थे। गैरकांग्रेस-गैरभाजपा दलों की सरकार के समय उनकी बहुत पूछ थी। वह विभिन्न दलों के बीच पुल का काम करते थे। करात मुझे थोड़े ब्यूरोक्रेट टाइप लगे। येचुरी अधिक मिलनसार हैं। वामपंथी दलों के अलावा कोई भी महत्त्वपूर्ण घटनाचक्र चल रहा होता तो कांग्रेस-भाजपा की प्रेस कॉन्फ्रेंस में भी जाता। इससे उस पूरे दिन का घटनाचक्र मेरी नजर के सामने रहता तो खबर लिखने में आसानी होती।

इसके अलावा मुझे मानव संसाधन और संस्कृति मंत्रालय की कवरेज का काम भी मिला। वह भी तब अधिक आकर्षक काम नहीं माना जाता था मगर मैंने मन से किया। साक्षरता पर बहुत कवरेज की, खासकर सुदीप बनर्जी के साक्षरता मिशन के महानिदेशक बनने के बाद। महत्त्वपूर्ण विभागों में समझा जानेवाला इकलौता मेरे पास विदेश मंत्रालय रहा। तब विश्व राजनीति तथा भारत की कूटनीति की अच्छी समझ बनी। यह ऐसा मंत्रालय था, जिसे हासिल करने के लिए सब साथी उत्सुक रहा करते थे।

सबसे महत्त्वपूर्ण रहा संसद की कवरेज का काम। पहले राज्यसभा, फिर लोकसभा की कार्यवाही की कवरेज़। तब भी बहसों का एक स्तर हुआ करता था। ऊपर संवाददाताओं की गैलरी में नवभारत टाइम्स तथा बाद में हिन्दुस्तान अखबार की ओर से भी कवरेज करने के लिए सबसे आगे की सीट मिली थी। इसके भी बहुत लाभ थे। सब साफ दिखाई देता था। तमाम प्रधानमंत्रियों को बोलते-सुनते देखा। पी.नरसिंह राव भावविहीन रहते थे। देवगौड़ा जी झपकी लेने से बाज नहीं आते थे। अटल जी को विपक्ष के नेता और प्रधानमंत्री दोनों रूपों में देखा। अन्य मंत्रियों, विपक्षी नेताओं के करतब भी देखे। संसद की लॉबियों में घूमे। अचानक होनेवाली प्रेस कॉन्फ्रेंस में दौड़ते-भागते गए। तमाम राजनीतिक सरगर्मियाँ देखीं। कई

गम्भीर बहसें सुनीं। सुप्रीम कोर्ट के एक न्यायाधीश के खिलाफ हुई महाभियोग की कार्रवाई भी देखी। उस समय सरकारी पक्ष से वकील के रूप में कपिल सिब्बल थे और विपक्ष से सोमनाथ चटर्जी। सिब्बल के आगे उस दिन सोमनाथ बाबू की वकालत फीकी पड़ती लगी। यह सिब्बल के कांग्रेस में आने और सोमनाथ बाबू के लोकसभा अध्यक्ष बनने से पहले की बात है। देर तक कई बार संसद चला करती थी।

संवाददाता के रूप में देश के विभिन्न हिस्सों में जाने के मौके मिले। शिखर राजनीति से जमीनी राजनीति और समाज की समझ मिली। करगिल से लेकर केरल तक जाने का मौका मिला। आतंकवाद के दौर में पंजाब गया। भोपाल गैसकांड जिस रात को हुआ था, इरादा भोपाल के रेलवे स्टेशन पर रात बिताने का था। संयोग से उसी समय उज्जैन की ट्रेन के जाने की घोषणा हो रही। मैं तुरंत चढ़ गया और बच गया। बाद में मित्र (अब स्वर्गीय) राजकुमार केसवानी की मदद लेकर गैस प्रभावित इलाकों में गया, डाक्टरों से मिला। विभिन्न राज्यों में चुनाव कवरेज़ भी की। इतना सीखा, इतना जाना, जो आगे सम्पादकी करते हुए बहुत काम आया। ये अनुभव किसी न किसी रूप में रचना में भी काम आए। लोग पूछते हैं कि सक्रिय पत्रकारिता करते हुए आप इतना साहित्य कैसे लिख सके? मेरे लिखे की गुणवत्ता तो दूसरे जानें लेकिन शायद सक्रिय पत्रकारिता के कारण ही इतना लिख सका।

दैनिक अखबार की पत्रकारिता ने समय के दबाव में रोज काम करना सिखाया। साफ और छोटे वाक्य लिखना सिखाया। खबर लिखने की तकनीक समझ में आई। अधिक समय लग गया, रात देर तक कवर किया संसद का राजनीतिक घटनाचक्र तो शिकायत नहीं करने का अनुशासन सीखा। संवाददाता यह नहीं कह सकता कि छह या आठ बज गए हैं, मैं अब चला। छह घंटे काम कर दिया। उसका सिर दुख रहा हो, बुखार हो, तब भी दफ्तर आए हो तो जिम्मेदारी निभाकर ही जाना है। वैसे मस्ती मारनेवाले संवाददाता भी थे। हिन्दुस्तान अखबार के एक सहयोगी अफसर की तरह लोकसभा गैलरी का दौरा कर चले जाते। काम करते तो कुछ इधर-उधर टीप कर कुछ कर-करा देते। पूछनेवाला कोई न था। हमारे एक ब्यूरो प्रमुख भी इस तरह के कुछ साथियों का काम कर देते यानी विज्ञप्तियाँ ठीक करके विशेष संवाददाता के नाम से भेज देते।

'मैं बिकने को तैयार हूँ'

बात जून, 1985 की है।

दो वर्ष तब के पश्चिमी जर्मनी और अब के जर्मनी में बिताने के बाद जब

मैं अगस्त, 1984 में दिल्ली लौटा, तब तक राजेन्द्र माथुर 'नवभारत टाइम्स' के सम्पादक बन चुके थे, जिनसे हल्का-सा परिचय उनके 'नई दुनिया' काल से था मगर अपनी उपयोगिता साबित करने के लिए मैं कोलोन से जर्मनी के बारे में समय-समय पर रिपोर्टें भेजा करता था, जो लगातार यहाँ छपती रहीं। गया था तो नवभारत टाइम्स की नौकरी छोड़नी पड़ी थी। टाइम्स संस्थान तब वहाँ काम कर रहे लोगों को एक प्रमाणपत्र तो देता था कि इन्हें दो साल की छुट्टी रेडियो जर्मनी में काम करने के लिए दी जा रही है, वहाँ से इनका कांट्रैक्ट खत्म होने पर इनकी यह नौकरी बहाल रहेगी मगर प्रमाणपत्र जारी करने से पहले सम्बन्धित कर्मचारी से त्यागपत्र ले लिया जाता था, जो दूसरी नौकरी पर जाते ही लागू हो जाता था। वहाँ नौकरी करने के लिए यह खतरा कर्मचारी को उठाना पड़ता था। आकाशवाणी ही इसका अपवाद थी, जिसके साथ डोयचेवैले का करार था, जिसके पत्रकार भी वहाँ समय-समय पर लिए जाते थे।

खैर तमाम अनिश्चितताओं के बाद मुझे फिर से शुरू में कार्यालय संवाददाता का पद दिया गया मगर माथुर साहब ने मुझसे करीब दो साल तक काम सम्पादकीय पृष्ठ पर लिया। मेरी जिम्मेदारी ऊपर से जो लेख और सम्पादकीय दिए जाते थे, उन्हें निश्चित दिन, उनके निर्धारित क्रम में छापने, अन्तिम प्रूफ देखने तक थी। हाँ 'चिट्ठियाँ' स्तम्भ जरूर मेरे जिम्मे था। तब इंटरनेट का जमाना नहीं था और नभाटा जैसे दिल्ली के अत्यंत लोकप्रिय और माथुर साहब के कारण प्रतिष्ठित अखबार में तरह-तरह की चिट्ठियाँ बहुत बड़ी संख्या में आती थीं। जून, 1985 के तीसरे हफ्ते में दिल्ली के यमुना पार के एक इलाके से किन्हीं सरोज जैन की चिट्ठी आई, जो बहुत मार्मिक थी और जिसे उपरोक्त विस्फोटक-सा शीर्षक देकर मैंने 23 जून को दो अथवा तीन कॉलम में छाप दिया—'मैं बिकने को तैयार हूँ'। अखबार के मालिक जैन, ऐसा पत्र लिखनेवाली महिला भी जैन, इस तरह का पत्र छापने का खतरा तो था, लेकिन मैंने यह खतरा उठाया।

किसी ने अगली सुबह माथुर साहब से शिकायत की कि आपका अखबार अब वेश्यावृत्ति का प्रचार भी करने लगा है क्या? उन्होंने दफ्तर आते ही मुझे बुलाया और पूछा कि यह क्या चिट्ठी आपने छापी है? मुझसे कहा जा रहा है कि आपका अखबार वेश्यावृत्ति का प्रचार कर रहा है। मैंने थोड़ा सख्त होकर कहा—"पढ़ी है आपने यह चिट्ठी? नहीं पढ़ी हो तो पहले पढ़ लीजिए। कितनी मार्मिक है वह चिट्ठी और माफ कीजिए यह कतई वेश्यावृत्ति का प्रचार नहीं है, एक विवश औरत की मजबूरी का बखान है।"

यह मामला इस तरह निबट गया। सरोज जैन एक बेहद दुखी महिला थीं। उनके अनुसार वह अमीर घर से थीं और अमीर घर में ही ब्याही गई थीं। उनके जवान पति के लकवाग्रस्त हो जाने से उनका सारा कामकाज ठप हो गया था, किसी रिश्तेदार

ने उनकी मदद नहीं की। खाने तक के लाले पड़ गए। उनका एक लड़का और दो लड़कियाँ थीं। उनकी बिगड़ती हालत के कारण लुधियाना के एक पब्लिक स्कूल में पढ़ रहे बेटे को वापिस दिल्ली बुलाना पड़ा और वह फोटोस्टेट की एक दुकान में काम करने लगा। उनकी बड़ी बेटी पाँचवीं कक्षा में थी और छोटी बेटी तीसरी कक्षा में। दोनों सरकारी स्कूल में पढ़ने लगीं।

स्थिति इतनी निराशाजनक थी कि उन्होंने दो बार आत्महत्या करने की कोशिश भी की। दो कमरे के किराए के मकान का किराया देने के पैसे तक उनके पास नहीं थे। नौकरी पाने की उनकी सारी कोशिशें विफल हो चुकी थीं। तो एक रात घनघोर निराशा में उन्होंने यह पत्र लिखा था, जो छप गया।

'नवभारत टाइम्स' के पते पर इस बारे में सौ से अधिक पत्र आए, जो अपने आप में एक रिकॉर्ड था लगभग आधे पत्र ऐसे थे, जिनमें इस घटना के बहाने समाज की स्थिति पर टिप्पणी थी। बाकी करीब आधे ऐसे थे, जिनमें उनकी आर्थिक सहायता करने से लेकर नौकरी देने तक के प्रस्ताव थे। ये पत्र उन तक पहुँचा दिए गए और बाकी चुनिंदा पत्र सम्पादित कर छाप दिए गए। बहुत से पत्र बेहद मार्मिक और भावुक थे। कई उनके घर मदद लेकर भी पहुँच गए। मैं करीब एक महीने बाद उनसे मिलने गया तो वे प्रतिक्रियाओं और मिल रही सहायता से खुश थीं मगर अब सहायता दान या भीख के रूप में नहीं चाहती थीं—ऋण के रूप में। वह काम भी ऐसा चाहती थीं, जो घर में रहकर पति की देखभाल करते हुए किया जा सके।

शायद तब अधिक सावधानी से पत्र छापने की जरूरत थी और साथ ही मदद नभाटा के माध्यम से पहुँचाने की आवश्यकता थी मगर जिसने जिस रूप में भी मदद की, जितनी भी कर सका साफ नीयत से की। उम्मीद है कि वह बाद में प्राणलेवा स्थिति से निकल आई होंगी और उनका शेष जीवन बेहतर ढंग से बीता होगा।

इसी तरह एक सैनिक का पत्र हमने छापा। सेना में यह सपना लेकर वह गया था कि देश की रक्षा करेगा मगर उसे किसी साहब के घर नौकर का काम लिया जा रहा था, जिसमें अधिकारी के जूते पालिश करना, बक्कल चमकाना, कपड़ों को प्रेस करना शामिल था। उसका पत्र छपा तो सैनिकों और भूतपूर्व सैनिकों के ऐसे शिकायती पत्रों का तांता लग गया। कई छापे मगर एक बार समस्या को सामने लाने के बाद यह सिलसिला बन्द कर दिया।

उस समय इस स्तम्भ को पठनीय बनाने की कोशिश हुई। सड़क टूटने, नाली न होने या साफ न होने, गंदगी की समस्याएँ स्थानीय पृष्ठों पर छपतीं और मानवीय, सामाजिक, राजनीतिक समस्याएँ इस पृष्ट पर। पत्रों के अन्त में 'अन्तिम पत्र' शीर्षक से दो-तीन पंक्तियों का पत्र छपता था, जो रोचक अन्दाज़ में होता था।

कुल मिलाकर माथुर साहब के साथ काम करने का समय उन सबके लिए सबसे रोचक-उत्तेजक समय था, जो काम करना चाहते थे। मैंने उनके और

बाद में एस. पी. सिंह के कार्यकाल में भी अखबार में खूब लिखा। सबसे बुरा समय विद्यानिवास मिश्र का था, जिन्हें धेलेभर भी पत्रकारिता की समझ नहीं थी। सम्पादकीय पृष्ठ और अखबार को उन्होंने अपठनीय बना दिया। बाबरी मस्जिद टूटने के बाद वह अयोध्या गए और वहाँ भैंसें चरती देखकर उन्हें अनुभूति हुई कि वहाँ सब कुछ सामान्य है। अज्ञेय जी ने 'दिनमान' की मजबूत नींव रखी थी मगर 'नवभारत टाइम्स' के सम्पादक का उनका समय सामान्य ही रहा, हालाँकि हर लिहाज से वह अपने मित्र विद्यानिवास मिश्र से हजार गुना बेहतर, खुले और उदार व्यक्ति थे। ऐसा लगा कि उनकी बहुत दिलचस्पी अखबार में नहीं थी। वह बात और वैसे साथी भी यहाँ नहीं थे, जैसे 'दिनमान' में थे। तब उनकी दिलचस्पी इस साप्ताहिक में थी, उसे प्रतिष्ठित करने में थी। स्टाफ भी उनकी पसंद का था। उनके द्वारा नियुक्त था। अब वह इस सबसे परे हो चुके थे।

ज्योतिष विरोधी अंक

'कादंबिनी' के सम्पादन पर फिर कभी, अभी दीपावली के अवसर पर प्रकाशित नवम्बर, 2004 के अंक पर बात। इस अंक की कवर स्टोरी 'कादंबिनी' की पहले की परम्परा से और बड़ी हद तक हिन्दी पत्रकारिता की मुख्यधारा के भी प्रतिकूल थी। यह स्टोरी ज्योतिष पर थी और मुख्यत: फलित ज्योतिष के विरुद्ध थी। इसका शीर्षक था—'ज्योतिष का सच'। एक भी लेख फलित ज्योतिष के पक्ष में नहीं था। स्वर्गीय गुणाकर मुले जैसे अद्‌भुत और प्रामाणिक विद्वान के सहयोग के बगैर इस अंक की परिकल्पना दूभर थी, जो उस समय जीवित और सक्रिय थे। कवर स्टोरी उन्हीं की लिखी थी—'फलित ज्योतिष, विज्ञान नहीं है'। उनका एक और लेख भी इस अंक में था—'नवजागरण काल के हमारे गणितज्ञ-ज्योतिषी'। इसमें खुशवंत सिंह का एक साहसिक लेख भी था—'चंडूखाना है ज्योतिष।' एक और लेख—'प्राचीनता से ज्योतिष का औचित्य सिद्ध नहीं होता'। अमृत लाल वेगड़, अभय कुमार दुबे आदि के सुचिन्तित लेख भी थे। इसके अलावा हमने तत्कालीन प्रधानमंत्री की पत्नी गुरुशरण कौर, दिल्ली की तत्कालीन मुख्यमंत्री शीला दीक्षित, प्रभाष जोशी, केदारनाथ सिंह, निर्मला देशपांडे, अशोक वाजपेयी, योगेंद्र यादव, नन्दिता दास, राजेश जोशी आदि से लेकर छात्र, फल विक्रेता, पानवाला, कामवाली बाई, रिक्शा चालक, कुली आदि से भी उनकी राय जानने की कोशिश की थी। मुले जी केवल विज्ञान लेखक नहीं थे, प्राचीन भारतीय परम्परा के प्रामाणिक विद्वान भी थे। उन्होंने लिखा था कि क्यों ज्योतिष का अर्थ केवल फलित ज्योतिष नहीं

होता और कैसे फलित ज्योतिष का जो रूप आज प्रचलित है, उसका मूल स्रोत बेबीलोन है। और इस फलित ज्योतिष का कोई सम्बन्ध खगोल विज्ञान की नित नई खोजों से नहीं है।

खुशी की बात है कि गुरुशरण कौर, निर्मला देशपांडे, योगेंद्र यादव ही नहीं, कामगार वर्ग का एक बड़ा हिस्सा भी फलित ज्योतिष के खिलाफ बोला था।

हमारे पाठक इस अंक से खुश भी हुए, नाराज भी। कुछ ने इसे यादगार, बेहद रोचक, ज्ञानवर्द्धक, पुरानी प्रवृत्तियों को ध्वस्त करनेवाला, अंधविश्वासों पर कड़ा प्रहार करनेवाला अंक बताया। एक पाठक ने यह भी लिखा था कि आपने हमारे पच्चीस रुपये बर्बाद कर दिए। किसी ने इसे ज्योतिष की विश्वसनीयता बर्बाद करनेवाला अंक बताया था, किसी ने इसे एकपक्षीय बताते हुए आपत्ति की थी कि आपने किसी आधिकारिक ज्योतिषी से बात क्यों नहीं की? एक ने लिखा कि 'ज्योतिष का सच' लिखनेवाले, ज्योतिष के बारे में कुछ नहीं जानते वगैरह। यानी पाठकों का रुख सकारात्मक-नकारात्मक दोनों था।

'कादंबिनी' जैसी पारम्परिक पत्रिका से उन्हें ऐसी अपेक्षा नहीं थी। एक समझौता हमने अवश्य पूरे कादंबिनी-काल में किया कि मासिक भविष्यफल छापते रहे। यह बहुत ध्यान से पढ़ा जाता था। इसका एक बार अनुमान इस बात से भी हुआ कि एक सहयोगी की गलती से और ज्योतिष के पेज के प्रति मेरे उपेक्षा भाव के कारण, पिछले महीने का मासिक भविष्यफल, उसी माह के नाम से अगले महीने भी छप गया। लोग इसे गलती न मानते, अगर अगले अंक में महीना पिछला न डाला गया होता।

खैर हमें गलतफहमी नहीं थी कि यह प्रयास इतना बड़ा और इतना दीर्घ प्रभावी है कि ज्योतिष के अंधविश्वास से हम लोगों को छुटकारा दिला पाएँगे, फिर भी ऐसी कोशिश करके समाज के बड़े हिस्से की समझ को प्रश्नांकित करना क्या बुरा था? वैसे यह अंक विस्मृति के गर्भ में जा चुका है और पिछले पंद्रह सालों में हर तरह का अंधविश्वास बढ़ा है, उसे राज्याश्रय भी पहले से अधिक मिला है। काश हिन्दुस्तान समूह स्वयं यह अंक बाद में छपवाने की पहल करता या अब इसकी अनुमति किसी प्रकाशक को दे दे!

'कादम्बिनी' भी बन्द हुई

साठ साल का सफर पूरा कर 'कादम्बिनी' आखिर अगस्त, 2020 के अन्त में लाकडाउन की बलि चढ़ा दी गई—बाल पत्रिका 'नन्दन' के साथ ही। टाइम्स समूह

अपनी हिन्दी और कुछ अंग्रेजी पत्रिकाओं को बन्द करने का काम बहुत पहले कर दिया था। हिन्दुस्तान ने भी अन्ततः सभी पत्रिकाओं से छुटकारा पा लिया।

'कादम्बिनी' से हालाँकि मेरा सम्बन्ध इसके बन्द होने के बारह साल पहले ही खत्म हो चुका था। यह पत्रिका मुझे भेजे जाने की औपचारिकता भी छोड़ी जा चुकी थी मगर उसके अतीत से पहले पाठक के रूप में और बाद में उसके सम्पादक के समकक्ष जिम्मेदारी सँभाल चुकने के कारण एक लगाव था, इसलिए यह खबर मेरे लिए भी दुखद थी। 'कादम्बिनी' प्रबंधन की उपेक्षा का शिकार तो मेरे कार्यकाल से ही होने लगी थी। मेरे समय में पहले महीने में एक या दो बार 'कादम्बिनी' का विज्ञापन 'हिन्दुस्तान टाइम्स' और 'हिन्दुस्तान' में छपता था, उसे बन्द कर दिया गया था। उसका आकार तथा कुछ और परिवर्तन भी किए गए थे कि इससे नए विज्ञापन आएँगे। न विज्ञापन लाए गए, न प्रसार संख्या बढ़ाने के कोई प्रयास हुए। 'नन्दन' की कार्यकरी सम्पादक रह चुकीं क्षमा शर्मा बता रही थीं कि ब्रांड मैनेजर साहब हमारी पत्रिकाओं की 'ब्रांडिंग' इस तरह किया करते थे कि 'कादम्बिनी' और 'नन्दन' की प्रतियाँ टेबल पर आते ही बिना खोले उन्हें कूड़ेदान में डाल देते थे। इतने अधिक वह इन पत्रिकाओं के प्रति 'प्रतिबद्ध ' थे। खैर। वैसे लिखना तो चाहता था 'कादम्बिनी 'से अपने सम्बन्धों के बारे में पहले ही मगर टलता रहा और वह दिन भी आ गया कि उसकी अन्त्येष्टि पर श्रद्धांजलि देनी पड़ रही है।

मेरे आरम्भिक दिनों में बच्चों के दो ही मासिक ऐसे थे, जो आकर्षित करते थे—'पराग' और 'नन्दन'। 'चन्दामामा' भी काफी मशहूर था, उसका बड़ा पाठकवर्ग था मगर मेरी पसन्द वह कभी नहीं बन सका। इसी प्रकार सांस्कृतिक मासिकों में 'कादम्बिनी', 'नवनीत' और 'सारिका' थी। मैं कोई 1965 के आसपास 'कादम्बिनी' का पाठक बना हूँगा। तब इसके सम्पादक रामानन्द दोषी हुआ करते थे। तब मुझे यह पत्रिका 'नवनीत' के साथ ही अच्छी लगती थी। कहना कठिन था कि इनमें से कौन सी बेहतर थी! कब राजेन्द्र अवस्थी 'कादम्बिनी' के सम्पादक बने और उनके रहते आरम्भ में यह पत्रिका कैसी थी, यह मेरी स्मृति में दर्ज नहीं है।

1997 में हिन्दुस्तान अखबार से जुड़ने के बाद भी इस पत्रिका में कोई दिलचस्पी पैदा नहीं हुई क्योंकि इसकी छवि प्रबुद्ध लोगों में खराब थी। यदाकदा इसे पलटकर भी यही छवि पुष्ट होती थी। अवस्थी जी बिक्री के फार्मूले के तौर पर उसे जादूटोना, तंत्रमंत्र, ज्योतिष आदि की पत्रिका बना दिया था, खासकर अपने आखिरी कुछ वर्षों में। इस कारण चिढ़ सी पैदा हो गई थी। क्या पता था कि मैं भी कभी इससे जुड़ूँगा!

मैं तो 'दैनिक हिन्दुस्तान' में विशेष संवाददाता के तौर पर लाया गया था, जो मैं नवभारत टाइम्स में भी था। तत्कालीन सम्पादक लाए थे, कुछ कहकर, कुछ सोचकर। उन्हें करने नहीं दिया गया या जो भी कारण रहा हो, इस संस्थान में आना तब कुल मिलाकर घाटे का सौदा ही लग रहा था। तब 'नवभारत टाइम्स' की जो

साख थी, वह 'हिन्दुस्तान' अखबार की बिलकुल नहीं थी। खैर आए थे तो काम भी करना था। तब हिन्दुस्तान टाइम्स समूह और टाइम्स ऑफ इंडिया समूह दोनों की छवि यह थी कि यहाँ की नौकरी, सरकारी नौकरी जितनी पक्की है और यह बात तब सही थी। दोनों संस्थानों में यूनियनों का दबदबा था। हिन्दुस्तान टाइम्स समूह में तो कुछ ज्यादा ही ऐसा था। इस कारण यहाँ आने पर भी नौकरी छूटने का डर नहीं था।

जो मुझे लाए थे, वह सम्पादक बदल दिए गए। दूसरे आए, वह और भी जल्दी बदल दिए गए। फिर मृणाल पांडे हिन्दुस्तान की प्रमुख सम्पादक बन कर आईं। आने के करीब दो साल बाद 2002 के अन्त में कभी वह प्रबंधन को यह विश्वास दिला पाईं कि 'कादम्बिनी' और 'नन्दन' का भी कायाकल्प करना जरूरी है। पता नहीं क्या सोचकर मृणाल जी ने 'कादम्बिनी' का एसोसिएट एडिटर बनने का प्रस्ताव मेरे सामने रखा। मेरे लिए यह आश्चर्यजनक था, हालाँकि इससे पहले वह मुझसे पूछ चुकी थीं—हिन्दुस्तान अखबार के रविवारीय संस्करण का एसोसिएट एडीटर बनने के लिए। प्रबंधन ने तब आपत्ति की थी कि हम विशेष संवाददाता को सीधे यह पद नहीं दे सकते लेकिन जब 'कादम्बिनी' की बात आई तो प्रबन्धन ने इसे बाधा नहीं बनने दिया। मैं 'कादम्बिनी' में लाया गया फरवरी, 2003 में और क्षमा शर्मा 'नन्दन' में। नियुक्ति-पत्र हमें जनवरी, 2003 से मिला था मगर सुना यह कि अवस्थी जी ने प्रबंधन से कहा कि हमने इतने वर्ष इस संस्थान की सेवा की है तो कम से कम हमें साल के पहले महीने में तो रिटायर मत कीजिए। यह बात मान ली गई। इस कारण सब मानने लगे थे कि अवस्थी जी बड़े पावरफुल हैं और उन्होंने मृणाल जी के इरादों पर चूना फेर दिया है। यह जानते हुए भी कि फरवरी से मैं ही 'कादम्बिनी' का सर्वेसर्वा होनेवाला हूँ, एक धनंजय सिंह को छोड़कर बाकी स्टाफ के किसी सदस्य की हिम्मत नहीं हुई मुझसे मिलने की। धनंजय सिंह वहाँ असन्तुष्ट थे और मेरा आना उनके लिए सुखद था। वह समय-समय पर वहाँ के समाचार भी देते रहते थे।

बहरहाल एक फरवरी को मैंने और क्षमा जी ने अपने-अपने पद सँभाले। उस कक्ष में उस कुर्सी पर बैठे, जिस पर पूर्व सम्पादक बैठा करते थे। एसोसिएट एडीटर होते हुए भी मृणाल जी यह स्पष्ट कर चुकी थीं कि सब कुछ मुझे ही देखना है, उनका कोई हस्तक्षेप नहीं होगा। इसलिए इस जिम्मेदारी की खुशी भी थी और यह भय भी कि क्या इसे मैं सँभाल पाऊँगा मगर आशंका पर खुशी और रोमांच तब हावी था। आशंका इसलिए भी थी कि अब मैं पक्की नौकरी की बजाए तीन साल के कांट्रेक्ट पर था और यह सोचकर गया था कि जो होगा, देखा जाएगा। हद से हद घर बैठा दिया जाएगा। देखेंगे। इतना खतरा उठाना चाहिए।

मृणाल जी के सहयोग और समर्थन से पत्रिका का कायाकल्प करने की कोशिश

की। भूत-प्रेतों, ज्योतिष, बाबाओं का निष्कासन पहले ही अंक से किया, जो मार्च, 2003 को सामने आया। कवर पर ईंट ढोती मजदूर औरत थी क्योंकि 8 मार्च को 'महिला दिवस' होता है। अभी अंक आँखों के सामने नहीं है मगर इस अंक में विश्वनाथ त्रिपाठी का निराला की कविता में आँखों के वर्णन पर एक लेख था। प्रिय कहानीकार और मित्र मधुसूदन आनन्द तब तक कहानी लिखने से विरक्त-से हो चुके थे, उन पर भावनात्मक दबाव डालकर उनसे कहानी लिखवाई। गुणाकर मुले जैसे अत्यंत विश्वसनीय विज्ञान लेखक से लिखवाया।

आधुनिक और महत्त्वपूर्ण लेखकों से इसे जोड़ने का सिलसिला बहुत आगे तक बढ़ा। भीष्म साहनी, कृष्णा सोबती आदि सब बड़े लेखक इससे जोड़े गए।

जो किया, नहीं किया, इस पर ज्यादा लिखना ठीक नहीं। बगैर अंधविश्वासों का खेल खेलते हुए(मासिक भविष्यफल का एक स्तम्भ छोड़कर) इसे विज्ञान और वैज्ञानिक सोच की लोकप्रिय-पठनीय पत्रिका बनाए रखने का प्रयत्न किया। तब के.के.बिरला जीवित थे, उन्होंने स्वयं मुझे बुला कर शाबाशी दी। मृणाल जी तो खुश थीं ही, पाठक भी। स्टाफ ने भी जिसकी जितनी योग्यता थी, सबने सहयोग किया। सबसे दोस्ताना सम्बन्ध बना। हरेक का जन्मदिन सब मिल कर प्रेस क्लब में मनाते। बीयर पीनेवाले बीयर पीते।

मेरा सौभाग्य रहा कि मेरे निजी सहायक बलराम दुबे रहे, जो योग्य और विश्वसनीय थे। बाकी सभी सम्पादकीय सहयोगियों का सहयोग भी मिला। मेरे कार्यकाल में हरेप्रकाश उपाध्याय, पंकज पराशर, शशिभूषण द्विवेदी, ऋतु मिश्रा जैसे योग्य लोग आए।

2008 में जब 'कादम्बिनी' छोड़कर 'नई दुनिया' के दिल्ली संस्करण में आना मेरे लिए जीवन का बहुत दुविधाजनक निर्णय था। जिन मृणाल जी ने यह बड़ी जिम्मेदारी सौंपी थी, उनका साथ छोड़कर जाना सबसे कठिन था मगर मित्र आलोक मेहता से पुराने और घरेलू सम्बन्ध थे। वही मुझे इस संस्थान में लाए थे। फिर दैनिक में फिर से काम करने का अपना आकर्षण भी था। मृणाल जी ने स्वाभाविक ही बुरा माना। दुखद संयोग कि मृणाल जी भी उसके बाद वहाँ ज्यादा समय तक नहीं रहीं मगर उन्हें नई-नई जिम्मेदारियाँ मिलती गईं और उन्होंने हेरल्ड समूह में काम किया। उन्होंने जो लोकतांत्रिक स्वतंत्रता मुझे दी थीं, उसके लिए मैं हमेशा आभारी रहूँगा।

आखिरी दिन सब मुझे नीचे तक छोड़ने आए, सिवाय एक को छोड़कर, जिन्हें मैंने पुराने स्टाफ में योग्य मानकर सबसे अधिक आगे बढ़ाया था। वह उस समय भावी सम्पादक से अपनी निष्ठा जताने के लिए उनके पास आकर बैठ गए थे और उनकी पीठ मेरी तरफ थी।

'शुक्रवार' का सम्पादन

'शुक्रवार' समाचार साप्ताहिक के सम्पादक बनने का प्रस्ताव तब आया, जब 'कादम्बिनी' तथा 'नई दुनिया' के बाद मैं घर बैठा था और उम्मीद नहीं थी कि अब कुछ नया करने का अवसर मिलेगा। तभी 2011 के शुरू में जब मैं अपने छोटे बेटे अंकुर के पास चेन्नै कुछ दिनों के लिए गया था, वहीं मुझे यह प्रस्ताव मिला। कहा गया कि मैं जल्दी ही आऊँ। कारण शायद मौजूदा सम्पादक को हटाना था। यह आपरेशन गुपचुप ढंग से चलाया जा रहा था वरना शायद पूर्व सम्पादक इस बीच कुछ खेल कर सकते थे। मुझे सौदेबाजी करना नहीं आता मगर प्रस्ताव ठीकठाक था, हालाँकि इससे पहले जो वेतन मिल रहा था, उससे कम था मगर इस बीच मैं घर भी तो बैठा था और एक नई चुनौती सामने थी। इसके अलावा शरद दत्त जैसे शुभचिन्तक बीच में थे।

तैयार तो हो गया मगर जैसी धुकधुकी 'कादम्बिनी 'का कार्यभार सँभालने के समय थी, वैसी ही इस समय भी थी। दैनिक अखबारों में उपसम्पादक से लेकर विशेष संवाददाता तक का काम किया था मगर एक समाचार साप्ताहिक के सम्पादन की अपनी अलग चुनौतियाँ होती हैं, जिसका किसी भी तरह का कोई पूर्व अनुभव मुझे नहीं था। इधर समाचार साप्ताहिकों का आकर्षण भी कम होता जा रहा था और 'इंडिया टुडे' ग्रुप के हिन्दी समाचार साप्ताहिक की घटती लोकप्रियता के बावजूद एक बड़ी चुनौती थी। उनके पास विशाल और जमाजमाया नेटवर्क था। इनके पास भी अपना एक नेटवर्क था मगर 'इंडिया टुडे' के मुकाबले कुछ नहीं। फर्क यह था कि 'इंडिया टुडे' समूह पत्र-पत्रिकाओं के धंधे में ही था और ये एक बिल्डर का साप्ताहिक था। आर्थिक उदारीकरण के बाद के वर्षों में बिल्डरों ने खूब अनापशनाप धन कमाया था और वे अपना राजनीतिक रसूख बढ़ाने के लिए तमाम पत्र-पत्रिकाएँ निकलवा रहे थे। बहरहाल यहाँ इस दौरान ऐसा कोई दबाव नहीं आया, सिवाय इसके कि मालिक की अपनी कम्पनियों के बारे में कुछ सकारात्मक न छपे तो नकारात्मक भी न छपे। वैसे एकाध बार नकारात्मक छप भी गया था।

पिछले सम्पादक के समय 'शुक्रवार' के मालिकान हर तरह के संसाधनों पर काफी खर्च कर चुके थे मगर नतीजा कुछ खास नहीं निकला था। तो मुझसे वायदे तो बहुत कुछ किए गए मगर जमीन पर प्रचार-प्रसार के लिए कुछ खास किया नहीं गया। विज्ञापन और प्रसार में निचले पदों पर जो लोग थे, उनका वेतन बहुत कम था, इसलिए उनमें उत्साह भी नहीं था। इस बीच ऑफिस से काम के नाम पर बाहर जाकर कुछ चतुर सुजान कोई और काम भी करते थे। कुछेक प्रभावशाली मैनेजर के मुँह लगे थे। उन्हें डाँटने वगैरह का, उनके साथ बैठकें करने का कोई

खास लाभ नहीं था। वेतन कम था तो सरकार या बड़ी कम्पनियों के अधिकारियों से मिलने का उनमें साहस भी नहीं था। खैर फिर भी एक नेटवर्क था और उसी सीमा में रह कर काम करना था। कुछ कहने-सुनने का थोड़ा नतीजा निकलता था—कभी-कभी। कभी निदेशक-प्रबन्धक गोलीबाजी भी किया करते थे।

मैंने तय किया था कि मेरी जिम्मेदारी पत्रिका के सम्पादन में जो भी बेहतरी ला सकता हूँ, उसी तक सीमित रहेगी मगर जब कई जगहों से यह सूचना आती थी कि गुरुवार या शुक्रवार को बाजार में आने के तीन या चार दिन में ही प्रतियाँ समाप्त हो जाती हैं, पूरे सप्ताह अंक बाजार में नहीं मिलता तो मन दुखता था। कॉपी बढ़ाने की बात का असर नहीं होता था।

पहली बैठक में मैंने संवाददाताओं-सम्पादन विभाग के सहकर्मियों से कहा कि कुछ पुराने अंक देख कर लगता है कि यहाँ हर आदमी सम्पादकीय लिख रहा है। मित्रो, सम्पादकीय लिखने के लिए मालिकों ने फिलहाल मुझे नियुक्त किया है। आपको अब सम्पादकीय लिखने के दायित्व से मैं मुक्त करता हूँ, आपको रिपोर्ट लानी हैं, समाचार विश्लेषण लिखने हैं। जहाँ भेजा जाए या जहाँ जाने का आपका प्रस्ताव मुझे उचित लगे, वहाँ आपको रिपोर्टिंग करने जाना है। पुरानी आदत से जूझने में उन्हें थोड़ा वक्त लगा। रिपोर्टर दफ्तर से अब बाहर जाने लगे थे। कोई बैठा रहता तो टोकता कि जाइए, यहाँ बैठे मत रहिए।

मैं चूँकि घर से कई अखबार देखकर आता था, इसलिए साप्ताहिक बैठक में जो भी विषय तय होता था, उससे सम्बन्धित सहायक सामग्री कहाँ किस अखबार के किस पृष्ठ पर उपलब्ध है, यह एक पर्ची पर लिखकर हफ्ते भर संपादकीय सहयोगियों में बँटवाता था, ताकि किसी तथ्य की जानकारी से वे वंचित न रहें। सारे पक्ष उनके सामने हों।

सम्पादन में भी कठोरता बरतनी होती थी। काफी काट-छाँट करनी होती थी, कुछ छूट गई बातें जोड़ना होता था। कुछ पुनर्लेखन करना होता था। कोई कॉपी मेरी नजर से गुजरे बगैर नहीं जा सकती थी। अपने सम्पादकीय में भी मैं बार-बार परिवर्तन-संशोधन करता था। बाहर से काफी सामग्री मँगवाता था। कुछ तो पूर्व परिचित थे और कुछ लोग समय के साथ जुड़ते गए और ऐसी-ऐसी रिपोर्टें तथा आलेख भेजने लगे, जिन्हें कहीं और पाना कठिन था। कविता-कहानी हो या रिपोर्टों की मेरे पास कमी नहीं रही कभी बल्कि अधिकता रही। साथियों में भी उत्साह था। अच्छा काम करनेवालों की अच्छी वेतन वृद्धि भी मिलती थी। 'शुक्रवार' के नाम से उनकी भी एक पहचान बन रही थी। हिन्दी के अधिक से अधिक लेखकों को जोड़ने का प्रयास रहा। उनका सहयोग भी लगातार मिलता रहा।

साप्ताहिक समाचार-पत्रिका का सम्पादन सचमुच एक बड़ी चुनौती है। सप्ताह के आरम्भ में जो दृश्य होता है, वह साप्ताहिक के आखिरी कुछ पृष्ठों के प्रेस में

जाने तक काफी कुछ बदल चुका होता है। जो सोचा नहीं था, वह सामने आ जाता है और उसी सप्ताह उसका जाना जरूरी होता है। कई बार पहले से तैयार कवर स्टोरी बदलनी पड़ती थी—एकदम आखिरी मौके पर। प्रेस में सामग्री के जाने तक धुकधुकी लगी रहती थी कि स्टोरी में कोई जरूरी नई सूचना छूट न जाए। अन्त-अन्त तक खबरों पर नजर रखनी होती थी कि कुछ महत्त्वपूर्ण उल्लेख के बगैर न रह जाए। मैंने किसी दैनिक का सम्पादन तो नहीं किया था मगर हर घंटे बदलती-बनती खबरों के बीच समाचार साप्ताहिक की चुनौतियाँ शायद अधिक बड़ी होती हैं। उनका असर बिक्री और विश्वसनीयता पर पड़ता है। इस कारण उस दौरान शुक्रवार तथा शनिवार को होनेवाले लगभग सभी साहित्यिक आयोजनों से खुद को दूर रखा।

फिर कवर स्टोरी तथा दूसरी स्टोरी सबसे अलग भी हो, सामग्री हर तरह के पाठकों के लिए हो, इसका भी ध्यान रखना होता था। मैं वहाँ था तो साहित्य अच्छा छपे, इसकी भी सबको अपेक्षा रहती थी। फिर मैंने वार्षिक अंक निकालने की भी योजना बनाई थी। मालिकों को उस पर भी काफी खर्च करना होता था। उसका पाठकों में सम्मान बना रहे और आर्थिक घाटे से भी संस्था को बचाया जा सके, ताकि निरन्तरता बनी रहे, यह चुनौती भी थी।

बहुत काम था और बहुत समर्पण माँगता था, यह सब करने में आनन्द भी आता था। ऊब और थकावट नहीं होती थी। सहयोगी पहले से थे, उनमें से अधिकांश बहुत अच्छे निकले। रईस अहमद लाली मेरे मुख्य सहयोगी थे। वे पूरे समर्पण से काम करते थे। व्यक्ति और इनसान के रूप में भी वह बेहतरीन हैं। उनसे कहा कोई काम रह जाए, यह हो नहीं सकता था। अशोक कुमार 'इंडिया टुडे' से अवकाश के बाद हमारे साथ थे। उनसे उनकी जिम्मेदारियों के अलावा लिखवाता भी था। उन्हें समय लगता था, संक्षिप्त लिखते थे मगर मेहनत से लिखते थे। लिखवाता वैसे सभी सहयोगियों से था। लाली जी से तो अंक जाने के अन्तिम क्षणों में भी लिखवाया। नरेन्द्र वर्मा और मधुकर मिश्र भी काफी मेहनत करके कुछ नया लाते थे। आरम्भिक कठिनाइयों के बाद पूजा मल्होत्रा बहुत साहसिक रिपोर्टर साबित हुईं। कहीं जाने में उन्हें डर नहीं। चिन्ता मुझे होती थी कि दिल्ली के माहौल में उनके साथ कुछ हो न जाए मगर कोई कोशिश करता भी था तो उस आदमी की शामत आ जाती थी। सगीर किरमानी लिखते तो उम्दा थे ही, शराफत में भी लाजवाब हैं। मेरे सचिव वसीम अहमद भी मेहनती थे। वीरेन्द्र शर्मा को खेल जगत में महारत हासिल थी।

कला विभाग के प्रमुख प्रफुल्ल पलसुलेदेसाई को मैंने अपना काम अपनी तरह करने की पूरी छूट दी थी और उन्होंने कभी निराश नहीं किया। हाँ कवर पर क्या कैसे जाएगा, इसमें मेरा हस्तक्षेप आवश्यक था। हाँ एक और निर्देश था कि पृष्ठों की सजावट हो मगर सामग्री की हत्या की कीमत पर नहीं। इस तरह कोई नहीं था,

जिसका सहयोग नहीं मिला, चाहे पहले से नियुक्त लोग या स्वतंत्र मिश्र जैसे मेरे बाद जुड़े लोग। वे रिपोर्टिंग भी करते थे, लिखते भी थे। जो सहयोग साथियों का यहाँ मिला, वह पहले कहीं और नहीं।

बीच में प्रबन्धन के साथ समस्याएँ आती थीं और सुलझती थीं वरना इस्तीफा देने के लिए तो मैं हमेशा तैयार रहता था। अन्त तक आते-आते बिल्डर की आमदनी के स्रोत सूखने लगे थे। उनकी कुछ अन्य कम्पनियों की गड़बड़ियाँ सामने आने लगी थीं। अब साप्ताहिक को पाक्षिक बनाने की बात होने लगी थी। बहुतों को रास्ता दिखाने का दबाव भी आने लगा था, बाहर से लिखनेवालों से न लिखवाने या इसका भुगतान न करने पर जोर दिया जाने लगा था। फिर एक मैनेजर का घमंड भी बहुत बढ़ चुका था। अप्रैल, 2014 के एक मंगलवार की शाम काम खत्म करने के बाद निदेशक केसर सिंह से कहा कि अब यहाँ मेरा रहना कठिन है। इस्तीफा दिया और चला आया। स्टाफ के किसी सदस्य को नहीं बताया। जब वे एक दिन के अवकाश के बाद लौटे और शाम तक उसी संस्थान में कार्यरत एक सज्जन आए और स्टाफ को बताया कि आज से वह सम्पादक बन चुके हैं तो सब चौंके। उसी दिन शाम को सारा सम्पादकीय स्टाफ घर आया और उनके साथ चाय पीने का मैंने आनन्द उठाया। आज भी कई पुराने साथी सम्पर्क में रहते हैं और मैं भी उनसे सम्पर्क रखता हूँ। किसी और का अच्छा लिखा छापने का रचनात्मक सुख भी कम नहीं होता, शायद अपने लिखे को छापने-छपवाने से ज्यादा, यह पत्रकारिता का एक बड़ा सबक मेरे लिए था।

सही समय पर सही निर्णय हो गया। जिस साप्ताहिक को कुछ बना पाया था, उसी की लाश मैंने अपने कन्धों पर नहीं ढोई। अगले कुछ महीनों में उस संस्था के टीवी चैनल समेत सभी काम ठप्प हो गए। वैसे भी मोदी सरकार आ चुकी थी। ज्यादा स्वतंत्रता के साथ काम करना सम्भव नहीं रह जाने वाला था।

बहरहाल वे सवा तीन वर्ष कुल मिला कर अच्छे बीते। इस बीच जो तीन वार्षिकांक निकले, उनका भी अच्छा स्वागत हुआ। कुछ तो अब भी उन अंकों को याद करते हैं, तो अच्छा लगता है।

मैं उन्हें हताश नहीं करता

सम्पादकी छोड़े पाँच साल से भी अधिक समय होने पर भी इस प्रदूषित दिल्ली में कम से कम एक वरिष्ठ कवि तो ऐसे मिले, जो मुझे इस पद पर फिर से देखने को आतुर हैं, ताकि मैं उनकी कविताएँ छापने का सुअवसर पा सकूँ! हर छह महीने में

उन्हें मेरी याद सताती है और मैं उन्हें निराश करता हूँ! मैंने उनसे कभी नहीं कहा कि ऐसा अवसर उनके वास्ते मुझे मिलने की आस अब दूर-दूर तक नहीं रही, न कोई हताशा है कि मैं कहीं सम्पादक नहीं हूँ।

वैसे भी मैं 'संस्कारी' हूँ, मुझे किसी को दुखी करने की बुरी आदत नहीं!

कुछ बड़े पत्रकार इस तरह बड़े हुए

कुछ साल पहले एक बड़े पत्रकार साहब ने एक बार करीब चार सौ पेज की डिमाई आकार की अपनी एक किताब सहर्ष मुझे भेंट की। मैंने खुशी-खुशी स्वीकार की। उसे घर लाया। कुछ दिनों में उसमें से जो-जो हमारे लिए जानकारीपरक हो सकता था, पढ़ा। अगली मुलाकात में हमने उनसे कहा कि अच्छी परिचयात्मक पुस्तक है मगर इसमें फलां अन्तर्विरोध बहुत स्पष्ट हैं। वह भौचक हमारा मुँह देखने लगे, इसलिए नहीं कि हमने क्यों उनकी आलोचना करने की जुर्रत की। वह हमारी तरफ भौचक होकर शायद देख इसलिए रहे थे कि उन्होंने खुद अपने द्वारा लिखी यह किताब पढ़ी नहीं थी, इसलिए उनके पास इसका कोई जवाब नहीं था। हमने टॉपिक बदला और बात दूसरी शुरू की। उनका खोया हुआ आत्मविश्वास लौटा।

अब इसका अर्थ आप जो भी लगाना चाहें, लगाएँ मगर आप मुझसे यह न कहलवाएँ कि वह किताब हालाँकि उनके नाम से छपी थी मगर उन्होंने लिखी नहीं थी और पढ़ी भी नहीं थी। सच मुझे वाकई नहीं मालूम। मैं भी अनुमान लगा रहा हूँ आपकी तरह। इतना अवश्य है कि दो लेख जो उन्होंने मुझसे कभी लिखवाए थे, उन्हें अपना समझकर-मानकर अपनी किताब में उन्होंने शामिल कर लिया था। उनकी उदारता देखिए कि हमें वह किताब उन्होंने भेंट भी की!

इस मामले पर हम चुप रहे मगर हमारे एक पुराने साथी पत्रकार ने वह पुस्तक पढ़ी थी। उनकी स्मृति अच्छी है। उन्हें याद था कि ये लेख हमारे हैं और उनके पास वे सुरक्षित थे। उन्होंने हमें फोन किया और बताया कि ऐसा है तो हमने कहा कि हमें यह बात शुरू से मालूम है पर चुप रहना हमने उचित समझा। उन्होंने लिखवाए तो थे ये लेख मुझसे, न लिखवाते तो भी तो उन्हें कुछ जुगाड़ करके किताब बनाने लायक सामग्री का जुगाड़ करना पड़ता! वैसे हमारे उन मित्र ने उन बड़े पत्रकार साहब के मुँह पर यह बात कह भी दी कि ये लेख तो आपके लिखे हैं नहीं। बड़े पत्रकार साहब ने कुछ गोलमोल-सा जवाब दिया। मैंने ये लेख अब उनके नाम कर दिए हैं। वैसे भी इतना अधिक हमने लिख मारा है कि वे दो लेख, दो मुट्ठी आटे

के बराबर दिया दान है। उस दान से वाकई हिन्दी पत्रकारिता का भला हो रहा है तो हो जाए और न हो रहा हो तो हमारी बला से!

दो स्वर्गीय पत्रकार ऐसे हैं, जो बड़े संस्थान में बड़े पदों पर रहे। एक को लगा कि अब राजनीतिक माहौल बदल चुका है, उनके पक्ष में नहीं है और अब उनकी कुर्सी की रक्षा नई सरकार को बनाने में मुख्य भूमिका निभानेवाली बड़ी राजनीति हस्ती पर किताब लिखकर ही हो सकेगी। तो वे अपने एक मातहत के पीछे पड़ गए, जिसके लिए इस तरह की किताब लिखना प्राय: असम्भव था। वह योग्य हैं मगर व्यावसायिक लेखन के लिए परम अयोग्य हैं। संयोग था कि उनके ये मातहत अपने मुखिया के घर से कुछ किलोमीटर दूर रहते थे। वह रोज सुबह-सुबह उनके घर पहुँच जाया करते। उन बड़े पत्रकार के इस दृढ़ संकल्प का ऐसा असर हुआ कि वह शख्स जो ऐसी किताब लिखकर दे ही नहीं सकता था, उसने लिखकर दे दी। एक और बड़े पत्रकार ने अपने एक मातहत से एक बड़े कलाकार के बारे में किताब लिखवा ली और अपने नाम से छपवा ली। बाद में भी यह परम्परा चली आ रही है।

तो हिन्दी पत्रकारिता हमेशा से पत्रकारिता के पथ पर 'अग्रसर 'रही है और अब तो खैर इतनी अधिक अग्रसर है कि 95 प्रतिशत सम्पादक या तो लिखना जानते नहीं या उनका लिखा पढ़ने के काबिल न आज है, न कल रहनेवाला है। हमारे एक सम्पादक हुआ करते थे। बातों के परम धनी। इंजीनियरिंग के स्नातक। दुनिया की हर बात को मोड़कर इलैक्ट्रिकल इंजीनियरिंग पर लाकर दनादन ज्ञान पिलानेवाले। पता नहीं क्या सोचकर इस पेशे में आ गए थे। होते-होते वह सम्पादक बन गए थे।

बजट का दिन था। हमारे एक साथी बजट का मुख्य समाचार लिख रहे थे, बाकी हम छोटे समाचार। वह नए-नए ही सम्पादक बने थे। आए न्यूज ब्यूरो की ओर। मुख्य खबर लिखनेवाले साथी के पास गए। पूछा पहला पैरा(इंट्रो) क्या लिख रहे हैं? वह जो लिख रहे थे, उन्होंने बता दिया। कहने लगे, नहीं, यह ठीक नहीं है। तब हमारे साथी ने कहा कि तब आप ही लिखवा दीजिए। उन्होंने बोलकर लिखवाना शुरू किया। वाक्य रचना का ठिकाना नहीं था। इंट्रो लिखवा चुके तो हमसे रहा नहीं गया। कहा कि सम्पादक जी आपका तो पहला पैराग्राफ ही अन्तर्विरोधी है। तब वह बोले हमारे साथी से—"अच्छा-अच्छा आप ही लिख लीजिए।" वह स्वयं भी कभी संवाददाता रह चुके थे मगर बतौर सम्पादक विदेश गए तो वहाँ से खबर लिखकर नहीं, कुछ मुख्य बिन्दु लिखकर भेज देते थे और बाकी काम हिन्दी न्यूज एजेंसी की कापी से सम्पन्न होता था और वह खबर उनके नाम से छपती थी।

एक विद्वान सम्पादक ने हम विशेष संवाददाताओं की बैठक बुलाई। संयोग से शिवरात्रि से एक दिन पहले यह बैठक बुलाई गई थी। उनके दिमाग में शिवरात्रि घूम रही थी। उन्होंने हमसे कहा कि शिवरात्रि की कवरेज अच्छी होनी चाहिए। उन्हें

यह बुनियादी अन्तर मालूम नहीं था कि यह काम स्थानीय संवाददाताओं का होता है। विशेष संवाददाता राष्ट्रीय राजनीतिक दलों, केन्द्रीय मंत्रालयों, संसद की कवरेज आदि का काम करते हैं। जब मैंने कहा कि महोदय यह हमारा काम नहीं, रिपोर्टर का है तो खिसियाकर उन्होंने कहा—"मैं तो यूँ ही कह रहा था।"

किस्से और भी हैं। चावल पका या नहीं, उसके दो दानों से सुघड़ गृहणियाँ जान लेती हैं। आप भी उस भूमिका में हिन्दी पत्रकारिता की दशा और दिशा को जान सकते हैं, जो इस तरह के शीर्षक की कोई पुस्तक छपी हो तो उससे कतई नहीं जान पाएँगे।

और अच्छा ही हुआ कि आज राजेन्द्र माथुर और रघुवीर सहाय जैसे सम्पादक नहीं हैं, होते तो भूखे मरते। मालिकों को आज चाहिए भी ऐसे सम्पादक जिनके मौजूदा सत्ता के साथ अच्छे समीकरण हों या जो ऐसे रिश्ते बना सकने की क्षमता रखते हों, जो विज्ञापन दिलाएं, बिजनेस दिलाएँ। मालिकों को माथुर साहब या रघुवीर जी चाहिए भी नहीं। हाँ इन जैसे तो नहीं मगर तमीजदार, पढ़ेलिखे और अभ्रष्ट एक-दो अपवाद मेरी नजर में आज भी हैं और एक-दो ही शायद आपकी नजर में भी हों मगर अभी वे शीर्ष से दूर हैं और दूर ही रहनेवाले हैं और इसमें ही उनकी नौकरी का भला है। वे अपनी बात अखबार में तो शायद कह भी न पाते हों मगर सोशल मीडिया पर कहते हैं और जमकर कहते हैं।

किताब से नफरत करनेवाले सम्पादक

संयोग से उस दिन उस पत्रकारिता संस्थान के एक पुराने साथी मिल गए, जहाँ मैंने और उन्होंने जीवन के सबसे बड़े हिस्से में काम किया था। अब हम दोनों अवकाशप्राप्त हैं पत्रकारिता में वह देर से आए, जन्म भी उन्होंने मेरे बाद ही लिया मगर पत्रकारिता की सीढ़ियाँ उन्होंने तेजी से चढ़ीं। खैर यह तो होता ही है। ईर्ष्या क्यों और किस-किससे करें?

हम दोनों किसी अस्पताल में नहीं मिले थे, हम मिले थे एक सार्वजनिक जगह पर। और मिले भी क्या थे, एक-दूसरे से परिचय था, इसलिए कैसे हैं, क्या हैं, टाइप बात हुई कोई तीन-चार मिनट। उन्हें देखकर लगा कि वह काफी अस्वस्थ हैं। पूछा कि क्या हुआ? कहा कि कोई खास बात नहीं हुई। छोटीमोटी समस्या है। अभी स्वास्थ्य लाभ कर ही रहा था कि यहाँ आना पड़ा है। उन्हें खड़े होने में भी दिक्कत थी, चल रहे थे तो पीठ भी काफी झुकी हुई थी। हम लोगों में कभी आत्मीयता रही नहीं कि मैं उनसे खोदकर पूछूँ और वह विस्तार से बताएँ।

ऐसी हालत में किसी को देखकर आदर्श तो यह होता कि उनका दिया पुराना घाव याद न आता और आता तो मैं उस पर लिखता नहीं लेकिन यह प्रसंग किसी तरह याद तो आना ही था कभी। बात अब पुरानी हो चुकी है। वह तब उस संस्थान में अपने करियर के शिखर पर तो न थे मगर उसके आसपास थे। ताकत का उन्हें नया-नया नशा था। उनके कक्ष में मेरे एक वरिष्ठ और मुझसे लगाव रखनेवाले एक सज्जन बैठे थे। थे तो वह भी उसी संस्थान में मगर दिल्ली के बाहर पदस्थ थे। किसी प्रसंग में बात हुई थी तो अपने पत्रकारिता के दौरान किए गए लेखन के एक संग्रह से तैयार किताब उन्हें भेंट की। बात-बात में वह भूल गए उस किताब को साथ ले जाना। उन्होंने फोन किया कि किताब तो मैं वहीं भूल आया। तुम्हें मिली वापस? मिले तो भिजवा देना।

खैर इन्हीं सज्जन के कक्ष में गया कि फलां साहब मेरी किताब आपके कक्ष से ले जाना भूल गए थे। वह यहीं कहीं होगी, मुझे दे दें। उन्होंने कूड़ेदान की ओर इशारा करते हुए कहा, उसे तो मैंने उसी दिन फेंक दिया था। वैसे उनके लिए हर किताब की जगह वहीं थी क्योंकि वह किताब पढ़ने के लिए कभी 'कुख्यात' नहीं रहे।

खैर आप न पढ़ें, आप चाहते हैं कि यह कूड़ा आपके वह साथी भी न पढ़ें, तो भी कोई बात नहीं। आप इतना तो कर सकते थे कि भई फलाँ को समर्पित आपकी किताब यहीं पड़ी हुई है, अपना यह कूड़ा आप वापिस ले लीजिए। और जो करना हो, करिए। चलिए साहब आप बड़े पत्रकार ठहरे, बड़े पद पर हैं तो खुद मेरे पास आने का कष्ट क्यों करें? नहीं करते, किसी चपरासी से भिजवा देते। और चलिए किताब को कूड़ेदान में ही फेंक देते मगर मैं गया था आपके पास तो थोड़ा झूठ ही बोल देते कि भई यहाँ तो दिख नहीं रही। चाहें तो आप खुद ढूँढ़ लीजिए। सत्य का अमूमन पक्षधर मैं भी हूँ मगर आपके सच में महाशय आपके पद का घमंड और किताब के प्रति और मेरे प्रति भी आपकी नफरत भी बोल रही थी, जबकि मेरे और आपके रास्ते कहीं भी टकराते नहीं थे।

मगर उसी संस्थान में इन सज्जन से बड़े पद पर बैठे और इनके घनिष्ठ एक सज्जन और भी बैठे थे, जो हिन्दी लेखकों का मजाक उड़ाते थे और उन्होंने यह छवि बनाई थी कि जो लेखक हैं, वे पत्रकार नहीं हो सकते, जबकि उन्होंने इस बीच पत्रकारिता के नाम पर अपने जातिभाइयों और बेहद कूढ़मगज लोगों को आगे बढ़ाया था। उन्होंने अपने कार्यकाल में कुल एक लेख लिखा था और जो सज्जन मुझे मिले थे, उन्होंने कभी एक भी पंक्ति कभी लिखी हो, याद नहीं आता। अब तो खैर हिन्दी पत्रकारिता इसी तरह के लोगों से भरपूर है और पुष्पित-पल्लवित है। यह तो एक नमूना है। एक बड़े संस्थान में लेखक होना ही अपराध बन चुका है। लेखक होना पत्रकारिता की सबसे बड़ी अयोग्यता घोषित हो चुका है। दुर्भाग्य से इसके लिए एक स्वर्गीय नामी पत्रकार ने वातावरण बनाया था। वह स्वयं लेखक

नहीं थे मगर पढ़ते-लिखते रहते थे। इसका नतीजा यह है कि शीर्ष पद पर बैठे एक सम्पादक ने पद पर रहते हुए अपना कहानीकार होना ही नहीं, लेखन से उनका अपना कोई सम्बन्ध था, यह भी भुला बैठे थे। पद पाया मगर बाकी सब उन्होंने खो दिया।

घरेलू व्यंजन

मित्र पल्लव एक बार घर आए। हमारे घर में तभी मूँगफली की चक्की (बर्फी) बनी थी। उन्हें वह बहुत पसन्द आई। उनका सुझाव दिया कि मैं कभी घर में बननेवाले व्यंजनों पर लिखूँ। मैं तो खाने का एक्सपर्ट हूँ, बनाने का नहीं तो उन्हीं व्यंजनों के बारे में लिखूँगा, जो मुझे अच्छे लगते हैं। बनते कैसे हैं, यह अच्छी तरह नहीं मालूम।

गैर-व्यंजनों से बात शुरू करूँगा : पहले चाय से। मैंने माँ के हाथ की बनी चाय कभी पी होगी तो जुकाम होने पर पी होगी। उसके स्वाद की याद नहीं। यह याद है कि जब तक चाय में तीन बार उबाल न आ जाए, उनके स्वादानुसार वह नहीं बनती थी। तब चूल्हे पर चाय बनती थी तो जब भी चाय उफनकर बाहर आने के लिए आतुर होने लगती, तब कपड़े की मदद से वह पतीली को कुछ देर के लिए ऊपर उठातीं, ताकि आग की आँच से दूरी के कारण उफान बैठ जाए। इसके बाद फिर आग पर पतीली रख कर दो बार और ऐसा ही करतीं। चाय छन्नी का काम सफेद कपड़े के किसी टुकड़े से लिया जाता था। फिर कप में डालकर बशी (प्लेट) से वह पीतीं। पत्नी भी इसी प्रकार चाय पीना पसन्द करती हैं।

फिर एक और ऐसी चीज की बात, जो व्यंजन नहीं मानी जाती—अरहर की दाल और चावल। अब यह मेरी माँ के हाथ का कमाल था या सस्ते स्थानीय चावलों की खूबी या वहाँ के पानी की विशेषता कि जो स्वाद दाल-चावल में तब आता था, वह फिर कभी नहीं आया। यहाँ तक कि कुछ दूर बसे इन्दौर में आकर भी नहीं। कारण शायद सस्ते ढाबे में खाना रहा होगा। जो भी वजह हो, इन्दौर से कोई पन्द्रह दिन बाद ही शाजापुर लौट आने का एक कारण दाल-चावल का स्वादहीन होना भी था।

व्यंजनों पर आएँ। कभी चीनी या गुड़ से बने गेहूँ के आटे का हलुआ बनता था। तभी से मुझे सूजी के बजाए आटे का बना हलवा ही पसन्द है। सूजी का हलवा कभी बचपन में खाने की स्मृति भी नहीं। मालवा में इसका चलन नहीं था। अब चीजें बदली हों तो नहीं कह सकता। अब भी किसी निकट परिवारजन का या पत्नी का या मेरा जन्मदिन होता है तो सुबह घर में हलुआ ही बनता है। चाहे, इनमें से जिसका जन्मदिन हो, वह दिल्ली से कितने ही दूर हो। जाहिर है लगभग सम्पूर्ण

हलवे का भोग मैं ही लगाता हूँ क्योंकि पत्नी को डायबिटीज की शिकायत है और उनमें खाने के मामले में गजब का आत्मनियंत्रण है। पहले धर्मपरायण पत्नी इसका भोग भगवान को लगाती हैं। भगवान की एक खूबी का मैं अतीव प्रशंसक हूँ कि वे खाने के लालची नहीं हैं और इसका पूरा खयाल रखते हैं कि मेरे लिए पत्नी को किसी न किसी बहाने मीठा बनाने का अवसर देते रहें। मुझे इसके लिए अधिक प्रयत्न नहीं करना पड़ता। बचपन से आज तक एक बार भी कभी भगवान की नीयत व्यंजन देखकर बिगड़ी नहीं, चाहे उनके सामने जो व्यंजन रख दो। एक बार भी वे ललचा जाते तो मैं असुरक्षित महसूस करता और सतर्क हो जाता!

अगर रात की रोटी कभी बच जाती थी तो माँ कभी कुसकुरा बना देती थीं, कभी गुड़ का लड्डू। अब आप पूछेंगे कि यह कुसकुरा क्या होता है तो भाइयो-बहनो, बासी रोटी को दोनों हथेलियों से बारीक चूर कर पोहे की तरह बघार कर जो बनाया जाता है, उसे कुसकुरा कहते हैं। कुसकुरा न बनाना हो तो चूरी हुई रोटी में शक्कर या गुड़ और मामूली सा घी मिला दिया और इसे लड्डू का आकार दे दिया तो यह लड्डू हो गया। बच्चा खुश। घर में बना कांदा-बेसन आज भी मुझे बहुत पसन्द है। इसे बहुत मन से बहुत डट कर खाता हूँ। है यह वैसे गरीबों की सब्जी। हमारे यहाँ पत्तेदार एक साग होता था, जिसे बाथला कहते हैं। उसमें एक खास तरह की खटास होती है। कढ़ी में उसे डाल दो तो स्वर्गिक आनन्द आ जाता है। अफीम के सूखे पत्तों की भाजी का स्वाद भी अनोखा होता था। अरहर की दाल, बाफला और लड्डू, मालवा की विशेषता है। राजस्थान में बाटी का चलन अधिक है। लड्डू की जगह वहाँ चूरमे का चलन है। वैसे ये दोनों एकरूप हैं। हाँ मालवा में अरहर की दाल ज्यादा चलती है, राजस्थान में मूँग की या मिक्स।

होली पर भी कुछ बनता था मगर उसकी अधिक याद नहीं। इन त्योहारों पर ज्यादा नहीं मगर कुछ बनता जरूर था। हाँ दशहरा 'जीत कर' आते थे मतलब रावण दहन देख कर आते थे तो गिलखी (तोरई) के पकौड़े खाना शुभ माना जाता था। दीवाली पर काफी कुछ बनता था। उसमें आज भी मेरी प्रिय बेसन चक्की भी थी। गुझिए थे। गुड़ की चाशनी और आटे को मिलाकर साँचे में बने गुनिये भी शायद तभी बनते थे। नवरात्र के नवें दिन बहुत सुबह खाना बनना शुरू हो जाता था। पूड़ी-आलू की सब्जी, खीर वगैरह।

यह तो माँ के हाथ बने कुछ व्यंजनों की बात हुई। अब बात पत्नी के हाथों से बने व्यंजनों की। बचपन में घर पर भी खीर खाई है और दूसरों द्वारा खासकर श्राद्ध में बुलाए जाने पर भी। खीर मुझे बचपन में कभी पसन्द नहीं आई। किसी के घर जाने पर बुलानेवाले कहते थे कि सब्जी-पूरी क्या खाते हो, खीर खाओ। सच कहूँ तब खीर खाने के नाम से उबकाई आती थी। सबकी गरीबी के दिन थे। खीर अच्छी नहीं बनती थी। जब से पत्नी ने खीर बनाना शुरू किया है, मैं और बेटे खीर

के रसिया हैं। इसकी सबसे बड़ी वजह जो पत्नी बताती हैं, वह यह है कि ज्यादातर लोग उबलते दूध में पकाये हुए चावल डाल देते हैं और थोड़ी देर तक दोनों को उबालकर उतार लेते हैं। पत्नी कच्चे दूध में धुले हुए चावल और चीनी डालती हैं। चावल दूध में सीझते और पकते रहते हैं। दूध, चीनी और चावल एकमेक हो जाते हैं, तब जो स्वाद बिना सूखे मेवों के भी आता है, उसे खाकर बल्कि पीकर ही जाना जा सकता है। इस प्रक्रिया में समय लगता है, चावल जले नहीं, इसलिए इसमें बार-बार खोंचा चलाते रहना पड़ता है। इसके बाद तो आप थोड़ी इलाइची भी डाल दो तो गजब स्वाद आता है।

मूँगफली की बर्फी का उल्लेख भी कर चुका हूँ। यह भी मेहनत का काम है। मूँगफली के दाने भूनो, उनके छिलके अलग करो। दानों को मिक्सी में पीसो। इन पिसे हुए दानों को एक खास बिन्दु पर बनी चाशनी में डालो। चाशनी कितनी गाढ़ी हो, कितनी नहीं, यह भी एक कला है। इन्हें आपस घुलने-मिलने कुछ पकने दो। फिर इस सबको थाली में डालो। फिर थाली को बार-बार इस तरह घुमा-घुमा कर थप-थप करो कि सब एक सतह पर आ जाए, पूरी थाली में फैल जाए। तब बर्फी की शक्ल में काटो। लगभग यही विधि बेसन चक्की की भी है। उसमें मूँगफली की जगह बेसन ले लेना है। पूरणपोली महाराष्ट्रीयन व्यंजन है मगर सभी मालवी परिवारों में बनता है। श्रीखंड भी कुछ इसी तरह की डिश है। गेहूँ के आटे के लड्डू कहाँ तक बताऊँ, सभी बताना भी नहीं चाहिए। और व्यंजन का अर्थ मीठे पदार्थ ही नहीं होता।

इस बढ़ती उम्र में भी मीठे का मैं बड़ा प्रेमी हूँ, न मिले तो बेचैन हो जाता हूँ, चाहे गुड़ की डली मिल जाए या एक चम्मच चीनी। अपने इस शौक को पूरा करने और शरीर को दुरुस्त रखने के लिए कुछ व्यायाम कर लेता हूँ, कुछ घूम लेता हूँ। अभी तो इस तरह अपनी छकड़ा गाड़ी चल रही है।

मीठे के इस प्रेम ने मुझे एक बार मुसीबत में डाल दिया था। कोच्चि में अपने एक मित्र के घर रहकर, उनके यहाँ भोजन कर ट्रेन से तिरुवनंतपुरम लौटना था। वहाँ भोजन तो अच्छा मिला मगर मिठाई के नाम पर इल्ले था। खैर एकदम टाइम पर स्टेशन पहुँचे, फटाफट ट्रेन में चढ़े। ट्रेन कोच्चि के एक उपस्टेशन पर रुकी। मीठा खाने की हूक उठी। सामने ही एक दुकान दिखी। मैं दौड़कर वहाँ गया मगर दो-एक लोग पहले ही वहाँ कुछ ले रहे थे। मैं ट्रेन पर भी नजर रख रहा था, जैसे ही ट्रेन चलने को हुई, लपककर आया। ट्रेन ने गति पकड़ ली थी। फिर भी कोशिश की कि पकड़ लूँ मगर मेरे सफेद बाल और ट्रेन की गति को देखकर स्टेशन पर खड़े लोगों ने यह खतरा मोल न लेने की सलाह दी। मुझे भी सद्बुद्धि आ गई।

सद्बुद्धि तो आ गई मगर समस्या दूसरी आ गई। ट्रेन का टिकट और मेरा मोबाइल भी पत्नी के पास ट्रेन में था। जेब में पैसे भी पत्नी के पर्स में थे। खैर

जल्दी ही किसी दूसरे प्लेटफार्म से उसी दिशा की ट्रेन थी। दौड़ते-भागते उसमें चढ़ा। चढ़ तो गया मगर मन में धुकधुकी मची रही कि जेब में टिकट है नहीं टीसी पकड़ लेगा तो किरकिरी होगी। उधर न पत्नी मुझसे सम्पर्क कर सकती थीं, न मैं उनसे। मुझे उनका नम्बर भी याद नहीं था, न किसी और का। मेरा मोबाइल उस ट्रेन में था और मुझे अपना नम्बर याद था मगर समस्या थी कि उन्हें फोन करूँ कैसे? हिम्मत जुटाकर एक मलयाली सज्जन को अपनी समस्या बताई और कहा कि सिर्फ एक बार फोन कर लेने दें, ताकि पत्नी को बता सकूँ कि मैं भी पीछे-पीछे आ रहा हूँ।

मैं उत्तर भारतीय, जहाँ के आदमी पर विश्वास नहीं किया जा सकता। उन सज्जन को शक था कि मैं पता नहीं उनके फोन का क्या दुरुपयोग करूँ और वे फँस जाएँ। मैंने कहा कि आपके सामने ही बात करूँगा। तब उन्होंने कहा कि बात तो मेरे सामने करोगे मगर क्या मालूम वह बातचीत कोडवर्ड में हो! खैर अन्ततः वह पिघले और मैं पत्नी को बता सका। संयोग कि पूरी यात्रा में टीसी नहीं आया। उसे बताने की जरूरत नहीं पड़ी कि किस मजबूरी में बिना टिकट हूँ।

मेरीवाली ट्रेन तिरुवनंतपुरम के एक उपस्टेशन पर खाली होती थी और पत्नी की ट्रेन वहाँ रुकती नहीं थी, सीधे मुख्य स्टेशन जाती थी। खैर पहले बेटा अपनी माँ को उस स्टेशन से लाया, फिर पाँच-सात किलोमीटर दूर मुझे लेने आया। पत्नी से जो सुनना पड़ा, उसे भुक्तभोगी ही समझ सकता है।

लेकिन मीठा खाने का प्रेम बदस्तूर है और मुसीबत तो सौ रास्तों से आ सकती है तो क्या इसलिए मीठा खाना छोड़ दूँ? डाक्टर कभी मना करेगा तो कम कर देंगे खाना, पत्नी की आँख बचाकर खाएँगे। जिन्दा हैं और शरीर से जब तक समर्थ हैं तो आकस्मिक स्थिति की बात और है वरना मीठा अवश्य खाएँगे और क्षमा कीजिए मैं तरबूज-आम इत्यादि मीठे फलों को खाने को मीठा खाना नहीं मान पाता। मुझे मालूम है कि अधिक मीठा खाना नुकसानदेह है मगर जीने आए हैं या हिसाब-किताब जोड़ने? हमने तो ऐसे-ऐसे 'वीर' भी देखे हैं, जो इन्सुलिन भी लेते हैं और मीठा भी डटकर खाते हैं। वे मेरे प्रेरणास्रोत हैं। और हाँ मीठा ही पसन्द नहीं है, नमकीन भी। हमारे मालवा की खासकर सेव के क्या कहने!

धर्म और सुस्वादु भोजन

इस अधार्मिक व्यक्ति ने धर्म के खाद्यान्न पक्ष का लाभ उठाने में कभी चूक नहीं की, बिलकुल नेताओं की तरह। हमारे इलाके में बांग्लाभाषी बड़ी संख्या में रहते

हैं और दुर्गा पूजा एकदम आसपास के इलाके में तीन जगह होती है। एक मन्दिर में दुर्गा सप्तमी को खिचड़ी और लाबड़ा (मिक्स सब्जी) बनता है। कुछ साल पहले यहाँ की कालीबाड़ी में शाम के समय बेटा-बहू और पोते समेत हम सब रौनक और सांस्कृतिक कार्यक्रम देखने गए तो वहाँ खिचड़ी और लाबड़ा वितरण चल रहा था। शायद दिन का बचा हुआ था। खाया तो खूब आनन्द आया। फिर पता चला कि सप्तमी को दोपहर में बाकायदा यहाँ पूरा भोजन मिलता है। अगले साल से जाने लगे और खिचड़ी का स्वर्गिक आनन्द लेने लगे। यहाँ लाइन में लगकर थाली लेना चाहें तो वह व्यवस्था भी है और बाकायदा बेंच और टेबल पर खाना चाहें तो वह व्यवस्था भी है। हमने सभ्यता का चोलाधारण कर भोजन ग्रहण किया।

खिचड़ी, लाबड़ा, पत्तागोभी की सब्जी भरपेट खाई और फिर खीर और गुलाबजामुन प्राप्त किया। सब उत्कृष्ट। डटकर खाया। सोचा कि जब देवी के नाम पर इतनी बढ़िया भोजन किया है तो देवी को नमस्कार भी कर दें, सो मानवी मानकर यह भी कर दिया। अगले दिन पड़ोस की एक बच्ची का कथक नृत्य देखने जाना था तो दुर्गा कथा का 'लाभ' भी लगे हाथ उठाना पड़ा। क्या तैयारी और क्या सामूहिक गायन था! इतना सुदीर्घ न होता तो इसके संगीत पक्ष का आनन्द और अधिक ले पाता। नवमी तक हमारे इलाके में जैसी रौनक शाम-रात को होती है, वैसी सालभर कभी किसी त्योहार पर देखने को नहीं मिलती।

चुराई हुई कविता

विष्णु नागर की पत्नी जी की कतई मजबूरी नहीं है कि वह भी कवितानुमा कुछ लिखें। वह लिखती भी नहीं हैं और मैं भी घर के अन्दर ही अपना प्रतिद्वंद्वी खड़ा करना नहीं चाहता (बाहरवालों का तो मैं कुछ कर नहीं सकता)। बहरहाल अपनी माँ की मृत्यु के बाद वह एक बार कविया गई थीं। उन्होंने एक डायरी बना ली थी, शायद यह सोचकर कि उनका कविताएँ लिखना अब जारी रहेगा मगर ऐसा नहीं हो सका। करीब दो साल पहले मैंने चोरी से डायरी में लिखी यह कविता देख ली थी मगर चुप रहा, यह सोचकर कि कहीं मेरे हस्तक्षेप से कविता लिखने का उनका मामला बिगड़ न जाए मगर वह कविता उनकी अभी तक की अन्तिम कविता बनी रही। बहरहाल चोरी से ही उनकी यह कविता फेसबुक के माध्यम से पाठकों तक। पहुँचा रहा हूँ। पता नहीं ऐसा करना ठीक या नहीं मगर गुस्ताखी कर दी है। यह लिखा था उन्होंने—

अक्सर ही सपने में आती है माँ
स्वप्न में क्यों याद नहीं आता
अब नहीं रही माँ

शायद बेटियों के लिए कभी भी नहीं मरती माँ...
(जिन्दा रहेगी उसके अन्तस में
तब तक
जब तक
वह रहेगी इस दुनिया में।)।

(हल्का-सा भाषा-सम्पादन किया है।)

हार की जीत

2005 के आसपास की बात है। हम सब परिवारजन एक नजदीकी रिश्तेदार की शादी में इन्दौर गए थे। दोपहर का खाना हो चुका था और सब फुरसत में थे। हम तीनों बाप-बेटे एक जगह बैठे थे। बाकी भी आसपास ही थे। ठीक याद नहीं, मैंने किसी सामाजिक-राजनीतिक या आर्थिक मुद्दे पर कुछ कहा या इन दोनों में से किसी ने कुछ कहा मगर उस पर लम्बी बहस छिड़ गई। मैं एक तरफ और अपूर्व-अंकुर दूसरी तरफ। बहस खिंचती गई तो आसपास और जो उनके हमउम्र थे, वे भी आकर सुनने लगे।

एक बिंदु पर हर बहस का समापन करना होता है। उस दिन भी हुआ। आसपास जो किशोर-युवा थे, उनमें से एक लड़की ने ज्यूरी की ओर से बोलने की जिम्मेदारी सँभाली और वाकई दिलचस्प निर्णय दिया। बहस में जीते तो ये दोनों भाई मगर बहस में इनके पिता अकेले थे और ये दो थे, इसलिए ये हारे हुए नहीं माने जाएँगे। इस तरह मैं जीता भी नहीं और हारकर हारा भी नहीं।

वह हार और वह जीत इतनी प्यारी थी कि उसे भूला नहीं आज तक। याद आती है और मन ही मन खुश हो लेता हूँ। हार कर जीतने पर नहीं, बेटों के बहस में जीतने पर। वह बहस एक मधुर स्मृति की तरह मेरे मन में बसी हुई है।

इस तरह की बहस तो अब भी कभी-कभी हम चार (बहू भी अब शामिल है इस क्लब में) या तीन या दो मिलते हैं तो हो जाती है (बीवी से तो चलती ही रहती है अनवरत।)। पर उस दिन वह बात कुछ अलग थी। हाँ बहस के दौरान अपनी बात का औचित्य सिद्ध करने के लिए मेरा बड़ा बेटा कभी-कभी उत्तेजित

हो जाता है और उसकी आवाज उसके ठोस तर्कों से ज्यादा ऊँची होने लगती है तो मैं उससे कहता हूँ, बेटा, स्वर ऊँचा करके बहस जीतने की कोशिश मत करो, तर्कों का अच्छा खासा खजाना है तुम्हारे पास, उससे जीतो। कभी-कभी उसे अपनी बात कहने की इतनी बेचैनी होती है कि मुझे अपनी बात कहने का मौका नहीं मिलता तो कहता हूँ, यार मेरी बात भी तो सुन लो। इस तरह यह मजेदार सिलसिला चलता रहता है।

यह एक बार फिर बता दूँ कि हमारी बहस के बिंदु राजनीतिक-सामाजिक मुद्दे होते हैं। ऐसे मुद्दों पर अपने परिवार के बीच बहस से अधिक लोकतांत्रिक क्या हो सकता है और परिवार को जोड़े रखनेवाला एक सूत्र शायद यह भी एक है।

बाल (जला) आएँगे

पहले भी यह किस्सा सुन चुका हूँ पत्नी से और हर बार सुनकर आनन्द आया है। पत्नी की मौसेरी बहन आशा वैसे तो खुद भी बहुत जीवंत और उतनी ही दुनियादार भी हैं। पति की अकस्मात हृदयाघात से मृत्यु के बाद उन्होंने साहस से सारे जटिल मामले सुलझाए। ऐसा ही दुर्भाग्य मेरी पत्नी की सगी छोटी बहन यानी मेरी साली साहिबा प्रतिभा को भी झेलना पड़ा। पति की छोड़ी काफी जिम्मेदारियाँ ऐसी थीं, जिनका उचित और साहसपूर्ण ढंग से उसने जल्दी से निबटारा किया। सौभाग्य से उसके पास नौकरी थी जो अपनी बेटी का लालन-पालन करते हुए उसका विवाह बेटी की मर्जी से उसने किया। वह बेटी के परिवार के साथ खुश है।

एक बार आशा की माँ, बेटियाँ, दामाद और अन्य लोग भारी ठंड के मौसम में मेड़ता (राजस्थान) जा रहे थे। पहले शायद आशा की तबीयत कुछ गड़बड़ रही होगी। उन्होंने इन सब के साथ जाने से मना कर दिया। कहा कि मैं नहीं जाती। रास्ते में कुछ हो-हुआ क्या तो!

और हाँ बेटी ने अपनी माँ को जिस शैली में जवाब दिया, दरअसल वह उसकी अपनी माँ की ही शैली है। वह भी मारवाड़ी-मालवी-हिन्दी के मिश्रण के रंग में आने पर बेफिक्र अन्दाज में इसी शैली में बात कर हँसाती रहती है।

अब देखिए उनकी छोटी बेटी ने साथ चलने के लिए अपनी माँ को कैसे तैयार किया। मारवाड़ी-मालवी के मिश्रण से तैयार भाषा में जो कहा, उसका अनुवाद कुछ इस तरह होगा—“(माँ) तू तो चल। हद से हद क्या होगा तू मर जाएगी न! तेरी दोनों बेटियाँ तेरे साथ हैं। वे वहीं तेरा अन्तिम संस्कार कर देंगी (बाल देंगी)।” बेटी

के इस प्यारभरे उलाहने ने माँ को निरस्त्र कर दिया और वह साथ चल पड़ीं। यह घटना 2015 के आसपास की है और वह आज भी पूरी तरह स्वस्थ हैं और आगे भी रहें, यही कामना है। और हाँ कोरोना-काल में हरिद्वार का कुम्भ भी बेधड़क कर आई थीं।

दुविधा नहीं होनी चाहिए थी

मेरे आत्मीयों के कुछ बुजुर्ग जीवन से बुरी तरह थक चुके हैं, कुछ तो कष्ट की पराकाष्ठा भोगकर जैसे-तैसे जीवन काट रहे हैं। दो तो ऐसे हैं, जो अपनी स्मृति लगभग खो चुके हैं और खोते ही चले जा रहे हैं। अपनी बेटियों-बहुओं-नातिनों-पोतिनों, पोतों को नहीं पहचान नहीं पा रहे हैं, जिनके साथ उनका जीवन का एक हिस्सा गुजरा है। उनका पेशाब जाना-पाखाना करना अर्से से बिस्तर पर हो रहा है। एक वृद्धा हैं, जो यह भूल जाती हैं कि वह अभी-अभी बाथरूम ले जाई गई थीं। वह बार-बार बाथरूम जाने की जिद करती हैं और उन्हें बार-बार ले जाना पड़ता है।

कुछ दिन पहले देवास में अपने वृद्ध श्वसुर को देखने गया था। एक रात शुरू के एक-दो घंटे तो सोया, फिर उनके कष्ट देखकर नींद नहीं आई। लगने यह भी लगा कि क्या हमारे भविष्य के गर्भ में भी यही सब छुपा है? क्या हम भी इसी तरह एक उम्र के बाद यह कष्ट पाएँगे और अपनों को भी देंगे? वैसे यह सोचने से भी क्या होता है मगर एक बार मेरी वजह से दो-तीन दिन मेरे अपनों ने कष्ट पाया, उसी का अपराधबोध आज तक है।

श्वसुर के घर दूसरी रात भी रहना था। बीच में मेरी नींद खुली तो यह देखने गया कि कहीं उनकी रजाई इस भयानक ठंड में खिसक तो नहीं गई है क्योंकि वह अब प्रयत्न करके भी ओढ़ नहीं पाते थे। कमरे में गया तो खैर वह पूरी तरह उघड़े हुए थे, फौरन उन्हें ओढ़ाया मगर एक बात ने मेरे मन को और अधिक विचलित किया कि उन्होंने कहा—"मुझे बहुत भूख लग रही है।" मैंने कहा, "कुछ लाता हूँ।" मेरा अपना घर होता तो मुझे पता है कि कहाँ क्या रखा है मगर उस घर के किचन की व्यवस्था मालूम नहीं थी। भरसक ढूँढ़ा मगर कुछ मिला नहीं। इस दुविधा में रहा कि एक ही कमरे में सो रही घर की महिलाओं को इसके लिए जगाऊँ या नहीं, जो दिनभर के काम से बेहद थकी हुई हैं और सुबह फिर उन्हें घर-नौकरी की चक्की में पिसना है। बुजुर्ग श्वसुर की भूख को देखूँ या उन महिलाओं की गहरी थकान को? फिर से किचन में गया, देखा-ढूँढ़ा मगर कुछ मिला नहीं। महिलाओं में से

किसी एक को जगाने-न जगाने की दुविधा में खुद भी जागता रहा। सोचा क्या पता किसी की नींद अकस्मात खुल जाए तो उनसे कहूँ कि बुजुर्ग को दो बिस्किट ही अभी दे दें। शायद मुझे उनमें से किसी को जगा देना चाहिए था, शायद सही यह होता।

खैर उन्हें खाने के लिए कुछ न दे पाने की शर्म इतनी अधिक थी कि पलटकर उनके कमरे में नहीं गया। अगली बार जब वह कुर्सी को हिलाकर काफी आवाज करने लगे तो फिर गया उनके कमरे में। अब तक वह भूखवाली बात भूल चुके थे। वह कपड़ों में लिपटे पलंग पर बैठे थे। उनसे कहा, "आप लेट जाइए।" मदद करके उन्हें लेटाया तो वह लेट गए। शायद सो भी गए। मेरे मन का बोझ अब कुछ हल्का था। मुझे फिर से कुछ देर नींद आ गई। अगले दिन एकदम सुबह रवाना होना था वहाँ से।

जो चीज आँखों से दूर हो जाती हैं, वह अक्सर उतना कष्ट नहीं देती, जितनी आँखों के सामने।

दुखद यह है कि जिन्हें मैं कष्ट में देख रहा हूँ, वे सब मनुष्य के रूप में बहुत बेहतर, मुझसे तो बहुत ही बेहतर इनसान हैं और स्वभाव से शान्त तथा सहनशील भी और जीवन में उन्होंने बहुत अभाव देखे हैं और धीरज तथा प्रेम कभी नहीं खोया। उनका स्नेह और सद्भावना मुझे भी मिली है।

और देर रात खबर मिली कि मेरे श्वसुर मदनमोहन व्यास नहीं रहे। वह लोकभाषा मालवी के प्रतिष्ठित कवि थे और बिलकुल नि:स्पृह, दुनियादारी से दूर, एकदम सादा-सरल आदमी थे। (16 जनवरी, 2019)

लिफाफा आया दादाजी?

दादा-पोते के बीच लगाव होना कोई नई बात नहीं है, बात इतनी सी है कि हम दादा कुछ-कुछ नए थे, वह पोता भी कुछ-कुछ नया था तो हमारे बीच पनपा यह प्रेम भी नया-नया था। वैसे तो बहुत सी बातें हमारे-उसके बीच नई-नई हैं।

यह बात अब पुरानी हो चुकी है। एक दिन उसका फोन आया—'दादी, दादाजी से बात कराओ।" मैं घर में था नहीं। दादी से उसने पूछा—"आपको कोई लिफाफा मिला?" उन्होंने कहा—"नहीं मिला।" "मैंने कल भेजा था, आपको नहीं मिला?" "हाँ नहीं मिला।" "मिले तो आप बताना मुझे।" "हाँ हम फोन करके तुम्हें बता देंगे जरूर।" "नहीं मैं ही आपको फोन कर लूँगा।" फिर एक घंटे बाद फोन : "दादाजी मेरा लिफाफा मिला?" "नहीं मिला बेटा। मिलेगा तो हम खुद तुम्हें फोन कर देंगे।"

"नहीं मैं करूँगा।" फिर एक घंटे बाद फोन—"दादी लिफाफा मिला?" वही जवाब मिला उसे। उसने निराश में कहा—"अच्छा।" फिर उसे उसके माँ-बाप ने समझाया कि बेटा कल ही तो हमने भेजा है, इतनी जल्दी उन्हें नहीं मिलेगा। शनिवार को मिल जाएगा शायद। शुक्रवार को फिर से फोन। "मुझे मालूम है आपको कल मेरा लिफाफा मिल जाएगा।"

जितना आश्वस्त वह था, हम नहीं थे। लिफाफा साधारण डाक से भेजा गया था, वह भी केरल से। उसके माँ-बाप का अन्दाज गलत भी हो सकता था और हमें पूरा विश्वास था कि गलत ही होगा, हालाँकि हम मना रहे थे कि बच्चे की आशा, निराशा में न बदले मगर वाह रे मेरे डाक विभाग, उसने चमत्कार कर दिखाया और जैसी कि पोते को उम्मीद थी, शनिवार को ही लिफाफा मिल गया। इस दिन पहला फोन सुबह साढ़े छह बजे आया। "लिफाफा मिला दादी?" दादी ने समझाया—"इतनी सुबह थोड़े ही मिलता है बेटा, दोपहर तक मिलेगा शायद।" फिर 11 बजे फोन। "लिफाफा मिला?" "नहीं मिला।" "जरा देखकर तो आओ सोसायटी के गेट तक।" पता किया। वैसे भी हमारे इलाके में अक्सर तीन बजे से पहले डाक नहीं आती। नहीं मिला था। थोड़ी देर में फिर फोन। "मिला?" हमने सोसायटी के गेट पर कह रखा था कि आज कोई डाक आए तो बता देना। चौकीदार ने बता दिया। उसकी दादी डाक लेने गई थी। तभी फोन आया। वही जवाब दिया गया। कहा, "देखकर आओ। खैर फिर थोड़ी देर में उसे बता दिया गया कि लिफाफा मिल गया है। इसकी पुष्टि करने के लिए हमने उसे बताया कि उसमें पानी में तैरती मछलियों का पेंसिल रेखांकन है। उसने कहा—"पीछे देखा?" "हाँ पीछे भी देखा।" उस तरफ लिखा था अंगरेजी में—"मैं आपको प्यार करता हूँ दादा-दादी। इस प्यारी ड्राइंग के लिए आपका शुक्रिया—दादाजी और दादी।" शुक्रिया तो उसका था कि हमें उसने यह भेजा था। उसने पहले ही कह दिया था कि जब यह लिफाफा मिले तो मुझे स्काइप पर दिखाना मेरा वह रेखांकन लेकिन हम ठहरे अनाड़ी। बहुत दिनों से स्काइप का इस्तेमाल नहीं किया था तो पासवर्ड वगैरह माँगा गया। इस सबमें बहुत समय लग गया और वह अपनी ड्राइंग क्लास में चला गया, हालाँकि वह बहुत विकल था बात करने और लिफाफा देखने के लिए। मैंने अपने आपको कोसा क्यों नहीं पहले ही स्काइप चैक कर लिया था। खैर मैंने भी उसे अपनी एक पुरानी ड्राइंग भेजी और पत्र भेजा, देखें वह क्या कहता है वह!

हमारी दुनिया में ऐसे बहुत कम कोने बचे हैं जो आपको इस तरह से भावुक कर दें, कोई आपसे इतना लगाव दिखाए, जिसके शायद आप इतने काबिल नहीं या क्या पता छह साल से भी कम उम्र का बच्चा अगर इतना लगाव दिखा रहा है तो शायद हमने इसे उससे अर्जित किया हो। कभी लगता है ये बातें उसके इस

बचपन तक ही सीमित रह जाने वाली हैं। कल वह बड़ा हो जाएगा, उसका संसार बड़ा हो जाएगा तो उसमें हमारी जगह बहुत कम हो जाएगी।

फिर सोचते हैं कल की क्यों अभी सोचें और दुखी हों और कोई जरूरी है कि हमारी आशंका सही साबित हो? जो हमारे उसके बीच इतने साल तक है, क्या वह अर्थहीन हो जाएगा? शायद नहीं। हालाँकि बहुत से सम्बन्धों में देखा है कि लोगों के समझदार हो जाने पर वह आरम्भिक भावुकता नहीं रहती, कठोर मूल्यांकन उसकी जगह ले लेता है, जिसमें आपकी जगह सिकुड़ जाती है।

वैसे भी पत्रों की दुनिया कहीं बिला गई है। कुछ महीने पहले पुराने पत्रों को देख रहा था—बहुत से मित्रों, रिश्तेदारों, वरिष्ठों के पत्र थे। बहुत सी यादें ताजा हो गईं। अतीत जीवंत हो उठा। यह खयाल भी आया कि पत्रों की ऐसी सम्पदा अपने पास रखनेवाली हमारी पीढ़ी शायद आखिरी होगी, बाद की पीढ़ियों के पास कहाँ पत्र होंगे! जिन्होंने आज हमें भुला दिया, जिन्हें हमने भुला दिया या जो दुनिया से बहुत पहले विदा हो चुके हैं, उनके सबके पत्र हैं। उसमें सबसे नया और सबसे कम उम्र के बच्चे का पत्र यह है।

'टूथ किंग' अमर्त्य

हमारे छोटा पोता अमर्त्य तब पाँच साल का हुआ था। इस उम्र के दूसरे बच्चों की तरह वह भी कल्पना लोक में खोया रहता था, अब लिखते समय भी छह साल का है और उसी लोक में रहता है। बच्चों को अपने कल्पना लोक में डुबाए रखने में खिलौने बहुत अधिक सहायक नहीं होते। नए खिलौनों का आकर्षण बच्चों को बहुत कम समय तक अपनी ओर खींच पाता है। फिर वे घर की ही किसी भी चीज को खिलौना बना लेते हैं। वह गत्ते का टूटा डिब्बा भी हो सकता है, पेड़ की पतली डाली भी, सोफे की गद्दियाँ भी, चादर या टॉवेल या झाड़ू भी हो सकती है। उनकी कल्पना की अनंत दुनिया में कब क्या कौन सा रूप ले लेगा, कब क्या दूर हो जाएगा, वे खुद भी कभी क्या और कभी क्या बन जाएँगे, यह कोई कह नहीं बता सकता। उन्होंने जो चित्र बनाया है, उसकी उनकी अपनी एक व्याख्या होती है, जिससे आपको सहमत होना पड़ेगा वरना वे नाराज हो सकते हैं और ऐसी बातों पर तो आप उन्हें नाराज करने का खतरा उठा नहीं सकते वरना रो-रोकर वे आपकी खटिया खड़ी कर देंगे।

ऐसा नहीं है कि वे अपने कल्पना लोक में रहकर यह कभी नहीं जानते कि क्या महज खेल है और क्या खेल नहीं है। जैसे अमर्त्य का उन दिनों प्रिय खेल

हुआ करता था—काल्पनिक बरसात से बचने के लिए टॉवेल से बनाए गए टैंट में घुस जाना और मुझे भी घुसा लेना। बाद में वह टॉवेल को छोड़कर चादर का बड़ा सा टैंट बनवाने लगा और एक दिन उसने उसमें हम सबको अन्दर घुसा लिया—अपनी अम्मा-पापा-भाई-दादाजी और दादी को और फोटो खिंचवाया (उसे फोटो खिंचवाने का भी बहुत शौक है और उसके लिए वह अलग-अलग पोज देता है)। उस टैंट में कभी उसके अनुसार रात हो जाती थी और फिर थोड़ी देर बाद ही वह मुर्गे की तरह कुकड़ूँ कूं बोलने लगता। वह कहता कि अब सुबह हो गई। एक दिन चादर का वही टैंट एयरपोर्ट बन गया, जिसमें हम दोनों को छुप जाना था, ताकि हमें कोई देख न सके!

एक दिन वह 'टूथ किंग' बना। यह आइडिया उसे बच्चों के किसी सीरियल से मिला होगा। 'टूथ किंग' उसके अनुसार वह है, जो रात को जागता है और जिन बच्चों के दाँत टूट जाते हैं, उन्हें उस टूटे हुए दाँत के बदले उनके तकिए के नीचे सोने का दाँत रख जाता है। जिस दिन उसे 'टूथ किंग' बनने का नशा चढ़ा हुआ था, उस दिन उसकी माँ उसे 'बेटा' कह रही थी, तो उनसे कहा था कि मुझे बेटा नहीं, 'टूथ किंग' कहो!

कभी वह सांताक्लॉज बन जाता और टॉवेल या अखबारी कागज में लपेटकर क्रिसमस गिफ्ट्स हम सबको देता। कभी वह कोई खेल मेरे साथ खेलता और खुद के जीतने की घोषणा कर देता।

वैसे बिना रोये-गाये वह किंडरगार्टन जाता है मगर 'हॉलीडे' कब आएगा, कितने दिन बाद आएगा, इसकी खोजखबर दिन में वह चार-छह बार रखता है। उसके बड़े भाई सिद्धार्थ को छह माही परीक्षा की तैयारी के लिए एक दिन छुट्टी मिलेगी, यह बात उसे पहले बता दी गई थी तो उसने सुबह उठते ही रुदन कार्यक्रम शुरू कर दिया, जो काफी देर बाद (मगर स्कूल बस आने से काफी पहले) तक चला। बस में चढ़ने के बाद उसकी अम्मा, पापा और हमने कितनी ही बार हाथ हिला-हिलाकर बाई-बाई कहा, उसने जवाब नहीं दिया। हाँ आज के बच्चों-बूढ़ों की तरह वह भी टीवी, मोबाइल पर बच्चों के सीरियल ठीक भगवान के सच्चे भक्त की तरह मगन होकर देखता है। आप उस दौरान कुछ भी कहें, आसानी से उसका ध्यान भंग नहीं कर सकते। मोबाइल पर खुद अपनी पसन्द का सीरियल खोल लेता है और उसमें भी उसे कौन सा एपिसोड देखना है, उसे चालू कर लेता है।

2017 में मेरी तबीयत आकस्मिक रूप से कुछ बिगड़ गई थी, खैर जल्दी ही मैं ठीक हो गया। अस्पताल से घर आने के बाद सुबह बिस्तर से उठकर नीचे आते समय मेरी खैरियत पूछने का उसका यह तरीका था—"दादाजी, आप जल्दी-जल्दी ठीक हो गए क्या?" बच्चे की मीठी आवाज में उसका यह सवाल मैं कभी नहीं

भूल पाऊँगा। उसे अपनी दादी से भी बहुत लगाव है। जब दादी उसके पास नहीं होती तो फोन लगवाता है और कहता है कि मुझे दादी से बात करना है। उसकी दादी तो इन दोनों बच्चों के खयाल में ही डूबी रहती है। अपने माँ-बाप के तो लाड़ले वे दोनों हैं ही।

और हाँ इन दोनों भाइयों का एक खिलौना मैं भी हूँ और ऐसा खिलौना बनकर मुझे बहुत आनन्द आता है। मेरी साली प्रतिभा की छोटी नतिनी के लिए भी मैं इतना ही अच्छा खिलौना हूँ और दिल्ली में एक और बच्ची पाखी का भी। हमारे घर वह मेरे साथ मस्ती करने का आकर्षण ही उसे खींच लाता है। मैं उपलब्ध नहीं तो मोबाइल उसका दूसरा सबसे बड़ा आकर्षण है।

और हाँ छोटे पोते ने अंग्रेजी सीरियल देखकर इतनी अंग्रेजी सीख ली है कि उसकी वह मातृभाषा-सी हो चुकी है। मुझसे और अपनी दादी से ही वह हिन्दी में बात करता है। माँ-बाप काफी कोशिश करते हैं मगर उसके दिमाग में अंग्रेजी का जो स्थान बन चुका है, बन चुका। बड़ा पोता अब हिन्दी, अंग्रेजी तथा मलयालम में दक्ष है मगर हिन्दी बोलते समय लिंग दोष अक्सर करता है। उसे बताओ तो लगता है कि ये हिन्दी-फिंदी क्या होती है? कहीं गहरे में बच्चों में यह बात घुस चुकी है अनजाने कि हिन्दी पढ़ना व्यर्थ है। हिन्दी पढ़ना उनके लिए मात्र एक शैक्षिक कर्तव्य है।

जीवन में यही कुछ आनन्ददायक है। बाकी तो आप जानते ही हैं कि क्या है और क्या नहीं है!

पोतों के साथ शतरंज

मेरा बड़ा पोता सिद्धार्थ, जब साढ़े छह साल का था, तब उसे शतरंज खेलने का बहुत शौक था। पहले हारने पर रोता था, बहुत समझाया तो बाद में रोना बन्द किया। वह मेरी इस बात को बार-बार दोहराने लगा कि खेल में हारना सीखोगे, तभी जीतना सीखोगे (और मुझसे इस खेल में जीतना सीखा उसने)। खैर इसे छोड़ें। बार-बार शतरंज खेलते देख तब डेढ़ साल के रहे पोते अमर्त्य को भी शतरंज आकर्षित करने लगी। उसे कहीं शतरंज दिख जाती है तो उसे खेलने की जिद करता या दूसरे खेल रहे हों तो खेल बिगाड़कर खुश होता। वह देखादेखी कैसे भी पाँसे फेंकता और आपसे भी उम्मीद करता कि आप भी फेंकें। जैसे हम पिटे हुए मोहरों को अलग कर देते हैं, वह भी जिस मोहरे को चाहता है, अलग कर देता है। एक बार हम सब घरभर के लोगों ने उसके खेलने पर ताली बजाई तो वह भी

बार-बार ताली बजाने लगा और हम सब की ओर देखकर जैसे वह इशारा करने लगा कि आप सभी ताली बजाओ। हमने भी खूब तालियाँ बजाईं। इससे उसे तो आनन्द आया ही, हमें भी खूब मजा आया। उस आनन्द का वर्णन शब्दों में करना सम्भव नहीं। मेरी आँखों में तो हँसते-हँसते आँसू आ गए थे। कई साल बाद हँसने का ऐसा आनन्द लूटा था मैंने।

✪✪✪